U0892419

天

Borderless

下

天下，在乎正义和你

献给“一百个最”的好朋友方一璘，

尽管她有点不好意思。

法学的困惑是：

凡是能够说的事情，未必能够说清楚；

凡是不能说的事情，却无法保持沉默。

侵权责任利益保护的解释论

方新军 著

法律出版社
LAW PRESS·CHINA

目 录

引　言

《民法典》第 1165 条第 1 款规定:“行为人因过错侵害他人民事权益造成损害的,应当承担侵权责任。”该款源自此前《侵权责任法》第 6 条第 1 款,区别是增加了“造成损害的”表述。

在原《侵权责任法》的起草过程中一直存在德国模式和法国模式之争。德国模式的特点是采纳三个小的一般条款:侵犯绝对权益构成侵权、违反保护他人法律构成侵权、故意违反善良风俗构成侵权;法国模式则采取概括的一般条款。赞同德国模式的观点认为,德国模式对于权利和利益进行区分保护,在司法实践中具有非常好的可操作性;赞同法国模式的观点认为,德国模式过于僵化,难以应对社会经济生活中产生的层出不穷的各种新类型的权利和利益。由于原《民法通则》第 106 条第 2 款在理论框架上属于法国的一般条款模式,基于对历史传统的遵循,原《侵权责任法》第 6 条第 1 款最终采纳了法国模式。

在原《侵权责任法》生效以后,关于权利和利益究竟是应该采纳等同保护的模式,还是应该采取区分保护的模式,学说理论一直争论不休。核心争点是,法律如何对权利之外的利益进行保护。毋庸置疑,随着社会经济生活的发展,各种新类型的利益不断涌现,但是法律不可能对当事人主张的所有利益都进行保护。原《侵权责任法》的核心任务就是在社会安全和行为自由之间达到一种平衡。自罗马法以来，侵权责任从惩罚责任向赔偿责任、从结果责任向过错责任的转变，均表明侵权责任法的整体趋势是更加关注民事主体的行为自由。但是随着过错推定责任、无过错责任的涌现，侵权责任法确实也表现出不断扩大保护范围的趋势。原《侵权责任法》第 2 条第 2 款列举了 18 种有名的权利，但是对于利益的保护范围和保护方式没有任何具体的说明，因此也在司法实践中引发了很多问题。

对权利以外的利益如何进行保护一直是司法实践中的难题。自原《民法通则》颁布以后，最高人民法院在关于人身损害赔偿的司法解释、关于精神损害赔偿的司法解释，以及在对一些案件的批复中均涉及这个问题，但是缺乏系统深入的研究。《民法典》在第一编“总则”的第五章“民事权利”、第四编“人格权”中进一步扩大了对权利和法定利益的列举，这在一定程度上会缓解权利之外利益保护的难度。但是基于立法者理性有限性的假设，立法者永远不可能完全预见社会经济生活的发展，因此也永远不可能对法律应该予以保护的权利和利益进行完备的列举。当一个人主张权利之外的利益受到侵害，要求加害人承担侵权责任，法院无论判决其胜诉，还是判决其败诉，都将面临裁判证立的难题。

自原《侵权责任法》颁布以后，对权利之外的利益如何进行保护的争论日趋复杂，甚至呈现出牵一发动全身的趋势。问题的起点是权利和利益究竟应该等同保护，还是应该区分保护，但是随着讨论的深入，以下问题开始浮出水面：

1. 权利和利益区分保护的理论依据是什么，这种区分究竟是一种纯理论分析，还是会对司法实践产生实质性的影响。

2. 权利的本质是否就是利益，如果权利的本质就是利益，权利和利益如何进行区分保护。

3. 权利和利益的区分保护是否和违法性要件存在关联。如果存在关联，无论是先前的《侵权责任法》第 6 条第 1 款，还是《民法典》第

1165 条第 1 款,在文字表述上均没有出现“不法”的字样。我们如何能够解释出我国立法采纳了违法性要件。

4. 如果采纳违法性要件,学说理论中存在的结果不法说和行为不法说的争论是否会对权利和利益的区分保护产生影响。违法性理论源自民法学说,然后在刑法学中发展成熟,刑法学中的相关理论是否一定会对民法学产生影响。

5.《民法典》第 1165 条第 1 款增加了“造成损害的”表述,由此导致的问题是,损害是否为侵权责任的成立要件、损害和权益侵害之间存在何种关系。

6. 民法中明确列举各种权利类型有何意义。法官对各种民法权利进行解释时,能够扩张到何种程度,法官在具体案例中能否创设法律没有明确规定的权利。宪法中规定的各项基本权利能否在民事案件中被直接援引。

7. 尽管在理论上存在公法和私法的划分,但是两者均是一个国家整体法律体系的组成部分。随着规制国的诞生,国家的触角几乎无所不在,无论法律是否明文规定违反保护他人法律构成侵权,侵权责任法都无法回避公法的影响。在解释论上,我们应该采取何种方法,一方面打通公法进入私法的管道,另一方面又能避免公法对私法的过度影响。

8. 在法律实证主义兴起以后,法律和道德之间的区分日益明显,但是在实证法中一直存在最低限度的道德内容。《民法典》第 3~9 条共规定了 8 项民法基本原则,这在比较法上非常独特。德国模式只是规定了违反公序良俗构成侵权的类型,违反其他民法基本原则是否也会构成侵权需要进一步研究。同时法官在运用上述民法基本原则对权利之外的利益进行保护时,如何确定上述原则的内容,从而一方面保持《民法典》体系的开放性,另一方面又能够在最大限度上保持《民法典》的稳定性和可预期性。

上述问题在原《侵权责任法》的起草过程中没有解决,在《民法典》的起草过程中“侵权责任”编并不是关注的焦点,上述问题没有引起充分的讨论。在《民法典》生效以后,关于权益区分保护和等同保护的争论仍然会存在,而且会对司法实践产生影响。本书的目的是通过对原《侵权责任法》第 6 条第 1 款起草过程中的各种学术观点的整理,同时结合对原《侵权责任法》生效后司法实践的分析,为《民法典》第 1165 条第 1 款的具体解释提供理论支撑。

第一章　原《侵权责任法》第6条第1款引发的争论

原《侵权责任法》第6条第1款只有22个字:“行为人因过错侵害他人民事权益,应当承担侵权责任。”作为侵权责任的一般条款,该款在原《侵权责任法》中居于核心地位。除法律规定的过错推定责任和无过错责任以外,该款是一般侵权的请求权基础和裁判依据。

该款是对原《民法通则》第106条第2款的改进,第106条第2款规定:“公民、法人由于过错侵害国家的、集体的财产,侵害他人财产、人身的,应当承担民事责任。”原《侵权责任法》第6条第1款用“行为人”替换了“公民、法人”,用“民事权益”替换了“国家的、集体的财产,他人财产、人身”的表述,这在立法技术上是一种明显的进步。因为原《侵权责任法》第6条第1款用更加一般的表述替换了原《民法通则》第106条第2款的列举性表述。尤其是原《侵权责任法》第6条第1款的“民事权益”表述更加全面地概括了原《侵权责任法》的保护对象,但是无论在原《侵权责任法》的起草过程中,还是在原《侵权责任法》生效后,该款的表述均引发了广泛的争论。争论的焦点就是权利和利益究竟是等同保护,还是区分保护?尤其是原《侵权责任法》第2条第2款详细列举了18种具体的权利类别，关于这些权利之外的利益的保护范围和保护方法引起了激烈的争论。

第一节　原《侵权责任法》起草过程中的争论

一、原《侵权责任法》历次审议稿中条文内容的变化

在原《侵权责任法》正式通过前，全国人大法律委员会（2018 年更名为全国人大宪法和法律委员会）先后公布了四次审议稿征求社会各界的意见。

《民法草案·第八篇“侵权责任法”》（第一次审议稿）第 1 条规定：“由于过错侵害他人人身、财产的，应当承担侵权责任。”与原《民法通则》第 106 条第 2 款相比，用“他人人身、财产”的表述替换了“国家的、集体的财产”“他人财产、人身”的表述，但是条文的主语消失了。法律委员会在向全国人大常委会所作的说明中明确指出：“为加强对公民、法人合法权益的保护，有必要进一步完善我国的侵权责任制度。”①在征求意见的过程中，有人提出：“实践中已经出现接吻权、探视亲人权、生育权、性功能权、悼念权等受侵害而产生纠纷的案件，建议对这些权利进行界定，在草案中加以补充规定。”②但是法律委员会并没有意识到用“合法权益”的表述替换“他人人身、财产”的表述的必要性。

《侵权责任法草案》（第二次审议稿）第 7 条规定：“因过错侵害他人人身、财产，造成损害的，应当承担侵权责任。”与第一次审议稿第 1 条相比，增加了“造成损害”的表述。但是在相关立法背景资料中没有看到立法者关于增加上述表述的说明。在本次《民法典》的编纂过程

---

①　全国人大常委会法制工作委员会民法室编：《侵权责任法：立法背景与观点全集》，法律出版社 2010 年版，第 3 页。

②　全国人大常委会法制工作委员会民法室编：《侵权责任法：立法背景与观点全集》，法律出版社 2010 年版，第 23 页。

中,《民法典分编草案》(第一次审议稿)和《民法典分编草案》(第二次审议稿)关于一般条款的规定均原封不动地照搬了原《侵权责任法》第 6 条第 1 款,但是《民法典分编草案》(第三次审议稿)第 944 条第 1 款规定同样增加了“造成损害”的表述。在《民法典》生效后必将出现关于民事权益侵害和损害之间关系的讨论。

《侵权责任法草案》(第三次审议稿)第 6 条规定:“行为人因过错侵害他人民事权益造成损害的,应当承担侵权责任。”与第二次审议稿的第 7 条相比,增加了“行为人”的主体表述,第一次出现了用“民事权益”的表述替换“他人人身、财产”的表述。

《侵权责任法草案》(第四次审议稿)第 6 条规定:“行为人因过错侵害他人民事权益,应当承担侵权责任。”最终颁布的原《侵权责任法》第 6 条第 1 款是对该条的原文保留,和第三次审议稿第 6 条相比删除了“造成损害”的表述。

在四次审议稿征求意见的过程中,社会各界针对原《侵权责任法》的一般条款提出了各种各样的修改完善意见。有人提出,为使“民事权益”内容清晰、含义准确,建议增加规定“本法所指民事权益,包括民事权利和合法的民事权益”。有人提出,侵权行为一般条款应当概括全部侵权行为,要给社会发展和新类型侵权行为的法律适用预留合理的空间。建议参照《德国民法典》的立法模式,区分“侵犯权利”、“故意违反公序良俗”和“违反以保护他人为目的的法律”三种类型分别规定。[①] 上述修改建议并非空穴来风,它们是原《侵权责任法》起草过程中学说理论争议的集中体现。

二、原《侵权责任法》起草过程中的争议

在原《侵权责任法》的起草过程中,关于侵权责任一般条款的争论集中体现在是否应该采纳《德国民法典》规定的“三个小概括条款模式”上。

---

① 参见全国人大常委会法制工作委员会民法室编:《侵权责任法:立法背景与观点全集》,法律出版社 2010 年版,第 44、123 页。

（一）传统大陆法系的立法模式

在传统大陆法系，关于侵权责任一般条款存在两种立法模式。一种以《法国民法典》为代表，称为“一个大概括条款模式”，这种模式不区分权利和利益，对二者实施等同保护；一种以《德国民法典》为代表，称为“三个小概括条款模式”，这种模式区分权利和利益，对二者实施差别保护。

《法国民法典》的“一个大概括条款模式”并非只表现为一个条文，它实际上由两个条文组成。第 1382 条规定：“人的任何行为给他人造成损害时，因其过错致该行为发生之人应当赔偿损害。”第 1383 条规定：“任何人不仅因其行为造成的损害负赔偿责任，而且还因其懈怠或疏忽大意造成的损害负赔偿责任。”关于上述两个条文之间的关系存在不同的解读，主流观点认为，第 1382 条规定的是故意侵权行为，第 1383 条规定的是过失侵权行为。[①] 但是在具体的司法实践中，法国最高法院认为民事过错并不要求具有故意要件，第 1382 条和第 1383 条规定的过错，既可以是积极行为，也可以是消极行为。因此更好的解读是，第 1382 条规定的是积极行为的过错责任，第 1383 条规定的是消极行为的过错责任。如果我们将第 1382 条中规定的行为解读为既包括积极行为，也包括消极行为；将该条规定中的过错解读为既包括故意，也包括过失，那么第 1383 条的规定基本就是多余的。[②] 因此《法国民法典》第 1382 条是“一个大概括条款模式”的最佳样本。

《德国民法典》的“三个小概括条款模式”表现为三个条文：第 823 条第 1 款规定：“因故意或过失，不法侵害他人之生命、身体、健康、自由、所有权或其他权利者，对于该他人，负赔偿因此所生损害之义务。”第 823 条第 2 款规定：“违反以保护他人为目的之法律者，负同一之义务。依法律之内容，无可归责事由亦可能违反该法律者，仅于有可归责事由之情形，始负赔偿义务。”第 826 条规定：“故意以背于善良风俗

---

① 参见张民安：《现代法国侵权责任制度研究》（第 2 版），法律出版社 2007 年版，第 6~7 页。

② 参见《法国民法典》（下册），罗结珍译，法律出版社 2005 年版，第 1076~1077 页。

之方法,加损害于他人者,对该他人负损害赔偿之义务。”实际上德国一开始准备追随法国模式,德国民法典第一草案第704条就是以《法国民法典》第1382条为范式起草的,起草委员会的解释是:“在民法上,任何以不被认可的方式不法侵害他人权利的行为都是不被允许的。”①但是第二草案的起草委员会认为法国模式的起点是不能接受的,因为“将解决应当由立法解决的问题之职能交给法院,既不符合草案的本意,而且从德国人民对法官的职能之一般观点来看也是不能接受的”。② 同时在法技术上,第二起草委员会担心法国模式的一般条款会带来不确定性:第一,在采用一般条款的情况下,不法性要件还需要进一步精确化;第二,如果采用一个大的一般条款,那么在确定请求权人时,也会遇到困难。③ 这使得德国模式最终体现为三个小的一般条款,用第二起草委员会的话说,其目的是“为法官裁判案件提供一套客观的标准”。④

(二)赞同德国模式的观点

在原《侵权责任法》的起草过程中,赞同德国模式的主要是最高人民法院的法官。当时有法官认为,《侵权责任法》应当以类型化的方法设立一般侵权行为规范。以类型化方法规定侵权行为的一般条款,是德国法系侵权行为立法的普遍做法。德国法系把一般侵权行为普遍概括为三个基本类型:权利侵害、违背公序良俗和违反法定义务,后两种类型针对的是利益保护。这三种类型彼此独立又相互补充,几乎能够涵盖一般侵权行为的全部情形。以类型化方法设置一般侵权行为规范具有其他立法模式所不具备的优势:第一,采取类型化的方法规范一般侵权行为,既能够使法律规定的民事权利得到有效的保护,也

① [美]詹姆斯·戈德雷:《私法的基础——财产、侵权、合同和不当得利》,张家勇译,法律出版社2007年版,第448页。

② See Konrad Zweigert and Hein Kötz, *Introduction to Comparative Law*, trans. by Tony Weir, Clarendon Press, Oxford, 1998, p. 599.

③ 参见[德]迪特尔·梅迪库斯:《德国债法分论》,杜景林、卢谌译,法律出版社2007年版,第614页。

④ [德]格哈特·瓦格纳:《当代侵权法比较研究》,高圣平、熊丙万译,载《法学家》2010年第2期。

能够促进侵权法与社会基本道德观念和基本价值的衔接,使侵权法能够适应社会价值的变迁。第二,我国法律在传统上接近大陆法,法学研究和司法实务受德国法影响很大,与采取规定具体侵权行为类型的英美立法模式相比较,德国模式符合我国作为成文法国家法官的思维方式和思维习惯。与采取高度抽象概括的法国立法模式相比,这种类型化的方法为判断侵权行为提供了比较具体的方法和原则,能够在最大限度上避免解释上和适用上的分歧。第三,以类型化方法规范一般侵权行为,在中国具有很好的实践基础。在民事审判实践中,出现了很多以类型化方法判断侵权行为的案例。在 2001 年最高人民法院公布的《关于确定民事侵权精神损害赔偿责任若干问题的解释》中,这种违背公序良俗的一般侵权行为类型也得到了确认。①

2008 年 4 月 18 日,在全国人大常委会法工委邀请部分法官的座谈会上,最高人民法院的陈现杰法官同样建议,关于侵权行为的一般条款应参照德国侵权法模式,区分"侵犯权利"、"故意违反公序良俗"和"违反以保护他人为目的的法律"三种类型分别规定。② 2008 年 4 月 22 日,在全国人大常委会法工委民法室召集的部分律师座谈会上,有的律师同样指出对一般侵权行为应该普遍概括为三个基本类型,即侵犯权利、违背公序良俗和违反法定义务,理由几乎和最高人民法院法官的观点一模一样。③

(三)赞同法国模式的观点

与最高人民法院法官的观点相反,学者的观点更倾向于接受法国模式的立法例。张新宝认为,侵权责任立法首先需要解决的问题是立法模式选择。法国法创立的一般条款模式,通过对过错(故意和过失)

---

① 最高人民法院《关于确定民事侵权精神损害赔偿责任若干问题的解释》(法释〔2001〕7 号)第 1 条第 2 款规定:"违反社会公共利益、社会公德侵害他人隐私或者其他人格利益,受害人以侵权为由向人民法院起诉请求赔偿精神损害的,人民法院应当依法予以受理。"该解释 2020 年已被修改。

② 参见全国人大常委会法制工作委员会民法室编:《侵权责任法:立法背景与观点全集》,法律出版社 2010 年版,第 189 页。

③ 参见全国人大常委会法制工作委员会民法室编:《侵权责任法:立法背景与观点全集》,法律出版社 2010 年版,第 243 页。

侵权责任的共同要件进行抽象,将其分别规定在两个条文中,不再对各种具体的过错侵权行为进行列举性规定,但是列举准侵权行为。这种立法模式具有高度的包容性和扩张性。缺点是给予法官的指示太少,使得法官在司法审判中享有过多的自由裁量权。《德国民法典》中不存在真正形式的一般条款,德国法将各类侵权诉因类型化,没有对适用于全部侵权责任的构成要件作出抽象规定,这使得德国法模式调整的侵权范围过于狭窄。为弥补上述缺陷,在随后的司法实践中德国法创造出了缔约过失理论、具有保护他人功能的契约理论和侵害纯粹经济损失的理论等。因此,尽管《德国民法典》在比较法上的成就丝毫不逊色于《法国民法典》,但是德国的侵权法模式除了我国台湾地区“民法”以外很少被其他国家或地区接受。同时原《民法通则》对侵权责任采取了“全面一般条款+全面列举”的立法模式,这种模式非常接近法国模式,在建构我国侵权责任法体系时仍然是最佳选择。①

王利明同样认为侵权责任法应该采纳“一般条款+类型化”的模式进行建构,因为“从历史发展来看,侵权责任法经历了类型化——一般条款——一般条款与类型化并重的发展历程,这也是社会经济文化发展的必然产物,是法学理论和立法技术进步的结果”。② 但是在具体的一般条款的建构上和张新宝的观点有所不同。在先前的论文中,王利明认为法国模式比德国模式更值得借鉴,因为法国模式的开放性有助于受害人的救济:一方面,它没有对保护的权益进行限制;另一方面,它没有对权利的类型进行限制。③ 但是在后期的论文中,王利明的观点发生了转变,他认为,德国模式充分考虑了法国模式的不足,在此基础上作了一定的调整,虽然该模式仍存在一定的不足,但在确定侵权法的保护范围上,限定法官的自由裁量、防止法官通过适用过于抽

① 参见张新宝:《侵权责任法立法研究》,中国人民大学出版社2009年版,第152~158页。

② 王利明:《论侵权责任法中一般条款和类型化的关系》,载《法学杂志》2009年第3期。

③ 参见王利明:《我国侵权责任法的体系构建——以救济法为中心的思考》,载《中国法学》2008年第4期。

象的一般条款而将合法或者轻微的损害也当作侵权损害加以救济等方面，德国模式的确具有一定的优点。因此，在一般条款的设计上德国模式具有更大的借鉴意义。①

张新宝的观点最终被立法者接受。全国人大常委会法工委民法室在《侵权责任法》释义书中明确指出，《侵权责任法》要不要区分对民事权利的保护和对民事利益的保护，设定不同的侵权构成要件，存在争议。有人建议原《侵权责任法》借鉴德国模式，根据侵权行为的对象是民事权利还是民事利益的不同，确定不同的保护标准和侵权构成要件。原《侵权责任法》最终没有采纳这种建议，而是采取了“概括+列举”的方式，主要是考虑到权利和利益的界限较为模糊，很难清楚地加以划分。② 原《侵权责任法》第 6 条第 1 款的规定表明了德国模式在中国立法论上的退潮。

第二节　原《侵权责任法》生效后学说理论的争议

尽管原《侵权责任法》第 6 条第 1 款最终采纳了法国的概括条款模式，但是在原《侵权责任法》生效以后争论并没有停歇。由于原《侵权责任法》第 2 条第 2 款详细列举了 18 种权利类别，学说理论的争论主要集中在利益保护的问题上，而且牵涉面越来越广。

一、以法国模式为基础的解释论

由于在原《侵权责任法》的起草过程中法国模式最终占据了上风，在原《侵权责任法》生效后，全国人大常委会法工委的相关人士在不同场合均强调原《侵权责任法》的一般条款并没有区分权利和利益进行不同的保护。他们认为，原《侵权责任法》没有采纳德国模式，

---

① 参见王利明：《侵权法一般条款的保护范围》，载《法学家》2009 年第 3 期。

② 参见全国人大常委会法制工作委员会民法室编：《中华人民共和国侵权责任法条文说明、立法理由及相关规定》，北京大学出版社 2010 年版，第 6~7 页。

“主要是考虑到权利和利益的界限较为模糊,很难清楚地加以划分。对于什么是权利,意见纷纭。从权利的内容上看,对于权利的具体内容,有支配说、利益说和结合说几种观点。结合说是目前的通说,认为权利乃享受特定利益的法律之力,其落脚点实际上还是利益,很难把权利和利益分清楚。从权利的形式上看,法律明确规定某某权的当然属于权利,但法律没有明文规定某某权而又需要保护的,不一定就不是权利。而且,权利和利益本身是可以相互转换的,有些利益随着社会发展纠纷增多,法院通过判例将原来认定为利益的转而认定为权利,即将利益权利化。德国、日本和我国台湾地区的司法实务都存在这种情况,所以,侵权责任法没有进一步区分权利和利益”。[①] 这种观点只考虑了法国模式可以起到扩大原《侵权责任法》保护范围的作用,但是没有考虑如何对利益的保护进行限制。因为作为主体的主观诉求,利益的范围无边无际,法律不可能对当事人主张的任何利益进行无差别的保护。但是,无论是在对原《侵权责任法》第2条的释义,还是在对第6条第1款的释义中,全国人大常委会法工委的相关人士均没有对利益保护的方法作任何解释论上的说明。

王利明将以法国模式为基础的解释论向前推进了一大步。在原《侵权责任法》的起草过程中,王利明的观点经历了从法国模式转向德国模式的变化,在原《侵权责任法》生效后,他的观点经历了从德国模式向法国模式的转变。

在先前出版的著作中,王利明认为,在原《侵权责任法》制定过程中,关于权利和利益的侵害是否应当区分不同的构成要件,存在两种不同的观点:一种观点认为,权利和利益是存在区别的,其保护的方式和构成要件应当不同。另一种观点认为,权利和利益虽然存在区别,但是不必设定不同的构成要件,许多权利和利益本身也没有明确的界限,权利本身体现的就是利益,而且权利和利益之间是相互转化的。我国原《侵权责任法》回避了这个问题,没有对权利和利益的保护

① 全国人大常委会法制工作委员会民法室编:《中华人民共和国侵权责任法条文说明、立法理由及相关规定》,北京大学出版社2010年版,第7~8页。

进行明确区分。王利明认为，应当区分对权利的保护和对利益的保护，主要原因在于：一方面，权利都是公开的、公示的，而且权利是确定他人行为自由的重要标准，因此应该采用一般的侵权责任构成要件。但是，利益不是由法律事先明确规定的，也无法明确规定，其往往都是法官在新型纠纷发生后，根据个案总结提炼出来的利益种类，因此需要不同的构成要件。另一方面，行为人在实施某种行为的时候，是否侵害了某种利益，行为人难以根据既有法律规则作出准确预判。因此，从维护行为自由的角度，需要对利益的保护加以适当限制，确立不同于权利侵害的构成要件，因为利益的过度保护往往会妨碍行为自由。① 但是在随后发表的论文中，王利明的观点发生了转变，核心的问题是我国《侵权责任法》是否采纳了违法性要件。

在《我国〈侵权责任法〉采纳了违法性要件吗?》一文中，王利明认为，我国原《侵权责任法》第 6 条第 1 款否定违法性要件，实际上是作出了以过错吸收违法性的选择。结果不法说的制度前提在于区分权利和利益，并以此作为采纳违法性要件的重要理论基础。但是，我国原《侵权责任法》没有采纳这种区分，最明显的表现在于，该法将各种民事权利和利益都纳入侵权法的保护范围，而没有作不同的区分，并据此确定不同的构成要件。这种立法例具有以下明显的优势：

第一，它使侵权法保护的范围得以扩张，从而可对受害人提供充分的救济。因为权利和利益的界分，虽然在理论上是可行的，但是，在实践中两者往往交织在一起，许多权利和利益本身也没有明确的界限，权利本身体现的就是利益，而且权利和利益之间是相互转化的。

第二，它适应侵权责任法保护的利益不断发展的需求。社会生活不断变动，侵权责任法保护的权益处于不断变化之中。侵权责任法的总体趋势是从“权利保护”向“利益保护”扩张，利益的范围也随着社会的发展而日益宽泛。随着社会的发展，不断出现新的民事权益，这些新型的民事权益也都要纳入侵权责任法保护的范围。因此，侵权责

---

① 参见王利明：《侵权责任法研究》（上卷），中国人民大学出版社 2010 年版，第 98~99 页。

任法在权益保护的范围上必须保持一定的开放性。

第三,它有效地衔接了侵权法和其他法律的关系。我国侵权法采“大”侵权概念,各种侵害权利和利益的行为,都属于侵权行为。在其他法律中,也涉及对权利和利益的规定,在侵权法中不区分权利和利益而予以一体保护,便于实现侵权法与这些法律的衔接。

第四,它保持了利益向权利的有效转化流动。由于侵权责任法扩张了对利益的保护,因此在原有的权利保护功能之外,侵权责任法还具有权利生成功能,即通过对某些利益的保护使之将来上升为一种权利的功能。利益和权利之间的有效流动有助于弥补制定法对权利无法进行及时有效确认的弊端。

第五,符合我国的司法实践经验。从司法实践来看,并不意味着在所有的情形下都有必要区分权利和利益。即便是按照结果不法说区分权利和利益,也不一定要采纳违法性要件,法官可以通过对过错认定中注意义务的界定、因果关系和损害后果的认定等来确定责任。违法性仅仅是侵权责任法可能采取的“过滤器”之一,并不能因此否认其他过滤机制的功能。区分权利和利益在某种程度上是从侵害对象的角度来界分不同的侵权责任,这和采纳违法性概念没有直接的关联性。[①]

从上述论述可以看出,导致王利明观点发生根本性转变的是权益区分保护和违法性要件之间的关系问题,但恰恰是在这个问题上有学者提出了针锋相对的意见。

二、以德国模式为基础的解释论

在原《侵权责任法》的起草过程中,最高人民法院的法官一直坚持采纳德国模式建构侵权责任的一般条款,原《侵权责任法》生效以后,最高人民法院的法官仍然坚持在解释论上以德国模式为基础对原《侵权责任法》第 6 条第 1 款进行解释。

---

①　参见王利明:《我国〈侵权责任法〉采纳了违法性要件吗?》,载《中外法学》2012 年第 1 期。

陈现杰指出，尽管学者认为司法审判中只需将发生人身或财产损害的要件事实与一般条款所规定的要件事实一一对应，就可以认定各种类型的侵权行为。但是，司法实践表明仅有抽象的一般条款是难以应对社会生活中纷繁复杂的侵权案件的。最高人民法院在指导侵权案件的审理并制定司法解释的过程中，历史地走向了类似于《德国民法典》侵权法体系构成的类型化模式。陈现杰通过对“荷花女案”“装修工室内上吊自杀案”“错误出生案”等案例的分析，最终指出所谓的全面一般条款只是一种学术理想，但在司法实务中实际意义甚少。在原《侵权责任法》的实施中，需要以类型化的体系构成予以具体化，使一般条款的违法性判断标准更具有可操作性，从而真正实现其请求权基础的一般功能。[①]

原《侵权责任法》刚生效，葛云松就撰文指出，如果对原《侵权责任法》第6条第1款进行文义解释和历史解释，它保护所有的民事权益并且保护程度相同，这在理论上将是灾难性的，在实践中将是危险的。文义解释将导致第6条第1款的适用范围过广，必须对其进行目的性限缩，在实质上依照德国模式确定其构成要件。经过目的性限缩以后，第6条第1款所规定的构成要件就具体化为三种主要类型：(1)因过错不法侵害他人绝对权并造成损害；(2)因过错违反保护他人的法律并造成损害；(3)以故意违反善良风俗的方式加损害于他人。[②]

葛云松之所以能够在原《侵权责任法》刚生效就提出上述解释论意见，是因为在原《侵权责任法》的起草过程中，他专门针对纯粹经济损失和一般侵权行为条款之间的关系进行过深入研究，而纯粹经济损失可以说是研究权利和利益是否应该进行区分保护的试金石。他认为，国内学者讨论一般侵权行为条款时，几乎从不探讨它与纯粹经济损失之间的关系。实际上，法国模式和德国模式的根本差别在于纯粹

---

① 参见陈现杰：《〈侵权责任法〉一般条款中的违法性判断要件》，载《法律适用》2010年第7期。

② 参见葛云松：《〈侵权责任法〉保护的民事权益》，载《中国法学》2010年第3期。

经济损失原则上是否应当赔偿,而这种差别就是通过一般侵权行为条款来体现的。德国和法国采用了两种不同的逻辑模式。德国是加法模式,在逻辑起点上,只承认对权利的侵害构成侵权行为,此外应受保护的利益,需要根据其他规定一一加入可赔偿的行列;而法国是减法模式,在逻辑起点上,任何损害均可以获得赔偿,但是有某种抗辩事由的,则被排除出可赔偿之列。不论是立法技术还是司法过程,显然是加法好做,减法难做。法国模式导致法院的权力更大、不确定性更高,而工作结果却更差。因此我们不仅应该在价值判断上认同德国模式,而且由于该模式在技术上的优点,我国侵权立法上的一般侵权行为条款也应当仿效之。①

李承亮指出原《侵权责任法》第6条第1款的出发点是"不得侵害他人民事权益",而法国模式一般条款的出发点是"不得损害他人",二者之间并无本质区别,都是根据行为的损害结果来认定行为的违法性。将侵害他人民事权益的行为原则上认定为违法,这种违法性的判断标准过于宽泛。司法机关在解释适用原《侵权责任法》第6条第1款时,应当借鉴德国模式的做法,对于侵害绝对权的行为,根据其损害结果来认定违法性;而对于侵害绝对权以外的利益的行为,则根据行为本身来认定其违法性。根据侵害对象的不同,采用不同的标准来认定侵害行为的违法性,其实就是在保护程度上区别对待权利和权利以外的利益。②

于飞以葛云松的观点为基础,通过对德国模式历史沿革的详细分析,提出了自己的独特的解释论方法。他认为原《侵权责任法》第6条第1款的保护范围确实过宽,德国模式的三个小的一般条款在解释论上有非常重要的借鉴意义。尽管葛云松提出了目的论限缩的解释路径,但是没有提出具体的解释方法。于飞认为可以通过"限缩解释+目

---

①　参见葛云松:《纯粹经济损失的赔偿与一般侵权行为条款》,载《中外法学》2009年第5期。

②　参见李承亮:《侵权责任的违法性要件及其类型化——以过错侵权责任一般条款的兴起与演变为背景》,载《清华法学》2010年第5期;李承亮:《侵权行为违法性的判断标准》,载《法学评论》2011年第2期。

的性扩张”的方法在原《侵权责任法》第6条第1款中解释出德国模式的三个小的一般条款。限缩解释的第一步，是将第6条第1款中的“权利”限缩为“绝对权”。第二步是将“利益”限缩为与绝对权类似的利益。经过上述限缩解释以后，与绝对权不相类似的利益就溢出第6条第1款的调整范围，构成了开放性漏洞。因此只能通过“目的性扩张”的方法，即基于法律目的的考量，将遗漏者包含于法律之中。参照德国法上成熟的违法性理论，利益的保护方式主要有两个：一是以原《民法通则》第6条“民事活动必须遵守法律”为基础解释出“过错违反保护他人法律”；二是以原《民法通则》第7条“民事活动应当尊重社会公德，不得损害社会公共利益”为基础解释出“背俗故意致损型”。①

三、以日本模式为基础的解释论

在2004年日本现代语化改革之后，《日本民法典》第709条的规定在比较法上和我国原《侵权责任法》第6条第1款最相类似。该条规定：“因故意或者过失侵害他人的权利或者法律上受保护的利益者，承担赔偿由此而生的损害的责任。”龙俊认为，日本民法在解释论上的变迁对于中国的解释论有重要的参考、借鉴意义。

龙俊认为，“权益应区分保护”这一点对完善我国的侵权法理论有重要启示。从比较法上看，通过违法性要件实现权益的区别保护功能是通常做法，但是原《侵权责任法》第6条第1款中并没有出现“违法”或者“不法”的字样。龙俊认为可以用权益侵害要件取代违法性要件，他特别引用日本学者星野英一的观点，法律解释应该尽量忠实于法条原文表述，没有必要用违法性要件替换权利侵害要件。违法性要件中重视结果的侧面可以由权益侵害要件实现，重视行为的侧面可以由故意或过失要件实现。这种方案一方面忠实于法条原文表述，另一方面也避免了对违法性概念理解上的歧义。因此，在我国侵权责任法

---

① 参见于飞：《权利与利益区分保护的侵权法体系之研究》，法律出版社2012年版，第245~257页。

中,权益侵害要件应当取代违法性要件,理由如下:第一,原《侵权责任法》第6条第1款明确使用了“侵害他人民事权益”的表述,并没有出现“不法”或者“违法”的字样。第二,违法性要件的功能完全可以被权益侵害要件及过错要件取代,原《侵权责任法》第6条第1款中没有漏洞需要填补。第三,违法性概念本身存在争议。如果我国采纳违法性要件,将不可避免地陷入结果不法说和行为不法说的争论,不如直接将权益侵害作为独立要件。第四,我国私法理论素来重视权利,权益侵害要件与违法性要件相比,更能体现权利本位的取向,尤其是将权益进行权利或者利益的二元解释,可以进一步凸显权利的规范价值。

为了使权益侵害要件具有可操作性,龙俊建议引入日本通说“相关关系理论”及其修正理论,对权利和利益进行区别保护。所谓“相关关系理论”就是违法性要依侵害法益的种类和侵害行为的样态而定。侵害法益的种类包括物权和其他支配性财产权、人格权和其他人格利益、债权等;侵害行为的样态包括刑法法规违反、禁止性法规或者取缔性法规违反、公序良俗违反、权利滥用等。侵害的法益等级越高,则对侵害行为样态的要求越低;侵害的法益等级越低,则对侵害行为样态的要求越高。龙俊认为,可以将相关关系理论中被侵害利益的种类、性质问题交由权益侵害要件解决,而侵害行为的样态则被包含于过错要件中。侵害的权益等级越高,对过错的要求越低;侵害的权益等级越低,则对过错的要求越高。①

这种以日本模式为基础的解释论仍然处在德国模式的框架中,因为最终解释的结果仍然是德国模式的三个小的一般条款,而且相关关系的修正理论已经出现动态体系论的影子。从尊重条文文义的角度看,用权益侵害要件替代违法性要件具有合理性,但是对于权益侵害和违法性要件之间的理论关联的说明似乎仍然不够清晰。

---

① 参见龙俊:《权益侵害之要件化》,载《法学研究》2010年第4期。

四、以意大利模式为基础的解释论

薛军指出，原《侵权责任法》刚颁布，关于权利和利益是否应当区分保护的争论就重燃战火，继续质疑乃至要去修正原《侵权责任法》的相关规定并不是一种可取的态度。更具建设性的取向应该是寻求一种合适的理论框架，在尊重原《侵权责任法》相关条文可能的字面含义的情况下，建构解释论体系。

薛军认为，只有结合原《侵权责任法》围绕损害概念所进行的处理，才能够找到对其进行理论建构的恰当基石。因为损害范畴是损害赔偿责任构成要件中的核心范畴之一，原则上必须有损害才有赔偿的必要。在原《侵权责任法》中"损害"一词有不同的用法，但是在一般意义上，损害是指受害人的人身和财产在社会事实层面上所遭受的一种不利影响。这种一般意义上的损害事实要转化为可以导致损害赔偿之救济的法律意义上的损害，必须接受法律上的筛选和评价，从而表现为一种具有不法性的损害。损害必须具有内在不法性，这可以从原《侵权责任法》第1条中推导出来，该条规定"保护民事主体的合法权益"，这里的合法权益既包括以权利形态直接赋予主体一定的利益，也包括对相关义务人课加义务的方式，以及根据法律体系的利益衡量，确认对利益的侵犯具有非该当性等方法赋予某一主体的反射性利益。因此，损害的不法性表现为以下类型：第一，针对某些特定类型的权益侵害所导致的损害后果，损害的不法性可以推定的方式确定；第二，某些类型的损害不法性，源于违反了法律上的保护性规范所设定的义务；第三，某些类型的损害不法性，来自法律秩序整体对相关利益状态进行评价和衡量之后所给出的否定性评价。薛军承认，上述体系建构中的损害不法性的三种类型和德国模式有很大的相似性，但是区别在于，上述体系建构在形式上仍然容纳在一个法国式的一般条款之下，在这一框架之内借助于损害的不法性内涵的不同层面上的界定来实现区分式的保护模式。在第三种不法性类型中，德国模式下的以违背善良风俗的方法故意导致他人损害的，只是其中可能的一种，而且并不要求行为人主观上的故意。[①]

尽管在上述解释中薛军没有直接提及，但是这种解释论实际上是以意大利模式为基础的。《意大利民法典》第 2043 条规定："因任何故意或过失给他人造成不法损害的，行为实施者应当承担损害赔偿责任。"意大利学者明确指出在"损害"前加"不法"两个字是受到了德国学说理论的影响，而且在意大利随后的司法实践中建构的解释论模式确实和德国模式没有本质区别。[②] 我国《民法典》第 1165 条第 1 款规定："行为人因过错侵害他人民事权益造成损害的，应当承担侵权责任。"与原《侵权责任法》第 6 条第 1 款相比，增加了"造成损害的"五个字。与《意大利民法典》第 2043 条相比，在"损害"前并没有出现"不法"两个字。在我国《民法典》生效后的解释论中，如果我们仍然试图在侵权责任的一般条款中解释出类似于德国模式的三个小的一般条款，"损害"和"民事权益侵害"之间的关系、"民事权益侵害"和"违法性"之间的关系都是绕不过去的话题。意大利的解释论模式可能会给我们带来有价值的启发。

第三节　德国模式内部的反水现象

随着原《侵权责任法》第 6 条第 1 款的颁布，在立法论上可以说是法国模式的胜利和德国模式的退潮，但是一旦进入解释论，德国模式又回潮了。无论是直接基于德国模式的解释，还是以日本模式、意大利模式为基础的解释，其本质都是在德国模式的框架中强调对权利和利益进行区分保护的重要性。

尽管在解释论上出现了德国模式的回潮，但是在德国模式内部却

---

① 参见薛军：《损害的概念与中国侵权责任制度的体系化建构》，载《广东社会科学》2011 年第 1 期。

② See Pier Giuseppe Monateri, Filippo Andrea Chiaves, *International Encyclopedia of Laws*, *Tort Law*, Volume 2, Hague, The Netherland, Kluwer Law International, 2003, pp. 90–95.

出现了引人注目的反水现象。我国台湾地区“民法”第 184 条是在最严格意义上追随德国模式的典范，在很长一段时间里，认为一般侵权行为以权利和利益的区别为基础，并由三个独立的侵权行为类型所构成是学说理论上的共识，同时实务上也采此见解。[①] 但是陈忠五在《契约责任与侵权责任的保护客体——“权利”与“利益”区别正当性的再反省》一书中开始系统地挑战通说，如果我们在今后的解释论中仍然试图坚持权利和利益的区分理论，那么对于这种挑战必须予以充分的重视和回应。

一、我国台湾地区“民法”第 184 条的前世今生

我国台湾地区“民法”第 184 条规定：“因故意或过失，不法侵害他人之权利者，负损害赔偿责任。故意以背于善良风俗之方法，加损害于他人者亦同。违反保护他人之‘法律’，致生损害于他人者，负赔偿责任。但能证明其行为无过失者，不在此限。”该条是对《大清民律草案》以来“立法”传统的延续。

《大清民律草案》第 945 条第 1 款规定：“因故意或过失，侵害他人权利而不法者，对于因加侵害而生之损害，负赔偿责任。”第 946 条规定：“因故意或过失违反保护他人之法律者，视为前条之加害人。”第 947 条规定：“以背于善良风俗之方法，故意加损害于他人者，视为第 945 条之加害人。”[②]上述三个条文和德国模式之间的亲缘性显而易见。《大清民律草案》总则、物权、债权三编是由日本学者松冈义正负责起草，历时三年最终于 1911 年完成。[③] 松冈义正很了不起，他并没有简单地照搬《日本民法典》第 709 条以应付大清政府委托的工作。关于松冈义正为什么要模仿德国模式起草《大清民律草案》的相关条文已不可考，我想他肯定是意识到德国模式在司法实践中具有更好的可操作性。日本的司法实践直到 1925 年的“大学汤案”才对《日本民

---

① 参见王泽鉴：《侵权行为》，北京大学出版社 2009 年版，第 72 页。

② 杨立新点校/主编：《大清民律草案 · 民国民律草案》，吉林人民出版社 2002 年版，第 123 页。

③ 参见胡长清：《中国民法总论》，中国政法大学出版社 1997 年版，第 16 页。

法典》第709条进行目的性扩张解释,从而最终接受德国模式的解释论方法。[①]

《大清民律草案》刚完成,清朝就灭亡了,但是该草案为中国民事立法定了基调。1925年完成的《民国民律草案》第246条规定:"因故意或过失不法侵害他人之权利者,负损害赔偿责任。故意以有伤风化方法侵害他人之权利者,亦同。"第247条规定:"因故意或过失违背保护他人之法律者,视为前条之侵权行为人。"与《大清民律草案》相比,除了文字表述出现微调外,最主要的变化是将原先的三个条文合并为两个条文。

1931年《中华民国民法典》(1949年废止)将《民国民律草案》的两个条文合并为一个条文,其第184条规定:"因故意或过失,不法侵害他人之权利者,负损害赔偿责任。故意以背于善良风俗之方法,加损害于他人者亦同。违反保护他人之法律者,推定其有过失。"该法生效以后,关于"违反保护他人法律"是否构成一个独立的侵权类型一直存在争议。1999年我国台湾地区"民法"债编修正时,将第184条第2款改为:"违反保护他人之'法律',致生损害于他人者,负赔偿责任。但能证明其行为无过失者,不在此限。"[②]因此台湾地区的通说认为,一般侵权行为以权利和利益的区别为基础,由三个独立侵权行为所构成:(1)故意或过失"不法"侵害他人之权利;(2)故意以背于善良风俗之方法加损害于他人;(3)违反保护他人之"法律"。[③] 但是陈忠五开始系统地挑战通说,认为权利和利益的区分保护没有正当性,理由有四:第一,契约责任和侵权责任保护范围的差异没有正当性;第

---

① 参见于敏:《日本侵权行为法》(第3版),法律出版社2015年版,第200页。

② 修正理由谓:"现行条文第二项究为举证责任之规定,抑为独立之侵权行为类型?尚有争议,为明确计,爰将其修正为独立之侵权行为类型,凡违反保护他人之'法律',致生损害于他人者,即应负赔偿责任。惟为避免对行为人课以过重之责任,增订但书规定,俾资平衡。"参见陈忠五:《契约责任与侵权责任的保护客体——"权利"与"利益"区别正当性的再反省》,台北,新学林出版股份有限公司2008年版,第128页。

③ 参见王泽鉴:《侵权行为》,北京大学出版社2009年版,第70~72页;史尚宽:《债法总论》,中国政法大学出版社2000年版,第113页;孙森焱:《民法债编总论》(上册),法律出版社2006年版,第175页;陈聪富:《侵权行为法原理》,台北,元照出版有限公司2018年版,第33页。

二,权利和利益本质相同,无法区分;第三,台湾地区“民法”在利益保护上存在规范漏洞;第四,导致契约责任的肥大化。

二、契约责任和侵权责任保护范围差异的正当性问题

陈忠五指出,通说认为契约责任的保护客体主要是债权人基于契约关系所享有的利益,即履行利益或给付利益。为保护这种利益,债务人负有积极作为的义务,必须对债权人为一定给付。违反该义务的应负契约责任。侵权责任的保护客体,是法律体系所承认的任何人基于社会关系所享有的权利。为保护这种权利,任何人均负有消极的不作为义务,不得侵害他人权利。任何人违反消极的不作为义务,积极侵害他人权利时,应负侵权责任。

假如以上说法可以成立,则契约责任与侵权责任的区别,确实相当明显。民事责任法所保护的客体,可以明确划分为权利以及权利以外的其他利益。前者的保护,由侵权责任承担;后者的保护,由契约责任承担,二者的保护范围截然不同。问题是,随着社会生活形态日趋复杂多样,民事损害事件所牵涉的权利或利益形态也呈现极度多元多变的特性。无论是契约责任还是侵权责任,其所保护的客体范围,事实上均有逐渐扩大的趋势。

契约责任固然以保护利益为主,但也扩及权利。契约责任,依债务人违反契约义务形态的不同,可以分为给付不能、给付迟延和不完全给付三种类型。给付不能和给付迟延所侵害的,主要是债权人依契约所享有的履行利益或给付利益。不完全给付可以分为瑕疵给付和加害给付两种类型,其中加害给付所侵害的,大多属于履行利益或给付利益以外的其他利益。此种利益,其性质通常即为既存法律体系所承认的权利。侵权责任固然以保护权利为主,但也扩及利益。无论是一般侵权责任的保护范围,还是特别法规定的侵权责任均出现了保护范围不断扩大的趋势。

比较观察我国台湾地区现行关于契约责任诸多规定后可以发现,无论采取何种归责原则,对于权利侵害或者利益侵害,契约责任均

予以平等保护，适用相同的归责原理。但是关于侵权责任，无论是台湾地区“民法”第184条的规定，还是学界通说均认为应对权利和利益的侵害进行区分，从而适用不同的归责原理。上述差异的正当性仍然没有得到认真的反思。陈忠五认为侵权责任法有必要和契约责任法一样，在保护客体上维持某种开放性和可塑性，破除区别权利和利益的迷思，予以相同程度的保护。① 其中的核心理由就是权利和利益本质相同，无法区分。

三、区分权利和利益的正当性问题

陈忠五认为，权利和利益本质相同，不足以作为差别保护的正当性基础。关于权利的本质或概念，学说理论上众说纷纭。意志说、利益说、从属控制说、特权说等学说，各有其理论依据，也分别遭受各种批评。台湾地区通说采纳的法力说认为，权利是指得享受特定利益的法力上之力。这个定义，实质上是将权利的本质与法律承认权利的目的混而为一。依据此定义，特定利益与法律之力构成权利概念的两项要素。其中，特定利益的享受是权利的内容或要素，权利的本质即一种特定利益，此点并无争议。

所谓利益，是一种事实状态，其范围广泛，种类众多，内容非常复杂多样。最广义的利益，包括任何群体社会生活中可以满足需要的各种生活资源。这种利益是尚未经既存法律体系予以过滤节选或认识评价的事实状态。这种事实状态一旦经既存法律体系予以过滤筛选或认识评价后，其中有些利益不具有正当性或保护价值，不属于私法体系所保护的利益；有些利益则是正当的、值得保护的利益，属私法体系所保护的利益，是广义的利益。

广义的利益中，有些利益已经发展稳定成熟，其主体、内容或范围可以具体特定，经由既存法律体系予以承认，赋予特定名称后，摇身一变成为权利。至于其他利益，由于尚未发展至稳定成熟地步，其主体、

① 参见陈忠五：《契约责任与侵权责任的保护客体——“权利”与“利益”区别正当性的再反省》，台北，新学林出版股份有限公司2008年版，第24~29、136页。

内容或范围仍难以具体特定,其在时代变迁或社会发展过程中,尚未独立成为一种类型,因而既存法律体系未予以承认,也未赋予特定名称,仍维持单纯利益的地位,是未权利化的利益或狭义的利益。侵权责任法上所谓的利益,显然是指尚未权利化的利益。

最广义的利益或广义的利益,是权利的上位概念,其彼此间具有上下位阶或抽象具体的关系。狭义的利益是权利的对照概念,其彼此间在概念特征上具有相互对照关系。然而,权利和狭义的利益之间,本质上并无不同,二者关系密切,不仅相互对照,而且还呈现一种不断相互发展流动的关系。一旦既存法律体系予以承认,利益随时可以取得特定名称后,摇身一变成为权利。权利和利益如果有所不同,应在于其特性不同。这种特性上的不同,如果确有必要予以不同程度保护,应具体落实在侵权责任既有的成立要件上,而不宜据此作为侵权责任类型化的基础,使权利或利益的侵害,适用不同的归责原理。①

四、我国台湾地区"民法"在利益保护上存在规范漏洞

陈忠五认为,依差别保护说,台湾地区"民法"第 184 条第 1 款前段规定"因故意或过失,'不法'侵害他人之权利者,负损害赔偿责任"。其中的保护范围限于权利,甚至限于具有支配权或绝对权性质的权利。至于利益的保护则委由其他民事责任"法"规定加以保护。问题是在"民法"第 184 条第 1 款前段规定之外,诉诸各种可能的侵权责任"法"或契约责任"法"救济管道,是否已经足以建构一套毫无缺漏的规范体系,充分妥善地保护现代社会各种复杂多样而且又是值得保护的利益?

台湾地区"民法"第 184 条第 1 款后段规定"故意以背于善良风俗之方法,加损害于他人者亦同"。一般认为该段保护的客体范围包括权利和利益在内,但是主要的规范功能在于保护利益。问题在于该段

① 参见陈忠五:《契约责任与侵权责任的保护客体——"权利"与"利益"区别正当性的再反省》,台北,新学林出版股份有限公司 2008 年版,第 138~143 页。

规定的责任要件——“故意”过于严格，善良风俗的证明活动过于困难，使得在许多侵害利益的情形下，被害人无法依该段规定，获得适当有效的救济。

台湾地区“民法”第 184 条第 2 款规定：“违反保护他人之‘法律’，致生损害于他人者，负赔偿责任。但能证明其行为无过失者，不在此限。”该款规定的保护范围同样包括权利和利益在内。该款规定的适用，如果可以充分保护利益，有一重要前提：现行“法”上以保护他人为目的的相关规定，已经形成一套毫无缺漏的规范体系，足以充分保护现代社会生活中各种值得保护的利益。但是实际情况并非如此：

第一，从台湾地区的“司法”实践观察，保护他人的“法律”虽然遍及民事、刑事、行政“法令”规定，而且保护客体兼及权利和利益，但是实际上仍然以违反“道路交通安全法”及“劳动安全卫生法令”所引起的损害赔偿案件为主。此等“法令”，几乎均是以保护他人权利为目的的“法令”，实务上虽不乏涉及以保护利益为目的的“法律”裁判，但是整体而言数目不多。

第二，现代法律规定的目的，往往呈现多元交错现象，在社会公共利益或私人个别利益的保护之间，往往仅是畸轻畸重之分，或直接间接之别而已，某一法令规定是否具有保护他人利益的规范目的，涉及该规定保护主体范围和客体范围的解释，经常见仁见智，成为争议所在。

第三，现代政府大幅介入社会经济生活领域，各种以保护他人权利或利益为目的的法令规定多如牛毛，理论上似乎可能造成我国台湾地区“民法”第 184 条第 2 款规定的适用机会大增，甚至凌驾于同条第 1 款前段规定，产生强烈的消化吸纳作用，进而造成台湾地区“民法”第 184 条第 2 款规定的一般化或原则化，同条第 1 款规定的空洞化或虚无化。但是实际情况仍有若干落差，台湾地区“最高法院”在适用“民法”第 184 条第 2 款规定时，态度向来相当保守谨慎。侵害权利适用第 184 条第 2 款的已经不多，侵害利益时，可以想见其适用机会更少。从而寄望经由“民法”第 184 条第 2 款规定以充分保护利益，恐怕不切实际。

第四,台湾地区所谓“立法”的品质与效率,是否能将绝大多数正当的、值得保护的利益,均经由“立法”程序纳入各种公、私“法规”保护客体范围之内,令人担忧。此外,利益的种类、形态原本就非常复杂多样,随时因应时代社会变迁而不断演变,欲单纯经由“立法”程序一举解决利益保护问题,不是绝不可能,就是困难重重或是缓不济急。[①]

五、导致契约责任的肥大化

陈忠五认为,侵权责任法上的救济管道,既然无法圆满解决利益保护不足的问题,自然必须另辟蹊径,再寻求其他合理的救济管道。差别保护论者主张,单纯因过失侵害利益,基本上属契约责任问题,非属侵权责任问题,直接适用契约责任或类似契约责任相关规定,或借助契约责任法理,也可能对利益遭受侵害的被害人提供合理的救济管道。但是契约义务的存在,以契约有效成立为必要。此外,基于契约相对性原则,负有履行契约义务的人,仅限于当事人一方。因此,契约责任的适用范围,时间上必须限于契约有效成立之后,主体上必须限于契约当事人之间。此种适用范围上的限制,注定契约责任显然不足以充分妥善解决利益保护问题。

差别保护说欲借助契约责任法以填补利益保护的规范漏洞,势必突破契约责任在适用范围上的限制。为此,契约责任的适用范围,时间上必须往前移至契约有效成立之前,主体上必须扩大至契约当事人以外的第三人。前者涉及缔约过失问题,后者涉及附保护第三人效力之契约问题。但是,即使扩大契约责任的适用范围诉诸上述法律制度,依然只能解决一部分利益保护问题,利益保护的规范漏洞依然存在。[②]

陈忠五最终指出,权利与利益的区别背后,其所反映者,与其说是

---

① 参见陈忠五:《契约责任与侵权责任的保护客体——“权利”与“利益”区别正当性的再反省》,台北,新学林出版股份有限公司 2008 年版,第 227~235 页。

② 参见陈忠五:《契约责任与侵权责任的保护客体——“权利”与“利益”区别正当性的再反省》,台北,新学林出版股份有限公司 2008 年版,第 256~258 页。

两种截然不同的价值判断，不如说是两种各具特性的法律技术。从权利与利益在契约责任上的定位可以看出，权利与利益如果有所不同，乃在其是否具有具体特定性或预见可能性。不确定性导出侵权责任特别需要平衡兼顾行为自由价值，以达到适度合理限制加害人责任的目的。落实这种需求的方法，不是以权利或利益的侵害作为一般侵权责任进一步类型化的基础，并据以适用不同归责原理，而是在相同的过失责任原则下，于实际认定损害、行为不法、过失、因果关系等责任成立要件时，应参酌权利与利益特性上的不同，作出合理妥适的判断。①

如果上述观点能够成立，那么以权利和利益的区分保护为理论前提的德国模式将在根本上被颠覆，同时也可以证明我国侵权责任法的立法模式是合理的。因为我国的立法者指出，侵权责任法不借鉴德国模式，是因为权利和利益的界限较为模糊，而且权利和利益本身是可以相互转换的。②

第四节　《民法典》颁布后的学说争论

在《民法典》的编纂过程中，关于权利和利益是否应该区分保护的问题基本未见讨论。立法者和学术界关注的焦点是，在侵权责任的一般条款中是否应该加上“造成损害”的表述。有人提出在《民法典》第 1165 条第 1 款中无需增加“造成损害”的字样，理由是：排除妨碍、消除危险等侵权责任的承担方式，是基于物权、人格权等绝对权而产生的保护性请求权，不要求有损害结果。③ 尽管如此，立法者最终仍然选

① 参见陈忠五：《契约责任与侵权责任的保护客体——“权利”与“利益”区别正当性的再反省》，台北，新学林出版股份有限公司 2008 年版，第 295～296 页。

② 参见全国人大常委会法制工作委员会民法室编：《中华人民共和国侵权责任法：条文说明、立法理由及相关规定》，北京大学出版社 2010 年版，第 7～8 页。

③ 参见《民法典立法背景与观点全集》编写组编：《民法典立法背景与观点全集》，法律出版社 2020 年版，第 770 页。

择增加"造成损害"的表述。在《民法典》颁布后，学界围绕侵权责任的保护范围、侵权责任的一般构成要件、损害和民事权益侵害之间的关系、违法性要件的存废等问题展开了讨论。关于权利和利益是否应该区分保护的问题又重新浮出了水面。

一、全国人大常委会法工委民法典释义书的观点

在全国人大常委会法工委民法室主任黄薇主编的《中华人民共和国民法典释义》一书中，全国人大常委会法工委的观点和先前对原《侵权责任法》的释义几乎没有实质性的区别。

这种观点认为，在保护程度和侵权责任构成要件上，《民法典》侵权责任编对民事权利和民事利益没有作区分。在实践中，权利和利益的界限较为模糊，很难清楚地加以划分；对于什么是权利，意见纷纭。从权利的内容上看，对于权利的具体内容，有支配说、利益说和结合说。结合说是目前的通说，该说认为权利是享受特定利益的法律之力，其落脚点实际上还是利益，很难把权利和利益划分清楚。从权利的形式上看，法律明确规定某某权的当然属于权利，但是法律没有明确规定某某权而又需要保护的，不一定就不是权利。而且，权利和利益本身是可以相互转换的，随着社会的发展，纠纷增多，法院通过判决将原来认定为利益的转而认定为权利，即将利益"权利化"。因此《民法典》第1164条没有区分权利和利益，而是统一规定："本编调整因侵害民事权益产生的民事关系"。[①] 在上述观点中，释义人完全没有考虑并不是所有的利益都能够在法律上得到保护，法官如何对利益进行筛选的问题；也没有考虑法院直接创设法律没有明确规定的权利的权力制衡问题。

同时，全国人大常委会法工委在对《民法典》第1165条第1款进行释义时指出，只要满足以下条件，行为人就应承担侵权责任：一是行为人实施了某一行为；二是行为人行为时有过错；三是受害人的民事

---

① 参见黄薇主编：《中华人民共和国民法典释义（下）》（人格权编·婚姻家庭编·继承编·侵权责任编·附则），法律出版社2020年版，第2232~2233页。

权益受到损害，即要求有损害后果，这一点是《民法典》侵权责任编与以往立法相比的重大变化；四是行为人的行为与受害人的损害之间有因果关系。① 在上述观点中，我们发现《民法典》第1165条第1款明确规定的“侵害他人民事权益”的要件消失了，释义人未能明确说明“损害”要件和“民事权益侵害”要件之间存在何种关联。

二、最高人民法院民法典释义书的观点

最高人民法院民法典贯彻实施工作领导小组在其主编的《中华人民共和国民法典侵权责任编理解与适用》一书中对《民法典》第1164条进行了释义。该领导小组认为，《民法典》第1164条规定的民事权益包括民事权利与民事利益。民事权利具有法定性，均由民法加以规定。民事利益是指民事主体享有，能够给自己带来一定便利，尚未被法律认可为民事权利的私法上的利益。在界定哪些民事利益受到侵权法保护时，可以考虑以下几个方面的因素：第一，民事利益是否被一些特别的保护性法规予以保护。第二，侵权人侵犯该民事利益时的主观状态，如果侵权人主观状态是故意的，那么被侵犯的民事利益通常可以通过侵权法得到保护。第三，行为人在实施侵害行为时，是否与受害人之间处于一种紧密关系，以至于行为人可以合理预见到他的行为将给受害人的利益带来损害或者受害人可以合理信赖行为人不会从事侵害行为，从而使得对行为人施加危险防免义务具有合理性。第四，在界定受保护的利益范围时，要考虑行为人的行为自由；过分强调受害人利益的保护，可能会限制行为人的行为自由。②

同时，该领导小组在对《民法典》第1165条第1款进行释义时认为，侵权责任的成立，必须具备违法行为、损害事实、因果关系和主观

---

① 参见黄薇主编：《中华人民共和国民法典释义（下）》（人格权编·婚姻家庭编·继承编·侵权责任编·附则），法律出版社2020年版，第2234~2237页。

② 参见最高人民法院民法典贯彻实施工作领导小组主编：《中华人民共和国民法典侵权责任编理解与适用》，人民法院出版社2020年版，第16~20页。

过错四个要件，四者缺一不能构成侵权责任。[①] 问题同样是"侵害民事权益"的要件消失了，这种观点也无法说明在没有损害结果时侵权责任是否成立的问题。

三、中国人民大学民法典释义书的观点

中国人民大学关于《民法典》侵权责任编的释评由张新宝撰写。张新宝在对《民法典》第 1164 条进行释义时指出，侵权责任法究竟保护哪些民事权益是一个民法内部的体系协调问题。大陆法系民法大致有这样一个共识：侵权责任法主要保护具有"绝对"性质的民事权益。我国民法不仅保护民事主体的人身权利和财产权利，也保护民事主体的"其他合法权益"。因为《民法典》第 3 条将"人身权利、财产权利"和"其他合法权益"并列加以规定，表明二者并不相互包容，而是分别有所指向。对"其他合法权益"的确认主要依赖于：(1)民法或者其他法律的规定；(2)最高人民法院的司法解释等规范性文件的规定；(3)基于诚实信用原则(《民法典》第 7 条)和习惯(《民法典》第 10 条)等，由最高人民法院的指导案例个别确认。[②] 上述观点只是对一个实然状态的描述，并没有告诉我们在对利益进行保护时，法院应该如何作出应然的价值判断。

张新宝在对《民法典》第 1165 条第 1 款进行释义时指出，该款增加"造成损害的"表述实际上重塑了我国侵权责任法过错责任的一般条款，使原《侵权责任法》第 6 条第 1 款作为"不完全条款"变成了《民法典》第 1165 条第 1 款的"完全条款"。说原《侵权责任法》第 6 条第 1 款是"不完全条款"，是因为该款没有全面准确列举过错侵权责任的构成要件，仅仅规定了侵害行为、过错两个责任构成要件，缺乏对另外两个责任构成要件，即损害和因果关系的规定。说《民法典》第 1165

---

① 参见最高人民法院民法典贯彻实施工作领导小组主编：《中华人民共和国民法典侵权责任编理解与适用》，人民法院出版社 2020 年版，第 25 页。

② 参见张新宝：《中国民法典释评·侵权责任编》，中国人民大学出版社 2020 年版，第 3~4 页。

条第 1 款是关于过错侵权责任一般条款的“完全条款”，是因为该款全面、准确列举了过错侵权责任的四个构成要件，即过错、侵害行为、损害、因果关系。①

上述观点将原《侵权责任法》第 6 条第 1 款称为“不完全条款”，将《民法典》第 1165 条第 1 款称为“完全条款”未必合理。从原《侵权责任法》第 6 条第 1 款中同样可以解释出“因果关系”要件，因为该款和《民法典》第 1165 条第 1 款一样包括了“因”字。问题的关键仍然是“民事权益侵害”和“损害”之间的关系问题。原《侵权责任法》第 6 条第 1 款同样是一个完全条款，核心的区别是，在《民法典》第 1165 条第 1 款增加“造成损害的”表述之后，侵权责任的一般构成要件是否会产生差异，其理由是什么？

四、中国社科院法学所民法典释义书的观点

中国社科院法学所民法典释义书中第 1164～1166 条由叶金强撰写，同时叶金强在《法学》上发表《〈民法典〉第 1165 条第 1 款的展开路径》的论文，旗帜鲜明地反对权益区分保护的解释论模式。

叶金强认为，《民法典》第 1165 条第 1 款的适用困境主要表现为应如何确定侵权法的保护范围和保护强度。在因过错导致他人损害的情形下，被侵害利益是否在法律保护范围之内，通常被认为是关键之所在。但是，权利和利益不存在区别保护还是等同保护的问题。《民法典》第 1165 条第 1 款规定的是“侵害他人民事权益”，并没有在规范结构上区分权利和利益而给予不同安排，解释论上也解释不出所谓的“区分保护论”。

首先，“权利利益区分论”是对德国法模式的一种解释，但其实德国法如果存在区分，区分的也不是权利和利益。因为《德国民法典》第 823 条第 1 款不包括相对权，即使存在区分，也是将绝对权区别于相对权及其法益。同时《德国民法典》第 823 条第 1 款列举了“生命、身体、

① 参见张新宝：《中国民法典释评 · 侵权责任编》，中国人民大学出版社 2020 年版，第 10 页。

健康、自由”四种生活利益，它们不是权利，但在受到侵害时却完全等同于权利。

其次，权利与利益区分保护通常意味着权利内部和利益内部的平等保护。但是权利存在价值位阶的不同，利益同样如此，故而在法伦理上，不同位阶的权利和利益的保护力度应有不同，何来各自内部的平等保护？整体而言，权利和利益之间不存在区分保护还是等同保护的问题，在实质正义牵引下，只能是跨越权利与利益的彻底的区分保护。权利覆盖的利益和未被权利覆盖的利益，在价值体系中均有其独有的重要性程度，相应的保护力度也会不同。重要性程度差异恒在，但差异并非横亘于权利和利益之间。区分权利与利益而构建两立的规范结构予以区分保护，在价值上不妥当，在技术上也问题重重。

最终的结论是：我国《民法典》第 1165 条第 1 款作为过错责任的大一般条款，在解释论上应维护其开放性功能，将其限缩解释为德国法上三个小一般条款的方案不具有任何合理性。《德国民法典》相关模式已在实践中被修正得支离破碎。“权利利益区分论”是以德国法模式为背景的解释论，本身也存在诸多问题，权利覆盖利益的保护力度，并不均高于未被权利覆盖的利益；在缺乏立法支撑的前提下，力主“权利利益区分论”，近似沉醉于德国法模式的“痴人说梦”。过错责任一般条款的具体化，需要回归立法设定的要件，以要件的动态化为基础构建基础性评价框架，为一般条款与个案的结合提供技术性方案。《民法典》第 1165 条第 1 款分别列举了过错、违法性（侵害他人民事权益）、因果关系、损害这四个要件。这四个要件背后的原理构成了责任的基础。作为一般条款具体化的基础性评价框架，其基本构成要素包括利益保护强度、行为正当化程度、过错程度、因果关系贡献度、因果关系确定性程度以及损害轻微程度。这些要素在个案中会以不同强度出场，司法者应通过综合考量各要素强度作出裁决。权利侵害型和利益侵害型案件均需透过此基础性评价框架导出结论。保护性法规、悖俗侵权的结构性意义已大幅度降低。过错责任的大一般条款结合基础性评价框架所形成的具体化路径，为我国侵权法实践提供足够的弹性空间,在开放性的态势下个案正义的实现可获得有力的技术性支撑。①

与前述学者对一般侵权责任构成要件的分析不同,在叶金强的分析框架中,“民事权益侵害”要件和“损害”要件是两个独立的要件,而且“民事权益侵害要件”就是违法性要件。损害要件的具备,不仅要有事实上的不利益发生,而且需要通过违法性、过错、因果关系三要件的评价过滤。叶金强特别指出,在诸要件之中,违法性要件最为复杂,其承担了核心的评价功能,是过错责任一般条款展开中的主角。违法性要件相比于过错要件和因果关系要件,在责任成立的判断中担负了更大的功能。就像损害赔偿的范围的限定适宜通过因果关系要件来实现,违法性程度和过错程度也是透过因果关系要件来影响损害赔偿范围那样,责任成立与否的判断适宜通过违法性要件来实现,过错和因果关系要件满足度常被汇入违法性要件影响责任的成立。②

问题是,违法性要件的存废一般和权益区分保护的问题紧密地联系在一起。王泽鉴特别指出,违法性概念的创设,其主要功能在于界定及区别受保护的权益。③ 王利明否认违法性要件的核心理由是,我国侵权责任法对权利和利益进行等同保护。④ 关于这个问题,叶金强没有进行深入的分析。同时,叶金强指出,在判断侵权责任成立时,过错和因果关系的判断可以汇入违法性要件;在判断损害赔偿范围时,违法性和过错可以汇入因果关系要件。如此一来,上述要件之间的区分如何维持,作为客观不法的违法性要件如何能够汇入作为主观不法的过错要件?

---

① 参见叶金强:《〈民法典〉第1165条第1款的展开路径》,载《法学》2020年第9期;邹海林、朱广新主编:《民法典评注·侵权责任编》(1),中国法制出版社2020年版,第3~18页。

② 参见叶金强:《〈民法典〉第1165条第1款的展开路径》,载《法学》2020年第9期。

③ 参见王泽鉴:《侵权行为》,北京大学出版社2009年版,第218页。

④ 参见王利明:《我国〈侵权责任法〉采纳了违法性要件吗?》,载《中外法学》2012年第1期。

五、程啸的观点

《民法典》颁布之后，程啸快速地修订了自己的体系书《侵权责任法》。他指出，《民法典》第 1165 条第 1 款在规定过错责任原则时严格区分了侵害与损害，从而明确了过错责任原则是损害赔偿的归责原则，也进一步使被统一规定为民事责任承担方式的侵权损害赔偿请求权与绝对权请求权的区分得以确立。在我国，关于一般侵权行为的构成要件有哪些，最主要的分歧在于应否区分过错和违法性。

程啸认为，无论是原《民法通则》第 106 条第 2 款，还是原《侵权责任法》第 6 条第 1 款，抑或《民法典》第 1165 条第 1 款，我国的立法机关从来都没有区分违法性与过错。首先，《民法典》、原《侵权责任法》皆未采取《德国民法典》的立法模式，区分权利与利益给予不同程度的保护；其次，在《民法典》第 1165 条第 1 款的文字表述中只有“过错”，而无“不法”或“违法”的表述。这表明我国法上的过错中包含了违法。因此，从《民法典》第 1165 条第 1 款的规定来看，一般侵权行为的构成要件可以分为两类：其一，客观要件，即行为、因果关系（加害行为与民事权益被侵害的因果关系以及民事权益被侵害与损害的因果关系）；其二，主观要件，即行为人存在过错，包括故意和过失。我国法上并未区分过错与违法性。在考察一般侵权行为的构成要件时，应遵循从客观要件到主观要件的过程，即先考察客观构成要件，然后考察过错的有无。①

问题是：第一，“权益侵害要件”和“损害”要件在表面上均消失了，它们都隐藏在“因果关系”要件中。程啸实际上区分了责任成立的因果关系和责任范围的因果关系，这种因果关系的区分是建立在区分构成要件、违法性和有责性的基础之上，它提供了一个判断何种损害应归由行为人负责的思考方法。② 而上述三阶层的思考方式又是建立在耶林提出的主观不法（过错）和客观不法（违法性）的区分基础之

① 参见程啸：《侵权责任法》（第 3 版），法律出版社 2021 年版，第 213~288 页。

② 参见王泽鉴：《侵权行为》，北京大学出版社 2009 年版，第 185 页。

上。如果不承认违法性要件,如何证立上述因果关系的区分就是一个问题。

第二,《民法典》第1165条第1款中没有出现"不法"的字样,是否就必定意味着在解释论上无法解释出我国立法采纳了违法性要件。《日本民法典》第709条同样没有出现"不法"的字样,这并没有排除日本人解释出违法性要件的存在。问题的关键是这种解释对具体案件的解决有何助益。问题的核心仍然是"民事权益侵害"和"损害"之间的关系。

第三,尽管程啸在一般意义上否认了侵权责任构成要件中应当包括违法性要件,但他又特别指出:尽管在立法上没有规定违法性,但是,由于我国侵权法所保护的范围非常广泛,既包括物权、人格权、知识产权等绝对权,又包括债权等相对权和人格利益、财产利益,法律上对于这些人身权益和财产权益实际上并非给予同等程度的保护,故此,违法性要件所具有的对法律的评价功能非常有意义。违法性要件的主要功能就是界定侵权法的保护范围,它是合法行为造成损失与不法性造成损失应当承担损害赔偿责任的重要区分工具。依靠违法性的判断,就有可能在必要的场合下,在损害赔偿法的领域内纳入涵盖所有法律秩序的广泛范围内的价值判断。① 上述观点非常合理,但是毕竟与其整体否认违法性要件的观点存在冲突,而且在上述论述中实际上已经隐含了权利和利益应当进行区分保护的观点。

第五节　需要解决的问题

通过对相关学说理论的归纳分析,我们可以发现,关于权利和利益在侵权责任法上究竟是等同保护,还是区分保护的问题,理论上的牵涉面非常广泛。如果我们在解释论上准备借鉴德国模式对权利和利益进行区分保护,那么我们必须对等同保护论的质疑作出回应。归

① 参见程啸:《侵权责任法》(第3版),法律出版社2021年版,第288~289页。

纳起来,有如下理论问题需要解决。

一、德国模式在比较法上的接受度问题

等同保护论认为,德国模式对利益保护的范围过小,因此在世界范围内只被很少的国家继受。如果德国模式真的有区分保护论主张的优点,为什么在立法上的接受度会这么低?这个问题不解决,只能说明我国目前的立法模式是合理的,在解释论上回头寻找德国模式就缺乏理论支撑。

二、德国模式的合理性和存在的问题

关于德国模式存在两种截然不同的看法,喜欢的人爱不释手,不喜欢的人深恶痛绝。理性的态度是,仔细地探究德国模式在司法实践中具有的合理性表现在哪些方面,德国模式在实际的运作过程中究竟存在哪些问题。只有解决这个问题我们才能在知己知彼的基础上建构自身的解释论模式。

三、权利和利益的区分可能性问题

等同保护论的核心观点是,权利的本质就是利益,权利和利益无法区分,因此应该抛弃区分保护论而改采等同保护论。如果我们不能解决权利和利益的关系问题,在解释论上寻找德国模式的解决方法同样缺乏理论支撑。

四、权益区分保护和违法性要件的关联问题

我国大陆学界的等同保护论认为,原《侵权责任法》第 6 条第 1 款和《民法典》第 1165 条第 1 款构建了未严格区分权利和利益的制度框架,从而与违法性要件不相容;我国台湾地区学界的等同保护论认为,权益等同保护仍然需要违法性要件,只是要从结果不法说转向行为不法说。因此,我们必须对权益区分保护和违法性要件之间的关系以及结果不法和行为不法之间的核心争点进行深入的研究,这对具体

解释论的建构具有重要的意义。

五、权益区分保护和损害要件的关联问题

等同保护论认为，通过对损害的正当性和严重性的判断，可以发挥对利益保护的筛选过滤功能，不需要从归责原理角度出发，区分过失责任与故意责任，前者原则上适用于侵害权利的情形，后者原则上适用于侵害利益的情形。但是区分保护论认为，原《侵权责任法》虽然在构成要件上没有区分对绝对权的侵犯和对其他利益的侵犯，但在侵害行为所导致的损害后果是否具有不法性问题上进行了区分。这可以成为建构中国侵权责任制度体系的基础和出发点。

《民法典》第 1165 条第 1 款规定："行为人因过错侵害他人民事权益造成损害的，应当承担侵权责任。"与原《侵权责任法》第 6 条第 1 款相比，增加了"造成损害的"五个字。通过对《民法典》颁布后的学说理论的归纳，我们发现很多时候"民事权益侵害"要件消失了，学说理论对"民事权益侵害"和"损害"之间的关系缺乏深入的解读。因此，仔细地分析民事权益侵害和损害之间的关系，在解释论上具有重要的意义。

六、契约责任和侵权责任的利益保护范围和方式

等同保护论认为，契约责任的保护范围从保护利益扩张到保护权利，而且保护程度相同。侵权责任的保护范围从保护权利扩张到保护利益，对权利和利益进行区分保护在价值理念上并没有正当性。同时，正因为侵权责任对利益的保护不足，从而导致了契约责任的肥大化趋势。如果我们试图在解释论上采纳权益区分保护论，就必须考察，契约责任等同保护权利和利益，因此侵权责任也应该等同保护权利和利益的结论是否成立。

七、《民法典》第 1165 条第 1 款的具体解释方法

《民法典》第 1165 条第 1 款和原《侵权责任法》第 6 条第 1 款相

比,除了增加“造成损害的”表述以外,未作其他改动。因此,即使我们能够在理论上证明权益区分保护具有合理性,我们仍然需要回答,在《民法典》第 1165 条第 1 款表面上没有对权利和利益进行区分的前提下,我们应该采纳何种解释论方法以达致对权利和利益进行区分保护的结论。

第二章　德国模式的合理性和存在的问题

主流学者在立法论上批判德国模式的一个主要根据是，较晚的民法典几乎都选择了法国模式或者说一般条款模式，而没有选择德国的列举式做法。[①] 实际上，在主张"全面一般条款"的学者极力赞扬和主张借鉴的几部民法典中都隐含了德国模式的条文，甚至在没有隐含德国模式的大陆法系国家，甚至包括英美法系国家，在解释论上参照德国模式也是一种常态。

第一节　立法论上接受德国模式的样本

从比较法上考察，和德国模式最相类似的"立法例"是我国台湾地区"民法"的第184条。前文已经简要地考察了上述条文从《大清民律草案》到《民国民律草案》，再到1931年原《中华民国民法典》的演变过程。负责起草《大清民律草案》的日本学者放弃《日本民法典》第709条的立法例，转而追随德国模式的心路历程让人十分感兴趣。实际上，除了我国台湾地区

① 参见张新宝：《侵权责任法立法研究》，中国人民大学出版社2009年版，第154页。

"民法"对德国模式的显性模仿之外,在立法论上隐性接受德国模式的立法例并不少见。

一、《埃塞俄比亚民法典》的立法模式

埃塞俄比亚并不是一个经济发达国家,但是《埃塞俄比亚民法典》在比较法上却备受瞩目。因为该法典是法国比较法权威学者勒内·达维德负责起草的,因此可以说是《法国民法典》的改造升级版本。

在原《侵权责任法》的起草过程中,杨立新认为中国侵权责任法的一般条款应该采纳埃塞俄比亚的立法模式。因为埃塞俄比亚侵权行为法的立法模式实现了大陆法系侵权行为法和英美法系侵权行为法的融合,实现了强强联合,从而形成了新的侵权行为法的立法模式。杨立新认为,现代侵权行为法的立法模式分为两种,一种是大陆法系的一般化立法,即通过一般条款对侵权行为采取概括的、抽象的规定,不作具体的列举。代表性的国家是法国,立法模式是:"一般侵权行为+特殊侵权行为=全部侵权行为"。另一种是英美法系的类型化立法,即不对侵权行为进行概括的、抽象的规定,而是按照侵权行为类型的不同进行具体列举。埃塞俄比亚立法模式的特色在于,采用一个完全的一般条款概括全部的侵权行为,在一般条款之下再分别规定不同的侵权行为类型,其模式是:"侵权行为一般条款=全部侵权行为+类型化规定"。① 该一般条款就是《埃塞俄比亚民法典》第2027条:(1)任何人应对因过犯给他人造成的损害承担责任,而不论他为自己设定的责任如何。(2)在法律有规定的情形下,一个人应对其从事的活动或所占有的物给他人造成的损害承担责任。(3)如果某人根据法律应对第三人负责,他应对该第三人因过犯或依法律规定发生的责任负责。

实际上,《埃塞俄比亚民法典》第2027条和《法国民法典》相比并没有实质性的突破,该条只是将《法国民法典》第1382条、第1383条和第1384条第1款的规定合并为一个条文。实质性的差异是,《埃塞

---

① 杨立新:《论埃塞俄比亚侵权行为法对中国侵权行为法的借鉴意义》,载《扬州大学学报(人文社会科学版)》2005年第5期。

俄比亚民法典》将第 2027 条规定的三种侵权责任类型进行了最大范围的列举，具体表现是第十三题“非契约责任与不当得利”的第一章“非契约责任”的第一节“因过犯所生的责任”、第二节“过犯阙如的责任”、第四节“对他人行为承担责任”。但是《埃塞俄比亚民法典》第 2027 条第 2 款和第 3 款并不是独立的请求权基础，因为这两款均明确规定了适用的前提条件“在法律有规定的情形下”和“根据法律”。这类似于我国原《侵权责任法》第 6 条第 2 款和第 7 条，不是独立的请求权基础，只是对过错推定责任和无过错责任的一般性表述，因为这两个条文均明确必须是在“法律规定”的情形下，才能适用过错推定责任和无过错责任。因此在《埃塞俄比亚民法典》第 2027 条中，只有第 1 款才是真正意义上的一般条款，也是一般侵权的请求权基础。这一款几乎就是《法国民法典》第 1382 条的翻版，因此法国模式过于一般化，对司法实践指导不足的缺点同样存在。

《埃塞俄比亚民法典》的起草人勒内·达维德是法国的比较法权威，我相信他对法国模式和德国模式的利弊应该是了如指掌。他采取的方法是增加借鉴德国模式的条款弥补法国模式的不足。该法典的第 2030 条第 1 款规定：“如果某人以违反道德或公共秩序的方式或在这样的状态中行为或不行为，则他实施了过犯。”该款和《德国民法典》第 826 条在本质上是类似的。《埃塞俄比亚民法典》第 2035 条规定：“一个人如果违反了某法律、法令或行政条例的任何专门和明确的规定，则他实施了过犯。对法律的不知不得成为宽宥的理由。”该条和《德国民法典》第 823 条第 2 款的规定是类似的。

尽管达维德指出《德国民法典》对法国确立的过错责任原则加以限制的企图已告失败，但我认为他主要批评的是《德国民法典》第 823 条第 1 款对具体权利类别进行限制的企图。因为他在谈及法国法中的过错判断标准时明确指出，当某人的行为违反法律规定，我们可以认为他犯有过错，但典型的过错是由那种以公认的道德和礼仪标准衡量应予指责的行为所构成。[①] 这两种标准实际上就是德国模式的判断

---

① 参见［法］勒内·达维：《英国法与法国法：一种实质性比较》，潘华仿等译，清华大学出版社 2002 年版，第 181～186 页。

标准。尽管《法国民法典》并没有直接规定违反法律的就构成过错，但是在司法实务中法国比德国走得还要远。因为法国适用的原则是违反制定法规则就自动构成过错，至于违反的是否是致力于保护个人利益的制定法，抑或受到的损害是否在其保护范围之内，都是没有关系的。法国的法律制度推定每个人都知晓法律，这就规定了一个严格的注意义务。[①] 这也是达维德在《埃塞俄比亚民法典》第2035条中加上第2款"对法律的不知不得成为宽宥的理由"的原因。

如果对比一下同处于非洲、同样深受法国法影响的1948年《埃及民法典》和1975年《阿尔及利亚民法典》，我们更加能够体会到《埃塞俄比亚民法典》在内容上的德国特征。关于侵权责任的规定，无论是《埃及民法典》，还是《阿尔及利亚民法典》，都完全处在法国法的影响下，只是将法国法规定的对自己管理的人的责任和对自己管理的物的责任进行了细化规定而已。

二、日耳曼语族国家的立法模式

（一）《奥地利普通民法典》的立法模式

在日耳曼语族国家，《奥地利普通民法典》的颁布要比《德国民法典》早将近90年，与《法国民法典》一样处在自然法的法典编纂背景中。《奥地利普通民法典》第1295条规定："任何人均得请求加害人赔偿因其过错行为所致之损害；损害，得因违反契约义务而发生，亦得因与契约无关的其他事由而发生。"除了同时涵盖契约责任和侵权责任之外，该一般条款和《法国民法典》第1382条没有本质区别。同时该法典第1311条第2句规定："但过错引起偶然事件发生的人，或者其行为违反以防止偶然损害为目的之法律的人，或者非在急迫情形下干涉他人事务的人，对于本来不会发生但因其介入而发生的一切损害，应负责任。"其中"其行为违反以防止偶然损害为目的之法律的

---

① 参见［德］克雷斯蒂安·冯·巴尔：《欧洲比较侵权行为法》（上卷），张新宝译，法律出版社2001年版，第43～45页。

人”的规定被认为是关于具有保护目的的法律规定。①

在民法典颁布之后，奥地利的民法学开始进入全面的注释阶段，此时德国法学的影响开始凸显。奥地利学者甚至提出要“将德国科学的丰富河流引向奥地利那未经开垦的旷野”。② 德国法影响的最终体现就是在 1916 年的法典中增加了第 1295 条第 2 款的规定：“故意以违反善良风俗之方法加损害于他人者，应负赔偿责任，但行使权利所致之损害，仅在权利之行使明显以损害他人为目的时，始负赔偿责任。”③尽管德国学者茨威格特认为该款的增加似嫌多余，但是奥地利学者似乎更加彻底地倒向了德国模式。④

在学者起草的《奥地利侵权责任法草案》中对原先的第 1285 条进行了彻底的改写：“1. 不法即违反客观注意义务并且过错侵害所保护的法益或者违反确定的行为准则（保护法律）或者违反善良风俗的人，基于该过错承担责任。2. 违反法律制度的基本价值或者依据一般价值理念而错误行为的人，或者其目的仅仅在于损害他人或者其追求的利益与受害人的利益处在严重不对等关系中的人违反善良风俗。”⑤该条除了没有列举具体的权利和法益的类别，和德国模式基本没有区别，而且还对善良风俗的判断方法进行了规定，目的可能是降低善良风俗的模糊性对司法实践的影响。⑥

---

① 参见［奥］伽布里菈·库齐奥、［奥］海尔穆特·库齐奥：《奥地利民法概论——与德国法比较》，张玉东译，北京大学出版社 2019 年版，第 56 页。

② ［德］K. 茨威格特、［德］H. 克茨：《比较法总论》（上），潘汉典等译，中国法制出版社 2017 年版，第 299 页。

③ ［奥］伽布里菈·库齐奥、［奥］海尔穆特·库齐奥：《奥地利民法概论——与德国法比较》，张玉东译，北京大学出版社 2019 年版，第 56 页。

④ 参见［德］K. 茨威格特、［德］H. 克茨：《比较法总论》（上），潘汉典等译，中国法制出版社 2017 年版，第 305 页。

⑤ ［奥］海尔姆特·库齐奥：《侵权责任法的基本问题（第一卷）：德语国家的视角》，朱岩译，北京大学出版社 2017 年版，第 331 页。

⑥ 如果从纯粹经济损失的保护进行分析，在解释论上，奥地利受到德国模式影响更加明显。奥地利法院的实践在某些方面超过了德国所达到的限制水平，《奥地利普通民法典》的法国法表象和德国法内层的截然对比非常明显。参见［意］毛罗·布萨尼、［美］弗农·瓦伦丁·帕尔默主编：《欧洲法中的纯粹经济损失》，张小义、钟洪明译，法律出版社 2005 年版，第 113~114 页。

（二）《瑞士债法典》的立法模式

《瑞士债法典》于1881年颁布，从时间上看不可能受到此后颁布的《德国民法典》的影响。但是在《瑞士民法典》于1907年颁布之后，《瑞士债法典》在经过修改以后于1911年颁布。该法典第41条规定："任何人由于故意、过失或者不谨慎地实施不法行为给他人造成损害的，应当承担赔偿责任。违反善良风俗，故意造成他人损害的，应当承担赔偿责任。"瑞士学者明确承认"德国模式的影响清楚地体现在《瑞士债法典》第41条第2款中，这一款几乎就是对《德国民法典》第826条的逐字照抄"。①

在《瑞士债法典》第41条中，我们似乎没有看到类似于《德国民法典》第823条第2款的规定，但是通说认为第41条规定的违法性的判断标准，除了第2款规定的违反善良风俗外，由下列两个主要因素来判断：第一，侵害绝对权；第二，违反了某种旨在保护人们财产不受侵害的行为规范。② 这种解释的依据是1881年《瑞士债法典》第50条规定"无正当理由造成损害"，1911年修订法律时，《瑞士债法典》第41条改为"以不法的方式"。上述改动表明立法者从主观的违法性理论转变为客观的违法性理论，违法性是指客观地违反某一法律规范（私法或公法）。③ 最新的《瑞士侵权法草案》第46条对违法性的概念作

---

① ［瑞士］P. 威德梅尔：《违法性在瑞士法中的功能和作用》，载［奥］H. 考茨欧主编：《侵权法的统一：违法性》，张家勇译，法律出版社2009年版，第153页。作者同时指出《奥地利普通民法典》第1295条第2款同样受到德国的影响，都试图将法国的一般条款与德国列举值得保护的利益的做法结合起来。《希腊民法典》第919条同样受到《德国民法典》第826条的影响，该条规定："一人故意违反道德致人不利，应承担赔偿责任"。参见［德］克雷斯蒂安·冯·巴尔：《欧洲比较侵权行为法》（上卷），张新宝译，法律出版社2001年版，第51页；［意］毛罗·布萨尼、［美］弗农·瓦伦丁·帕尔默主编：《欧洲法中的纯粹经济损失》，张小义、钟洪明译，法律出版社2005年版，第5页。

② 参见［德］克默雷尔：《侵权行为法的变迁》（上），李静译，载田士永等主编：《中德私法研究》第3卷，北京大学出版社2007年版，第89页；［瑞士］P. 威德梅尔：《违法性在瑞士法中的功能和作用》，载［奥］H. 考茨欧主编：《侵权法的统一：违法性》，张家勇译，法律出版社2009年版，第159页。

③ 参见［瑞士］海因茨·雷伊：《瑞士侵权责任法》，贺栩栩译，中国政法大学出版社2015年版，第186~187页。

出了界定:“1. 侵害法律所保护的权利的加害行为具有违法性;2. 侵害体现为人的行为的,如果该行为违反了法律的要求或者禁令、违反了诚实信用或者违反了合同义务,则此种行为具有违法性。”①该条在侵权法中规定违反诚实信用比较特殊,但是瑞士的通说认为违反诚实信用的行为视为背俗行为。②

(三)《荷兰民法典》的立法模式

尽管同属于日耳曼语族,但是因为被拿破仑征服的关系,荷兰长期受到法国法的影响。1838 年颁布的《荷兰民法典》主要根据《法国民法典》制定,而且大多是一字不差地照搬。其中关于侵权责任的第 1401 条和第 1402 条基本源自《法国民法典》第 1382 条和第 1383 条。③ 但是 1992 年颁布的新《荷兰民法典》完全倒向了德国模式,该法典第 6:162 条的规定被认为是“反映了近 200 年来欧洲不法行为法的发展成果”。④

新《荷兰民法典》第 6:162 条规定:“1. 任何人对他人实施可被归责的侵权行为,应当赔偿该行为使他人遭受的损害。2. 除有正当理由外,下列行为视为不法行为:侵犯权利,违反法定义务或有关正当社会行为的不成文法规则的作为或不作为。3. 侵权行为是由行为人的过错或者依法律或公认的准则应由其负责的原因所致的,归责于该行为人。”该条是对长达 70 年的荷兰司法实践的总结,在 1919 年的一则判决中荷兰最高院受到德国法的影响,坚持认为:“不法一词不等同于不符合制定法。”“不法行为必须被理解为对他人之权利以作为或者不作为方式之侵犯或者以作为或不作为的方式违反制定法上的义务、违反善良风俗、违反与社会日常生活相关的对他人人身和财物的必要注

① [德]布吕格迈耶尔、朱岩:《中国侵权责任法学者建议稿及其立法理由》,北京大学出版社 2009 年版,第 301 页。

② 参见[瑞士]海因茨·雷伊:《瑞士侵权责任法》,贺栩栩译,中国政法大学出版社 2015 年版,第 217 页。

③ 参见[荷]亚瑟·S. 哈特坎普:《荷兰民法典 1947—1992 年的修订》,吴民许等译,载王卫国主编:《荷兰经验与民法再法典化》,中国政法大学出版社 2007 年版,第 39 页。

④ [德]克雷斯蒂安·冯·巴尔:《欧洲比较侵权行为法》(上卷),张新宝译,法律出版社 2001 年版,第 37 页。

意。”荷兰立法者只是认为“善良风俗”一词没有发展成为成熟的术语,法院已经不再使用,因此用“有关正当社会行为的不成文法规则”来代替。① 正是因为上述变化,“荷兰私法将不再属于法国法系,而是属于德国法系”。②

三、拉丁语族国家的立法模式

(一)葡萄牙语系国家的立法模式

1867年《葡萄牙民法典》在风格和体系上与法兰西民法典编纂相去甚远,处处表明都是由理论家编纂的,但是在内容上主要采用了法国的法律制度。③ 但是1867年《葡萄牙民法典》已经开始尝试对违法性和过错进行区分,其第2361条规定了对权利的侵犯构成侵权,相隔较远的第2398条将对保护性法律的违反规定为一个具体不法行为。④

1967年生效的《葡萄牙新民法典》第483条第1款体现了德国法的强烈影响,初看上去,它完全是将《德国民法典》的两项规定合二为一。⑤ 该条规定:“因故意或过失不法侵犯他人权利或违反旨在保护他人利益之任何法律规定者,有义务就其侵犯或违反所造成之损害向受害人作出损害赔偿。”该条的起草者瓦兹·塞拉在适用“不法”一词时,其意图是仅保护绝对权利,这一立法内涵已经普遍体现于对该条的理解中。⑥ 与《瑞士债法典》相反,在这个条文中我们看不到违反善良风俗构成不法行为的规定。但是《葡萄牙新民法典》“总则编”的第

---

① 参见[德]克雷斯蒂安·冯·巴尔:《欧洲比较侵权行为法》(上卷),张新宝译,法律出版社2001年版,第36、55页。

② [荷]亚瑟·S.哈特坎普:《荷兰民法典1947—1992年的修订》,吴民许等译,载王卫国主编:《荷兰经验与民法再法典化》,中国政法大学出版社2007年版,第57页。

③ 参见[德]K.茨威格特、[德]H.克茨:《比较法总论》(上),潘汉典等译,中国法制出版社2017年版,第305页。

④ 参见[德]克雷斯蒂安·冯·巴尔:《欧洲比较侵权行为法》(上卷),张新宝译,法律出版社2001年版,第21页。

⑤ 参见[德]克雷斯蒂安·冯·巴尔:《欧洲比较侵权行为法》(上卷),张新宝译,法律出版社2001年版,第31页。

⑥ 参见[意]毛罗·布萨尼、[美]弗农·瓦伦丁·帕尔默主编:《欧洲法中的纯粹经济损失》,张小义、钟洪明译,法律出版社2005年版,第115页。

334 条规定："权利人行使权利明显超越基于善意、善良风俗或该权利所具之社会或经济目的而产生之限制时，即为不正当行使权利。"克雷斯蒂安·冯·巴尔认为，似乎没有理由不将第 334 条的规定作为第 483 条第 1 款之下的保护性法律，葡萄牙学者也在做着同样的努力。[①]

1999 年生效的《澳门民法典》被认为是《葡萄牙新民法典》的升级优化版，但是在侵权责任方面没有任何升级的迹象。《澳门民法典》第 477 条是对《葡萄牙新民法典》第 483 条原文的照抄，第 326 条则是对《葡萄牙新民法典》第 334 条的原文照抄。相信在葡萄牙产生的解释论问题在我国澳门特区也会同样存在。

尽管同属于葡萄牙语系，巴西的民法典编纂并没有受到太多葡萄牙的影响，曾作为殖民地的巴西几乎是和宗主国葡萄牙同时开始准备起草民法典。对 1916 年《巴西民法典》产生重要影响的弗雷塔斯是一位德国法学的崇拜者，该法典在体系结构上被认为实现了和德国潘德克吞体系的共振。[②] 但是关于侵权责任的规定似乎并没有脱离法国模式。2002 年的《巴西新民法典》开始出现变化，其第 186 条规定："任何人因自愿的作为或不作为、过失或轻率侵犯权利并造成他人损害的，即使完全是精神损害，他实施了不法行为。"第 187 条规定："权利持有者行使权利明显超出根据其经济或社会的目的、诚信或善良风俗科加的限度的，也实施了不法行为。"第 186 条的"精神损害"和第 187 条是新添加的内容。[③] 第 187 条的规定明显可以看出《德国民法典》第 826 条的影响。

（二）西班牙语系国家的立法模式

与《葡萄牙民法典》在体系和风格上的鲜明特色不同，1889 年颁

---

① 参见［德］克雷斯蒂安·冯·巴尔：《欧洲比较侵权行为法》（上卷），张新宝译，法律出版社 2001 年版，第 53~54 页。

② 参见［意］阿尔多·贝特鲁奇：《在传承与革新之间的巴西新民法典》，薛军译，载徐国栋主编：《罗马法与现代民法》第 5 卷，中国人民大学出版社 2006 年版，第 232 页。［意］桑德罗·斯奇巴尼：《巴西新民法典序言》，载《巴西新民法典》，齐云译，中国法制出版社 2009 年版，第 12 页。

③ 参见［意］阿尔多·贝特鲁奇：《在传承与革新之间的巴西新民法典》，薛军译，载徐国栋主编：《罗马法与现代民法》第 5 卷，中国人民大学出版社 2006 年版，第 242 页。

布的《西班牙民法典》基本处在《法国民法典》的笼罩之下。除了对特殊侵权的类型略有扩张列举之外，关于侵权责任一般条款的第1902条基本源自《法国民法典》第1382条。

尽管1852年《秘鲁民法典》被称为“拉美第一部内生性民法典”，1936年《秘鲁民法典》被认为受到19世纪德国潘德克吞学派成熟的系统分类方法的影响，1984年《秘鲁民法典》被认为特别关注了《意大利民法典》的最新进展。但是关于侵权责任的规定仍然对法国模式亦步亦趋。[①] 1855年颁布的《智利民法典》关于侵权责任的规定同样如此。

同处西班牙语系的《阿根廷民法典》在侵权责任的规定中显示出和法国模式不同的特征。1871年生效的《阿根廷民法典》第1075条规定：“一切权利不论涉及外在客体还是和人的生存相结合，均可成为侵权行为的客体。”第1066条规定：“任何自愿性的行为如不被普通法律、市政法律或警察法规所禁止，不具不法行为的特征。”这个条文从反面解释就是违反上述法律的行为就是不法行为。1968年该民法典修订时特别增加了第1071条，该条规定：“对自己权利的适当行使或对法定义务的履行，不得构成为任何不适法行为。法律不保护权利的滥用。权利的行使如违背法律在承认此等权利时所着眼的目的，或者其行使超出诚信、道德以及善良风俗所设定的范围，视为权利的滥用。”上述规定隐含了《德国民法典》第823条第2款和第826条的规定。2002年《巴西新民法典》第187条实际上受到《阿根廷民法典》第1071条第2款的影响。

第二节　解释论上接受德国模式的样本

在立法论上接受德国模式，需要有制定新民法典，或者对现有民

---

① 参见[意]里卡尔多·卡尔蒂里：《秘鲁民法典的中译》，陈晓敏译，载《秘鲁共和国新民法典》，徐涤宇译，北京大学出版社2017年版，第3~4页。

法典进行修订的机会。但是,即使没有这样的机会,很多国家通过对民法典相关条文的解释,几乎达到了和德国模式一样的效果。

一、法国的解释论方法

作为等同保护论的鼻祖,《法国民法典》第 1382 条和第 1383 条被认为是不对权利和利益进行区分保护的典范,“原则上,所有的权利和利益均受保护,尽管侵犯权利更容易证明损害的存在”。[①] 但是,实际上不可能所有的利益都受到法律的保护,这是侵权责任法不可承受之重,因此法院必然要采取一些方法对利益的保护进行筛选和限制。

法国学者 G. Viney 非常清晰地认识到法国模式在司法实践中存在的问题。他指出,根据《法国民法典》第 1382 条确立的原则,不但已经存在并且被承认的权利受到法律保护,而且尚未充分发展和充分认可的“权利”也受到法律保护。这种宽泛的保护范围在人身侵害、非物质损害上引发了非常多的问题,法国模式显现出非常严重的问题。原告无法预期自己的损害是否一定会得到保护,被告也无法预期自己的行为是否会在法律上导致损害赔偿责任。对于法官而言,由于缺乏规则的指引,他只能根据自己个人的感情作出决定。这种宽泛的责任方式已经导致损害的社会成本的增加,尤其是保险成本的增加。法国必须充分考虑这样一种事实,在任何时候、任何国家,都必须对原告遭受的损害进行限制。[②]

如果从文义上解释,在法国,侵权责任的构成需要三个要件:过错、损害和因果关系。关于权利和利益的保护主要在损害要件下进行考虑。在《法国民法典》生效的第一个世纪里法国对损害的解释甚至比德国还要严格。毛罗·布萨尼和弗农·瓦伦丁·帕尔默认为:“19 世纪上半叶所有的法国论者以及此后的许多论者都认为,第 1382 条和第 1383 条包含了后来《德国民法典》在第 823 条到第 826 条的解决

---

① Walter van Gerven, Jeremy Lever&Pierre Larouche, *Tort Law*, Hart Publishing, 2000, p. 57.

② Walter van Gerven, Jeremy Lever&Pierre Larouche, *Tort Law*, Hart Publishing, 2000, pp. 59-60.

方案。”[①]罗道尔夫·萨科认为:“19 世纪上半叶所有的法国学者以及其后相当数量的学者都在《拿破仑民法典》第 1382 条中找到了后来被《德国民法典》第 823 条中所包含的规范要素,后者将损害赔偿责任限制于侵害受害人一项绝对权的情形。”[②]

将第 1382 条中的损害限制为侵害一项绝对权导致的损害,是德国学者 K. S. 察哈里埃对法国学说产生的影响,他在对《法国民法典》第 1382 条的解释中指出:“在民法上,因故意或者过失而不法地侵害他人权利的行为构成侵权行为。”直到 19 世纪末,法国学者仍然坚持“损害仅仅是致害行为的一个要素,它本身还不足以导致责任发生。必须有一项权利受到侵害”。[③] 进入 20 世纪以后,法国的学说理论开始意识到,并非只有侵害权利才会导致损害。例如,有人基于错误的主张而阻止他人认领自己的非婚生子女,阻止他人立遗嘱或者销毁他人的遗嘱,模仿他人的商业标识,一般的不正当竞争行为,恶意诉讼等。当事人主张的所谓“权利”缺乏法律条文的支撑,为了对这些原本违反体系的情形进行修补,学说理论开始在旧有的且为人们所熟知的“权利侵害”概念中加入新的“不法”范畴,以便能够包含新的且更为一般的侵害类型,从而引导出损害赔偿义务。法国学者明确指出,不法性观念在《法国民法典》中没有表现出来,相反,《德国民法典》对此作出了明确的界定,法国应该借鉴。[④]

1937 年,法国最高法院确立了如下原则:当损害是对法定保护利益的损害时,此种损害可予以赔偿;当损害不是对法定保护利益的损

---

① [意]毛罗·布萨尼、[美]弗农·瓦伦丁·帕尔默主编:《欧洲法中的纯粹经济损失》,张小义、钟洪明译,法律出版社 2005 年版,第 94 页。

② [意]罗道尔夫·萨科:《比较法导论》,费安玲、刘家安、贾婉婷译,商务印书馆 2014 年版,第 123 页。

③ [意]罗道尔夫·萨科:《比较法导论》,费安玲、刘家安、贾婉婷译,商务印书馆 2014 年版,第 125 页。直到 1996 年出版的著作中,法国学者仍然指出,仅仅侵害利益还不够,必须是对权利的侵害才会导致损害。在法国法院的判决中,法院驳回原告关于同居的主张,理由就是没有法定权利的支持。See Walter van Gerven, Jeremy Lever&Pierre Larouche, *Tort Law*, Hart Publishing, 2000, p. 61.

④ 参见[意]罗道尔夫·萨科:《比较法导论》,费安玲、刘家安、贾婉婷译,商务印书馆 2014 年版,第 126~127 页。

害时,则不能对此种损害予以赔偿。此种规则的确立是为了拒绝原告所提出的违反法律、违反公共秩序或者违反善良风俗的损害赔偿要求。此种规则的确立并不是说只有在侵害他人的主观权利时才能具有损害,只要侵犯了合法利益,他人即可获得损害赔偿。这种合法利益就是,既不违反法律,也不违反公序良俗。① 通过这种解释,我们可以看出法国的司法实践和德国确立的三个小的一般条款没有本质区别。

目前,在法国民法学界占据主导地位的学说认为,《法国民法典》第 1382 条中的过错具有二元性的特征,既包括主观心理状态的可非难性,也包括客观的行为不法性。② 更加引人注目的是法国司法实践中的解决方法有上升为成文法的趋势,因为法国 2005 年"债法及时效法改革草案"已经预定于《法国民法典》第 1343 条中明文规定,得请求的损害赔偿,必须是对合法利益的侵害。③

二、意大利的解释论方法

在很长一段时间里,意大利"女儿"都是紧紧地跟随在法国"母亲"的身后。1865 年《意大利民法典》第 1152~1155 条基本上是对《法国民法典》第 1382~1385 条的原文照抄,唯一的变化是增加了第 1156

---

① 参见张民安:《现代法国侵权责任制度研究》(第 2 版),法律出版社 2007 年版,第 66 页。法国学者 G. Viney 明确指出,在现代法国法上,对权利和利益保护的唯一限制就是上述利益必须具有合法性。See Walter van Gerven, Jeremy Lever&Pierre Larouche, *Tort Law*, Hart Publishing, 2000, p. 57. 在法国法上,只有侵害合法利益导致的损害才具有可赔偿性的法律依据是《法国民事诉讼法典》第 31 条的规定,基于该条享有起诉资格的是那些"对胜诉具有合法利益的人"。参见欧洲民法典研究组、欧盟现行私法研究组编著:《欧洲私法的原则、定义与示范规则:欧洲示范民法典草案》(第 5、6、7 卷),王文胜等译,法律出版社 2014 年版,第 267 页。

② 参见 Oliver Moréteau:《法国法视野下侵权责任法的基本问题》,载[奥]海尔姆特·库齐奥主编:《侵权责任法的基本问题(第二卷):比较法的视角》,张家勇、昝强龙、周奥杰译,北京大学出版社 2020 年版,第 56 页。

③ 参见陈忠五:《契约责任与侵权责任的保护客体——"权利"与"利益"区别正当性的再反省》,台北,新学林出版股份有限公司 2008 年版,第 192 页。

条关于共同侵权连带责任的规定。① 1942 年《意大利民法典》出现了一个显著的变化,第 1156 条规定:"因任何故意或过失给他人造成不法损害的,行为实施者应当承担损害赔偿的责任。"其核心特征就是"不法损害"的表述,这在比较法上非常独特,意大利人自己非常自豪地称之为"混合体系"。因为该条规定处在法国模式和德国模式的中间地带,而且在解释论上还掺杂了英国法的模式。②意大利学者明确指出上述条文内容的变化受到了德国学说理论的影响。③

在对 1865 年《意大利民法典》的解释中,意大利一方面注意到法国学说理论的变化,认识到过错是不法行为的基础,对主观权利的侵害是选择可赔偿损害的标准;另一方面也开始受到德国潘德克吞学派的影响,关键就是认识到不法性和过错的区分。1942 年《意大利民法典》第 2043 条采用"不法损害"的表述是上述影响的最终体现,因为立法者明确指出过错和不法性是不同的概念。④

在对第 2043 条的解释中,意大利受到德国学说理论影响的痕迹越来越明显。意大利学者认为"不法损害"的表述构成了一个一般条款,它就像一个阀门缓解了法律制度的刚性。损害并非只是侵害绝对主观权利导致的损害,同时也包括了侵害其他合法利益导致的损害。不法损害具有开放性,需要法官在具体的案件中进行判断。⑤ 意大利的通说认为,对第 2043 条中的"不法"应该这样判断:(1)违反了一条

---

① See Guido Alpa, *La Responsabilita Civile*: *Parte Genetale*, UTET, Torino, 2010, p. 1090.

② See Guido Alpa, *La Responsabilita Civile*: *Parte Genetale*, UTET, Torino, 2010, p. 90.[意]罗道尔夫·萨科:《比较法导论》,费安玲、刘家安、贾婉婷译,商务印书馆 2014 年版,第 136 页;[德]克雷斯蒂安·冯·巴尔:《欧洲比较侵权行为法》(上卷),张新宝译,法律出版社 2004 年版,第 27 页。

③ See Pier Giuseppe Monateri, Filippo Andrea Chiaves, Italy, International Encyclopaedia of Laws, Tort Law, Volume 2, Hague, The Netherland, Kluwer Law International, 2003, pp. 90-95.

④ See Guido Alpa, *La Responsabilita Civile*: *Parte Genetale*, UTET, Torino, 2010, pp. 83-101.

⑤ See Guido Alpa, *La Responsabilita Civile*: *Parte Genetale*, UTET, Torino, 2010, pp. 358-359.

民法规范;(2)对根据社会公认的原则予以认可的利益的侵害,构成不法;(3)根据宪法原理的衡量应予以保护利益的侵害,构成不法;(4)对根据法律制度整体的考量应该予以保护利益的侵害,构成不法。意大利学者特别指出这些利益主要是刑法规范和法律特别规定的义务所特别保护的利益。[①] 我们可以看出上述理解和德国模式的相似性。

三、日本的解释论方法

从比较法上观察,和中国《民法典》第1165条最相类似的是《日本民法典》第709条,该条规定:"因故意或过失侵害他人权利和法律上被保护的利益时,负因此而产生损害的赔偿责任。"其中"法律上被保护的利益"是2004年日本民法现代语化修订中新增加的内容。此次修订是违法性学说在判例法上固定下来的证明,因为该条修订的立法背景是这样说明的:"此次的改正,以被侵害利益为焦点,并没有改变将此作为构成要件之一的本条的基本构造,为达到在条文上反映实质性规范的目的,增加了'法律上被保护的利益'这一文言。"[②]此一修改仅仅是将"判例和学说中已经确立的解释规定到明文法条中"。[③]

《日本民法典》第709条一开始就受到德国法的影响。原先的旧民法财产编第370条以《法国民法典》第1382条为样本规定,因过失或懈怠造成他人损害者应承担赔偿责任。后来受到《德国民法典》第823条第1款的影响,增加了"权利侵害"的表述,但是在随后的解释论中日本的学说理论将"权利侵害"严格限定在对绝对权的侵害。[④] 因为《民法修正案说明书》指出:"关于侵权行为的条文规定,如果不

---

① See C. Massimo Bianca, *Diritto Civile*, *La Responsabilità*, Giuffrè Editore, Milano, 1994, pp. 585-587.

② [日]圆谷峻:《判例形成的日本新侵权行为法》,赵莉译,法律出版社2008年版,第65~68页。

③ [日]吉村良一:《日本侵权行为法》,张挺译,中国人民大学出版社2013年版,第19页。

④ 参见[日]吉村良一:《日本侵权行为法》,张挺译,中国人民大学出版社2013年版,第18页。

是侵害了属于被保护的、已存在的他人权利,而是在于他人实施经营竞争的过程中使对方遭受损失,尚未构成侵害权利的,不产生赔偿责任。”①《日本民法典》的起草者认为:“侵权行为说到底是为了保护已经存在的权利,而不是为了创设新的权利。”②

在《日本民法典》施行后的判例中,法院严格审视被侵害的利益是否符合权利侵害要件,以判断是否成立侵权行为。在 1914 年的“桃中轩云右卫门案”中,法院认为浪曲属于瞬间创作,不符合著作权必须以新旋律且有定型性的特点的条件,因此将浪曲复制为唱片并进行贩卖不成立侵权行为。上述判决在学说理论中引发了广泛的争议,在 1925 年的“大学汤案”中法院作出了根本性的转变。在该案中,被告将“大学汤”这个老字号卖给了原告,同时将澡堂所在的建筑物也租给了原告。之后双方合意解除租赁合同,但是被告将“大学汤”这个老字号许可他人使用,导致原告无法转让老字号。原审法院认为老字号不是一种权利,因此不符合侵权行为的要件,但是大审院撤销原判发回重审。理由是:《日本民法典》第 709 条保护的不仅包括所有权、地上权、债权、知识产权、名誉权等所谓的一种具体权利,也可以是与此同一程度的严格意义上尚未视为权利的却是法律上被保护的一种利益,具体说是以吾国吾民之法律观念认为有必要对该侵害基于侵权行为对其进行保护的利益。根据这个判决,第 709 条所指的权利侵害要件不仅是对法律上承认的具体权利的侵害,而且还包括对法律上所保护利益的侵害。现代语化改革中增加的“法律上被保护的利益”,正是继承了这个判决的观点。③

尽管上述案件在发回重审以后,法院仍然驳回了原告的诉讼请求,但是引发了学说理论的深入讨论。日本学者末川博认为:“被评价

---

① [日]田山辉明:《日本侵权行为法》,顾祝轩、丁相顺译,北京大学出版社 2011 年版,第 8 页。

② [日]吉村良一:《日本侵权行为法》,张挺译,中国人民大学出版社 2013 年版,第 21 页。

③ 参见[日]吉村良一:《日本侵权行为法》,张挺译,中国人民大学出版社 2013 年版,第 22 页;[日]圆谷峻:《判例形成的日本新侵权行为法》,赵莉译,法律出版社 2008 年版,第 63~64 页。

为违法的通常被认定为权利侵害这样的形态是比较普遍的，另外，命令性的法规通过自身具有的评价性机能具有独自对违法的评价，而缺乏明确的法规的场合时可因违反善良风俗来评价违法。”“即被评价为违法的不一定仅仅是以权利侵害的形态表述出来，因此，从给他人造成损失的行为来看，该行为被评价为违法并不仅仅限于侵害了他人权利的场合。”① 日本学者明确指出，由权利侵害变更到违法性的根据，实质上是我们的法律感情，但形式上是德国民法的规定。上述违法性的评价标准实际上就是《德国民法典》第 823 条第 1 款、第 2 款和第 826 条的集中体现。

四、英美法系的类似思考方式

从表面上看，以判例法为基础的英美侵权法和大陆法系的立法模式存在根本性差异，但是在具体的司法实践中，英美法系的解释论模式非常接近于德国模式。英国学者罗伯特·斯蒂文斯在对法国模式和德国模式进行详尽的分析以后指出，德国模式比法国模式更接近普通法，这种亲源性表现在以下几个方面：

第一，法国模式是以损害为基础的模式，而德国模式和普通法的模式是以权利为基础的模式。《德国民法典》第 823 条第 1 款对受法律保护的利益和权利的列举与卡佛法官在 1898 年 Allen v. Flood 案中列举的对世权非常类似，即名誉权、身体安全的权利、自由权和财产权。罗伯特·斯蒂文斯认为，侵权法关注的是对原初权利的侵犯所产生的次级义务。以权利为基础的模式可以使我们预先确定自己的法律义务，以损害为基础的模式在疑难案件中无法给法官提供更多的指引。②

第二，《德国民法典》第 823 条第 2 款确立的违反保护他人法律构成侵权的规定，在英美法系同样有知音。美国《侵权法重述第二版》第 286 节和第 288 节明确规定了违反制定法责任的认定和豁免的内容。

---

① ［日］圆谷峻：《判例形成的日本新侵权行为法》，赵莉译，法律出版社 2008 年版，第 65 页。

② See Robert Stevens, *Torts and Rights*, Oxford University Press, 2007, pp. 341-348.

第286节规定："法庭可采纳一部法律或行政法规的要求，作为一个正常人的行为标准，只要该要求的目的被认定是全部或部分地：1. 保护包括其权益受到侵犯者的某一类人，并且，2. 保护受到侵犯的该具体权益，并且，3. 保护该权益不受所发生的此类损害，并且，4. 保护该权益不受引起该损害的具体危险的威胁。"①

英美法系的学说理论认为，行政法规和侵权法一样都是通过阻止损害或对其进行赔偿而施加一定程度的社会控制的手段。审理侵权案件的法官可以采纳行政法规来指导侵权法。这些制定法不仅包括州立法机关和国会的产物，也包括条例、行政法规，甚至是宪法。在侵权法的适用中，法院拥有接受、拒绝或修改规则的自由，只要制定法没有作出相反的陈述或有相反的默示。正因为法院拥有上述自由，所以作为决定法院恰当选择的一个步骤，必须对制定法之间的差异加以确定。例如，可以将制定法区分为：(1)施加义务但未在其他方面改变侵权诉求附带事件的制定法；(2)创设新的诉求、义务或抗辩的制定法；(3)限制诉求或创设抗辩的制定法；(4)否认侵权法影响的制定法；(5)默示否认侵权影响的制定法；(6)优先适用的制定法；(7)没有指向侵权法的制定法等。在长期的司法实践中，英国法官就制定法的认定标准、范围、排除标准、违反制定法和过失之间的关系等问题所发展出来的理论，其复杂性和深度丝毫不逊色于德国法。②

第三，罗伯特·斯蒂文斯对《德国民法典》第826条赞赏有加，认为该条提供了以损害为基础的模式所不具备的问题解决方案。因为即使不存在权利侵害，法官也可以通过运用善良风俗这个开放概念决定某项利益是否受法律保护。③ 在英美法上确实不存在《德国民法典》第826条违反善良风俗构成侵权的规定，但是类似的思考方式仍

① 《侵权法重述第二版：条文部分》，许传玺等译，法律出版社2012年版，第118～119页。

② 参见[美]丹·B. 多布斯：《侵权法》(上册)，马静等译，中国政法大学出版社2014年版，第8～9、275～292页。Markesinis and Deakin, *Tort Law*, Clarendon Press, Oxford, 2007, pp. 294-299.

③ See Robert Stevens, *Torts and Rights*, Oxford University Press, 2007, p. 347.

然存在。美国法院通过规则和原则的区分实现了侵权法的创造性延续，美国法官正是通过对原则的运用解决了精神痛苦、出生前伤害、配偶权利等一系列疑难案件，这些案件实际上就是大陆法系所谓的利益保护问题。[①] 根据德沃金的观点，所谓的原则就是公平、正义的要求，或者是其他道德层面的要求。[②]

通过上文的分析，我们可以发现，无论在立法论上，还是在解释论上，德国模式都存在广泛的被接受性。问题是德国模式的这种广泛被接受性的原因是什么，德国模式究竟存在哪些优势或者合理性。

第三节　德国模式的合理性

德国模式被认为是一种混合模式。如果说意大利模式是混合了法国模式和德国模式，那么德国模式则是混合了罗马法的列举模式和法国的抽象概括模式。德国模式的合理性概括起来有三个主要方面：(1)更好的可预见性和可操作性；(2)打通了私法和公法之间的通道；(3)打通了法律和道德之间的通道。

一、德国模式的可预见性和可操作性

在《德国民法典》起草的时候，对于立法者而言有两种模式可以借鉴。第一种就是罗马法的具体列举式，英美法采取的也是这种模

---

① 参见[美]罗伯特・E. 基顿：《侵权法中的创造性延续》，李俊译，载《哈佛法律评论——侵权法精粹》，法律出版社2005年版，第81~86页。同样，关于违反法定义务构成侵权的理论的所有特征都见诸作为欧盟成员的斯堪的纳维亚国家，尽管在强调的重点和具体内容方面有差别。尽管在斯堪的纳维亚国家有关赔偿的制定法中不存在有关违反善良风俗的明确规定，但是在这些国家，人们总是将提起不当的法律程序、对第三方提供恶劣的专业建议和诱使违约与恶意诉讼联系在一起，这在本质上与德国模式的思考方式是一样的，因为《德国民法典》第826条的源头就是罗马法中的恶意诉讼。[德]克雷斯蒂安・冯・巴尔：《欧洲比较侵权行为法》(上卷)，张新宝译，法律出版社2001年版，第50~51、389~397页。

② 参见[美]罗纳德・德沃金：《认真对待权利》，信春鹰、吴玉章译，上海三联书店2008年版，第42页。

式,即对各种侵权类型尽最大可能地予以列举,这对立法者的认识能力提出了非常高的要求,同时在立法技术上也无法完全实现。因为基于立法者认识能力的有限性和社会经济发展的变动不居,对各种可能出现的侵权类型进行完备的列举是不可能完成的任务。第二种就是法国模式采取的抽象概括式。这种模式的优势就是能够做到以不变应万变,无论社会经济发展出现何种变化,因为构成要件的抽象概括性,法官可以通过解释解决各种不同类型的案件。这种模式的劣势是,对于当事人而言,具体行为模式的可预见性不明确;对于法官而言,具体判决的指引不明确,这也会导致法官自由裁量权过大的问题。

一开始,德国的立法者试图采纳法国模式。在《德国民法典》正式颁布之前,总共经历了三个草案,分别是预备草案、第一草案和第二草案。预备草案的第 1 条规定:"以不法的作为或不作为故意或过失给他人造成损害者,应当对该人赔偿其所受到的损害。"该条明显受到法国模式的影响,核心的区别是增加了"不法"的表述。因为潘德克吞学派的观点认为,造成损害本身并不足以构成一项行为的不法。不法表现为两种方式:违反法律的禁令和侵害他人的绝对权。① 这种增加埋下了德国模式和法国模式本质区分的伏笔。

由于预备草案的条文没有对原告可以要求的损害施加任何明确的限制,起草委员会的解释是:"在民法上,任何以不被认可的方式不法侵害他人权利的行为都是不被准许的。因为,每个人的权利都应尊重,其他任何人都不得加以改变;任何人没有任何正当理由而违反法律这种一般要求的行为都足以构成侵权行为。"这种解释表明,不法既包括侵犯权利导致的不法,也包括违反法律导致的不法。②

在第一草案的起草过程中,起草委员会讨论了"侵犯权利应当如何理解"的问题。委员会认为:"只有当行为人侵犯了受绝对保护的权利,或者行为人为了自身利益实施了违反法秩序的行为,而这种行为

---

① 参见李昊:《交易安全义务论——德国侵权行为法结构变迁的一种解读》,北京大学出版社 2008 年版,第 13~14 页。

② 参见[美]詹姆斯·戈德雷:《私法的基础——财产、侵权、合同和不当得利》,张家勇译,法律出版社 2007 年版,第 448 页。

因违反法秩序被法律禁止时,该行为才构成侵犯权利的行为。”委员会最终采纳第一种方案起草了第一草案条文。①

第一草案第 704 条第 1 款规定:“因故意或过失通过作为或不作为的方式不法侵害他人致生损害者,对该已预见或应预见的损害负赔偿责任,无论该损害的程度是否被预见。”该款被认为是模仿了《法国民法典》第 1382 条,构成一项大的侵权行为的一般条款。第 704 条第 2 款规定:“因故意或过失不法侵害他人权利者,对由此而生的损害应负赔偿责任,即使该损害的产生未被预见亦同。对生命、身体、健康、自由和名誉的侵害构成本款中对权利的侵害。”该款是《德国民法典》第 823 条第 1 款的雏形。第一草案第 705 条规定:“根据一般的自由所允许的行为,如果给他人造成损害,而且其实施违背善良风俗的,亦为违法。”该条是《德国民法典》第 826 条的雏形,只是在主观要件上没有“故意”的限制。②

在第二草案起草前,德国司法部成立了一个预备委员会,对第一草案的上述条文进行了修改和完善。第 704 条规定:“故意或过失不法侵害他人权利或违反保护他人的法律者有义务赔偿由此产生的损害。占有属于这一规定之意义上的权利;侵害生命、身体、健康、自由和名誉也被认为是对权利的侵害。”第 705 条规定:“故意以违背善良风俗的方式给他人造成损害者,有义务赔偿该人所受到的损害,而无论损害的范围是否被预见到。”与先前的条文相比,增加了“违反保护他人的法律者有义务赔偿由此产生的损害”,这是《德国民法典》第 823 条第 2 款的雏形;在第 705 条增加了“故意”的要件。③

尽管第一草案作出了上述改动,第二草案的起草委员会仍然不满意。第二草案的起草委员会起草了如下条文,第 746 条规定:“故意或

---

① 参见[美]詹姆斯・戈德雷:《私法的基础——财产、侵权、合同和不当得利》,张家勇译,法律出版社 2007 年版,第 448 页。

② 参见李昊:《交易安全义务论——德国侵权行为法结构变迁的一种解读》,北京大学出版社 2008 年版,第 15~16 页。

③ 参见李昊:《交易安全义务论——德国侵权行为法结构变迁的一种解读》,北京大学出版社 2008 年版,第 17 页。

过失以不法的方式侵犯他人的权利或者违反旨在保护他人的法律的人有义务赔偿该他人由此受到的损害。根据法律的内容,对该法律的违反在无过错的情况下也可能发生的,损害赔偿的义务仅在有过错的情况下才产生。紧急避险不排除由此产生的损害赔偿请求权。”第749条规定:“在非行使权利的情况下故意以违反善良风俗的方式给他人造成损害者有义务赔偿该他人由此而受到的损害。”与第一草案的相关内容相比,删除了对具体权益的列举,细化了违反保护他人法律构成侵权的内容,维持了违反善良风俗的故意要件。但是第746条第1款的内容仍然是法国模式的一般条款模式,最终的《德国民法典》第823条第1款将原先在另外一款中对具体权益的列举纳入一般条款中,最终形成德国模式的三个小的一般条款,用第二起草委员会的话说,其目的是“为法官裁判案件提供一套客观的标准”。①

如果说法国的立法者是“明知山有虎,不往山中行”,他将“打虎”的重任直接交给了法官,那么德国的立法者则认识到“打虎”任务的艰巨性,尽管他对最终是否能打到这只虎也没有绝对的把握,但是他至少告知了法官几种“打虎”的可能路径和方法。

二、德国模式打通了公法和私法之间的通道

自从罗马法确立了公法和私法的区分以后,这种区分一直是法学分析的基本范畴。传统理论认为,区分公法和私法的理论基础在于政治国家和市民社会的对立,基于经济人和国家是必要恶的假设,国家原则上不应该介入市民社会的生活。

“在国家和社会分离的前提下,法理学思考的出发点是这样一个假设:通过组织起一个非政治化的、排除国家干预的经济社会,私法维护了法律主体的消极自由地位,并因此维护了法律自由的原则。相反,公法则在法律分工上隶属于专制国家领域,以便牵制那个为自己保留干预权利的行政力量,并同时用个人法律保护来确保公民的积极

① [德]格哈特·瓦格纳:《当代侵权法比较研究》,高圣平、熊丙万译,载《法学家》2010年第2期。

的法律地位。无疑,私法的实质化(在以权威主义方式实施社会保护义务的意义上)已经开始了……私法据说具有的那种自足性的宪法基础才归于消失。从那以后,把私法作为个人自由的领域同公法作为国家强制发挥作用的领域形成对照就不再可能了。”①

拉德布鲁赫指出,私法和公法的概念不是实证法的概念,它们是先验的法律概念,它们不能满足任何一个实证的法律规则。在一个社会的法律规则中,并存的私法和公法之间并没有明确的界线,而是相互渗透混杂。② 英国学者道恩·奥利弗同样指出,尽管将公法和私法区分开来可能方便(特别是为了教学的目的),但在实践中,公法和私法不能分开;而且实际上也无法以任何具有广泛或一般应用价值的方法为它们作出定义。在很多领域,可能被认定为公法的法律会与私法发生交融。根本的原因就是,公法和私法建立在共同的价值之上。公法和私法享有共同价值的重要性在于其削弱了这两类法律之间存在分野的观念。③

随着完全的市场竞争所导致的协调难题、集体行动的困境、个人行为的外部效应和人的实际隶属性问题,在市民社会内部无法被消解,这使得国家不再伪装成社会秩序的中立监护人,国家针对社会共同体认为重要的活动开始施加持续和集中的控制,这导致了现代规制国的出现。现代规制国的诞生,以及规制手段多元化所引发的契约国的出现,公法和私法之间出现了多层次的交融。现代社会的法律已经变成了一个动态的规范体系,同一社会经济生活现象公法和私法可能从不同的角度进行了调整,一旦出现纠纷,偏废任何一方进行孤立的考察都不可能圆满地解决问题。如果说近代行政法向现代行政法的转变,其表征就是从最小国转向规制国,那么这种转变和私法的转向

---

① [德]哈贝马斯:《在事实与规范之间——关于法律和民主法治国的商谈理论》,童世骏译,生活·读书·新知三联书店 2011 年版,第 491~492 页。

② 参见[德]G.拉德布鲁赫:《法哲学》,王朴译,法律出版社 2005 年版,第 127~129 页。

③ 参见[英]道恩·奥利弗:《共同价值与公私划分》,时磊译,中国人民大学出版社 2017 年版,第 14、28、57 页。

在理论基础上是暗合的。从近代民法转向现代民法，就是从抽象人格转向具体人格、从所有权的绝对保护转向所有权的限制、从意思自治转向意思自治的限制、从自己责任转向社会责任。上述转向的每一个部分都必须通过国家对市民社会的适当介入来实现。如果说近代私法以极端自由主义作为理论支撑，与其相对的是以整体主义作为理论支撑的威权国家，两者之间只会存在对抗，不可能出现交融，但是当规制国的理论基础从社群主义转向共和主义，而现代私法的理论基础从极端自由主义转向温和的自由主义时，两者的理论共识已然逐渐趋近。①

尽管在《德国民法典》起草的时候，上述学说理论还没有充分地展示出来，但是德国的立法者通过对违法性概念的分析，最终在《德国民法典》中增加规定了第 823 条第 2 款，这是一个非常了不起的立法贡献。

德国模式在公法和私法之间架起了一座桥梁。苏永钦教授非常形象地将我国台湾地区“民法”第 71 条的规定（违反强制或禁止规定的法律行为无效）比喻为一匹特洛伊木马，通过这条规定，“公法”规范犹如木马里的雄兵涌入了“民法”的特洛伊城。② 实际上，《德国民法典》第 823 条第 2 款也是一匹民法城里的特洛伊木马，通过它公法规范同样涌入了民法。原先的学说理论认为，作为规范国家和人民关系的公法和规范人民之间关系的私法，两者各有其领域，而且在理念的形成与概念、制度的发展上各有其脉络。“但是现代化同时带动公领域和私领域的扩张，两者之间呈现的不只是反映左右意识形态的波段式拉锯，而且是越来越多的交错，应然面的法律体系，很自然地也从公私法的二元变成多元。作为管制和自治工具的公私法规范，还因为两种理念的辩证发展而相互工具化，乃至相互提供避难所。”③《德国民法典》上述条款（包括我国台湾地区“民法”第 184 条第 2 项）的主

① 参见方新军：《私法和行政法在解释论上的接轨》，载《法学研究》2012 年第 4 期。
② 参见苏永钦：《私法自治中的国家强制》，中国法制出版社 2005 年版，第 9 页。
③ 苏永钦：《寻找新民法》，台北，元照出版有限公司 2008 年版，第 251 页。

要功能在于“转介公法上的行为规范，一方面使得因他人违法而受到单纯经济利益损害，无从依权利受害请求损害赔偿者，可有一请求权基础。另一方面也有藉私法求偿来‘围堵’公法上不法行为，增加违法成本、降低执法成本的涵意”。[①]

《德国民法典》第 823 条第 2 款属于转介条款，其目的在于实现私法和公法的内部接轨，其目的是将公法的规定直接引入私法的内部，从而使得公法的规定成为私法关系内容的一部分。侵权责任法中的转介条款具有双重功能，一方面是对主体行为自由的限制，另一方面也能弥补私法规定的不足，扩大侵权责任法的保护范围，这种功能在传统民法理论中一直被忽视。

如果强制性规范对主体的行为义务进行了具体的规定，例如不得超速、醉酒驾驶，不得排放一定标准的污染物，建造房屋必须和邻近房屋保持一定的距离等，这当然构成对行为人自由的限制，但是在侵权责任法中上述规定可以成为法官认定侵权人过错的表面证据，从而减轻当事人的举证责任和法官的认知负担，这实际上将私法中的过错责任在特定情况下转变为过错推定责任。行政法规中关于各类专家行为义务的具体规定同样可以成为法官认定过错的标准，同时也可能会突破纯粹经济损失只有在行为人故意的情况下才予以赔偿的限制。如果行政法规对主体的行为义务没有具体的规定，法官只能将其转介入侵权法的一般条款从而适用过错原则，否则就会导致对私人自由的过度干预。

同时，在现代社会中，政府开始成为财富的主要源泉，政府作为一个巨型压力器，它吸进税收和权力，释放出财富。这些财富包括国家垄断一部分资源，通过发放营业许可创设新的财产权，如出租车营运证、排污许可证等；国家可以在公共资源上创设不同于传统物权的新类型权利，如采矿权、捕鱼权、取水权等，这在现代民法上已经成为“准物权”；国家也可以针对特定的人群赋予特定的权利，如残疾人补助金、失业救济金、单身母亲救济金等；个人从免于国家干预的自由转向

---

① 苏永钦：《寻找新民法》，台北，元照出版有限公司 2008 年版，第 280 页。

了通过国家获得自由，这实际上导致了福利国家的出现和身份制度的复活。在上述新类型的财富中，有一部分只是主观公权利，例如基于福利国家产生的权利，它们是给付行政的对象，权利人只能向国家主张，第三人无侵犯的可能，因此没有在私法中转介的必要。能够在私人间产生对抗效力的新类型财富，则要看私法在解释论上是否将其接纳为私法上的权利类型，这在侵权责任法上有重要的技术意义。成为私法上权利的，以准物权为代表，事实构成要件的符合直接推定违法性的存在；不能成为私法上权利的，只能是私法上保护的利益，此时违法性不能被推定，而要在具体个案中由法官基于利益衡量予以认定。[①]

三、德国模式打通了法律和道德之间的通道

德国模式在法律和道德之间架起了一座桥梁。《德国民法典》第826条是民法城里的第三匹特洛伊木马，通过它道德规范可以进入民法的城邦。

尽管我们目前还不能说道德和法律的两分模式已经彻底崩溃，但是法律实证主义者已经开始承认特定情况下法律和道德的交迭。哈特在为道德和法律两分进行积极辩护的同时也明确指出："无论是边沁还是其追随者都未曾否认这个观点：借助于明确的法律规定，许多道德原则也许可以在各个不同的方面被引入法律体系之中，并构成法律规则的一部分；法院也可能负有依其所认为的正义或者最佳情形来进行裁决，并且这是合乎法律的。"[②]哈特同时也承认："成文法或许只是法律的外壳，要求借助于道德原则去实现；……民事和刑事的赔偿责任可能因为一般的道德责任观念而有所调整。法律实证主义者不能否认这些都是事实，也不能否认，法律体系的稳定性部分地依赖于法律和道德的这些对应。"[③]这就是哈特所承认的实证法中应该具有

① 参见方新军：《私法和行政法在解释论上的接轨》，载《法学研究》2012年第4期。

② [英]H. L. A. 哈特：《实证主义和法律与道德的分离》，支振锋译，载《哈佛法律评论——法理学精粹》，法律出版社2011年版，第274页。

③ [英]H. L. A. 哈特：《法律的概念》，许家馨、李冠宜译，法律出版社2006年版，第188页。

的自然法的最低限度内容，之所以要有这些最低限度的自然法内容，在很大程度上是因为实证法中存在开放结构，而这种开放结构的存在是因为语言的不确定性。尽管语言一般都有一个确定的中心含义，但同时也可能会有一个有争论的暗区地带。在暗区地带，这些语言的意思既不能明确地被适用，也不能明确地被排除。正是在这个暗区地带必然存在道德和法律的交迭处。[①]

再也没有比利益的保护更适合作为开放结构的分析模本了，因为"利益"一词就其中心含义来讲也是不确定。正如意大利学者艾米利奥·贝蒂所指出的，利益这一时髦的术语实际上是不精确的，其错误的根源在于一般性地立基于心理学的概念，即主体对能够满足其需要的客体的一种欲望，但是心理学的概念无法把握规范的实质。[②] 德国学者迪特尔·施瓦布几乎表达了完全相同的看法。[③] 因此法官在决定是否对利益进行保护的时候，必然要借助于道德规范，这正是《德国民法典》第826条规定的真正意义所在。

通过法律直接规定对道德规范的转介和法官自己直接适用道德规范，两者之间的距离不可以道里计。德沃金认为在没有法律规则的情况下，法官可以通过适用体现道德要求的法律原则来解决疑难案件，美国法官在很多时候正是通过适用法律原则实现侵权法的创造性延续的。但是德沃金的法律原则理论受到了严厉的批判，因为德沃金只是在理论上对法律原则进行了说明，这些法律原则并没有被权力机关颁布，因此它们不是被制定的规范，它们象征着全世界最糟糕的东西。因此约瑟夫·拉兹说，只有实定化的原则才具有权威性。[④]《德

① 参见[英]H. L. A. 哈特：《实证主义和法律与道德的分离》，支振锋译，载《哈佛法律评论——法理学精粹》，法律出版社2011年版，第284～285页；[英]H. L. A. 哈特：《法律的概念》，许家馨、李冠宜译，法律出版社2006年版，第119～131页。

② Emilio Betti, *Interesse (Teoria generale)*, *Novissimo Digesto Italiano* VIII, VTET Torino, 1968, pp. 838-839.

③ 参见[德]迪特尔·施瓦布：《民法导论》，郑冲译，法律出版社2006年版，第8页。

④ 参见[美]拉里·亚历山大、[美]肯尼斯·克雷斯：《反对法律原则》，载[美]安德雷·马默主编：《法律与解释——法哲学论文集》，张卓明等译，法律出版社2006年版，第369～371页。

国民法典》第826条的规定恰恰可以避免上述批判，因为它在形式上维持了道德和法律的两分，同时法官在适用该条款对案件进行裁决时，也避免了违反法律不得溯及既往的原则。

第四节 德国模式存在的问题

尽管德国模式确立的区分保护论拥有上述合理性，但是经过百余年来的司法实践也开始出现一些无法回避的问题。全面了解这些问题的类型和产生原因，对于我国未来的解释论具有重要的参考意义。

一、《德国民法典》第823条第1款存在的问题

《德国民法典》第823条第1款除了列举四项人格法益——生命、身体、健康、自由和一项权利——所有权，另外加上了“其他权利”的表述。其目的是增强司法实践的可预见性和可操作性，但是上述列举的范围过窄。在随后的司法实践中，德国法院创造出一般人格权和营业权作为其他权利的类别，但是引发了如下问题。

（一）创设一般人格权引发的问题

很长一段时间里，在德国，个别人格权只能通过明确的特别规范而获得承认。法院除了通过《德国民法典》第826条对人格权的保护进行补充以外，并不承认存在一项一般人格权。德国帝国法院在一项判决中指出：“一项一般的、主观的人格权，是为现行的民法所排斥的。民法中只存在特别的、由成文法所规制的人格权利，如姓名权、商标权、对个人形象的权利以及著作权中的人格权内容。”理由是：“应予保护的人格权领域的范围，没有一个明确的、对法律交往来说明显的界线。”①

---

① ［德］马克西米利安·福克斯：《侵权行为法》，齐晓琨译，法律出版社2006年版，第50页。

在 1954 年发生的“读者来信案”中，德国联邦最高普通法院以《德国基本法》第 1 条和第 2 条为依据创设出一般人格权。原因是，第一，《德国民法典》第 823 条第 1 款列举的人格法益范围太窄，无法涵盖该案需要保护的人格利益；第二，《德国民法典》第 826 条规定的主观要件过于严格，需要满足“故意”要件，而在该案中很难证明被告存在故意。

该案的案件事实是：被告在其周报上刊登了一篇关于前帝国银行行长的文章。文章的部分内容是分析银行行长在纳粹统治期间所发挥的政治作用。银行行长的律师为此给被告写了一封信，在信中，该律师要求报纸对这篇文章予以更正。被告将这封律师函删减后发表在报纸的“读者来信”栏目。这种发表的形式有可能使读者认为，这不是一封基于律师职务的信函，而是对银行行长所引发的争论而表达的个人意见。因被告声称这是一封原告寄出的读者来信，该律师作为原告要求被告撤回这一不符合实际的声言。

德国联邦最高普通法院认为：任何一次言论对某一思维内容的固定，都是言论者的人格流露；即使言论固定的形式不具备享有著作权保护的条件，亦是如此。据此得出的结论是：原则上，某个言论是否可以以某种形式为公众所知悉，只有言论者自己有权决定。如果说，未经允许而发表私人言论，一般情况下是对人们普遍具有的个人私密领域造成了损害，那么，将言论改动后加以表述，则是在表达言论者的人格权领域造成了损害。因为，这种不为表达言论者所认可的改动，可能会呈现出一个错误的人格形象。最终德国联邦最高普通法院判决认为：“当今的基本法已经确认，人有权要求其尊严得到尊重（《德国基本法》第 1 条），只要不损害其他人的权利并不违反道德规范，就有权要求自由地发展其人格，这作为一项私权，应当得到所有人的尊重（《德国基本法》第 2 条）。这些内容在基本法中被确立后，一般人格权也就应当被视为由宪法予以保障的一项基本权利。”德国联邦最高普通法院特别指出，这项一般人格权“不但可以对抗国家及其机构，并且,在私法交往中,他应当受到所有人的尊重。”①

上述判决引发的第一个问题是,宪法确立的基本权利的第三人效力问题。赞同者认为,基本权利的条文在私人的法律关系中,应该有绝对的效力,可以直接援用。这些具有直接适用性的基本权利条文,可以废止、修正、补充,甚或重新创设私法的规定。如果基本权利的条文不能直接在私人间被适用的话,则宪法的基本权利条文将沦为仅具有绝对的宣示性质的条文。② 反对者认为,宪法的基本权利并非专为第三者之权力而制定,而是针对国家之权力而产生。宪法作为最高位阶的法律,其规定的基本权利当然会对私法产生影响,但是这种影响不能通过直接产生法律效力的方式对私法产生影响,而是应该通过私法的概括条款间接地对私法产生影响。将“基本权利的违反”和“私法违法”相互分开的理由,根源于私法的独立性以及私法的法典独自性。将宪法基本权利的规定直接移植到私人的法律关系中,将侵犯私法体系的基本价值。基本权利除非在实证法上明文规定,法官在民事诉讼中不能直接引用。因为法官不能取代立法者。倘若宪法的基本权利规定可以直接适用在民事关系上,则对民事法院较在行的法官必须适用宪法理论来作为审判依据,其不妥性可想而知。因此不得允许法官直接适用宪法之规定,避免法官权力过大,使得法治国转变为法官国。积极支持宪法基本权利对第三人的直接效力说的学者,虽极为善意,但不自觉地将私法带上毁灭之路。③

在 1958 年的“路特案”中,德国联邦宪法法院并没有追随德国联

---

① ［德］马克西米利安·福克斯:《侵权行为法》,齐晓琨译,法律出版社 2006 年版,第 50~52 页。Basil S. Markesinis and Hannes Unberth, *The German Law of Torts: A Comparative Treatise*, Hart Publishing, Oxford, 2002, pp. 412-415.《德国基本法》第 1 条规定:“1. 人之尊严不可侵犯,尊重及保护此项尊严为所有国家机关之人物。2. 因此,德意志人民承认不可侵犯与不可让与之人权,为一切人类社会以及世界和平与正义之基础。3. 下列基本权利拘束立法、行政及司法而为直接有效之权利。”第 2 条第 1 款规定:“人人有自由发展其人格之权利,但以不侵害他人之权利或不违反宪政秩序或道德规范者为限。”

② 参见陈新民:《德国公法学基础理论》(增订新版·上册),法律出版社 2010 年版,第 337~342 页。

③ 参见陈新民:《德国公法学基础理论》(增订新版·上册),法律出版社 2010 年版,第 349~357 页。

邦最高普通法院的脚步，而是采纳了基本权利的间接第三人效力说。联邦宪法法院认为，基本权利的规定就是要建立一个客观的价值秩序，以强化基本权利的适用力。任何民法的规定不能和基本权利相违背，并应依其精神进行解释。但是这并不意味着基本权利在民法中应产生直接的法律效力。宪法法院赞成反对说的观点，民法中的概括条款可以用来实现宪法基本权利对民法的影响。概括条款是基本权利对民法的突破点，是宪法基本权利进入民事关系的入口。[①] 因此，德国联邦最高普通法院基于《德国基本法》创设的一般人格权至今在理论上仍然没有被证成。

上述判决引发的第二个问题是，德国联邦最高普通法院创设的一般人格权并不能起到像所有权等绝对权一样的违法性征引功能，所谓的一般人格权能否受到法律的保护仍然需要法院在具体案件中进行利益衡量。

作为框架权的一般人格权，“在其受保护的范围内承载了什么内容，是无法用一个统一的公式，甚至是根本无法创立一个可以用于归入法的公式来表达的”。[②] 同时也正因为“它们并不具有清楚的界限，致使不法性都不能通过超越此种界限来征引。正确的情况是，只有通过权衡权利承担者的利益和干涉者的利益，始能够确定此二人中何人是正当的”。因此，德国联邦最高法院指出：“在因任何一个人的一般人格权与任何另外一个人的一般人格权具有同一位阶，并且人格的自由发展表现为超出自身范围的发展而发生冲突的情形……如若出现争议，则需要进行界定，为此必须要适用法益和利益考量原则。”[③]而这种利益考量在很大程度上取决于许多伦理上的条件。[④] 如

---

① 参见陈新民：《德国公法学基础理论》（增订新版·上册），法律出版社2010年版，第363～364页。

② ［德］马克西米利安·福克斯：《侵权行为法》，齐晓琨译，法律出版社2006年版，第52页。

③ ［德］迪特尔·梅迪库斯：《德国债法分论》，杜景林、卢谌译，法律出版社2007年版，第666页。

④ 参见［德］马克西米利安·福克斯：《侵权行为法》，齐晓琨译，法律出版社2006年版，第52页。

此一来,《德国民法典》第 826 条就被完全架空了,该条特别添加的故意要件也完全失去了意义。

同时德国法院以《德国基本法》第 1 条第 1 款和第 2 条第 1 款为依据创设一般人格权,如果认为上述条款具有保护他人的作用,这原本属于《德国民法典》第 823 条第 2 款的适用范围;如果将其纳入第 823 条第 1 款的范围,将导致第 823 条第 2 款的规定形同虚设。因此,有德国学者指出一般人格权是作为《德国民法典》第 823 条第 1 款和第 2 款之间的中间产物,这实际上是一种模棱两可的、不得已的解释。[①] 更加要命的是,由于一般人格权不具有清晰的界限,因此有德国学者认为一般人格权虽有权利之名,但并无权利之实,其本质还是一种利益。[②] 而这正成为等同保护说攻击区分保护说的一个重要理由,"如果将一般人格权一概纳入《德国民法典》第 823 条第 1 项所称其他权利的范围,某种程度上将破坏权利与利益严格区别并予以差别性保护此一侵权责任法基本的法律政策,权利与利益区别的正当性基础,将为此有所松动"。[③]

(二)创设营业权引发的问题

1902 年德国帝国最高法院在一则判例中创设了《德国民法典》第 823 条第 1 款没有列举的"已设立且运作的营业权"。

该案的案情是:被告的两项实用新型已申报登入了实用新型名册。因此,被告禁止原告生产仿造该实用新型的产品,原告因此停止了相关产品的生产,但是后来发现这两项实用新型在申报时,已被广泛知悉,因而不应当作为实用新型受到保护。原告起诉被告要求赔偿停产的损失。由于在本案中很难证明被告存在故意,因此《德国民法典》第 826 条无法适用。帝国法院为了支持原告的诉讼请求,通过对

---

① 参见[德]霍尔斯特·埃曼:《德国民法中的一般人格权制度——论从非道德行为到侵权行为的转变》,邵建东等译,载梁慧星主编:《民商法论丛》第 23 卷,金桥文化出版(香港)有限公司 2002 年版,第 418~420 页。

② 参见于飞:《侵权法中权利和利益的区分方法》,载《法学研究》2011 年第 4 期。

③ 陈忠五:《契约责任与侵权责任的保护客体——"权利"与"利益"区别正当性的再反省》,台北,新学林出版股份有限公司 2008 年版,第 150 页。

第823条第1款中“其他权利”的解释创设“已设立且运作的营业权”。帝国法院认为：在《营业规范法》第1条中，对经营企业的可能性予以了保障，因此在法院的很多判决中，在没有法律明文规定的情况下，仍然承认被直接侵害的、已设立且运作的营业权是一项主观权利。对业已存在的自主经营的企业来说，不仅仅涉及企业主按照自己的意思行事，并且这些意思都具有具体的表现形式，这就构成了营业权这一主观权利的基础。所以，直接对企业经营的干扰和侵害可以看作是违反了第823条第1款的规定。① 德国帝国法院创设的“已设立且运作的营业权”一直广受批评。

作为框架权的营业权也没有清晰的界限，单纯侵犯所谓营业权并不能直接征引出行为的不法性，法官还是要在个案中进行利益衡量，这仍然是个价值判断的问题。同时也正因为营业权没有清晰的界限，德国学者认为营业权具有规范的欺骗性，甚至是一个概念的怪物。因为营业权的创造不过是为了使《德国民法典》第823条第1款能够对任何形式的过失损害给予混合保护，但是这种权利却缺乏其他支配权的一切特征，仅仅有取决于当事人的意愿给予保护的事实，还不能够使他成为一个主观性的权利。② 美国学者艾普斯坦同样对所谓的营业权提出了批评：“想要创造一般的营业权，而未指出何种特定行为是此种权利要防制的对象，不但不能促进法学，而且将导致不必要的混乱与过度的一般化。”③

营业权的概念同样导致了第823条第2款和第826条形同虚设的问题，同时也会在实务中导致违反同案同判的法律原则。因为同样

---

① 参见[德]马克西米利安·福克斯：《侵权行为法》，齐晓琨译，法律出版社2006年版，第69～70页。Basil S. Markesinis and Hannes Unberth, *The German Law of Torts: A Comparative Treatise*, Hart Publishing, Oxford, 2002, pp. 372-374.[德]赖因哈德·齐默尔曼：《罗马法、当代法与欧洲法——现今的民法传统》，常鹏翱译，北京大学出版社2009年版，第65页。

② 参见[德]克默雷尔：《侵权行为法的变迁》(中)，李静译，载田士永等主编：《中德私法研究》第4卷，北京大学出版社2008年版，第78页；[德]格哈特·瓦格纳：《当代侵权法比较研究》，高圣平、熊丙万译，载《法学家》2010年第2期。

③ [美]理察·艾普斯坦：《自由社会之原则——个人自由与共同善的调和》，简资修译，台北，商周出版2003年版，第103页。

是纯粹经济损失，营业权适用第823条第1款，其他的则只能适用第826条，而两者要求的主观要件完全不同。因此拉伦茨和卡纳里斯认为没有必要创设营业权的概念，而是应该回到民法典确立的模式，即通过第826条实现对这些利益的保护。[①] 理由是，第一，权利的概念过于具有静态性，以至于不能以此涵盖企业的经营活动。实质性的不是企业的存在，而是企业在动态地运行，即取得流转额和利益。但是在与他人的竞争中，企业主始终必须重新完成此二者，就此而言，流转额和利益并不是在法律上被保障的。第二，认定营业权隐藏着下述危险：即在轻微过失的情形下存在相当的无限定责任的危险。[②]

营业权概念的创设同样成为等同保护说攻击区分保护说的一个重要理由。陈忠五异常清楚地认识到，营业权是一种结合企业财产、商誉、信用、劳动关系、客户关系或业务经验等营业资产所组成的营业利益。此种权利，概念上相当笼统含糊，不易明确划定其范围，其内容或范围如何，充满不确定性或浮动性，通常难以具体特定或事先加以预见。如果将所谓的营业权纳入侵权责任的权利保护范围，“营业权或企业权的保护范围，将可能无限扩大到与其他纯粹经济上利益无法区别的地步，实质上无异于表示区别权利与利益予以差别性保护此一规范架构的崩溃”。[③]

二、《德国民法典》第823条第2款存在的问题

《德国民法典》第823条第2款打通了私法和公法之间的通道，使得法官能够在更加广阔的理论背景和规范背景上判断侵权责任的成立问题，值得肯定。但是该款的规定仍然非常原则，在实际的运作中引发了大量问题，至今仍无定论。该款的核心表述是“违反以保护他人为目的的法律”，因此在司法实务中如何判断一项法律是以保护他

---

① 参见于飞：《侵权法中权利和利益的区分方法》，载《法学研究》2011年第4期。

② 参见[德]迪特尔·梅迪库斯：《德国债法分论》，杜景林、卢谌译，法律出版社2007年版，第670页。

③ 陈忠五：《契约责任与侵权责任的保护客体——“权利”与“利益”区别正当性的再反省》，台北，新学林出版股份有限公司2008年版，第248~252页。

人为目的就是一个非常关键的问题。

(一)以保护他人为目的的法律的范围

由于我国台湾地区"民法"第 184 条第 2 项系仿自《德国民法典》第 823 条第 2 款,因此这个问题在我国台湾地区同样引起争论。苏永钦认为,违反保护他人的法律只能是行政法和刑法,不包括民法,理由是违反保护他人法律构成侵权的目的是转介公法领域的强制性规范,只要形式上构成民事侵权责任的规定,就没有必要再转介。① 但是德国法院在判决中经常将侵权责任规定以外的私法规范认定为保护他人的法律。② 德国学者甚至认为,《德国民法典》第 823 条第 2 款中的法规是指任何一种法律规范,只要在实体法意义上,它是一部法规,这就是必要且充分条件,不管它是宪法,是联邦法或州法,或是一个立法授权的行政法令。习惯法也可以作为法规。③ 问题是,宪法规范作为保护他人的法律,是否会产生宪法规定的基本权利对第三人的直接效力的同样问题,仍然需要分析。刑法规范作为保护他人的法律是否会导致民法和刑法之间的界线消失,似乎还未引起充分的讨论。例如,英国法院就明确宣示:"在法律以刑事制裁作为强制行为人履行义务之方法时,应排除民事责任之请求权。"④

(二)以保护他人为目的的法律的判断标准

即使暂时抛开上述争论,关于如何确立以保护他人为目的的法律的判断标准也是一个聚讼纷纭的问题。德国的学说理论认为保护性条文特质的关键标准在于,所涉及的法律规范的意图在于对援用《德国民法典》第 823 条第 2 款的人提供个人保护。一条目的只在于保护公众的规范并不适于归类为《德国民法典》第 823 条第 2 款意义上的

---

① 参见苏永钦:《走入新世纪的私法自治》,中国政法大学出版社 2002 年版,第 311、329 页。

② 参见[德]马克西米利安·福克斯:《侵权行为法》,齐晓琨译,法律出版社 2006 年版,第 149~152 页。

③ 参见[德]埃尔温·多伊奇、[德]汉斯-于尔根·阿伦斯:《德国侵权法——侵权行为、损害赔偿及痛苦抚慰金》,叶名怡、温大军译,中国人民大学出版社 2016 年版,第 102 页。

④ 陈聪富:《侵权归责原则与损害赔偿》,北京大学出版社 2005 年版,第 63 页。

保护性法律。一项保护公众的条款，只有当他同时也有意图对具体的受害人提供保护时，才可能被视为保护性条款。但是正如福克斯本人所提及的："几乎无法想象哪一个公法条文不在较为一般的意义上，以对个别公民提供帮助和保护为目的。"①

我国台湾地区"最高法院"尽管也认为专为保护社会利益或大众利益者，不属于保护性"法律"，但是在具体的判决中却指出："所谓保护他人之'法律'，亦属抽象之概念，应就'法规'之'立法'目的、态样、整体结构、体系价值，所欲产生之规范效果及社会发展等因素综合研判之；凡以禁止侵害行为，避免个人权益遭受危害，不问直接或间接以保护个人权益为目的者，均属之。"②如果将间接保护也纳入保护他人法律的范围，几乎所有的公法规范都可以成为保护他人的法律，公法和私法之间的区分价值将荡然无存。同时也会导致《德国民法典》第823条第2款的滥用，从而在根本上冲击第823条第1款的立法价值。德国学者也非常警惕地认识到："需要避免的是，过分适用第823条第2款，会产生一个对总括财产实行广泛保护的手段，从而使第823条第1款的限制功能形同虚设。"③尽管在德国的学说理论上又发展出人的保护范围和物的保护范围的判断标准，但是争议问题仍然不断。

（三）保护他人法律对证明责任的影响

追随德国模式的我国台湾地区"民法"第184条第2项与德国模式相比存在一个重大的差异，该项规定："违反保护他人之'法律'，致生损害于他人者，负赔偿责任。但能证明其行为无过失者，不在此限。"④而《德国民法典》第823条第2款的规定是："违反以保护他人

① ［德］马克西米利安·福克斯：《侵权行为法》，齐晓琨译，法律出版社2006年版，第143～144页。

② 陈聪富：《侵权行为法原理》，台北，元照出版有限公司2018年版，第399页。

③ ［德］马克西米利安·福克斯：《侵权行为法》，齐晓琨译，法律出版社2006年版，第143页。

④ 1999年我国台湾地区"民法"修订前的第184条第2项的表述是："违反保护他人'法律'者，推定其有过失。"学界一直存在该项是否规定了一个独立的侵权行为类型的争论。1999年的修订尽管明定该项构成一个独立的侵权行为类型，但是仍然维持了过错推定的规定。

为目的的法律的人,担负同样的义务。依法律的内容,无过错也可能违反法律的,仅在有过错的情形下,才发生赔偿义务。”

我国台湾地区“民法”实际上规定了违反保护他人“法律”构成侵权的,承担过错推定责任。这显然导致了价值判断上的轻重倒置现象。因为区分保护论的前提是,权利在其存在、主体、内容、范围等方面,可以具体特定,而利益在上述方面难以具体特定。同时,正因为利益难以具体特定,相对行为人的义务范围也难以具体特定,在判定侵犯利益构成侵权时,对行为人的主观要件应该更加严格。如果按照台湾地区“民法”的规定,侵犯权利时,过失的举证责任由被害人负担,侵害利益时,过失的举证责任反而由加害人负担,价值判断上显然轻重倒置。

我国台湾地区学者明确意识到这个问题,简资修认为应该从根本上限缩解释保护他人“法律”的范围。从“民法”体系来看,此一过失推定,不可等闲视之。按民事“侵权行为法”的基础是过失责任原则,此观诸“民法”第 184 条第 1 项规定甚明。基于举证之所在,败诉之所在,过失推定有反转整个诉讼结果的效果。因此即使有必要,“民法”有关过错推定的规定均相当明确特定,例如“民法”第 188 条的雇用人责任、第 190 条的动物占有人责任等,否则难免名不副实。①

简资修认为尤其需要注意两个问题:第一,现代政府莫不是管制福利政府,颁行甚多的事前管制及福利给予法令,如果这些规范均属于保护他人的法律,则民法中的过失责任尚余多少。第二,民法中非专属于侵权行为法的条文,如有关占有保护及邻地关系等,亦被视为保护他人的法律,因此适用过错推定责任,价值判断是否倒错。如果从我国台湾地区的“司法”实务观察,法院似有将此过失推定,视为万灵仙丹,以速求解决裁判难题,而忽视了其副作用。如此不但造成了法院与“法律”外部环境的隔绝,也造成了法院以之为规避其应实质认定过失的责任,破坏了整体“侵权行为法”的结构。而其结果是,诉讼的争点失焦了,不但浪费了宝贵的社会资源,而且连带也可能造成社

① 参见简资修:《经济推理与法律》,北京大学出版社 2006 年版,第 96~98 页。

会的不正义。因此,台湾地区“民法”第 184 条第 2 项既然规定,违反保护他人之“法律”,推定其有过失,则此之所谓保护他人之“法律”,除非其条文明确规定,一旦违反即必须负损害赔偿责任,非具备此一特质不可。[①]

陈聪富同样意识到这个问题。他指出,台湾地区现行“侵权行为法”基本上采取过失责任主义,但是在违反保护他人“法律”时,即使侵害的是一般“法益”,加害人承担的是过错推定责任。也就是说,在违反保护他人“法律”时,被害人较一般侵权行为易于获得损害赔偿之救济。尤有进者,在现代社会,几乎所有问题,均有“法令”加以规范,若将所有“法令”均认为系属保护他人的“法律”,致使台湾地区“民法”第 184 条第 2 项的适用无限扩大,将发生过失推定责任掩盖过失责任的现象。尤其是如果推定过失责任在实务运作上,无异于无过失责任时,将使侵权行为过失责任体系随之瓦解。因此,保护他人的“法律”需就该“法律”目的予以观察,必须该“法律”课予行为人特定义务,且以保护特定个人之权益为目的,而非专为保护地区社会利益或公众利益者为限。[②]

三、《德国民法典》第 826 条存在的问题

《德国民法典》第 826 条打通了法律和道德之间的通道,同样值得肯定。该条采取的主观要件最严、客观要件最松的立法模式,被认为很好地达致了利益保护的平衡。[③] 但是无论是主观要件,还是客观要件,在具体的司法实践中仍然充满了争论。

该条规定的故意要件是为了限制利益保护的范围,但是随着社会经济生活的发展,新类型的利益不断涌现,该要件已经成为扩展利益保护的障碍。正是因为故意要件的存在,德国法院才通过对第 823 条第 1 款中的“其他权利”的解释,创设出法律没有明确规定的“一般人

---

① 参见简资修:《经济推理与法律》,北京大学出版社 2006 年版,第 126 页。

② 参见陈聪富:《侵权归责原则与损害赔偿》,北京大学出版社 2005 年版,第 61 页。

③ Basil S. Markesinis and Hannes Unberth, *The German Law of Torts: A Comparative Treatise*, Hart Publishing, Oxford, 2002, p. 889.

格权”和“营业权”。在德国的司法实践中,该故意要件逐渐被降低到间接故意,在有些判决中甚至认为重大过失也符合该条的适用条件。① 我国台湾地区学者也认为应该对故意要件进行目的性扩张,使其不仅适用于故意行为,而且包括轻率、漫不经心等重大过失。② 但是这种解释明显突破了条文的文义射程。

关于善良风俗的含义同样充满争议。在《德国民法典》施行不久,德国帝国法院就作出了一个被广泛援引的、关于善良风俗的表述:“一切公平和正义的思想者之礼仪感。”但是这一表达至少存在两个缺陷:第一,以礼仪感为判断标准,几乎不能提供任何适合于第三人进行客观判断的标准,这一标准仍然需要再次解释。第二,公平和正义的思想者究竟是谁?如果这个人是法官本人,那么法官个人的价值偏好是否就决定了案件结果。梅迪库斯特别提醒,在纳粹统治时期的一个判例中,帝国法院就将善良风俗等同于“人民的健康感受”,然后又将“人民的健康感受”等同于“国家社会主义的世界观”。③

因此,有学者提出善良风俗应该根据在现存社会中占统治地位的道德来判断。问题在于,在现代的开放社会中,人们越来越趋向于陌生人化,而且价值观念也越来越趋向于多元,占统治地位的道德能否获得已经存疑。于是,有学者又提出善良风俗既包括法制本身内在的伦理道德价值和原则,也包括了现今社会占统治地位的道德价值。而且前者相对于后者具有优先性,因为法院首先是和“法律和法”联系在一起的。而法制本身内在的伦理道德价值主要就是宪法中体现的伦

---

① 参见[德]迪特尔·梅迪库斯:《德国债法分论》,杜景林、卢谌译,法律出版社 2007 年版,第 684 页;[德]马克西米利安·福克斯:《侵权行为法》,齐晓琨译,法律出版社 2006 年版,第 165 页;[德]埃尔温·多伊奇、[德]汉斯-于尔根·阿伦斯:《德国侵权法——侵权行为、损害赔偿及痛苦抚慰金》,叶名怡、温大军译,中国人民大学出版社 2016 年版,第 114 页。

② 参见陈聪富:《侵权责任主体与客体》,台北,元照出版有限公司 2019 年版,第 111 页。

③ 参见[德]迪特尔·梅迪库斯:《德国民法总论》,邵建东译,法律出版社 2000 年版,第 512~513 页。

理价值标准。[①] 但是正如多伊奇所指出的:“至于违背善良风俗是什么意思,直到今天仍然含义不明。”[②]

《德国民法典》第 826 条存在的另外一个问题是,该条只规定了违反善良风俗构成侵权,未能在民法内在体系的整体上考虑利益的保护问题。善良风俗只是民法的基本原则之一,违反平等原则、诚实信用原则以及权利不得滥用原则等均可能构成侵权。上述问题尚需深入研究。

① 参见[德]卡尔·拉伦茨:《德国民法通论》(下册),王晓晔等译,法律出版社 2003 年版,第 597~602 页。

② [德]埃尔温·多伊奇、[德]汉斯-于尔根·阿伦斯:《德国侵权法——侵权行为、损害赔偿及痛苦抚慰金》,叶名怡、温大军译,中国人民大学出版社 2016 年版,第 112 页。

第三章　权益区分保护的合理性证明

第一节　权利和利益的关系问题

等同保护论批评区分保护论的一个核心观点是，权利的本质就是利益，权利和利益无法区分。因为，持区分保护论的主流学者基本上对权利的本质采法力说，即权利的本质是享受特定利益的法律上之力，但是这些学者只是直接指出权利和利益应该区分保护，他们并没有论证在采法力说的前提下如何区分权利和利益，这正是他们的软肋所在。[①] 陈忠五因此指出，通说所采的法力说实质上是将权利的本质与法律承认权利的目的两者混为一谈，其中特定利益的享有为权利的内容或要素，权利的本质即一种特定利益，此点并无争议。[②] 全国人大常委会法工委的相关人士也认为法力说的落脚点实际上还是利益，因此很难把权利和利益区分清楚。[③] 由于法力说是在法律实

---

① 参见王泽鉴：《民法总则》，北京大学出版社 2009 年版，第 68 页。

② 参见陈忠五：《契约责任与侵权责任的保护客体——“权利”与“利益”区别正当性的再反省》，台北，新学林出版股份有限公司 2008 年版，第 140~141 页。

③ 参见全国人大常委会法制工作委员会民法室编：《中华人民共和国侵权责任法条文说明、立法理由及相关规定》，北京大学出版社 2010 年版，第 7~8 页。

证主义前提下利益说的变形,[①]因此上述批评意见是有一定道理的,但是根本性的问题恰恰在于权利的本质是利益吗?

一、利益说的由来

利益说的经典表述是功利主义的鼻祖吉米·边沁提出来的:“权利对于享有权利的人来说本身就是好处和利益。”[②]但是真正使利益说对后世学说产生重大影响的是功利主义的信徒耶林,他指出:“法律,也就是客观意义上的法,是通过主观意义上的法来对利益进行保护的。因此,拥有一项权利就意味着,某个东西是属于我们的,同时国家权力认识到这一点,并对我们提供保护。”[③]但利益说无论是在宏观上,还是在微观上都禁不起推敲。

宏观上,利益说以功利主义为理论基础,但恰恰是功利主义在本质上与权利理论不相容。确实,功利主义的出发点是个人主义,因为“每个人都只能算作一个,没有人可以多于一个”。[④] 但是当边沁指出,功利的逻辑在于在一切判断过程中都坚定地从痛苦和快乐的计算或比较出发时,他实际上就已经开始背离个人主义。如果只有快乐的体验才是价值的唯一要素,那么个体的人只是发现有价值之物的通道而已。[⑤]

罗尔斯明确指出,人们习惯上认为功利主义是个人主义的,但是经过思考我们将会发现功利主义不是个人主义的。因为功利原则是把人们既作为目的又作为手段来对待,它通过把每一个人的福利看得同等重要而把人们看作目的;通过允许用一些人较高的生活前景来平

---

① 法力说在日本和我国被认为是关于权利本质的通说。学者们一般认为法力说是意志说和利益说的混合,这是一种误解,法力说本质上是资格说和利益说的混合。因为在法力说中我们看不到一点权利人自由意志的踪影,所谓法律上的力指的不是权利人自身的支配力或者请求力,而是对权利人享有利益的一种法律认可。如果我们在法律实证主义的前提下讨论权利的本质问题,那么法力说和利益说在本质上没有差异。

② [英]吉米·边沁:《立法理论》,李贵方等译,中国人民公安大学出版社 2004 年版,第 117 页。

③ Rudolf von Ihering, *Law as a Means to an End*, translated by Isaac Husik, Boston, 1913, pp. 49-50.

④ John Stuart Mill, *On Liberty*, *Utilitarianism*, New York, Bantam Classic, 1993, p. 233.

⑤ 参见[英]H. L. A. 哈特:《在功利与权利之间》,曹海军等译,载曹海军编:《权利与功利之间》,江苏人民出版社 2006 年版,第 4~5 页。

衡另一些较不利者的较低生活前景,又把他们看作手段。而在终极意义上,功利主义是将个人作为手段来对待的,根本原因就在于功利主义并不在人与人之间作出严格的区分。[①] 因为功利主义要想达到绝大多数人的最大幸福的目的,就必须假定个人与个人之间的幸福是可以替换的,但问题恰恰在于每一个人都是个别的人,他的生命是他拥有的唯一生命。[②] 因为"人,一般来说,每个有理性的东西,都自在地作为目的而实存着,他不单纯是这个或那个意志所随意使用的工具。在他的一切行为中,不论对于自己还是其他有理性的东西,任何时候都必须被当作目的"。[③] 而人之所以是目的,是因为人拥有自由意志。当功利主义者最终指出,作为一种伦理学理论,功利主义是指"在特定的环境下,客观的、正当的行为是能产生最大整体幸福的行为"时,[④] 功利主义就完全消解了个人的终极价值,从而可能走向整体主义,而整体主义恰恰是和权利概念不相容的。因此一种令人满意的权利理论的基石,不可能在功利主义学说中探寻到。[⑤]

利益说中拉兹的观点比较独特,他将权利界定为:"X 拥有权利意味着,在其他事情都平等的前提下,当且仅当 X 的康乐(well-being)(他的利益)的某一方面是使他人承担义务的充分理由,X 便能拥有权利。"[⑥]他明确提到他的观点受到边沁的影响,但是他的权利概念的理论基础并不是功利主义。他明确反对功利主义将人的自由工具化的倾向,坚持人的自由具有内在价值,同时他认为功利主义坚持的价值的可比较性和透明性是不存在的。但是他同时也坚持自己不是一个

---

① 参见[美]约翰·罗尔斯:《正义论》,何怀宏等译,中国社会科学出版社 1988 年版,第 24~26、175 页。

② 参见[美]罗伯特·诺奇克:《无政府、国家和乌托邦》,姚大志译,中国社会科学出版社 2008 年版,第 40 页。

③ [德]伊曼努尔·康德:《道德形而上学原理》,苗力田译,上海世纪出版集团 2005 年版,第 47 页。

④ [英]亨利·西季威克:《伦理学方法》,廖申白译,中国社会科学出版社 1993 年版,第 425 页。

⑤ 参见[英]H. L. A. 哈特:《在功利与权利之间》,曹海军等译,载曹海军编:《权利与功利之间》,江苏人民出版社 2006 年版,第 19 页。David Lyons, *Utility and Rights*, *Theories of Rights*, edited by Jeremy Walden, Oxford University Press, 1984, pp. 110-136.

⑥ Joseph Raz, *The Morality of Freedom*, Clarendon Press, Oxford, 1986, p. 165.

个人主义者,因为他的目的就是对于一种建立在非个人主义基础上的自由道德的竭尽全力的赞同。因此,拉兹认为,尽管人的自由具有内在价值,但是它并不具有终极价值,因为自由是一种与其他价值紧密纽结在一起的价值,它本身并不能独立存在。自由部分地取决于特定社会条件的存在,至少某些构成这种选择的社会条件是集体善,而个人主义恰恰忽略了集体善的内在价值。具有终极价值的就是人的康乐,而只有具有终极价值的利益才能成为权利的基础。[①] 但什么是康乐呢?拉兹认为康乐的"核心意义是行为人通过自己的行动来实现自己的康乐"。"人们的康乐取决于他们在环境中发现自己位置的能力,这包含了自主生活最基本的方面。""人的康乐只有通过一种自律的生活才能得以增进,对他们来说,不服从那种支配他们生活但却声称符合他们自己的最大利益的压迫性家长式统治就是他们的利益所在。"因此,"权利不是保护他们一般意义上的利益,而是他们在自由方面的利益。自由的能力,也就是自由决定自己生活方式的能力,构成人的本质。把人当作人来对待,就在于对他们拥有以及运用这种能力方面的利益予以重视"。[②] 因此,只有一种核心权利,那就是个人自由的权利,其他权利都由它派生而来。[③] 如此一来,我们可以发现,尽管表面上拉兹所持的是权利的利益说,但是当他将康乐(利益)界定为人的自由意志时,他实际上坚持的是权利的意志说。

微观上,很多学者从权利是否一定包含利益的角度反驳利益说,但是并不成功。一种观点认为,法律对个人利益的保护并不一定非要以权利的方式作出,因为根据法律的反射作用,使人受益者也不在少数。最典型的例子是,法律要求人们遵守交通规则,结果人人皆得享受交通安全的反射利益,但是此项利益并非权利,因为享受者无法向他人请求履行。[④] 但是这种质疑在逻辑上存在问题,因为能够证

---

① See Joseph Raz, *The Morality of Freedom*, Clarendon Press, Oxford, 1986, pp. 6, 17-18, 177-178, 198-203, 267-288.

② Joseph Raz, *The Morality of Freedom*, Clarendon Press, Oxford, 1986, pp. 425, 390-391, 189.

③ See Joseph Raz, *The Morality of Freedom*, Clarendon Press, Oxford, 1986, p. 168.

④ 参见郑玉波:《民法总则》,中国政法大学出版社 2003 年版,第 61 页。

明不是所有的利益都表现为权利,并不能推导出权利不是利益,这实际上只是说明了权利的外延比利益的外延要小。如果想要证明权利是法律保护的利益这一命题是错误的,我们至少需要证明有一种权利并不包括利益。因此哈特就提出了另外一种质疑。

哈特举了这样一个例子:如果 A 答应 B 付一笔钱给 C,那么 B 有权利而没有利益,C 有利益而没有权利。① 但是哈特的质疑站不住脚。确实,根据合同的相对性原则,如果 B 没有将自己的权利转让给 C,C 对 A 无法主张权利,尽管他享有利益,但这并不能说明权利就不是利益,这和上文的质疑是一样的;那么 B 是否只有权利而没有利益呢?如果我们将利益界定为只是物质利益,那么 B 确实没有任何物质利益,而且他为了使 A 付这笔钱很可能在此之前已经损失了部分的物质利益。但是这种唯物的利益观并不能使人信服,否则精神性人格权利将失去依据。而一旦将精神上的满足也界定为利益,我们将会发现 B 是有利益的,B 要求 A 付一笔钱给 C 很可能是基于感恩、孝道或者怜悯,而 A 的实际支付将会给 B 带来精神上的满足,而这就是他的利益。利益法学派的代表性人物菲利普·黑克就明确指出:"对于利益法学派而言,利益并不仅仅指的是物质利益,它还含有人类的最高利益以及道德和宗教的利益之意。只有在最宽泛的意义上,利益一词对于法学才是有用的。"②当我们将利益界定为不但包括物质利益,也包括精神利益,我们似乎发现利益说具有金刚不坏之身。因为任凭我们怎样挑剔,权利似乎永远和一种利益联系在一起。

凯尔森显然意识到了上述问题,因此他从另外一个角度对利益说提出了批评:如果某人对某个其他人的某种行为具有利益,意思就是他希望有这种行为,因为他认为这种行为对他本人是有益的,那么利益一词就标志了某种精神状态。但是,说一个人只是在对某个别人的某种行为具有一种实际利益时,他才要求某个别人作这种行为的法律权利,这显然是不对的。即使你并不在意你的债务人是否向你偿还借款,或者由于某种理由,甚至还希望他不偿还,但是你还是有收回你的

---

① See Samuel Stoljar, *An Analysis of Rights*, New York, St. Martin's Press, 1984, p. 29.

② [德]菲利普·黑克:《利益法学》,傅广宇译,载《比较法研究》2006 年第 6 期。

钱的法律权利。当立法者使一个人负有对另一个人作一个方式行为的义务,从而保障后者的利益时,这种利益就表现为后者的权利,但是一个人可以随意利用或不利用他本人的权利,即使他不利用,他还是具有这一权利。甚至还可能有法律权利但却并不知道,在这种情况下就不能存在任何实际利益。① 但是凯尔森的上述论断仍然不能对利益说造成任何实质性的打击,因为他没有厘清下述两个问题:

第一,他混淆了个人对利益的主观判断与法律在设定权利时对利益的客观推定。法律在设定权利时所考虑的利益并不是个人对利益的主观判断的简单叠加,而是在考虑一般人对利益的主观判断的基础上,对利益的一种客观推定和判断。一方面,个人对利益的主观判断并不能都成为权利保护的对象,例如毒品贩子肯定认为自己拥有的毒品对自己有巨大的利益,但是法律上并不赋予他对毒品的权利;另一方面,既然是一种客观的推定,那么法律在设定权利时考虑的利益很可能与实际状况相反,例如从外太空掉下一块金属,某人捡到了它,那么根据无主物先占的原则,该人对这块金属取得了所有权,法律之所以要这么规定,是因为基于理性人的假定,一个人既然愿意捡这块金属,那么基于一般的推定,这块金属很可能是对他有利益的,例如稀缺性所带来的利益。但是实际的状况可能是这块金属具有强烈的辐射性,三天以后捡到的人因辐射致死。这并不能否认法律在赋予这个人权利时是基于对他的利益保护的考虑,只不过这种利益是基于客观的推定而已。

第二,他混淆了法律在设定权利时所考虑的利益和权利被设定以后权利人对该种利益的主观判断。如果 A 欠 B 一笔钱,那么法律基于对 B 的利益的保护而赋予 B 一项债权,而 B 是否行使这项权利追求自己的利益则基于 B 自身的主观判断。如果 B 基于各种原因不向 A 主张自己的权利,甚至于不希望 A 还钱,那么最明确的方式就是通过对 A 的债务的免除而放弃自己的权利,这种放弃也是对自己利益的放弃,那么法律也就没有必要再保护他了。如果他只是单纯地不主

① 参见[奥]凯尔森:《法与国家的一般理论》,沈宗灵译,中国大百科全书出版社 1996 年版,第 90 页。

张，也许是他对自己的利益毫不关心，但是潜在的利益仍然存在，因此权利仍然存在。如果这种单纯的沉默达到一定的时间，法律上可能就不再保护他的权利，因为法律假定他在如此长的一段时间里不主张自己的权利，只能说明该权利给他带来的利益对他来说并不重要，而这就是时效制度的作用所在。但这恰恰说明了法律是将权利与利益联系在一起进行考虑的。

上述反驳利益说的学者之所以不能成功，是因为他们在一开始就陷入了一种思维定式，即始终将注意力集中在权利是否与利益相关联上。权利一定是和某种利益相关联的，但是问题的关键不是权利和利益是否有关联，而是权利是否是利益本身，这正是利益说的命门所在。利益说的错误在于将目的与手段混为一谈，因为权利只是实现利益这一目的的手段之一（单纯规定他人的义务也可使特定人获得利益），而手段与目的并不是一回事。如果从逻辑上进行分析，利益说实际上混淆了权利与权利的客体，因为利益只是权利客体的抽象表述。[①] 例如，当一个人基于无主物先占的原则对一只野兔子享有所有权时，尽管这只野兔子会给权利人带来利益，但是这只野兔子本身并不是权利，它只是权利的客体，而权利则是主体基于自己的自由意志对这只野兔子进行占有、使用、收益和处分的各种可能性。但是利益说也并非没有贡献，它的价值在于使我们注意到法律赋予个人权利的目的，“将主观权利界定为法律上受保护的利益是耶林的一大贡献，这并不是因为这一概念本身的价值，而是因为它有助于对法律形式主义概念的谴责”。[②] 拉伦茨也正确地指出，耶林的利益说强调的是，权利是为了保护权利人的某种利益的，但它本身并不是这种利益，只是一种法律的形式，可以依此形式主张利益。[③]

---

① 参见方新军：《权利客体的概念及层次》，载《法学研究》2010 年第 2 期。

② Widar Cersarini Sforza, *Diritto Soggettivo*, *Enciclopedia del Diritto*, XII, Milano, Giuffrè, 1962, p. 684.

③ 参见［德］卡尔·拉伦茨：《德国民法通论》（上册），王晓晔等译，法律出版社 2003 年版，第 279 页。

二、权利的本质不是利益

权利的本质不是利益，权利只是保护利益的工具之一。法律的目的确实是保护利益（个人的、集体的或者社会的），但是法律保护利益并非只有权利这一种工具，立法者可以通过单纯设立义务的方式保护他人的利益。正因为权利只是保护利益的工具之一，意大利学者卡尔洛·博奇在为《最新意大利法学汇纂》撰写“利益和法”的词条时，特意在开篇作了一个说明：“笔者故意用目前的表述‘利益和法’来代替《新意大利学说汇纂》中的表述‘主观权利和利益’，并不是因为目前的研究试图扩大或者改变这一主题的研究范围，不如说是为了更好地描述这一主题。实际上，与利益相关的主观权利概念，并没有法的含义宽泛，这也容易引起混淆。”①

第一，权利概念并不是自始就存在的，在 14 世纪之前的古代社会中并不存在现代意义上的权利概念，但是这并不妨碍古代社会通过法律对各种利益进行保护。权利概念是个人主义兴起的产物，它实际上隐含了对个人自由意志的尊重，这正是现代社会和古代社会存在的最大不同。②

第二，正因为权利只是法律上保护利益的工具之一，我们无需动辄求助于主观权利的概念来解决利益的保护问题。从社会进步的角度看，我们无论赋予权利概念多高的评价都不为过，但是将主观权利的概念作为侵权行为法的核心概念，反而会导致主观权利不必要的营养过剩。③ 因为新类型的利益未必确定到能够通过权利工具予以保护的程度，或者是还没有必要上升到运用权利工具予以保护的程度。

第三，正因为权利只是法律上保护利益的工具之一，伦理学上权利和义务的逻辑相关性问题，即“一切权利均课以他人义务，一切义务

---

① Carlo Bozzi, Interesse e Diritto, Novissimo Digesto Italiano, VIII, Torino, VTET, 1968, p. 844.

② 参见方新军：《权利概念的历史》，载《法学研究》2007 年第 4 期。

③ 参见［德］克雷默尔：《侵权行为法的变迁（上）》，李静译，载田士永等主编：《中德私法研究》第 3 卷，北京大学出版社 2007 年版，第 76～77 页。

均赋予他人权利”,[1]在法学领域是不成立的。上述判断的前半句话是正确的,后半句话则不完全正确。“如果权利是法律权利的话,它就必然是对某个别人在法律上负有义务的那种行为的权利。法律权利预定了某个别人的法律义务。”“法律权利没有相应法律义务是不可想象的,但没有任何相应法律权利(狭义权利)的法律义务却完全可以有。”[2]这样的例子不难设想,例如,法律规定了不得闯红灯的义务,如果某人闯了红灯但是没有造成任何具体人的损害,那么没有任何个人有权利对其起诉,但是交警可以基于其违反法律义务对其进行处罚。

第四,如果理解了权利的本质、权利和利益之间的关系,我们就能够明白不法行为的表述更符合我们所谓的侵权行为的本质。中国关于侵权行为和侵权责任的表述在大陆法系几乎是独一无二的。这种表述缩小了不法行为的范围,因为所谓的“侵权责任”并不仅仅是因为侵犯权利引起,侵犯法律保护的利益也会导致侵权责任。[3] 因为权利和法就是一枚硬币的两面,当法律制定出来的时候,它只是客观存在的规范,当一个主体基于自己的自由意志去主张这个法律的时候,这

---

① ［美］汤姆·L. 彼彻姆:《哲学的伦理学——道德哲学引论》,雷克勤等译,中国社会科学出版社 1990 年版,第 300~305 页;［美］J. 范伯格:《自由、权利和社会正义》,王守昌等译,贵州人民出版社 1998 年版,第 87~91 页。

② ［奥］凯尔森:《法与国家的一般理论》,沈宗灵译,中国大百科全书出版社 1996 年版,第 84、95 页。

③ 我们所称的“侵权行为”或者“侵权责任”,在大陆法系的语言中不是“不法行为”,就是“不法事实”。这包括德语“unerlaubte Handlungen”、法语“Des délist”、意大利语“Del fatti illeciti”、西班牙语“De los actos ilícitos”、葡萄牙语“Factos ilicitos”和荷兰语“Onrechtmatige daad”。日文的表述直接就是四个汉字“不法行为”,甚至都不用翻译。传统大陆法系语言的表述更符合罗马法的传统,因为上述语词的源头是罗马法中的两个拉丁文“iniuria”和“delictum”。前者由否定性前缀“in”和名词“ius”(法)合成,直译就是不法的意思。“delictum”这个词派生于动词“delinqere”(偏离正确的道路),意思是一个违法、一个失误或一个错误。同时传统大陆法语言的表述也更加符合我们所称的“侵权行为”这个事物的本质,根据我国原《侵权责任法》第 2 条和第 6 条第 1 款的规定,该法不但保护权利,而且保护利益,这就明显导致了名实不符的问题,因为侵权责任法的名称小,而保护的内容大。我妻荣很早就指出,1931 年《中华民国民法典》第 184 条既不以侵害权利为要件,则不得谓侵权行为的名称为适当。参见［日］我妻荣:《中国民法债编总则论》,洪锡恒译,中国政法大学出版社 2003 年版,第 51 页。

个法律就变成了他的法律，也就是他的权利。[①] 这也是德国学说理论中侵害权利的事实构成要件征引不法性的理由，而违反保护他人的法律侵害他人利益的，尽管没有侵犯他人的权利，但违反法律本身就证明了行为的不法性。

第五，如果理解了权利和利益的上述关系，我们就能够明白德国模式对权利和利益进行区分，并通过三个一般条款进行保护的理由。因为法律在本质上就是一套行为规范，一个人应该承担法律责任，是因为他对行为义务的违反。但是对一个人课以法律责任必须符合“期待可能性”理论，即只有在加害人对自己的行为义务有所预见，但是仍然违反该行为义务导致的损害才能课以责任。行为义务可以分为三类：单纯民法上的行为义务、民法以外的法律上的义务和法外的行为义务。这三种行为义务实际对应的就是《德国民法典》第 823 条第 1 款、第 2 款和第 826 条。

其中与民法中规定的权利相对的义务最为确定，因为立法者运用权利的工具对特定利益加以保护，实际上已经表明了立法者的价值判断，即这些利益对于个人来讲是最重要的。我们只要看一下现代社会的法律，绝大多数重要的利益已经通过权利工具进行保护了，而一个人的权利必然意味着他人的义务，因为任何权利都具有不可侵性。法外的行为义务最不确定，当事人可能无从知晓，因此只有在行为人故意的情况下才构成侵权责任，这被称为《德国民法典》第 826 条的限制功能。民法以外的法律上的义务的确定性要区分情况，如果法律（如行政法）直接规定行为人在特定场合的具体行为义务的类型，这种义务就非常确定，对这些行为义务的违反实际上有助于在民法上对过错的认定；如果法律不规定具体行为义务的类型，只是对民法规定的权利之外的利益进行保护，则要对规范的目的进行考量，单纯保护公共利益的法律并不能成为民法上行为义务的要求。

---

① 参见［奥］凯尔森：《法与国家的一般理论》，沈宗灵译，中国大百科全书出版社 1996 年版，第 92 页；［德］魏德士：《法理学》，丁晓春、吴越译，法律出版社 2005 年版，第 32～34 页。

从经济学的角度也可以证明对权利和利益进行区分保护的合理性，因为预防权利侵害的成本比预防利益侵害的成本低，这也是为什么生命权、健康权和物权等成为权利类型的典范，而竞争利益成为利益类型典范的原因，同时也是法律就权利和利益侵害分配不同举证责任的原因。[①] 理察·艾普斯坦的论证为上述说明提供了进一步的理论基础，因为对生命、身体和物的使用等个人赖以生存的利益的侵犯只会导致负值赛局，即社会总财富和幸福值会降低，这正是上述重要利益都被规定为权利的原因；因竞争导致的对他人利益的侵害（主要是纯粹经济损失）则会导致正值赛局，即社会总财富和幸福值会在整体上提高，这正是这些利益原则上被排除在法律保护之外的原因，即使要保护主观要件也应该更加严格。不当地扩大对利益的保护将会使侵权法从自由之盾转变为对抗自由之剑。[②]

第二节　侵权责任保护范围和契约责任保护范围的关联问题

等同保护论批判区分保护论的另外一个重要理由是，契约责任的保护范围已经从利益扩张到权利，而且对两者并没有进行区分保护，同时侵权责任的保护范围也已经从权利扩张到利益，因此，在侵权责任法上也没有对权利和利益进行区分保护的理由。[③]

毋庸讳言，在现代社会，无论是契约责任还是侵权责任，其保护范围均有扩大的趋势。但是从契约责任对权利和利益进行等同保护，能否当然地推导出侵权责任也应对权利和利益进行等同保护需要全面

① 参见简资修：《违反保护他人法律之过失推定：经济功效与司法仙丹》，载《政大法学评论》2003 年第 75 期。

② 参见[美]理察·艾普斯坦：《自由社会之原则——个人自由与共同善的调和》，简资修译，台北，商周出版 2003 年版，第 84~120 页。

③ 参见陈忠五：《契约责任与侵权责任的保护客体——"权利"与"利益"区别正当性的再反省》，台北，新学林出版股份有限公司 2008 年版，第 25~26 页。

分析。更加根本的问题是，契约责任是否真的能够做到对权利和利益进行等同保护。

一、侵权责任等同保护权利和利益的不可能性

即使契约责任能够做到对权利和利益进行等同保护，我们也无法当然地推导出侵权责任也应该对权利和利益进行等同保护的结论。这是因为契约责任和侵权责任的产生前提完全不同：契约责任是对当事人自己约定义务的违反，这种义务是当事人意思自治的结果和表现；而侵权责任是对法定的一般义务的违反，这种义务并非当事人意思自治的结果。从上述前提可以推导出如下结论：

第一，对于法定的一般义务，当事人并无特别约定的必要。法定的一般义务的主要类型包括：基于法定权利而产生的任何他人的消极不作为的义务，法律针对特定利益规定的任何他人的消极不作为的义务，法律规定的针对特定地点、特定主体的积极作为的义务。

例如，甲没有必要和乙约定，乙承担不侵害其所有权、知识产权和法定人身权的义务；甲也没有必要和乙约定，乙承担不侵害其占有的义务；甲也没有必要和乙约定，乙承担法律已经规定的积极的交往安全义务。因此，当事人基于意思自治约定的义务，必须是法定的一般义务之外的义务才有实际的意义，例如，在法定的消极不作为义务之外，约定他人或者自己可以实施特定积极作为的义务或者权利；在法律规定积极义务的情况下，约定对积极义务的免除；在法律没有明确规定的利益上，约定不作为的义务，例如，在特许经营合同终止后，约定对方当事人在一定的时间段和地域不进行同业竞争的义务。

因此，契约责任和侵权责任的保护范围存在本质的差异，这种差异的根本原因就在于前者是对约定义务的违反，后者是对法定义务的违反。例如，纯粹积极损失在契约责任的范围内原则上都受到保护，在侵权责任的范围内原则上不予以保护。因为契约责任范围内的纯粹经济损失是当事人自由约定的结果，如果从侵权责任的角度观察，契约当事人约定的履行利益原则上都属于纯粹经济利益，对这种

利益的保护并不会导致对行为自由的侵害,这种保护反而是对行为自由的间接确认。同时对契约责任范围内的纯粹经济损失进行保护也不会导致打开诉讼闸门的问题,因为主体是确定的。而侵权责任范围内的纯粹经济损失原则上不能赔偿,是因为法律上不存在针对纯粹经济利益的一般义务。如果我们不能从契约责任原则上保护纯粹经济损失,必然推导出侵权责任原则上也保护纯粹经济损失,那么,我们也不能从契约责任等同保护权利和利益,必然推导出侵权责任也应该等同保护权利和利益。

第二,正因为契约责任是对约定义务的违反,侵权责任是对法定义务的违反,所以,契约责任原则上适用严格责任原则,有些国家规定适用过错原则的,司法实务上实际适用的是过错推定原则,而侵权责任原则上适用过错原则。[①] 因为契约义务是当事人自由约定的结果,这种约定在当事人之间具有法律的效力,一方当事人违反自己约定的义务,除非存在法定的免责理由,或者能够证明自己没有过错,其当然应该承担违约责任,因为他对约定义务的存在是明知的。

这种不同的归责原则有其合理性,如果说契约当事人处于一个熟人状态,缔约过程中的当事人处于一个准熟人的状态,那么侵权责任的当事人则处于一个陌生人的状态。在上述三种状态中,当事人的注意义务程度是逐步递减的,法律保护的范围也是逐步递减的。在契约关系中,当事人的注意义务最高,即便没有过错,也可能承担责任,缔约过程中的当事人尽管要求基于过错才承担缔约过失责任,但是这种过错的判断标准应该比侵权责任中的当事人要高。契约责任保护的是给付利益或者履行利益,缔约过失责任保护的是信赖利益(本质上是纯粹经济利益),对信赖利益的赔偿最高不得超过履行利益,而上述两种利益如果没有当事人的特别约定,或者当事人已经处于密切联系

---

① 参见[德]克里斯蒂安·冯·巴尔、[德]乌里希·德罗布尼希:《欧洲合同法与侵权法及财产法的互动》,吴越等译,法律出版社2007年版,第40~59页。我国原《合同法》第107条明确规定违约责任适用严格责任原则,有名合同规定适用过错责任的是例外,而原《侵权责任法》第6条第1款明确规定侵权责任适用过错原则,过错推定和无过错原则是例外。

的状态,其在侵权责任领域原则上不能得到赔偿。如果我们不能从契约责任原则上适用严格责任或者过错推定责任,必然推导出侵权责任原则上也适用上述归责原则,那么,我们也不能从契约责任等同保护权利和利益,必然推导出侵权责任也应该等同保护权利和利益。

二、契约责任等同保护权利和利益的不可能性

即使契约责任既保护利益,也保护权利,在司法实务中也无法做到对两者的等同保护。

契约责任,根据债务人违反契约义务形态的不同,可以分为给付不能、给付迟延和不完全给付,不完全给付又可以分为瑕疵给付和加害给付。给付不能、给付迟延和瑕疵给付所侵害的是债权人根据契约可以享有的履行利益(给付利益),这种利益在通常情况下表现为一种积极利益,即应该增加而没有增加的利益。只有加害给付所侵害的是履行利益之外的其他利益(或称为固有利益、完整利益),这种利益通常表现为既存法律体系所承认的权利。① 而侵权责任保护的利益主要是消极利益,即致害事由未发生时受害人的状况,也就是不该减少而减少的利益。

学说理论中一直有契约责任和侵权责任究竟哪个保护范围大的争论,实际上两者的保护范围不具可比性。因为契约责任的保护范围是对侵权责任保护范围的补充,契约当事人是通过自身自由意志的约定,将原先不在侵权责任法保护范围之内的利益纳入法律的保护范围之内。同时,基于契约当事人自由约定的利益并非全部都能受到法律的保护,侵权责任法中存在的两匹“特洛伊木马”在合同法中同样存在,即违反强制性规范的合同无效和违反善良风俗的合同无效。② 只是因为契约责任原则上不涉及对法定权利的保护,上述对利益范围的

---

① 参见陈忠五:《契约责任与侵权责任的保护客体——“权利”与“利益”区别正当性的再反省》,台北,新学林出版股份有限公司2008年版,第29页。

② 参见我国原《合同法》第52条第4项和第5项,只是我国用“社会公共利益”的表述代替了“善良风俗”。《民法典》第153条明确规定违反法律、行政法规的强制性规定的民事法律行为无效,同时规定违反公序良俗的民事法律行为无效。

限制并没有在比较的意义上体现出来。

加害给付确实使得契约责任的保护范围从利益扩大到权利，而且在 1999 年我国台湾地区“民法”债编修正时特别增加了明确的条文，其第 227 条第 2 款规定：因不完全给付而生前项以外之损害者（履行利益之外的损害），债权人并得请求赔偿。第 227 条之一规定：“债务人因债务不履行，致债权人之人格权受侵害者，准用第 192 条至第 195 条及第 197 条之规定，负损害赔偿责任。”而第 195 条在 1999 年修正时，从原先列举的“身体、健康、名誉、自由”扩大到“信用、隐私、贞操及其他人格‘法益’”和“基于父、母、子、女或配偶关系之身份‘法益’”。从条文原义上看，“立法”者确实没有对履行利益和权利的保护进行区分对待，而且“立法”者在修正理由中特别说明，对于加害给付造成的超过履行利益之外的损害，被害人尽管可以根据侵权行为的规定请求损害赔偿，但被害人应就加害人的过失行为负举证责任，保护尚嫌不周，且学者间也有持不同意见者，为使被害人的权益受更周全的保障，并杜疑义，特增加第 227 条第 2 款的规定，明定被害人就履行利益以外之损害，得以不完全给付之理论请求损害赔偿。第 227 条之一的修正理由也是一样的。①

如果考虑到契约当事人之间已经处于一种熟人状态，相较于处于陌生人状态的侵权责任，在归责的主观要件上予以一定的松动还是合理的，但是通过加害给付将权利纳入契约责任的保护范围，并不能当然地推导出权利和履行利益已经处于等同保护状态。只要被害人的权利是法律明确规定的权利，加害人行为的违法性是直接被推定的，而履行利益则要受到不违反法律强制性规定和善良风俗的限制。两者之间的区分是很明显的。

如果被害人主张法定权利和约定的履行利益之外的损害时，对权利和利益的区分保护就更加明显。例如，甲餐厅从乙公司购买一台高压锅，如果乙公司迟延履行，乙公司应该赔偿甲餐厅的履行利益是没

---

① 参见陈忠五：《契约责任与侵权责任的保护客体——“权利”与“利益”区别正当性的再反省》，台北，新学林出版股份有限公司 2008 年版，第 30~31 页。

有疑义的,只是其赔偿范围要受到可预见性的限制;如果甲餐厅在正常使用的情况下,高压锅发生爆炸,乙公司则要承担加害给付的责任,对于甲餐厅因为爆炸导致的厨房设施的毁损(所有权的侵害),应该承担赔偿责任,而且这种责任的主观要件比侵权责任的要求松;如果高压锅爆炸不但导致厨房设施的毁损,而且导致甲餐厅停业 5 天,对于这种停业的损失是否应该赔偿,法律上的判断还是充满了不确定性。因为这种损失属于纯粹经济损失,其并非属于当事人在合同中约定保护的范围。如果法官通过扩张解释履行利益,将停业损失纳入其中,被害人确实可以获得赔偿。

如果法官考虑到这种扩张解释过度加重了加害人的责任,因为加害人可能在过错推定和严格责任的前提下承担纯粹经济损失的赔偿责任,那么这种停业损失恐怕只有在加害人故意的前提下才能得到赔偿。只要甲餐厅对厨房设施的所有权不存在疑义,这种解释上的不确定性在厨房设施的赔偿上是不可能存在的。即便我们考虑到契约当事人之间已经处于一种熟人状态,从而普遍采取扩张解释的方法对停业损失进行保护,我们仍然不能得出在契约责任上权利和利益是受到等同保护的。如果甲餐厅是以餐饮业务为幌子,实际从事的是地下赌场业务,那么停业 5 天的损失是不能得到赔偿的,因为这种利益根本不在法律的保护范围之内。因此,如果加害给付侵害的是权利,其违法性是被直接推定的,如果侵害的是利益,其违法性要单独进行判断,只有合法的利益才能得到保护。而一个利益是否合法,只能通过该利益是否有制定法对其进行保护,根据社会的善良风俗是否应该对其进行保护的标准进行判断。这实际上还是蕴含了对权利和利益进行区分保护的思考方式。

如果我们将问题再向前推进一步,对权利和利益应该进行区分保护就会更加明显。如果在司法实务中我们接受附保护第三人契约的理论,契约责任的保护范围会进一步拓宽,会有更多的权利能够通过契约责任的方式予以保护,但是对权利和利益进行区分保护的思考方式仍然不会改变。仍然以高压锅爆炸为例,乙公司交付给甲餐厅的高压锅发生爆炸，导致在甲餐厅就餐的丙受伤。如果我们能够将丙认定为受契约保护的第三人，丙就自己的健康权受到的伤害当然可以获得赔偿，但是如果丙提出自己的“亲吻权”受到损害，法院一般不会认可其主张，因为法律并没有规定这种权利的类别。如果丙是一个著名的足球运动员，他的受伤会导致其丧失大量可能的广告收入和可能的成绩奖励，对于这些损害是否应该予以保护，法官只能通过是否存在制定法的保护规范和加害人是否故意违反善良风俗等标准予以判断。而且丙的受伤还可能导致其所在俱乐部的成绩下滑、上座率降低等损害，尽管我们可以认为俱乐部并不是附保护第三人契约中的第三人，从而排除在契约责任领域考虑这种损害的赔偿问题，但是在侵权责任领域对于上述纯粹经济损失仍然要通过区分性思考，最终判断是否应该予以赔偿。

因此，即便因为契约当事人之间处于熟人状态或者准熟人状态，法律上通过加害给付制度和附保护第三人契约制度，将一部分权利纳入契约责任的保护范围，其目的是在主观要件上予以一定的松动，但是对于履行利益和法定权利之外的不属于当事人约定的履行利益的利益，司法实务中无法做到和权利一样的等同保护。

第三节　权益区分保护和违法性要件

一、问题的由来

长期以来，关于违法性要件的存废一直是学说争论的焦点，但是关于权益区分保护和违法性要件的关系问题，一直没有引起充分的重视。实际上这两个问题是唇齿相依的关系。

第一个问题是，权益区分保护和违法性要件的存废问题。关于这个问题存在一个有趣的现象，刑法学界基本不讨论违法性要件的存废，他们主要讨论的是结果不法和行为不法的区分问题。但是，在民法学界,更多的关注点集中在违法性要件的存废问题上,而且这个问题与权利和利益是否应该区分保护有关。

王泽鉴特别指出,法学理论之所以创设违法性概念,其主要功能就在于界定及区别受保护的权益。侵害他人权利时,即推定侵害行为的不法性。其理由为权利系受法律保护的重要价值,有一定的保护范围,并具社会公开性,从而征引推定侵害行为的不法性,加以保护。至于权利之外的利益,其价值不同于权利,范围具有不确定性,尚需以“故意背于善良风俗加损害于他人”,或“违反保护他人之法律为要件”,才能成立侵权行为。① 冯·巴尔同样指出,违法性的概念和权利侵害的概念存在紧密的关联。②

王利明则认为,原《侵权责任法》第 6 条第 1 款否定违法性要件,实际上是作出了以过错吸收违法性的选择。结果不法说的制度前提在于区分权利和利益,并以此作为采纳违法性要件的重要理论基础。但是,我国原《侵权责任法》没有采纳这种区分,该法将各种民事权利和利益都纳入侵权法的保护范围,而没有作不同的区分,并据此确定不同的构成要件。③

第二个问题是,权益区分保护和结果不法、行为不法的区分问题。无论是在刑法学界,还是在民法学界,关于结果不法和行为不法的争论一直没有停歇,但是在民法学界,尤其是在德国和我国台湾地区,这个争论涉及权益区分保护还是等同保护的问题。

反对权益区分保护的学者认为,在侵权行为的保护范围大幅扩张以后,“结果不法说的说服力大幅降低,甚至必须予以扬弃,而应回归行为不法性的本质,改采行为不法说”。④ 奥地利学者库齐奥也认为,奥地利采行为不法说,因此在奥地利法中,违反保护他人法律与违

---

① 参见王泽鉴:《侵权行为》,北京大学出版社 2009 年版,第 218 页。

② 参见[德]克雷斯蒂安·冯·巴尔:《欧洲比较侵权行为法》(下卷),焦美华译,法律出版社 2001 年版,第 37 页。

③ 参见王利明:《我国〈侵权责任法〉采纳了违法性要件吗?》,载《中外法学》2012 年第 1 期。

④ 陈忠五:《契约责任与侵权责任的保护客体——“权利”与“利益”区别正当性的再反省》,台北,新学林出版股份有限公司 2008 年版,第 302 页。

反善良风俗行为的意义远远小于在德国法中的意义。[1]

赞同权益区分保护的学者认为,德国学者对违法性的争议倾注了洪流般的墨水,系由于其善于争辩及问题本身所具有高度理论上的魅力。行为不法说虽为学者所力倡,但德国联邦法院仍然采取结果不法说,解释适用上并无疑义或困难。王泽鉴同时认为,台湾地区“民法”第 184 条第 1 项前段应该采取结果“不法”的认定方法,第 184 条第 1 项后段(故意背于公序良俗)和第 184 条第 2 项(违反保护他人“法律”)应该采取行为“不法”的认定方法。也就是说结果“不法”和行为“不法”在侵权责任的认定中可以并存。[2]

德国学者多伊奇认为,结果不法、行为不法以及主观色彩的违法相互并存,它们并不彼此排斥。若只承认结果违法性或者行为违法性,则是片面的。[3] 但是德国学者福克斯的观点则明显不同,他认为:《德国民法典》第 823 条第 1 款应该采取结果不法的认定方法,行为不法说和结果不法说的争议的实践意义无足轻重;第 823 条第 2 款同样应该采取结果不法说的认定方法;在第 826 条中,违法性要件并不具有什么特别的意义。[4]

后期的学说理论进一步复杂化,有学者提出应该区分故意和非故意侵权行为,从而适用不同的违法性认定方法,也有学者提出应该区分直接侵害法益的行为和间接侵害法益的行为,从而适用不同的违法性认定方法。[5] 但是这种理论并没有结合权益区分保护或者等同保护进行分析。

---

① 参见[奥]海尔姆特·库齐奥:《侵权责任法的基本问题(第一卷):德语国家的视角》,朱岩译,北京大学出版社 2017 年版,第 179 页。

② 参见王泽鉴:《侵权行为》,北京大学出版社 2009 年版,第 217~220 页。

③ 参见[德]埃尔温·多伊奇、[德]汉斯-于尔根·阿伦斯:《德国侵权法——侵权行为、损害赔偿及痛苦抚慰金》,叶名怡、温大军译,中国人民大学出版社 2016 年版,第 41 页。

④ 参见[德]马克西米利安·福克斯:《侵权行为法》,齐晓琨译,法律出版社 2006 年版,第 85、153、164 页。

⑤ 参见李昊:《德国侵权行为违法性理论的变迁——兼论我国侵权行为构成的应然结构》,载田士永、王洪亮、张双根主编:《中德私法研究》第 3 卷,北京大学出版社 2007 年版,第 15~18 页;王千维:《民事损害赔偿责任法上“违法性”问题初探(上)》,载《政大法学评论》2001 年第 66 期。

第三个问题是，权益侵害和违法性要件的关系问题。无论是原《侵权责任法》第 6 条第 1 款，还是《民法典》第 1165 条，均没有出现“不法”的字样，而只是规定了“侵害他人民事权益”。这也正是有学者认为我国侵权责任法没有采纳违法性要件的重要理由。但是和我国立法例最相类似的日本，正是通过目的性扩张解释出违法性要件，从而扩大侵权责任法的保护范围，同时也坚持了权益区分保护的理念。我国《民法典》第 1165 条增加了“造成损害”的表述，意大利正是通过对“不法损害”的解释达致了类似于德国模式的解决方案。我国学界对于违法性、权益侵害和损害之间的关系问题，似乎还没有深入的分析。

笔者的观点是，违法性要件是认定侵权责任不可或缺的要件，而且在民法领域违法性只能通过结果不法的方式予以认定，否则违法性要件和过错要件无法区分。如果将违法性要件界定为结果不法，我们会发现“权益侵害”就是违法性要件的另外一种表述。损害属于事实概念，一个损害能否在法律上得到赔偿，关键是这个损害是否是因为侵害权利或者法律保护的利益导致的。因此，违法性要件也是判断一个损害是否应该予以赔偿的关键。但是达致这个结论并不容易，我们还是应该从违法性要件的产生原因开始分析。

二、违法性要件的缘起

前文已经提及，中国的“侵权责任法”或者“侵权行为法”的表述非常独特。在传统大陆法系，自罗马法以来，一直存在的是不法行为或者不法事实的表述。违法性要件是在对不法行为的分析中，通过和过错要素的区分被认知的。

第一个明确提出违法性和过错区分的是耶林，他是从刑罚概念开始分析的。耶林认为，在整个法律领域当中，没有哪个概念像刑罚的概念那样具有如此重要的文明史意义。刑法是一个枢纽，这个枢纽汇聚着法律生命体最敏锐的神经和血管，每一个印象、每一个感觉都可以在那里被感觉到并体现于外部。刑罚的历史就是刑罚不断式微的历史。法律的进步在于刑罚范围的不断收缩以及刑罚概念的不断净化。为了正确地理解这些内容,我们必须阐明一个区分,即客观不法和主观不法的区分。这个区分虽然在罗马法当中是非常明显的,但不管是罗马时代的法学还是现代法学都没有给予足够的重视。[①]

耶林指出,每个人都知道所有权人对善意占有人的返还请求权和失主对小偷的返还请求权之间的区别。在前一种情况下,只涉及一个系争权利的存在问题,原告不需要指责对方对其权利的侵犯是有意的、应受谴责的;这种指责也可能发生,并且会对责任范围产生影响,然而,它并不是必然的。换句话说,主观过错对原告的这个请求来讲并非实质性要素。这个请求只跟被告所造成的现实状态的不法性有关。相反,对小偷的起诉必然要以指责他侵害权利为基础,也就是说对我们的权利的有意识的、故意的侵害。主观过错要素对于这种诉讼来讲是不可或缺的,没有盗窃不是故意的。对于上述两种情形,都可以说是不法,一种是客观不法,另一种是主观不法。耶林甚至指出,到他所处时期为止的科学仍未确立、接受这样的看法,甚至在教科书中都找不到这样的观念,这对法学家来讲是一件丢脸的事情。[②]

耶林的贡献非常了不起,但是他的分析存在一个不周延的地方。在善意占有情形下,确实只存在客观不法;但是在小偷盗窃的情形下,却既存在主观不法,也存在客观不法。小偷盗窃的事实侵害了物品所有人的所有权,这是一个客观不法;小偷盗窃的故意构成主观不法。如果只说小偷盗窃的情形是一种主观不法,这反而容易让人产生主观不法吸收客观不法的误解,此点不可不明。

尽管耶林作出了违法性和过错的区分,但是他的观点一开始并没有引起民法学者的足够重视,反而是德国的刑法学者将耶林的理论引入到对犯罪构成要件理论的分析,并最终形成了三阶层的犯罪构成要件理论。根据这种理论判断某种行为是否构成犯罪应分三步依次进

① 参见[德]鲁道夫·冯·耶林:《罗马私法中的过错要素》,柯伟才译,中国法制出版社 2009 年版,第 3~6 页。

② 参见[德]鲁道夫·冯·耶林:《罗马私法中的过错要素》,柯伟才译,中国法制出版社 2009 年版,第 6~7 页。

行,即构成要件符合性、违法性和罪责。① 在 19 世纪末 20 世纪初,德国的民法学者开始将犯罪的三阶层构成要件理论引入到对侵权责任构成要件的分析,并最终形成了侵权责任构成要件的三阶层理论,即构成要件符合性、违法性和有责性。② "上述侵权行为的三层次结构在逻辑上具有一定次序的关联。须先有符合构成要件事实的行为,始判断该行为是否违法,其后再就具违法性的行为认定其有无故意或过失。此项结构分析有助于认识违法性与故意、过失(有责性)的区别。前者系就行为作法律上无价值的判断,后者系对行为者的非难。"③

上述区分具有极其重要的意义,因为它使我们意识到,一个不法行为是由客观不法和主观不法组成的,两者的结合构成一个整体的不法行为。《德国民法典》的立法者正是基于对违法性的认识确立了侵权责任的三个小的一般条款。

三、违法性要件的功能

耶林在对过错要件进行分析时,说出了一句著名的话:"导致损害赔偿义务的不是损害,而是过错。这是一个简单的原理,就像让物体燃烧的不是光,而是空气中的氧气这个化学原理一样简单。"④但是上述话语丝毫不会影响违法性要件对损害赔偿义务的意义,因为损害本身是否具有可赔偿性,需要通过违法性要件来判断。

首先,违法性要件具有过错要件无法替代的功能。违法性是对加害人是否违反法规范进行的判断,这种判断是一种对客观要素的判断。过错是对加害人在特定情形下能否预见特定权益侵害或损害的发生的判断,这种判断是一种对主观要素的判断。违法性是从受害人

---

① 参见[德]恩施特·贝林:《构成要件理论》,王安异译,中国人民公安大学出版社 2006 年版,第 11~13 页;[德]李斯特著、[德]施密特修订:《德国刑法教科书》,徐久生译,法律出版社 2006 年版,第 204~205 页。

② 参见李昊:《德国侵权行为法违法性理论的变迁——兼论我国侵权行为构成的应然结构》,载《中德私法研究》第 3 卷,北京大学出版社 2007 年版,第 5~6 页。

③ 王泽鉴:《侵权行为》,北京大学出版社 2009 年版,第 88 页。

④ [德]鲁道夫·冯·耶林:《罗马私法中的过错要素》,柯伟才译,中国法制出版社 2009 年版,第 76 页。

的角度考虑其遭受的损害是否在法律的保护范围之内；而过错是从加害人的角度考虑其主观心理状态是否具有可责难性。

上述分析符合侵权责任法的相关关系原理，即侵权责任的构成必须考虑原告和被告的利益平衡，不能偏废一方。承认一个人受法律保护的领域，同时构成对所有其他人自由的限制。因此，在确定受法律保护的范围时，需要从价值上考量相互冲突或对立的利益：一方面，应考虑是否存在需要尽可能充分保护的利益；另一方面，要尽可能赋予其他人最大的行为自由。[①] 在侵权责任法中，民事主体的行为自由一直居于优先地位。因为“行为自由对人和物的价值的形成是必不可少的，行为自由的优先也就意味着正在形成者相对业已存在者的优先”。[②] 过错原则的确立是对行为自由价值的张扬，违法性要件同样是对行为自由价值的张扬。作为损害赔偿义务的过滤器之一，违法性要件限制了损害可赔偿的范围，从另外一个角度扩大了民事主体的行为自由。

尽管从保护受害人的角度，两大法系均采取客观标准对主观过错进行判断，即采取理性人或善良家父的标准对加害人是否存在过错进行判断，但是这种客观判断和加害人是否违反法规范的客观判断是两码事。以海洛因举例，甲在限速路段超速行驶将乙手中的 1 千克白色粉状物撞落在污水中，此时甲因为超速而存在过错没有疑义。如果 1 千克白色粉状物是面粉，那么甲应该赔偿乙的损失，因为甲侵害了乙的所有权，并造成了实际的损害；如果 1 千克白色粉状物是海洛因，那么甲的行为对乙不构成侵权，因为海洛因不在法律的保护范围之内，甲的行为没有违法性，尽管其存在过错。如果认为过错可以吸收违法性，那么就无法说明在上述案例中，在行为人存在过错无疑义的情况下，其不用承担侵权责任的理论依据。

---

① 参见［奥］海尔姆特·库齐奥：《侵权责任法的基本问题（第一卷）：德语国家的视角》，朱岩译，北京大学出版社 2017 年版，第 178 页；［加］欧内斯特·J. 温里布：《私法的理念》，徐爱国译，北京大学出版社 2007 年版，第 66~67 页。

② ［德］马克西米利安·福克斯：《侵权行为法》，齐晓琨译，法律出版社 2006 年版，第 2 页。

如果我们观察一下英美法的思考方式,可能更有启发。英美法并不存在明确的违法性要件的表述。罗杰斯指出,从某种意义上说,违法性问题在英国侵权法中发挥着重要作用,因为侵权法就是有关“民事违法行为”(civil wrongs)的法律。但是这种表述又没有什么意义,除非我们详细描述了所有的侵权法规则,它无法向我们提供有关违法性构成要素的任何东西。① 正是在对具体侵权责任成立的分析中,英美法实际上已经意识到违法性和过错区分的必要性,尤其是结果不法和过错区分的必要性。普罗塞认为,贯穿于所有侵权行为的主线是对他人利益所作不合理侵害的思想。因为行为人违反法律导致他人损害所涉及的利益是非常多样的。② 尽管过失是违法行为的构成要素,但它本身尚不足以作为存在违法行为的充分表征。准确的说法是,在违反法律所确认的注意义务情形下,造成损害的过失是违法的,这种义务是建立在公平、合理、正义以及请求保护的利益的本质等要素基础上的复合体。故意行为也不是一个更为可靠的违法性标志,寻求保护利益的本质仍在发挥作用。③ 上述分析实际上已经涉及对过错以外的违法性要素,也就是利益侵害要素的考虑。

因此,在过错责任中,违法性和过错都是认定侵权责任的必备要素,而且违法性的认定是判断过错是否存在的在先条件。如果加害人的行为没有违法性,那么关于加害人是否存在过错的判断就是多余的。也就是说,在过错责任中,必须同时存在客观不法和主观不法,两者合在一起构成一个完整的不法行为。

其次,在无过错责任中,违法性仍然是认定侵权责任的必备要素,只是不要求主观不法即过错的存在。

以核设施致害为例,根据我国《民法典》第1237条的规定,“民用核设施或者运入运出核设施的核材料发生核事故造成他人损害的,民

---

① 参见[英]W. V. H. 罗杰斯:《英国侵权法中的违法性问题》,载[奥]H. 考茨欧主编:《侵权法的统一:违法性》,张家勇译,法律出版社2009年版,第49页。

② See Prosser & Keeton, *The Law of Torts*, Fifth Edition, West Group, 1984, p. 6.

③ 参见[英]W. V. H. 罗杰斯:《英国侵权法中的违法性问题》,载[奥]H. 考茨欧主编:《侵权法的统一:违法性》,张家勇译,法律出版社2009年版,第53页。

用核设施的营运单位应当承担侵权责任;但是,能够证明损害是因战争、武装冲突、暴乱等情形或者受害人故意造成的,不承担责任”。得到国家批准设立的核电站,其利用核能发电的行为具有合法性,尽管这种行为具有潜在的巨大危险性;一旦发生核事故,造成他人损害的,只要这些损害处在法律的保护范围之内,即和法律保护的权利和利益存在因果关系,核电站就应该进行赔偿,即便核电站不存在任何过错。换句话说,单纯的客观不法将导致无过错责任的产生。如果一个卖淫者因为核事故导致身体受到伤害,从而无法继续卖淫,即便核电站承担的是非常严格的无过错责任,在我国,核电站也没有必要对卖淫者不能卖淫的损失进行赔偿。因为在我国卖淫并没有合法化。但是卖淫者所受的健康权伤害仍然可以得到赔偿。再举一例,如果核电站周边有甲、乙两家面粉加工厂,甲工厂是实际加工面粉,乙工厂是以加工面粉为幌子,实际是在加工毒品。核泄漏以后两家工厂都毁损,甲工厂的面粉损失应该得到赔偿,因为该厂拥有面粉的所有权,但是乙工厂的毒品无法得到赔偿,因为该厂对毒品没有所有权。

因此,无论是过错责任,还是无过错责任,在责任的认定中违法性都是必备要素。如果认为过错可以吸收违法性,那么在无过错责任中将无法对损害赔偿的范围进行排除和限制。[①]

最后,无论是否对权利和利益进行区分保护,违法性要件都是认定侵权责任的必备要素。如果对权利和利益进行区分保护,违法性要件的重要性会更加凸显。对民法规定的权利的侵害,直接表明加害人的行为存在违法性。因为权利作为一种主观的法,其和客观的法是一枚硬币的两面。[②] 权利首先表现为一种客观的规范,当主体能够基于自己的自由意志去主张这个法的时候,这个法就变成了他的法,这就

① 法国学者也发现,如果违法性被看作过错的构成因素,它如何可能在无过错责任中发挥作用呢?法国学者认为,违法性在无过错责任中仍发挥了关键作用,但是在不承认过错和违法性区分的前提下,上述解释非常勉强。参见[法]Oliver Moréteau:《法国法视野下侵权责任法的基本问题》,载[奥]海尔姆特·库齐奥主编:《侵权责任法的基本问题(第二卷):比较法的视角》,张家勇、昝强龙、周奥杰译,北京大学出版社2020年版,第57页。

② 参见[德]魏德士:《法理学》,丁晓春、吴越译,法律出版社2005年版,第32页;[奥]凯尔森:《法与国家的一般理论》,沈宗灵译,商务印书馆2013年版,第135页。

是他的权利。只要法官能够认定加害人的行为侵害了受害人的权利,那么加害人行为的不法性就被推定。

如果加害人的行为没有侵害受害人的权利,只是侵犯了受害人的利益,此时该利益是否处于法律的保护范围就具有决定性的意义。如果法官认定受害人的利益处于法律保护的范围,那么该利益就是合法的利益,对合法利益的侵害当然具有不法性。如果法官认定受害人的利益并不属于法律保护的范围,那么加害人的行为就不具有违法性,随后的过错问题就不需要再作判断。因此,对民事权益的侵害就是违法性要件的表现。

四、结果不法说和权益区分保护的关系

自耶林对过错和违法性进行区分之后,结果不法说一直居于通说地位,但是随后行为不法说开始挑战结果不法说的统治地位。

结果不法说认为,只要是导致法律规定的权利或者法律明确规定的利益遭受侵害结果的加害行为,原则上即被推定具有违法性。其主要理由是:法律规范已经透过实定法规定了绝对权等法益的归属,那么任何人原则上即负有不得侵害他人绝对权等法益的行为义务,所以一旦发生绝对权等法益遭受侵害之消极效果,与此结果具有因果关系的行为,基于“因果行为论”即显露了违反法律规范的性格。该说的核心是认为不法行为和结果具有密不可分的关系,结果即可视为行为的一部分,从而判断一个行为是否具有违法性的重点落在绝对权等法益遭受侵害的消极结果——第一次现实损害结果上,但是最终归结于导致该结果的行为,从而赋予其违法性的性格。[①]

行为不法说认为法律规定只能够针对人的行为作出违法性判断,而不能单纯将损害后果作为认定违法性的对象。理由是,后果不是违法性判断的对象,而仅仅是违法性判断的基础。结果不法的方法是透过损害后果,以一种消极的方式倒推行为是否具有违法性。因此

① 参见王千维:《民事损害赔偿责任法上“违法性”问题初探(上)》,载《政大法学评论》2001年第66期。

违法性取决于对行为禁止，也即注意义务的违反。不法性的判定总是与人的行为本身相关，并建立在缺乏注意的基础之上。①

笔者认为，结果不法说仍然具有非常好的理论说明力，在司法实务中也易于操作，它能够非常好地为权益区分保护提供判断方法。行为不法说容易导致违法性要件和过错要件的混淆，而且行为不法说自身也是学派林立，由此发展出来的理论过于复杂。基于思维经济原则的考虑，如无实益、毋增实体，能够进行简化思考的地方，没有必要人为地复杂化。同时，行为不法说是在刑法理论中发展出来的，民法和刑法的价值取向并不一致，在刑法中具有合理性的观点在民法中未必合理。

首先，行为不法说会导致违法性和过错的混淆，这实际上导致了学说理论回到了耶林的区分理论之前。力倡行为不法说的库齐奥明确意识到这一点，他认为，一个极为经常地被用到的观点是，如果我们接受行为不法说，那么在违法性和过错之间就没有差别。但是，我们认为这个观点并不能使行为不法说声名扫地：违法性的评价标准是客观的，而过错的评价标准是主观的。举例来说，一个精神病人如果没有遵从客观的注意义务，也即他没有像一个正常理智的人那样去行为，那么他就实施了不法行为，但是由于能力的欠缺，过错问题不存在。② 这个例子不恰当，因为实施加害他人的精神病人应当承担侵权责任，是立法者不考虑精神病人的责任能力问题。这实际上是让精神病人承担类似于无过错的责任。这恰恰说明立法者不考虑精神病人的主观不法的要素，但是客观不法的要素仍然必须具备。

美国《侵权法重述第二版》第 283B 节规定："除非行为人是一位儿童，否则他的精神分裂或其他心智缺陷不应豁免该行为人因其未达到处在类似情形下的正常人标准的行为而应承担的责任。"立法理由

---

① 参见［奥］海尔姆特·库齐奥：《侵权责任法的基本问题（第一卷）：德语国家的视角》，朱岩译，北京大学出版社 2017 年版，第 173 页；［奥］H. 考茨欧主编：《侵权法的统一：违法性》，张家勇译，法律出版社 2009 年版，第 13 页。

② 参见［奥］H. 考茨欧主编：《侵权法的统一：违法性》，张家勇译，法律出版社 2009 年版，第 14～15 页。

是：第一，很难在心智缺陷和其他形形色色的性情、智力与情感平衡之间划出令人满意的界限。第二，在很多案件中，有关心智缺陷的证据是不能令人满意的；同时此类证据很容易被造假，事实的判断者在确定其存在、性质、程度和作用时注定会遇到种种困难。第三，有心智缺陷者如要在这个世界上生活，就应当对自己所造成的损害作出赔偿。他们的财富——如果有任何财富的话——更应当被用来赔偿无辜的受害人，而不是继续留在他们手中。第四，如果规定有心智缺陷者承担责任，对他们或他们的财产负责的人便会有动力看护好他们、让他们不惹麻烦，并保证他们不给别人造成伤害。① 但是该节规定在“过失的确定标准”中，这说明立法者仍然认为这是一个过错的例外问题。

法国在 1968 年增订《法国民法典》第 489 条之 2 规定：“处于精神紊乱状态之人致他人损害者，仍应负损害赔偿责任。”依据本条规定，行为人纵使欠缺责任能力，只要其行为客观上具有违法性，即成立侵权责任。欠缺责任能力之人，与一般人并无不同。② 因为法国法并不区分过错和违法性，他们是通过过错要件对二者进行整体把握。“在今天的法国法中，过错是从纯客观的角度予以定义的，即指有缺陷的行为，并且它与人的识别能力无关。”③但是这和传统的过错和违法性的区分没有关系，这只是说明了过错的判断标准从主观标准转向了客观标准，这也是各国学说理论的共同发展趋势。不考虑精神病人的责任能力，只是表明了立法者在过错责任中的一个特殊价值判断，而且还无法从根本上排除对过错因素的考虑。例如，法国上诉法院在一则案件中认定，自动纵火的行为人在纵火时处于精神紊乱状态，因此

① 参见［美］肯尼斯·S. 亚伯拉罕、［美］阿尔伯特·C. 泰特选编：《侵权法重述——纲要》，许传玺等译，法律出版社 2006 年版，第 51～52 页。

② 参见陈聪富：《侵权行为法原理》，台北，元照出版有限公司 2018 年版，第 258 页。

③ ［奥］H. 考茨欧主编：《侵权法的统一：违法性》，张家勇译，法律出版社 2009 年版，第 74 页。

推断此种行为属于非故意行为,可以获得保险事故的赔偿。①

暂且不讨论这种规定对于精神病人是否公平,即使这种规定是合理的,也无法否认结果不法和过错之间的区分。例如,一个精神病人挖断一根电缆,导致大面积停电,由此引发大量的纯粹经济损失。即使不考虑精神病人的过错问题,纯粹经济损失是否应该赔偿也要单独考虑。

持行为不法说的学者一般都会举一个产品责任的例子来说明结果不法说存在的解释力不足的问题:制造农药并将其在市面上广为销售,虽然在农药的包装上制造商已经做好明显的指示与警告标示,然而将来仍有可能造成某一消费者或其他第三人因为滥用、误用或其他相类似之原因中毒而导致消化器官受损。此项事实为客观可预见,因此制造、销售农药之行为与该消费者或其他第三人之消化器官受损害具有相当因果关系,而且消费者或其他第三人之身体或健康法益系属民法中明确规定的权利。因此,在此案例中,已存在:(1)加害行为——制造并销售农药之行为;(2)现实损害——消费者或其他第三人之消化器官受损;(3)加害行为与第一次现实损害结果之间存在因果关系。所以制造并销售农药之行为而致消费者或第三人之消化器官受损符合《德国民法典》第823条第1款,或者我国台湾地区“民法”第184条第1项第1句之构成要件该当行为。依据结果不法说,构成要件该当性征引违法性,则制造并销售农药而致消费者或其他第三人之消化器官受损之行为(尽管该农药完全符合规定,在制造或销售过程及使用说明上并无任何瑕疵)就被推定为具有违法性之行为。此项结论显然有悖常理。②

但是这个例子并不能对结果不法说造成致命打击。因为在这个例子中,制造商可以通过证明自己没有过错而免责。尽管构成要件符合性可以征引违法性,但是这只是在表面上推定了客观违法性的存

① 参见《法国民法典》(上册),罗结珍译,法律出版社2005年版,第405页。

② 参见王千维:《民事损害赔偿责任法上“违法性”问题初探(上)》,载《政大法学评论》2001年第66期。

在,制造商可以反证违法性的不存在。即使证明不了,此时还处在侵权责任构成要件的第二个层次,如果要让制造商承担侵权责任,还需要第三层次的要件——过错,也就是主观不法要件的存在。如果一个国家的法律规定产品责任是无过错责任,那么只要结果不法存在,制造商就要承担责任。[①] 从一个普通人的视角来看,将制造商的行为推定为具有违法性似乎无法接受,但是对于一个法学专业人士来说,这只是一个法律分析的步骤问题。就过错责任而言,只有客观不法(违法性)和主观不法(过错)同时具备,一个整体的不法行为才成立,行为人才应当承担侵权责任。

我们可以把这个例子再引申一下,如果制造商生产的农药不符合国家的相关标准而有缺陷,例如毒性过大,但是在实际产生损害之前被人举报。此时,制造商对购买农药的人应当承担违约责任,相关行政机关可能会对其进行行政处罚,但是只要没有产生实际损害,制造商就没有承担侵权责任的可能性,因为没有结果不法。如果有缺陷的农药被实际使用,并导致农户的农作物和牲畜的死亡,根据我国《产品质量法》第 41 条的规定,制造商应当承担侵权责任,因为结果不法客观存在(农户对农作物和牲畜拥有所有权)。如果因为有缺陷的农药的使用导致大面积的污染,政府将有关区域进行封闭,从而导致大量的纯粹经济损失,制造商是否需要赔偿仍然要单独判断。

其次,行为不法说的立论基础是,法律规范都是针对人规定的。因此,有关违法性的判断总是指向人的行为而不是损害后果,原因在于,违法性恰恰体现在行为违反了规范中的要求。所以,行为主体只能是规范所调整的那些义务人,单纯一个损害后果或者状态,不能被

---

① 在我国,一般认为产品责任的生产者承担的是无过错责任,因为《民法典》第 1202 条规定:“因产品存在缺陷造成他人损害的,生产者应当承担侵权责任。”在该条中并没有出现过错的字样,因此生产者承担的是无过错责任。这是一种错误的解读,根据该条规定,生产者承担的是过错推定责任。只要产品存在缺陷就推定生产者存在过错,但是根据《产品质量法》第 41 条的规定,生产者如果能够证明,产品投入流通时,引起损害的缺陷尚不存在,或者将产品投入流通时的科学技术水平尚不能发现缺陷存在的,生产者可以免责。这实际上是通过证明自己没有过错而免责,只是这种证明的范围被限定了。

视为具备违法性。①

法律规范确实是规范人的行为的,但是一个单纯的人的行为在法律上没有颜色。一个人只要参与社会生活,每天都会做出无数个行为,绝大多数在法律上都没有意义,也就是没有法律上的颜色。一个人如果想和另外一个人签订一个合同,那么他必须做出有法效意思的法律行为。法效意思这个主观要素是一个行为是否能够涂上法律颜色的关键,一个没有法效意思的行为处于法外空间。

如果一个人的行为导致了另外一个人的损害,这个行为是否具有法律上的颜色要通过主观要素和客观要素来判断,一个是内部的要素,一个是外部的要素。前者是过错要素——主观不法要素;后者是违法性要素——客观不法要素。损害结果作为一种事实状态本身不存在违法性的问题,但是这种事实状态可以从外部证明行为人的行为具有违法性。仍然以某人逆向超速驾驶,导致另一个人手上的 1 千克面粉和 1 千克海洛因同时掉在污水中毁损为例。1 千克面粉的损失应该赔偿,是因为行为逆向超速行驶证明其存在主观不法——过错,受害人对 1 千克面粉有所有权,1 千克面粉的毁损可以推定违法性的存在;1 千克海洛因的损失不应该赔偿,是因为只存在主观不法,而不存在客观不法。因为受害人对海洛因没有法律上的所有权,所以不存在结果不法,也就是不存在客观不法。

有人提出,如果采结果不法说将会和危险责任(无过错责任)的理论相冲突。因为危险责任并不以违法性以及有责性作为责任成立的前提,只要有构成要件该当之行为或状态导致法益遭受侵害之现实损害,原则上即成立危险责任。其理论基础是:对于法律所容许的危险源的营运者,因其自危险源之营运而获取利益,原则上即必须毫无保留地承担自该危险源所产生的所有损害风险。② 实际上,恰恰是结果

---

① 参见[奥]海尔姆特·库齐奥:《侵权责任法的基本问题(第一卷):德语国家的视角》,朱岩译,北京大学出版社 2017 年版,第 172~173 页。

② 参见王千维:《民事损害赔偿责任法上“违法性”问题初探(上)》,载《政大法学评论》2001 年第 66 期。

不法可以为危险责任奠定理论基础，因为“导致法益遭受侵害之现实损害”就是结果不法的表现。前文已经举过卖淫者和毒品加工厂的例子，如果某人遭受的损害既不是源自法律上的权利被侵害，也不是源自法律上保护的利益被侵害，即使危险责任再严格，危险源的营运者也无须承担责任。就危险责任而言，恰恰是只需要存在结果不法，营运者就要承担责任。如果不要违法性要件，反而无法说明危险责任为什么是一个不法行为引起的。因为危险责任无需加害人存在主观不法——过错，如果再不需要结果不法的存在，我们就无法说明危险责任的归责依据。

王泽鉴同样认为，无过失责任不以违法性为前提，经营核设施、航空器等具危险源的企业乃法之允许，自始非属违法性判断的客体，亦不因事后发生损害结果而使其原先被允许的行为具有违法性。① 这种观点和其持结果不法和行为不法并存的理念有关。王泽鉴尽管认为台湾地区“民法”第 184 条第 1 项前段是结果“不法”的体现，但是认为第 184 条第 1 项后段和第 184 条第 2 项是行为“不法”的体现。② 一个人的开车行为、建造房屋的行为，甚至举手投足的行为都是法律允许的，如果没有造成权益侵害，则不存在结果不法的问题；即使存在结果不法，如果没有主观不法，其仍然不构成一个整体的不法。无过错责任的本质是不需要主观不法的要件，结果不法必须存在。关于这个问题，瑞士学者彼得·高赫看得非常清楚：“总而言之，可以这样说，侵害行为的违法性也是危险责任的一个构成要件，不过，如果将行为不法理解为违法性所不可或缺的要素，结论就会不一样。”③

最后，民法中应该坚持结果不法说，是因为民法上的侵权责任以损害赔偿为原则，这是以产生损害结果为前提的。尽管也存在少量的民事责任不以产生损害结果为前提，但是必须存在合法的民事权益被侵害的结果，否则无需考虑民法上的侵权责任问题。没有民事权益的

① 参见王泽鉴：《侵权行为》，北京大学出版社 2009 年版，第 546 页。

② 参见王泽鉴：《侵权行为》，北京大学出版社 2009 年版，第 217 页。

③ [瑞士]彼得·高赫：《侵权法的基本概念》，常鹏翱译，载田士永等主编：《中德私法研究》第 3 卷，北京大学出版社 2007 年版，第 116 页。

侵害,只有行为人的主观过错,这在民法上没有意义,但是在刑法上则不同,细节后文再分析。

以《德国民法典》为代表的三个小的一般侵权责任条款都是结果不法说的表现。该法典第 823 条第 1 款规定,侵犯法律明确列举的法益和权利,应当承担损害赔偿责任,这是非常典型的结果不法的表现。因为侵犯法律明文规定的法益和权利,违法性被推定。后期产生的争论是,德国法院在“其他权利”中创设出“一般人格权”和“营业权”,这两种权利被认为属于框架权,即使侵害这两种权利也不存在违法性被推定的问题。这实际上引发了法官能否在具体判决中创设法律没有明文规定的权利的问题,后文再作分析。

第 823 条第 2 款规定,违反以保护他人为目的的法律的人,应当承担损害赔偿责任。我国台湾地区“民法”第 184 条第 2 项与此类似。王泽鉴认为,该项的“违法性”需要通过行为“不法”说来判断。[①] 福克斯则认为应该根据结果不法说来判断。[②] 上述观点均值得商榷。

以保护他人为目的的法律可以大致分为两类:第一类是给行为人确定具体的行为义务从而保护他人,如道路交通安全法规的各项行为义务规定,违反该类法规的,行为人的过错被推定,但是并不涉及客观的违法性问题。例如,甲在高速公路上超速导致追尾事故,撞坏了乙的汽车。只要甲的超速行为被认定,甲的过错——主观不法就被推定;乙的汽车被撞坏,违法性被推定,因为乙对汽车拥有所有权或者其他合法权利,这和甲违反道路交通法规没有关系。如果乙的车最后被确定是走私套牌车,甲即使违反道路交通法规,也无须承担损害赔偿责任,因为不存在结果不法。第二类明确规定某类利益受法律保护,此时违反保护他人的法律就是结果不法的体现。例如,我国《民法典》第 1043 条第 2 款规定:“夫妻应当互相忠实,互相尊重……”该条实际上就确立了夫妻忠实义务的身份利益在法律上受保护。至于是

---

① 参见王泽鉴:《侵权行为》,北京大学出版社 2009 年版,第 217 页。

② 参见[德]马克西米利安·福克斯:《侵权行为法》,齐晓琨译,法律出版社 2006 年版,第 153 页。

否存在过错——主观不法要素，仍然要单独判断。我国《民法典》第462条第1款规定："……因侵占或者妨害造成损害的，占有人有权请求损害赔偿。"该款属于保护占有的法律规定，但是侵权人是否具有过错，仍然需要单独判断。

《德国民法典》第826条规定，故意以悖于善良风俗的方式加损害于他人的，应当承担损害赔偿责任。我国台湾地区"民法"第184条第1项后段的规定与此类似。王泽鉴认为，该条的违法性应该根据行为不法来判断。[①] 福克斯认为，违法性要件在《德国民法典》第826条中没有什么特别意义。[②] 实际上，违法性要件在该条中的意义非常大，而且只能通过结果不法的方式进行判断。福克斯本人也指出，《德国民法典》第826条在构成要件上既包括主观方面的要求，也包括客观方面的要求。主观方面的要求是故意，客观方面的要求就是违反善良风俗。[③] 因此善良风俗就是法院判断某种利益是否在法律上应该予以保护的客观标准。

关于结果不法和权益区分保护的关系问题，需要特别提及上海市高级人民法院民一庭于2005年3月4日发布的《侵权纠纷办案要件指南》。在原《侵权责任法》生效之前就明确提出权益区分保护的观点，展现了上海高院的研究水平。该指南第5条规定："请求方只能就现行法律保护的权益受到侵害行使侵权赔偿等请求权。"上海高院在该条的说明中指出："现行侵权法调整之权益，包含权利与法益二方面内容。民法系采列举的方式设定权利，而法律设定的诸多利益均未固化为权利，但因法律专门设有保护之规定，成为法律所保护之利益。故侵权法体系所规范的对象，以权利为原则，以法益为例外。区分权利与法益之关系，对于进行侵权法的法律解释活动意义重大：侵害权利之行为，无论行为人存在故意或过失，均有救济途径；但对于财产利

① 参见王泽鉴：《侵权行为》，北京大学出版社2009年版，第217页。

② 参见[德]马克西米利安·福克斯：《侵权行为法》，齐晓琨译，法律出版社2006年版，第164页。

③ 参见[德]马克西米利安·福克斯：《侵权行为法》，齐晓琨译，法律出版社2006年版，第163页。

益的损失，侵权行为法并不是一概保护的，原则上仅在行为人故意之场合方予以保护……”

该指南第12条规定：“人民法院经审查当事人提供的证据，能够确认请求方主张的损害其合法权益的加害行为已成立的，可先推定该加害行为具有违法性。”上海高院在对该条的说明中指出，法律对民事权利的界定，就侵权法而言，同时起着两种不同的作用。积极而言，权利是法律对权利的内容及其效力进行界定；消极而言，界定权利之法律实质包含了禁止一般人之侵害的内涵。至于法益，本系保护他人之法律，即包括禁止侵害之内涵。故侵害法益，系违反权益的不可侵之义务，而构成违反法律禁止规定的违法。因此，加害行为侵害他人合法权利的，除有阻却违法事由存在外，人民法院可直接推定加害行为具有违法性。实践中需要注意，违法性是指加害行为而非加害结果。也就是说上海高院采行为不法说，但是这种观点和权益区分保护的观点存在矛盾。

该指南第6条对主张合法权益存在的举证责任作出规定：“请求方应举证证明受侵权行为损害的合法权益存在的要件事实。可由人民法院直接依法确认的除外。”上海高院在说明中指出，对于生命权、健康权和隐私等人格法益无需举证证明。这说明上海高院没有准确理解结果不法对权益区分保护的意义。因为在指南发布时，隐私在现行法律中不是权利，侵犯隐私的行为，其违法性无法被推定。当事人必须证明隐私属于法律保护的法益。根据2001年最高人民法院《关于确定民事侵权精神损害赔偿责任若干问题的解释》第1条第2款的规定，违反社会公德、社会公共利益侵犯隐私等人格法益的，可以请求精神损害赔偿。这正是通过原《民法通则》第7条的规定，将隐私利益解释为属于法律保护的利益。这种证明就是对侵害隐私的违法性的证明。在原《侵权责任法》生效以后，隐私权已经成为法律明确规定的权利，此时违法性才可以被推定，剩下来的是对隐私权的解释问题。

五、刑法学关于违法性的争论对民法学的启发意义

刑法学界关于违法性要件的争论比民法学界更加火爆，也更加深

人。争论同样围绕结果不法说和行为不法说展开,并发展出形式多样的折衷说(二元说)。一个有趣的现象是,刑法学界几乎从不质疑违法性要件的存废,主要争论违法性的本质。民法学中很多关于违法性的理论源自刑法学的发展,因此仔细地梳理刑法学界争论的核心议题,对于民法学中的违法性要件问题有非常好的借鉴意义。

在刑法学中,结果无价值论认为:刑法的目的或任务是保护法益,所以,引起法益侵害及其危险(结果无价值),就是刑法禁止的对象,违法性的实质就是引起结果无价值。由于行为是否引起结果无价值是一种客观现象,所以,主观要素原则上不影响违法性的判断。结果无价值论认为,故意、过失是责任要素,而不是影响违法性的要素。①

行为无价值论是德国学者威尔采尔在批判结果无价值论的基础上提出来的。尽管威尔采尔认为,将犯罪划分为构成要件符合性、违法性和有责性这三个要素的做法,是"最近两到三代人所取得的最为重要的教义学进步";但是他并不同意以法益侵害为判断要素的结果无价值论。② 因为,"并不是与行为人的内容相分离的法益侵害就可以说明违法,行为只有作为一定的行为人的作品时才是违法的。行为人设立何种目标,采取什么客观行为,行为人以什么心情实施行为,在这种场合行为人负有什么义务,所有这些,与可能发生的法益侵害一起,决定行为的违法。违法性是对与一定的行为人有关的行为的否定,违法就是与行为人有关的人的行为的违法"。行为无价值论认为,结果无价值只是人的违法行为的部分要素,即法益侵害并不能完全说明行为的违法性;结果无价值只有在人的违法行为即行为无价值中,才具有意义,或者说,结果无价值只是判断违法性的一个资料。相反,行为无价值是与结果无关而独立存在的。③

---

① 参见张明楷:《行为无价值论与结果无价值论》,北京大学出版社2012年版,第47页;[日]大塚仁:《刑法概说(总论)》,冯军译,中国人民大学出版社2009年版,第359页;[日]西田典之:《日本刑法总论》,王昭武、刘明祥译,台北,元照出版有限公司2012年版,第131页。

② 参见[德]米夏埃尔·帕夫利克:《目的与体系——古典哲学基础上的德国刑法学新思考》,赵书鸿等译,法律出版社2018年版,第48页。

③ 参见张明楷:《刑法学》(第3版),法律出版社2007年版,第120页;[日]大塚仁:《刑法概说(总论)》,冯军译,中国人民大学出版社2009年版,第357页。

目前,刑法学界关于违法性的本质存在三种不同的学说:第一种是一元的结果不法说,第二种是一元的行为不法说,第三种是违法性的二元说。在第三种学说中有的更偏向行为不法说,例如,认为结果不法只具有间接判断行为不法的意义,真正决定违法性的是行为不法;有的更偏向结果不法说,例如,认为应该以结果无价值来对违法判断进行框架设定,行为无价值的判断就是在结果无价值所设定的不法框架内,使不法往减少的方向发挥机能。也就是说在违法性二元论中认为结果无价值的比重更大。[①] 核心的争论仍然在结果不法说和行为不法说之间,二元说都是折衷的产物。

结果不法说和行为不法说的争论是法益侵害说和规范违反说之间争论的延续。关于行为不法说的观点:只有人的行为才是违法性的判断对象,结果不法说并不难反驳。结果不法说也承认法律规范是针对人的,只有人的行为才会违法,但是我们可以从侵害结果倒推加害人在行为时具有违法性。但是在刑法领域,结果不法说对于行为不法说提出的关于未遂犯的处罚依据问题很难回应。

结果不法说将法益侵害和危险均纳入结果无价值的范围,从而使结果不法说也能够解释未遂犯的处罚依据。“因为刑法的目的是为保护法益,既遂犯是因为行为侵害了法益而受处罚,未遂犯是因为行为具有侵害法益的危险性而受处罚,故未遂犯都是危险犯。”[②]但如果从民法的角度考虑,将可能出现的危险作为行为的结果对待是无法接受的。无损害即无赔偿仍然是原则。即使在刑法学的理论中,以未遂犯造成的危险作为处罚依据也已经不再被接受。

根据比较古典的理论,未遂的可罚性根据不是存在于行为人的意思之中,而是存在于即将实现构成要件该当的结果的危险之中。因此,未遂因结果不法的发生具有高度盖然性而应受处罚。同时也正因为欠缺结果不法,未遂犯应当减轻处罚。由于对盖然性原则的过度强

---

① 参见[日]日高义博:《违法性的基础理论》,张光云译,法律出版社2015年版,第57~59页。

② 张明楷:《行为无价值论与结果无价值论》,北京大学出版社2012年版,第47页;张明楷:《刑法学》(第3版),法律出版社2007年版,第282页。

调,这种理论实际上是限制了未遂犯的可罚性。后期的学说理论认为,未遂的可罚性依据,是行为人对法律的敌对意识。起决定性作用的因素,不是行为对被保护的行为客体带来事实上的危害,而是故意所实现的行为不法。但是这种观点容易走向纯主观理论,即认为未遂犯和既遂犯原则上应予以同样的处罚,因为对法律的敌对意识在未遂犯和既遂犯情况下是同一的。为了对抗纯主观理论可能造成的未遂犯可罚性的泛滥,目前的主流观点认为,未遂的处罚根据存在于违背行为规范及其所表现的意思;只有当公众对法秩序有效性的信赖受到动摇,法安定性的情感和法和平受到影响时,犯罪行为的可罚性才能被肯定。该理论将未遂的可罚性以维护法秩序的必要性为根据;可罚性的对象,在未遂阶段,是行为实现的行为人的法律敌对意识,也即相关构成要件的故意的行为不法。①

通过对未遂犯处罚依据的分析,我们确实可以看出,在刑法学中行为不法说更能说明违法性的本质,但是这并不表明在民法中对违法性的判断也必须采纳行为不法说。② 两者的差异恰好能够说明民法和刑法的不同价值取向和不同的任务承担。民事责任的内容是对损害的调整,刑事责任的内容是对违法行为的非难。因此,民事责任是以发生损害的有无为基础的,而刑事责任是以违法行为的有无为基础的。如果从被害人的角度考虑,民事损害赔偿是直接指向被害人的利益,而刑罚通过处罚加害人,多多少少指向利益,但是和被害人的利益关系问题,则成了困难的课题。③

德国学者帕夫利克同样指出,刑罚与损害赔偿存在巨大的差异。损害赔偿的功能在于对具体被害人遭受的损害进行抵偿,刑罚的特点则在于对行为人施加了某种恶害,却并未给被害人带来直接的好处。

---

① 参见[德]汉斯·海因里希·耶赛克、[德]托马斯·魏根特:《德国刑法教科书》,徐久生译,中国法制出版社 2001 年版,第 612~615 页。

② 如果再考虑一下中止犯和预备犯的处罚依据问题,我们可以更加清晰地理解行为不法说在刑法理论中的解释力。

③ 参见[日]高桥则夫:《规范论和刑法解释论》,戴波、李世阳译,中国人民大学出版社 2011 年版,第 20~21 页。

对行为人的处罚甚至会降低或者破坏被害人获得损害赔偿的机会。正是因为刑罚不考虑具体被害人的利益,所以它具有超越个人的特点。刑罚去除了行为人与被害人之间冲突的私人性,它根本不是行为人为被侵害者所做出的某种牺牲。因此,我们不能把受到刑罚制裁的犯罪解释成行为人与被害人之间纯粹的关系性不法,而是应当将其理解为对法所规定的自由状态秩序的侵犯——用黑格尔的术语来说:对作为法本身的侵害。① 上述责任层面的差异,都是从民法和刑法各自的违法性层面的差异中演变出来的。

首先,民事责任对损害结果的关注决定了在侵权责任中只能通过结果不法来判断违法性的有无。在民法中,权利和利益的区分对违法性的认定具有关键影响。但是在刑法中,权利和利益的区分问题几乎不受重视。刑法学中的结果不法说以法益侵害说为基础,而法益侵害说是在批判权利侵害说的基础上发展起来的。法益侵害说甚至认为权利是不可侵害的,即使作为权利客体的物被夺走或者减少,我们的权利本身也并没有被夺走或减少。② 尽管这种制度概念的虚无主义值得批判,但是这种观点隐含了刑法真正关心的是社会共同体的利益和行为人的主观恶性。被害人的权利或者利益并不是刑法关注的焦点。

在民法中,除了过错推定责任或者无过错责任需要法律明确列举规定以外,关于最常规的过错责任,传统大陆法系一般采取一般条款的立法模式,即通过一个规定侵权责任构成要件的一般条款解决所有的一般侵权案件。即使德国采取三个小的一般条款模式,和刑法对具体的罪名进行详细列举的模式相比,仍然是小巫见大巫。刑法对罪名的列举是罪刑法定原则的体现,每一个罪名都体现了立法者对该罪名保护法益类型的特殊考虑。尽管在具体的法律适用中仍然会存在一

---

① 参见[德]米夏埃尔·帕夫利克:《目的与体系——古典哲学基础上的德国刑法学新思考》,赵书鸿等译,法律出版社 2018 年版,第 59 页;[德]黑格尔:《法哲学原理》,范扬、张企泰译,商务印书馆 1961 年版,第 95~96 页。

② 参见张明楷:《法益初论》(修订版),中国政法大学出版社 2003 年版,第 17~18 页;[日]伊东研祐:《法益概念史研究》,秦一禾译,中国人民大学出版社 2014 年版,第 27~32 页;[德]安塞尔姆·里特尔·冯·费尔巴哈:《德国刑法教科书》(第 14 版),徐久生译,中国方正出版社 2010 年版,第 34~36 页。

定的解释空间，但是解释的余地比民法要小得多。对于民法而言，绝对权一般都是法律明确规定的（物权法定、知识产权法定），因此对于侵犯权利的案件，法官的解释余地比较小。一旦认定侵犯权利，违法性就被推定。在刑法上，只要犯罪的构成要件该当性被证明，违法性就被推定。因为每个罪名涉及的法益，立法者事先都确定下来了，这和民法中的绝对权被事先确定下来是一样的。但是对于权利之外的利益的保护，在民法上就比较麻烦。我国立法对侵权责任中利益保护的方式，没有给法官任何指引。如果一个人到法院来主张另一个人对其造成损害，要求赔偿。如果该损害并不是侵犯权利所导致，那么法院首先需要确定的就是该损害是侵犯何种利益引起的？该种利益是否在法律的保护范围之内？在判断一种利益是否在法律的保护范围之内时，法官就是在判断结果不法的问题。如果结果不法不存在，随后的有责性问题无需再考虑。

其次，刑法学中行为不法说的出现，主要是为了解释过失犯罪的违法性问题。根据目的行为论的见解，人类的行为具有目的性，人类为实现其目的，以因果法则的知识为基础，在一定范围上依自己活动所能产生的结果设定各种目标，并朝着目标有计划地实现。因此，在故意犯的情形中，因其所欲实现的目的为构成要件的结果，故对于有目的地实现刑法上“恶的”结果者，当然可视其为犯罪而加以处罚。反之，过失犯对构成要件之结果并无认识，故该种实现并非有目的性的行为，如果采目的行为论的见解，则过失犯的行为在刑法上的行为恶性，无法以该行为的目的结果所见的恶性来加以说明。为解决该疑问，威尔采尔认为过失犯的不法内容在本质上属于“行为无价值”，结果无价值仅仅具有从不注意行为中选出刑法上具有重要性行为的限制意义而已。①

此处又体现出民法和刑法的差异。在刑法中，故意犯罪是常态，过失犯罪是例外。例如，我国《刑法》第15条第2款规定：“过失犯

① 参见余振华：《刑法违法性理论》，台北，瑞兴图书股份有限公司2010年版，第88～89页。

罪,法律有规定的才负刑事责任。”在民法中,过失侵权是常态,故意侵权是例外。而且基于举轻明重的原则,既然过失侵权需要承担民事责任,故意侵权当然更要承担民事责任。在刑法中,既然原则上只有故意才会导致犯罪,那么过失犯罪确实需要特殊的理由,此时不能适用举重明轻的原则,否则刑罚的范围会太广。

在刑法上,行为不法说的提出同样会出现违法性和有责性混淆的质疑,但是主流观点认为将故意纳入行为不法,违法性和罪责不会混淆。故意具有双重地位,作为行为控制因素,它是符合构成要件的行为不法的核心,作为属于罪责的行为人意志形成过程的最终结果,它还是罪责的组成部分。根据个人的不法观,违法性仍然是一种客观的尺码,因为法律对每个人提出的要求是完全相同的。只是在罪责判断时,才会考虑行为人的意志形成的方式和方法以及行为人对规范命令的个人能力问题。违法性是客观的尺码,因为规范命令适用于任何人而不顾其威望。因此,无需考虑行为人的罪责能力和动机的价值或无价值,而是按照一般的标准来确定违法性。个人的行为无价值包括了涉及符合犯罪构成要件行为的破坏法益的意志方向的所有因素。相反,罪责判断的对象是导致实施犯罪行为的意志形成的方式和方法,该意志形成的较大的或较小的无价值由作为罪责形式的故意或过失形态中的结果共同决定。在对行为违法性进行认定时,要问一下:行为人究竟想干什么?他造成了什么结果?在对罪责进行认定时,则要问一下:可在何种程度上非难行为人实施的不法?①

过失同样具有双重地位:一方面,需要斟酌,鉴于在特定的危险状态不欲的法益侵害,客观上要求什么样的行为,这是不法构成要件;另一方面,根据行为人的人格以及能力,要考虑能否要求行为人为此等行为,这是责任构成要件。过失行为的不法构成要件由三个要素决定:实现构成要件危险的认识可能性、基于该危险认识而客观要求的注意行为和因违反注意而发生该当构成要件的结果。耶塞克特别指

---

①　参见[德]汉斯·海因里希·耶赛克、[德]托马斯·魏根特:《德国刑法教科书》,徐久生译,中国法制出版社2001年版,第300~301页。

出,作为民法上的损害赔偿的根据,这些前提条件已经足够。因为,在民法里涉及的仅是应当由侵害人承担侵权责任,还是由被侵害人承担责任的问题。但是,在刑事处罚时要附加过失责任的要求,因为这里并不涉及损害赔偿问题,而是涉及受到非难的社会伦理评价问题。①

在刑法学中,上述观点已经受到质疑。松原芳博认为,现代的规范违反说基本上立足于命令规范论,认为违法是对以一般人为标准的命令规范的违反,责任是对以行为人个人为标准的命令规范的违反,力图以此来维持违法与责任的区别。然而,对于行为人的行为是否违反了命令规范,既不改变评价对象也不改变评价角度,仅通过改变能力标准而分两次进行判断,这究竟有何意义呢?如果最终拷问的是行为人对命令规范的违反,那么,起始就以行为人为标准,不就足够了吗?②

在民法学中,同样有观点认为,应该区分故意侵害绝对权的行为和过失侵害绝对权的行为,前者直接推定违法性的存在,后者则需要深入探究该行为有无违反社会活动上一般注意义务,才能确定是否存在违法性。③ 但是这种观点会导致如下的问题:第一,将有责性的问题提前到违法性的阶段,从而导致三阶层构造变成两阶层构造;耶林费尽九牛二虎之力建构的主观不法和客观不法的区分将会灰飞烟灭。第二,现代民法关于过失的认定普遍采取客观性的认定标准——理性人的标准或者善良管理人的标准,这会导致有责性和违法性的同一。④刑法学先从一般人的角度考察行为人的注意义务,再从行为人自身的角度考察有责性问题的思考方式,对于民法而言不存在。第三,如果以行为不法说为基础进行推演,最终达致违法性和过错的同一,对于

---

① 参见[德]汉斯·海因里希·耶赛克、[德]托马斯·魏根特:《德国刑法教科书》,徐久生译,中国法制出版社 2001 年版,第 678~679 页。

② 参见[日]松原芳博:《刑法总论重要问题》,王昭武译,中国政法大学出版社 2014 年版,第 82 页。

③ 参见王千维:《民事损害赔偿责任法上“违法性”问题初探(上)》,载《政大法学评论》2001 年第 66 期。

④ 参见[德]格哈特·瓦格纳:《当代侵权法比较研究》,高圣平、熊丙万译,载《法学家》2010 年第 2 期。

民法而言无法解决如何筛选权利之外的利益进行法律保护的问题。例如，一个人在高速公路上超速驾驶引发交通事故，导致甲的车辆毁损、乙的走私套牌车毁损、丙的性器官损害丧失生育能力、丙的妻子无法过夫妻生活的精神痛苦、丁车上的1吨面粉毁损、戊车上1千克海洛因毁损、戌因为高速公路封闭的绕路费用等，如果不从结果不法的角度分析，上述问题无法妥善地解决。

因此，在民法的侵权责任的构成要件中，应该回到耶林这个源头，坚持主观不法和客观不法的区分，在客观不法中坚持结果不法的立场。

第一，无论是民事不法（民事侵权），还是刑事不法（刑事犯罪），原则上都是主观不法和客观不法合在一起构成一个整体的不法。民法中的例外是，可以只有客观不法，没有主观不法，如无过错责任；刑法中的例外是，可以只有主观不法，没有客观不法（如果我们将客观不法理解为结果不法，而且是具体的结果不法），如未遂犯、中止犯和预备犯。

第二，民事不法关注的是具体利益的侵害，刑事不法关注的是抽象利益的侵害。在民事责任中，对不法行为造成的具体损害进行赔偿，从而恢复到没有遭受侵权时的状态，是关注的焦点。在民事责任中存在没有具体损害的情形，但是必须存在对权利或者合法利益的侵害，否则不可能成立侵权责任。我们可以假设以下几种情况：

1. 甲驾车撞坏乙的车辆，一方面甲侵犯了乙对车辆的所有权，另一方面导致了乙修理车辆的费用损失，这是民事侵权责任的常态。

2. 甲侵犯了乙的专利权，但是乙无法证明自己遭受了具体损失；甲侵犯了乙的肖像权，但是乙无法证明自己遭受了具体损失。在上述情况下，侵权责任仍然成立，但是责任形式（如赔礼道歉）和赔偿方式（如名义性赔偿、确权性赔偿或者根据获益情况进行赔偿）会有特殊性。

3. 甲的过失行为导致乙手中的1千克面粉和1千克海洛因同时毁损，1千克面粉的毁损是常规的民事侵权问题，1千克海洛因的毁损对于乙(无论是吸毒者,还是贩毒者)来说是非常大的物质损失,但是侵权责任不成立,因为乙对海洛因没有所有权。因此,就民事侵权的成立而言,具体的损害可以没有,但是权益侵害必须存在。

在刑事犯罪中,对实施不法行为的人进行惩罚,目的是预防犯罪的发生,从而维护社会公共利益。具体个人遭受的损害不是刑法关注的焦点。①

刑法中的权利侵害说,目的是确立罪刑法定原则,防止国家权力对个人的过度侵害。但是权利侵害说无法说明违警罪保护的权利类型,因此被法益侵害说代替。刑法保护的法益不是个人的具体法益,而是抽象的公共法益。杀人罪保护的不是被害人的生命权,而是每一个人的生命都不能被非法剥夺的抽象公共利益;盗窃罪保护的也不是被害人的具体财产权,而是每一个人的财产都不能被非法剥夺的抽象公共利益。否则,我们无法解释,也无法理解刑法为何要惩罚未遂犯。未遂犯只是没有导致具体法益的损害,但是犯罪人故意挑战抽象公共法益的行为已经完成。未遂犯只能是故意犯,实际上是刑法强调了犯罪人的主观恶性程度。如果我们将刑法保护的法益理解为抽象公共法益,我们也可以从结果不法的角度对惩罚未遂犯的正当性进行解释。正因为刑法保护的是抽象的公共法益,因此在具体的刑事诉讼中被害人是隐形的,所谓的公诉人就是代表公共利益进行起诉的人。②

第三,在大陆法系,关于一般侵权责任都是通过一般条款的方式予以规制。立法者只是笼统地表明权利或者合法的利益应该受到法律保护。在具体的侵权责任认定中,法官必须明确认定原告的何种权利,或者何种合法利益受到侵犯,具体的损害才有赔偿的可能性。英国侵权法基于历史原因形成的对各种侵权类型进行列举,这非常类似于刑法中对各种罪名的列举。这也导致英国法中很少关注权利和法

---

① See Prosser & Keeton, *The Law of Torts*, Fifth Edition, West Group, 1984, p. 7.

② 参见[英]J. C. 史密斯、[英]B. 霍根:《英国刑法》,马清升等译,法律出版社 2000 年版,第 22 页;[美]丹 · B. 多布斯:《侵权法》(上册),马静等译,中国政法大学出版社 2014 年版,第 5 页。

益的侵害问题，因为具体的侵权类型的列举已经将相关法益框定下来。[①]

六、违法性和权益侵害、损害之间的关系

（一）权益侵害和违法性之间的关系

如果在侵权责任的构成要件中应该采纳违法性要件，对于我国而言还必须面对一个解释论的问题。因为，无论是原《侵权责任法》第 6 条第 1 款，还是《民法典》第 1165 条第 1 款的规定，都没有出现“不法”的字样。这也是我国学者认为我国立法在侵权责任的构成要件中没有采纳违法性要件的主要理由。如果认为应该采纳违法性要件，我们如何从现行法律规定中解释出违法性要件呢？

如果我们在解释论上采纳结果不法说，权益侵害要件就是违法性要件的另外一种表述。通过前文的论述我们已经知道，中文所称的“侵权行为”在传统大陆法系中的表述是“不法行为”。广义的“不法行为”可以区分为公法上的不法行为和私法上的不法行为。私法上的不法行为又可以区分为违反特定当事人之间约定的不法行为（违约行为）和违反法律规定的不法行为（侵权行为）。作为一个整体的不法行为，既包括主观不法，也包括客观不法。主观不法是指行为人的主观过错，客观不法是指行为人对法律的违反。能够违反法律的只能是人的行为，判断一个人的行为是否构成一个不法行为应该从两个角度判断。一个就是行为人的主观心理态度，那就是过错；另一个就是行为对客观法律规范的违反。

法不是对事实的描述，而是对行为的规定，是规定性的命题。法律命题的意义在于规定某种行为或不行为。对特定情况下是否存在行为义务以及此种特定行为义务的确立以哪些法律规范为依据等的

---

① 参见［德］格哈特·瓦格纳：《当代侵权法比较研究》，高圣平、熊丙万译，载《法学家》2010 年第 2 期。

追问，通常情况下都会导致对某一法律案件的解决。[①] 如果从这个角度分析，行为不法说似乎反映了违法性的本质，其实不然。因为法律规范可以区分为授权规范和命令规范。

命令规范当然是直接规定行为人应该为一定行为或者不为一定行为的规范。很多命令性的规范，尤其是针对具体行为义务的命令性规范，对于主观不法——过错的判断有非常大的助益，但是无法解决结果不法的判断问题。例如，我国《道路交通安全法》第 35 条规定："机动车、非机动车实行右侧通行。"如果甲驾车在左侧通行导致交通事故，原则上甲的过错可以被推定，因为他违反了第 35 条的命令性内容。但是结果不法的问题仍然无法通过这个条文进行判断。例如，导致乙手中的海洛因毁损是否需要赔偿、交通事故导致的纯粹经济损失是否需要赔偿。

授权性规范一方面授予权利主体特定权利，另一方面也给他人设立了义务。例如，原《物权法》第 39 条规定："所有权人对自己的不动产或者动产，依法享有占有、使用、收益和处分的权利。"该条规定一方面授予了所有权人对自己的物拥有的各项具体权能，另一方面也隐含了其他人不得干预或者影响所有权人行使权利的义务。如果没有这些义务，一切如此明确的郑重的财产权的授予，是无意义、无实在性的。[②] 只有在一个完全静止的社会里，才会出现所有权人行使自己的权利和他人无涉的状况。因此，当法律确立一条授予权利的规范，同时也就确立了其他人不得侵犯该权利的一般义务。当一个人侵犯该权利时，他就违反了法律规定的义务，他的行为因而具有违法性。法律有可能没有直接授予一项权利，而是授予了一项利益，法律效果是一样的。例如，《德国民法典》第 823 条第 1 款列举了生命、身体、健康、自由四项法益，没有加"权"字。我国《民法典》第 111 条规定："自

---

① 参见［德］齐佩利乌斯：《法学方法论》，金振豹译，法律出版社 2009 年版，第 2～9 页。

② 参见［德］卡尔·恩吉施：《法律思维导论》，郑永流译，法律出版社 2004 年版，第 24 页。

然人的个人信息受法律保护……”尽管没有表述为“个人信息权”，但是在法律效果上和第 110 条规定的生命权、身体权等没有区别。因此当一个人侵犯另一个人法律明确规定的权利或者法律明确规定的利益，其行为的违法性可以被推定。对于侵权责任的认定而言，真正麻烦的是，当事人主张法律没有明确规定的权利或者利益被侵害，法院如何确定违法性的问题。

前文已经提及《日本民法典》第 709 条在比较法层面和我国《民法典》第 1165 条最相类似。该条规定：“因故意或过失侵害他人权利和法律上被保护的利益时，负因此而产生损害的赔偿责任。”其中“法律上被保护的利益”是 2004 年日本民法现代语化修订中新增加的内容。在日本的学说理论中同样存在这样的争论，《日本民法典》第 709 条中并没有出现“不法”的字样，而且该条更加接近于法国的一般条款模式，因此在侵权责任的构成要件中不应该采纳违法性要件。

日本的学说理论采纳违法性要件，起因是在“大学汤”案件中发现《日本民法典》第 709 条只规定“侵害他人权利”导致保护范围过窄。因此学说理论认为，《日本民法典》第 709 条把侵权行为成立仅仅限定在权利侵害场合，对于复杂的当今社会而言并不妥当。因为权利的内容是作为法律秩序的内容被认可的，所以对权利的侵害就是破坏法律秩序，其本身就是违法的。民法之所以设置权利侵害要件，仅仅是因为选择了一个方法，这种方法是为了尽可能广泛地表现侵权行为的违法性。因此，即使没有权利侵害，如果加害行为被评价为违法，此时也成立侵权行为。

这种以更加宽泛的违法性要件取代权利侵害要件的解释论实际上采取了目的论扩张的解释方法。由此在司法实践中引发了一个非常重要的问题，即在什么情况下存在违法性。我妻荣提出的相关关系理论认为，违法性应该按照被侵害利益的违法性的强弱与侵害行为的样态的强弱相互关联地进行判断。被侵害的利益越强有力，即便侵害行为的样态中的可受非难性非常小，其也是违法的；但是在被侵害的利益不太强的场合下，只有侵害行为的样态中的违法性达到较强的程度,才能被认定为违法。侵害行为的样态包括违反刑罚规范、违反强制性法规、违反公序良俗以及权利滥用等。

这种观点在日本长期处于通说地位,但是也逐渐受到批判。第一,相关关系理论可能会导致违法性要件和过错要件的一元化理解;第二,即使是权利侵害,根据侵害行为的样态也可能对不存在违法性的判断打开一个通道。因此,后期的学说理论中出现了各种各样的观点。其中有一种舍弃违法性要件的观点非常值得关注,该说认为,在2004年民法现代语化修改之后,侵权行为的要件可以分为:作为判断被侵害法益的社会评价要件的权利侵害或者法律上被保护的利益侵害,以及对行为样态进行评价的故意、过失要件。过去包含在违法性要件中的侵害行为的样态应该放到后者的故意、过失要件里来。因为与民法修改前只规定权利侵害要件不同,修改之后加上了“法律上被保护的利益”这样弹性的字眼。如今由于在条文上加入了广泛且多样的利益,因而即便不采用违法性取代权利侵害,在条文上已经没有什么障碍了。吉村良一认为,这种立场今后在日本会变得更加有力。[①]

上述观点对我国未来的解释论有非常重要的借鉴意义。第一,用权益侵害要件代替违法性要件,符合《民法典》第1165条的文义。因为该条并没有出现“不法”的字样,采用违法性要件的表述会导致超越条文文义进行解释的质疑。第二,用权益侵害要件代替违法性要件,并不是说在侵权责任的认定中不需要违法性要件。因为权益侵害要件就是违法性要件的另一种表述。权利和法是一枚硬币的两面,侵犯权利当然构成违法,其违法性被推定;利益在侵权责任中是否受保护,关键是判断该利益是否属于法律保护的利益。这种判断就是在判断是否存在违法性。第三,用权益侵害要件代替违法性要件,可以避免行为不法说和结果不法说的无谓争论。在民事侵权责任中,违法性要件通过是否侵犯权利、是否侵犯法律保护的利益来判断,这本身就是结果不法的充分体现。行为人的主观因素都在过错要件中判断。

---

① 参见[日]吉村良一:《日本侵权行为法》,张挺译,中国人民大学出版社2013年版,第23~63页。

（二）损害和权益侵害之间的关系

《民法典》第1165条第1款和原《侵权责任法》相比增加了“造成损害的”字样，由此也引发了权益侵害和损害之间的关系问题。反对权益区分保护的学者认为，损害等概念本身所负载的规范功能，已经足以妥适地扮演好筛选过滤各种社会生活利益的任务。其在实际操作过程中，已经可以提供法律解释适用者足够的方法或手段，使其考量权利与利益特性上的不同，在责任是否成立上作出适当的判断，以达到适度合理限制加害人责任的目的。[①] 这种观点实际上倒置了损害和权益侵害之间的关系，不是通过损害概念来筛选法律应该保护的利益，而是应该通过权益侵害要件来筛选具体损害的可赔偿性和赔偿的范围。

第一，损害不是侵权责任的成立要件，而是损害赔偿的要件。

尽管绝大多数的侵权案件最终都需要损害赔偿，但是也存在没有具体损害，仍须承担侵权责任的案件。即使在损害赔偿案件中，权益侵害是判断损害是否具有可赔偿性的前提。我们只有理解了这个问题，才能理解因果关系应该区分为责任成立的因果关系和责任范围的因果关系的意义。责任成立的因果关系是加害行为和权益侵害之间的因果关系，责任范围的因果关系是具体损害和权益侵害之间的因果关系。[②] 责任成立的因果关系不存在，责任范围的因果关系也就无需考虑。

第二，损害作为一个事实概念，其本身并没有承载价值判断的功能，不是通过损害的解释筛选过滤利益，而是应该通过对利益的解释筛选过滤损害。

无论是大陆法系，还是英美法系，均有观点认为损害是规范性概念，而不是事实性概念。因为他们均意识到，事实上的损害未必能够在法律上获得赔偿，只有在法律上具有可获赔性的损害才具有规范的

---

① 参见陈忠五：《契约责任与侵权责任的保护客体——“权利”与“利益”区别正当性的再反省》，台北，新学林出版股份有限公司2008年版，第187页。

② 参见王泽鉴：《损害赔偿》，台北，三民书局2017年版，第90~91页。

意义。[①] 上述理解没有错，不具可赔性的损害在法律上没有意义，但是这改变不了损害概念本身的事实性。事实上的损害能否变成法律上可以获赔的损害，恰恰需要通过权益侵害来筛选。

在成文法上唯一对损害概念进行界定的是《奥地利民法典》第1293条："损害是指某人的财产、权利或人身遭受的一切不利。"该条的问题在于将事实概念和规范概念混淆在一起，因为权利是一个规范概念。将权利和财产、人身等事实概念并列在一起反而会导致损害概念的混淆。甲打碎乙的一个花瓶，这个花瓶从完好的状态到破碎的状态的转变就是损害，至于甲是否应该赔偿损害，还要考虑甲的行为和花瓶破碎之间是否存在因果关系、甲是否存在过错——主观不法的问题，乙是否对花瓶拥有权利或者法律上的利益——客观不法问题。如果该花瓶是乙盗墓所得，甲无需赔偿乙，因为乙对该花瓶没有所有权。损害作为事实概念对于侵权责任是否成立没有影响，但是对于损害赔偿的范围有重要的意义。

《法国民法典》第1382条只规定了损害，没有出现权益侵害的表述。法国的学说理论和实务一般认为，损害是侵权责任成立要件之一，无损害即无所谓损害填补之问题，也不生侵权责任是否成立之问题。但是法国的学说理论也认识到，并非所有的损害都能够在法律上获得赔偿。法国人想到的方法是对"dommage——损害"和"préjudice——侵害"这两个词进行区分。法国学者认为，虽然《法国民法典》第1382条使用"dommage"指称损害概念，但严格言之，侵权责任法所应填补之损害，应该是指"préjudice"，而非"dommage"。"préjudice"是法律意义上的损害概念，具有一定的价值色彩，是指权利或利益被侵害后所生之效果或结果。至于"dommage"，概念上较为中性，是指受害人权利或利益被侵害之现象，乃是从被侵害客体（权利

---

① 参见［英］唐纳尔·诺兰：《英国过失侵权中的损害》，马浩译，载金海福主编：《侵权法的比较与发展》，北京大学出版社2013年版，第53页；［德］U. 马格努斯主编：《侵权法的统一：损害与损害赔偿》，谢鸿飞译，法律出版社2009年版，第276页；陈忠五：《法国侵权责任法上损害之概念》，载《台大法律论丛》第30卷第4期。

或利益)之角度观察所得的概念。换言之,“dommage”之概念核心在于权益受侵害之事实,而“préjudice”之概念核心则在于权益受侵害之结果。因此,权利或利益被侵害后在法律上的评价才是“préjudice”,乃是法律严格意义下得请求赔偿之损害。从而,原则上有“dommage”通常即有“préjudice”,但并非所有的“dommage”均是法律上得请求赔偿的“préjudice”。[①] 上述区分实际上就隐含了违法性要件——权益侵害要件,在侵权责任成立上的必要性。因为表面上的损害要件必须经过权益侵害来过滤。[②]

法国学说理论中关于过错要件和损害要件中哪一个是第一要件的争论,更加凸显了权益侵害要件的重要性。法国有学者认为,任何故意或过失所造成的损害,均应予以赔偿。某些损害之所以不予赔偿,往往并非因其不构成损害,而是因其非故意或过失行为造成。因此加害人的故意或过失才是侵权责任法上的核心概念,受害人受有损害的要件在侵权责任法上仅居于从属或次要地位。反对者认为,从民事责任法历史发展的角度而言,损害才是侵权责任法的第一要件。因为危险责任无需行为人具有过错,依据担保责任的观点,损害之所以应予赔偿,乃是因受害人某种权利或正当利益被侵害,在无必要维护其他更高价值之前提下,法律秩序必须确保此项权利或利益不被侵害,一有侵害,即应赔偿。[③] 表面上上述观点争论的是损害要件是侵权责任的第一要件,实际上争论的是权益侵害是侵权责任的第一要件。前文已经论述,无过错责任只是不要主观要件——过错,违法性要件——权利侵害必须存在,否则无法说明为什么无过错责任仍然是一种不法行为。

据说法国2005年“债法及时效法改革草案”已经预定于《法国民

---

① 参见陈忠五:《法国侵权责任法上损害之概念》,载《台大法律论丛》第30卷第4期。

② 上述通过损害和侵害的语词区分,强调权益侵害要件重要性的思维方式在英美法系同样存在。彼得·凯恩指出,过失责任的构成要件是侵害(injury)而不是事实上的损害(harm)。侵害和侵犯权利有关,没有侵犯权利的损害不是侵害。没有侵害就没有责任。See Peter Cane,“Rights in Private Law”, edited by Donal Nolan and Andrew Robertson, *Rights and Private Law*, Hart Publishing, Oxford, 2014, pp. 43-44.

③ 参见陈忠五:《法国侵权责任法上损害之概念》,载《台大法律论丛》第30卷第4期。

法典》第1343条中明文规定,得请求的损害赔偿,必须是合法利益的侵害,这一立法趋势值得重视。这实际上说明了法国“母亲”已经受到“女儿”们的影响。通过前文的介绍,我们已经知道原先受法国影响的意大利是如何通过在损害前面加上“不法”两个字,然后通过对“不法”的解释,从而在解释论上倒向德国模式的过程。

英国学说理论中的争议同样具有启发意义。诺兰认为,在民事责任以一般条款为中心的法律体系中,损害必定是具有核心意义的概念。相反,在侵权责任是以一系列受保护的权利和利益为中心的法律体系中,比如在德国和中国,很明显,损害的概念就不那么具有基础性,但在实践中,损害的概念仍具有关键意义。这是因为在确定某些权利和利益是否受到损害时,首先必须要确定的是原告是否受到损害。[①] 这种理解显然是错误的,如果不能确定有事实上的损害,确实没有必要再分析是否存在权利受侵害的问题。例如,甲试图摔碎乙的花瓶,但是恰巧扔在一堆烂泥里,花瓶完好无损。此时没有事实上的损害,也就没有必要再讨论乙是否对花瓶拥有所有权的问题。如果甲超速驾车撞伤乙,导致乙手中的1千克面粉、1千克海洛因和1千克大麻跌落在污水中毁损。在我国,大麻和海洛因肯定无法得到赔偿,但是在美国的某些州吸大麻可能是合法的,大麻就可能得到赔偿。因为乙对大麻拥有所有权。因此对于侵权责任的成立而言,真正关键的问题仍然是权益侵害问题。

罗伯特·斯蒂文斯将侵权责任法区分为两种模式,一种是“损害模式”,另一种是“权利模式”。前者认为,损害是过失责任的要点,可以通过将过失责任的注意义务作为控制工具,区分特定被告不承担损害赔偿的各种理由;后者关注侵犯原初权利导致的次级义务问题。是权利的侵害,而不是损害的赔偿,是侵权责任法的核心。斯蒂文斯认为,法国模式就是损害模式的典型,而英国模式和德国模式都是权利模式,尽管两者之间仍然存在一些差异。斯蒂文斯认为,权利模式更

---

① 参见[英]唐纳尔·诺兰:《英国过失侵权中的损害》,马浩译,载金海福主编:《侵权法的比较与发展》,北京大学出版社2013年版,第48页。

为可取,因为以权利为基础的模式可以预先确定我们的法律义务。[①]

第三,反对权益区分保护论者提出的,通过对损害概念的解释达到对权利和利益等同保护的观点是经不起推敲的。

反对权益区分保护的学者指出,损害是一种不利益,民法保护的利益并不是任何利益,而必须是法律政策上正当的、值得保护的利益,只有这种利益被侵害,法律上才有必要赋予受害人请求损害赔偿的权利。对于哪些利益才是法律政策上正当的、值得保护的利益,陈忠五提出了两个判断标准:一是损害的正当性,二是损害的严重性。关于损害的正当性问题,陈忠五指出,权利既然为既存法律体系所承认,其概念内涵本身即具有正当性。至于利益,其范围广泛,种类众多,内容非常复杂多样,有些可能发生不法、不当或不道德问题,有些则否,因此其是否具有正当性,不能一概而论。[②] 上述观点一方面表明了损害本身要通过利益的保护范围进行筛选,另一方面也表明了权利和利益应该进行区分保护,因为侵害权利的违法性是被推定的,而侵害利益的违法性要单独证明。

至于损害的严重性也不能起到对利益进行筛选的功能,因为损害的轻微或者严重,只是在一个利益已经明确受到法律保护的前提下,从节省诉讼资源和限定具体赔偿范围的角度予以考虑的因素。如果法律明确对一个利益不予以保护,损害的轻微和严重的区分是没有意义的。例如,甲基于过失在高速公路上与乙车发生碰撞,从而引起高速公路堵塞,即便乙的车只被轻轻地划伤,他也能得到保护,而丙因为堵车失去了一个签订百万美元合同的机会,却无法得到补偿,尽管丙的损害比乙严重得多。

---

① See Robert Stevens, *Torts and Rights*, Oxford University Press, 2007, pp. 2–3. 斯蒂文斯同样指出,应该区分侵害(injury)和损害(harm),这是理解侵权法的关键。其中侵害(injury)对应的拉丁文是 iniuria,损害(harm)对应的拉丁文是 damnum。而且侵害(injury)对应的是权利(right),损害(harm)对应的是损失(loss)。See Robert Stevens, "Rights and Other Things", edited by Donal Nolan and Andrew Robertson, *Rights and Private Law*, Hart Publishing, Oxford, 2014, p. 116.

② 参见陈忠五:《契约责任与侵权责任的保护客体——"权利"与"利益"区别正当性的再反省》,台北,新学林出版股份有限公司 2008 年版,第 189~190 页。

综上所述,在侵权责任领域对权利和利益进行区分保护是一种必然的选择,这是由利益范围的广泛性和不确定性导致的一种必须采取的法技术方法。接下来的问题是:我们如何从现有的法律规范中解释出对权利和利益进行区分保护的结论呢?

第四章　权益区分保护的解释方法

第一节　规范漏洞的存在

我国《民法典》第 1165 条第 1 款明确规定法律保护的客体范围包括权利和利益。尽管《民法典》总则编第五章“民事权利”和《民法典》第四编“人格权”列举了多种权利类别，但是对于利益的类别和具体的保护方式，第 1165 条第 1 款仍然保持沉默。如果严格地对第 1165 条第 1 款进行文义解释，只要当事人能够证明自己利益的存在，而被告又存在过错，原则上都应该构成侵权。但是这种解释显然过于宽泛，法律不可能对当事人主张的任何利益都进行保护。

尽管在现代社会中利益保护的范围有扩张的趋势，但是还没有一个国家对当事人提出的所有利益都进行保护。作为一个心理学的概念，利益表达的是主体对客体的一种欲望，基于这种欲望的主观性，我们可以想见有多少人就会有多少欲望，而且这种欲望在很多时候是完全不同的，甚至是完全对立的，我们无法从心理学的概念去把握规范的实质。①

---

① See Emilio Betti, *Interesse*(*Teoria generale*), *Novissimo Digesto Italiano* VIII, VTET Torino, 1968, pp. 838 - 839. 庞德以耶林的理论为基础，将利益界定为人们寻求满足的需求、欲望或期望。一项法律制度要达到维护法律秩序的目的，需通过：(1)承认特定的利益，该利益可能是

如果我们能够非常确定地对当事人主张的任何利益都进行全面、彻底的保护,《民法典》第 1165 条第 1 款的规定就不存在任何法律上的漏洞,但是这种情况不可能存在,因为世界支付不起人的所有欲望。正如庞德指出的:“从来不曾有这样的社会,在那里,有如此之多的富余财富以满足各种需求,有如此之多的空间让每一个人去做所有他想做和有权去做的事情,以至于可以没有竞争地得到满足。各种利益之间的冲突或竞争,起因于个人之间、群体之间、社群之间或社会中的人们之间的矛盾和冲突,以及个人在努力实现各种请求、要求和欲望时与群体、社群或社会之间的竞争。”[①]因此我们必然要对当事人主张的利益进行筛选,选出其中的一部分进行法律保护,而另外的部分只能处于法外空间。问题恰恰在于第 1165 条第 1 款对利益筛选的方法没有作任何的说明,这显然是一种违反法律计划的不圆满性,构成一个法律上的漏洞。

从表现方式上看,该款存在的漏洞属于隐藏的漏洞。因为乍看之下该款的规定并未欠缺可资适用的规则,事实构成和法律效果是完整的,但是依其目的和意义对于特定类型的事件并不适宜,漏洞存在于限制的欠缺。在方法论上,对隐藏的漏洞主要是通过目的论限缩的方式予以填补,即依据法律规制目的或其意义脉络添加限制,从而使因字义过宽而适用范围过大的法定规则仅适用于宜于适用的范围。[②] 现

个人的、公共的或者社会的;(2)确定一个范围,那些利益应当在这个范围内通过法律规范予以承认和实现;(3)尽力保护在确定的范围内得到认可的利益。参见[美]罗斯科·庞德:《法理学》(第 3 卷),廖德宇译,法律出版社 2007 年版,第 13~14 页。Rudolf von Ihering, *Law As A Means to An End*, translated by Isaac Husik, The Macmillan Company, 1924, pp. 28-35.

① [美]罗斯科·庞德:《法理学》(第 3 卷),廖德宇译,法律出版社 2007 年版,第 14 页。

② 参见[德]卡尔·拉伦茨:《法学方法论》,陈爱娥译,商务印书馆 2003 年版,第 254、267 页。克莱默将这种漏洞称为除外漏洞。在存在这种漏洞的情形下,法律对案件有明确的规定,但规定过于泛化,因此法律似乎应该调整这些案件,但是基于法律规定的目的以及以否定的平等原则为基础的衡量,即对不同案件作不同对待,案件却不应当受其调整。文义被证明过宽,可以称为目的不支持的文义多余,应当通过违背文义但符合法律目的的方式排除。参见[奥]恩斯特·A. 克莱默:《法律方法论》,周万里译,法律出版社 2019 年版,第 166 页。

在的问题是我们通过什么样的方法对第 1165 条第 1 款进行目的论的限缩。

第二节　既有的解释方法

在原《侵权责任法》生效之后,无论在我国的学术界,还是在实务界,均有学者在解释论上指出应该通过借鉴德国模式对第 6 条第 1 款进行目的论限缩。但是他们要么只是指出了限缩的目标应该是德国模式,要么只是指出了中国司法实务的传统实际上坚持的是德国模式。对于在我国现行法律规定的基础上如何推导出运用类似于德国模式进行目的论限缩的方法并没有明确的说明。[①]

一、以损害概念为核心的解释模式

原《侵权责任法》第 6 条第 1 款中并没有出现“损害”的表述,但是有学者仍然试图通过对“损害”概念的解释达到对权利和利益进行区分保护的结论。由于《民法典》第 1165 条第 1 款增加了“造成损害的”表述,如果这种解释模式可行,会对《民法典》的解释提供助益。

薛军认为,可以通过对损害概念的不法性的解释,推导出类似于德国模式的对第 6 条第 1 款的限缩方法。[②] 这实际上是试图通过借鉴意大利的经验建构中国的解释论模式。

通过前文的论述我们已经知道,1865 年《意大利民法典》第 1151 条是对《法国民法典》第 1382 条的原文照抄,但是后来发现保护的范围过大,在司法实践中不好操作,因此 1942 年的新民法典在“损害”的前面加上了“不法”两个字。意大利学者明确指出这是受到了德国学说理论的影响,而且在意大利随后的司法实践中建构的解释论模式确

---

① 参见葛云松:《〈侵权责任法〉保护的民事权益》,载《中国法学》2010 年第 3 期;陈现杰:《〈侵权责任法〉一般条款中的违法性判断要件》,载《法律适用》2010 年第 7 期。

② 参见薛军:《损害的概念与中国侵权责任制度的体系化建构》,载《广东社会科学》2011 年第 1 期。

实和德国模式没有本质区别。目前意大利的通说认为,对不法损害中的“不法”应该这样判断:(1)违反了一条民法规范;(2)对根据社会公认的原则予以认可的利益的侵害;(3)对根据宪法原理的衡量应予以保护利益的侵害;(4)对根据法律制度整体的考量应该予以保护利益的侵害,这些利益主要是刑法规范和法律特别规定的义务所保护的利益。①

薛军认为,损害范畴是损害赔偿责任构成要件中的核心范畴之一。尽管原《侵权责任法》第6条第1款没有使用损害的表述,但是在其他条文中损害的字样多次出现。因此,原《侵权责任法》中的损害概念包含了这样的内涵:在一般的意义上,损害是指受害人的人身和财产在社会事实层面上所遭受的一种不利影响。这种一般意义上的损害事实,要转化为可以导致损害赔偿之救济的法律意义上的损害,必须接受法律上的筛选和评价,从而表现为一种具有“不法性”的损害。损害必须具有的内在的不法性,可以从原《侵权责任法》的其他规定中推导出来,例如,该法第1条规定:“为保护民事主体的合法权益……”根据上述思路可以推导出以下类型的损害具有不法性:(1)针对某些特定类型的权益侵害所导致的损害后果,损害的不法性可以推定的方式确认。这种类型的权益主要是绝对权。(2)某些类型损害的不法性,是因为损害事实源自违反了法律上的保护性规范所设定的保护义务。(3)某些类型的损害的不法性,来自法律秩序整体对相关利益状态进行评价和衡量之后所给出的一种否定性评价。薛军承认这种解释论和德国模式存在很大的相似性,但是最大的差异在于,德国的违反善良风俗构成侵权只是第三种类型中的一种。法律秩序整体的价值不仅包括了实在法的规范,而且包括了德沃金意义上的体现该法律秩序整体价值理念的法律原则。但是这种以损害概念作为原点,在解释论上寻求限缩的方法在逻辑上存在问题。

第一,损害不是侵权责任的成立要件,只是损害赔偿责任的构成

---

① See C. Massimo Bianca, *Diritto Civile*, *La Responsabilità*, Giuffrè Editore, Milano, 1994, pp. 585-587.

要件。根据我国《民法典》第 179 条的规定，排除妨碍、消除危险等责任形式并不以损害的实际发生作为前提。即便是赔偿损失，从最新的发展趋势看，也未必一定要以损害的实际发生为前提。例如，欧洲很多国家的法律制度承认名义性赔偿，它是在没有具体损害时，宣称某种权利被侵害的方式，这被称为“权利宣示或确权功能”。① 因此以损害为原点在解释论上寻求限缩的方法，必然会在逻辑上出现不周延性。

第二，不法损害是否应该予以赔偿并不能通过对损害概念本身的分析予以回答。因为损害作为一种不利益的状态只是一个事实陈述，其本身并没有承载价值评判的内涵。损害本身能否获得赔偿恰恰要以作为损害的前提概念的利益是否受到法律保护作为判断前提。在 1999 年的“Comune di Fiesole”案中，意大利法院明确指出，所谓不法损害就是对法律体系保护的利益的侵害，而且这也成为了意大利学界的通说。② 因此，以损害概念作为原点寻求对利益保护的限缩方法，在逻辑上是倒置的。不是损害的范围决定利益保护的范围，而是利益的保护范围决定损害的保护范围。

二、以动态体系论为核心的解释模式

朱虎认为，权益区分保护的观点具有正当性。同时他也接受薛军的观点，认为原《侵权责任法》第 6 条第 1 款中包含了“具有法律相关性的损害”这个构成，这个构成又取决于对侵权法保护之法益的判断，即并非所有损害都是具有法律相关性的损害。但是采纳法益区分

---

① 参见[德]U. 马格努斯主编：《侵权法的统一：损害与损害赔偿》，谢鸿飞译，法律出版社 2009 年版，第 270 页。

② See Pier Giuseppe Monateri, Filippo Andrea Chiaves, Italy, International Encyclopaedia of Laws, Tort Law, Volume 2, Hague, The Netherland, Kluwer Law International, 2003, pp. 90–95. 法国学者同样明确指出，并非所有的损失都能导致赔偿，要获得赔偿，损失必须确定地触及法律保护的合法利益。参见[法]雷米 · 卡布里亚克：《论侵权法上的损害》，王鲲译，载《法律适用》2008 年第 8 期。澳大利亚学者皮特 · 凯恩也指出，必须对利益和损失进行区分，我们只有理解了导致损失的背后利益的不同，我们才能理解为什么有些损失不具可诉性。See Peter Cane, *Tort Law and Economic Interests*, Clarendon Press Oxford, 1991, p. 6.

保护思想并不必然导致德国侵权法的规范技术，也不能推断出法益区分保护思想仅存在于德国侵权法的规范技术之中。更为妥当的方式是以动态系统作为方法基础构建动态、弹性的法益区分保护规范技术，即以“具有法律相关性的损害”这个概念作为解释的规范基础，确定两个实质性的论证规则：(1)社会典型公开性较强、价值较高的法益一般应受到侵权法保护，除非具有充分且正当的理由；(2)社会典型公开性较弱和价值较低的法益一般不受到侵权法的保护，除非具有充分且正当的理由。而在充分且正当的理由构建过程中，划定多元化的考量因素，授权司法者进行更为动态和弹性化的综合权衡。①

叶金强同样认为动态体系论对《民法典》第1165条第1款的解释具有重要价值，但是和朱虎的观点不同，他不认为权益区分保护的观点具有正当性。叶金强指出，过错责任一般条款的具体化，要以构成要件的动态化为基础构建基础性评价框架。这种基础性评价框架的基本构成要素包括利益保护强度、行为正当化程度、过错程度、因果关系贡献度、因果关系确定性程度以及损害轻微程度。这些要素在个案中会以不同的强度出场，权利侵害型和利益侵害型案件均需通过此基础性评价框架导出结论，不存在本质区别。②

上述观点明显受到《欧洲侵权法原则》(PETL)、《欧洲示范民法典草案》(DCFR)和《奥地利损害赔偿法草案》等最新立法趋势的影响。仔细地探究上述立法趋势的理论基础和具体规则，对我国《民法典》相关条文的解释非常有助益。

(一)《欧洲侵权法原则》的立法模式

《欧洲侵权法原则》第2:101条(可赔偿的损害)规定：“损害须是对法律保护的利益造成的物质损失或非物质损失。”

第2:102条(受保护的利益)规定：

“1. 受保护利益的范围取决于利益的性质；价值越高，界定越精确、越明显，其所受保护就越全面。

① 参见朱虎：《规制法与侵权法》，中国人民大学出版社2018年版，第86~87页。

② 参见叶金强：《〈民法典〉第1165条第1款的展开路径》，载《法学》2020年第9期。

“2. 生命、身体和精神的完整性，人的尊严和自由受最全面的保护。

“3. 财产权包括无形财产权受广泛保护。

“4. 纯经济利益和契约关系的保护可受更多限制。此时，尤其要充分注意行为人与遭受危险者之间的紧密性，和行为人知道其利益肯定不如受害人的利益价值大，而其行为将造成损害的事实。

“5. 保护范围也受责任性质的影响，在故意侵害利益时，对利益的保护程度更高。

“6. 在确定保护范围时，应考虑行为人的利益尤其是其行动自由与行使权利的利益，以及公共利益。”①

因为奥地利学者考茨欧是《欧洲侵权法原则》和《奥地利损害赔偿法草案》的主要起草人，《奥地利损害赔偿法草案》第 1293 条的规定和上述条文之间存在非常大的相似性。该条规定：“1. 损害为某人就其人身、财产或者其他受到保护的利益而遭受的任何不利益。损害为具有金钱价值的不利益的，称为财产损害，否则为精神损害。2. 利益的保护尤其取决于该利益的顺位、价值、是否可以界定及其公示性，但也同样取决于自由展开、权利享有的利益以及公共利益。3. 明确界定并且具有公示性的人格权，如生命、身体不可侵性，各种物权以及知识产权等，受到最高程度的保护。债之关系之外的纯粹经济损失只有在例外情况下才受到保护。”②该条原先没有包括第 3 款，由于被批评没有明示评价的基础，起草小组随即增加了第 3 款。③ 考茨欧明确指出，上述规定的起草均以动态体系论作为方法论上的指导。④

动态体系论是奥地利学者瓦尔特·维尔伯格提出来的，他提出动

---

① 欧洲侵权法小组编著：《欧洲侵权法原则：文本与评注》，于敏、谢鸿飞译，法律出版社 2009 年版，第 4 页。

② ［奥］海尔姆特·库齐奥：《侵权责任法的基本问题（第一卷）：德语国家的视角》，朱岩译，北京大学出版社 2017 年版，第 330~331 页。

③ 参见［日］大久保邦彦：《损害赔偿法的内在体系和依据动态系统论的立法》，载《国际公共政策研究》2013 年第 18 卷 1 号。

④ 参见［奥］海尔姆特·库齐奥：《侵权责任法的基本问题（第一卷）：德语国家的视角》，朱岩译，北京大学出版社 2017 年版，第 371 页。

态体系论的目的是避免一种指引法官仅参酌毫无内容的衡平、正义感、善良风俗或类似概念的程序,从而在概念法学和自由法学之间走出一条中间道路。该理论的核心是,法律后果不应仅基于一个统一的理念来确定,而是应该基于多个方面的相互作用,这些方面可以用要素和动态力量来表述,但是这些要素并非缺一不可,法官可以在具体案件中予以权衡。该理论的目的是使私法的体系获得一种吸收生活的多方面力量的能力而又不失去其内部的支持。①

考茨欧认为,动态体系论的优点表现为可以在尽可能广泛的范围内满足两个对立的要求:一方面,并非仅仅制定一个有待于确定化的一般条款,这主要是针对法国模式的立法论;另一方面,避免僵化的规定,因为其无法考虑具体情况的复杂性,并且也无法胜任适应变化中的各种情况的任务,这主要是针对德国模式的立法例。通过规定法官裁判需要考量的各种关键要素,可以达到高度的具体化程度,从而对法官的自由裁量权作出关键性的限制;同时,亦可就考量生活事实的多样性提供可控的因素。② 总之,动态体系论是在固定规则和严格要件与模糊的一般条款之间选择了第三条道路。③

我们必须承认动态体系论在弥补概念法学缺陷方面的价值,但是以动态体系论作为权益区分保护解释论的基础仍然存在如下一些问题。

第一,由于维尔伯格非常强调实证法的限制,以及立法者在动态体系要素选择上的主导作用,因此该理论最主要的贡献体现在立法技

---

① 参见[奥]瓦尔特・维尔伯格:《私法领域内动态体系的发展》,李昊译,载《苏州大学学报(法学版)》2015 年第 4 期。

② 参见[奥]海尔姆特・库齐奥:《侵权责任法的基本问题(第一卷):德语国家的视角》,朱岩译,北京大学出版社 2017 年版,第 370 页。

③ 参见[奥]海尔姆特・库齐奥:《动态系统论导论》,张玉东译,载《甘肃政法学院学报》2013 年第 4 期。

术层面,而不是在法律适用层面。① 当然,对于我国而言,最高人民法院的司法解释一直在很大程度上起到了补充立法的作用。而且在相关的司法解释中,最高人民法院实际上不自觉地也运用类似于动态体系论的方法进行相关司法解释。因此,不能完全排除动态体系论对我国《民法典》解释的影响。②

第二,这种以动态体系论为基础的解释论方法,表面上看是以损害概念为基础,实际上仍然是以权益概念为基础。前文已经反复提及损害不是侵权责任的成立要件,只有权益侵害才是成立要件。考茨欧明确提及《欧洲侵权法原则》的起草小组在讨论中达成了如下共识:"其一,在界定损害时不可避免地要规定受保护的利益;其二,受保护

① 参见[奥]瓦尔特·威尔伯格:《私法领域内动态体系的发展》,李昊译,载《苏州大学学报(法学版)》2015年第4期;[奥]海尔姆特·库齐奥:《侵权责任法的基本问题(第一卷):德语国家的视角》,朱岩译,北京大学出版社2017年版,第368页。维尔伯格的动态体系论改变了原先规则和例外这种非黑即白的二元立法技术,它提供的是一种混合的立法技术,即通过一系列的价值比较为精确的价值衡量提供基础。See Mario G. Losano, *Sistema e Struttura nel Diritto*, Volume II, Milano, Giuffre Editore, 2002, p. 253. 我国《民法典》第998条规定:"认定行为人承担侵害除生命权、身体权和健康权外的人格权的民事责任,应当考虑行为人和受害人的职业、影响范围、过错程度,以及行为的目的、方式、后果等因素。"该条是动态体系论在立法技术上的体现。

② 例如,最高人民法院《关于确定民事侵权精神损害赔偿责任若干问题的解释》(法释〔2001〕7号,已被修改)第10条第1款规定:"精神损害的赔偿数额根据以下因素确定:(一)侵权人的过错程度,法律另有规定的除外;(二)侵害的手段、场合、行为方式等具体情节;(三)侵权行为所造成的后果;(四)侵权人的获利情况;(五)侵权人承担责任的经济能力;(六)受诉法院所在地平均生活水平。"最高人民法院《关于当前形势下审理民商事合同纠纷案件若干问题的指导意见》(法发〔2009〕40号)指出:"人民法院在判断合同相对人主观上是否属于善意且无过失时,应当结合合同缔结与履行过程中的各种因素综合判断合同相对人是否尽到合理注意义务,此外还要考虑合同的缔结时间、以谁的名义签字、是否盖有相关印章及印章真伪、标的物的交付方式与地点、购买的材料、租赁的器材、所借款项的用途、建筑单位是否知道项目经理的行为、是否参与合同履行等各种因素,作出综合分析判断。"最高人民法院《关于审理利用信息网络侵害人身权益民事纠纷案件适用法律若干问题的规定》(法释〔2014〕11号,已被修改)第6条规定:"人民法院适用侵权责任法第三十六条第二款的规定,认定网络服务提供者采取的删除、屏蔽、断开链接等必要措施是否及时,应当根据网络服务的性质、有效通知的形式和准确程度,网络信息侵害权益的类型和程度等因素综合判断。"这种综合判断各项因素的思考模式在该司法解释的第9条、第10条均得到了体现。上述规定均体现出动态体系论思维的痕迹。

的利益对责任的构成是决定性的，对严格责任尤其如此。”①

第三，考茨欧认为，动态体系论可以避免德国模式过于僵化对司法实践的影响。立法者越是尝试规定细致的僵硬内容，以限制法庭的自由裁量，最终结果将适得其反。如果设置了过于狭窄的空间，法庭将尝试寻找新的突破口，比如创造与法律的表述及其价值明显相悖的营业权，或者明确背离法律确定的表述，扩张违反善良风俗的构成要件。严格限定的立法模式最终将导致严重不遵守法律的后果。② 但是从实际情况看，以动态体系论为基础的《欧洲侵权法原则》未必提供了比德国模式更具有可操作性的规则。

考茨欧明确承认违法性和过错区分的意义，但是在违法性要件中一直存在结果不法说和行为不法说的争论。考茨欧认为，有关违法性的代表性观点都具有完整的理由，不能简单地认为某种观点优于另外一种。在正确把握违法性要件承担不同任务的整体方案中，动态体系论可以提供有益的帮助。依据此种理论，各种责任构成要件，即加害人方面的各种侵权要件具有不同的强度；其所产生的法律后果取决于各个要件的强度以及与其他要件之间的相互关系。依据上述思想，可以构建一个违法行为相互和谐的整体方案，这个方案可以划分为三个层次：

第一个层次，结果不法论强调，法律保护一些明确规定的法益，如生命、身体、健康、自由以及所有权，并且尽可能防止侵害上述法益的不法行为。但是为了防止错误理解，应该将上述违法行为称为构成要件该当性，而不是违法性。因为结果不法性并不适宜作为一种关键的侵权责任法上的判断标准，过错责任的基础建立在对行为人的行为非难上。在判断是否存在违法性时，首先取决于加害人是否从事了不法行为，而不是取决于是否出现了加害后果。但是他同时承认，在侵害绝对

① 欧洲侵权法小组编著：《欧洲侵权法原则：文本与评注》，于敏、谢鸿飞译，法律出版社 2009 年版，第 54~55 页。

② 参见［奥］海尔姆特·库齐奥：《侵权责任法的基本问题（第一卷）：德语国家的视角》，朱岩译，北京大学出版社 2017 年版，第 366~367 页。

权的情况下,事实构成该当性也征引行为人的行为违反注意义务。

第二个层次,应当进一步检讨,加害人所从事的行为在特定情况下,依据一个客观的标准,是否违反了注意义务。这类似于欧洲大陆法国家的行为不法理论,但是他也认识到这种理论容易遭到如下诟病,即无法区分违法性要件和过错要件。不过他认为这种批评难以令人信服,因为针对违法性采取客观判断标准,而从过错要件的本质出发,其应当采取主观标准。这是第三层次的问题。

第三个层次,基于行为人的主观能力以及具体情况,探求行为人所从事的客观不法行为是否具有可责难性。

《欧洲侵权法原则》尝试将上述三个层次的理论加以转化:第2:101条是第一层次的表现;第4:101条是第二层次的表现;第三层次在《欧洲侵权法原则》中表现得不明显,但是第4:102条第2款可以认为是该层次的表现。①

如果仔细地品味考茨欧的观点和《欧洲侵权法原则》的具体规定,我们可以发现《欧洲侵权法原则》在整体上并没有脱离德国模式确立的侵权责任构成要件的三阶层构造。尽管考茨欧否认结果不法说的合理性,但是他也不得不承认侵犯绝对权征引违法性。主要的差异在于,在采纳行为不法以后,原先在德国三阶层构造中属于违法性层面的内容被替换为过错要件。德国的三阶层构造以结果不法说为理论基础,事实构成的该当性征引不法性。侵犯绝对权即推定违法性的存在,如果证明了利益是法律上应该保护的利益,违法性也被证明。接下来需要考虑的就是违法性的阻却事由。《欧洲侵权法原则》第2:102条的规定就是判断结果不法的动态体系方法。但是在该条中对各种利益的价值排序仍然没有脱离德国模式的列举方法,例如仍然列举了生命、身体和精神的完整性、人的尊严和自由、财产权等。《欧洲侵权法原则》将原先是判断过错的客观标准移到第二层次以后,再运用第三层次来判断行为人主观上是否存在过错就是多余。第4:102

① 参见[奥]海尔姆特·库齐奥:《侵权责任法的基本问题(第一卷):德语国家的视角》,朱岩译,北京大学出版社2017年版,第366~380页。

条第2款规定:“因行为人年龄、精神或身体的障碍,或因特殊情况无法期待行为人遵守时,上述标准可做调整。”这实际上是关于责任能力的规定,可以在事实构成要件的加害行为中考虑。

因此,《欧洲侵权法原则》和德国模式相比真正具有特色的就是第2:102条的规定。但是该条仍然无法脱离对重要法益的列举,同时所谓的价值排序在德国模式中也并非没有体现,因为第823条第1款对绝对权益的列举就是强调其保护的优先性。德国模式真正存在的问题是对绝对权和法益的列举太少,导致了法院对“其他权利”的解释负担。同时第826条规定的善良风俗在内容上存在不确定性,法院也存在解释负担。而且该条规定的主观要件——故意,在很大程度上限制了该条的适用范围,从而进一步加剧了对第823条第1款中“其他权利”的解释负担。德国模式以结果不法说为基础确立的三个小的一般条款,实际上确立了民法上的注意义务、公法上的注意义务和道德上的注意义务这三种层层递进的注意义务模式,具有内在的合理性和司法实践中的可操作性。动态体系论并非不能对以德国模式为基础的解释论提供助益,例如对善良风俗概念进行动态体系的建构,尽可能地为法官判断何谓善良风俗提供判断要素。

(二)《欧洲示范民法典草案》的立法模式

《欧洲示范民法典草案》第6-2:101条(具有法律相关性的损害)规定:

(1)在以下情形下,损失(无论是经济损失还是非经济损失)或伤害是具有法律相关性的损害:

(a)本章以下规则对此作出了明确规定;

(b)损失或伤害因侵犯法律所赋予的其他权利而产生;

(c)损失或伤害因侵犯值得法律保护的利益而产生;

(2)本条在(1)款(b)项或(c)项规定的情形下,只有在根据具体情况依第6-1:101条(基本规则)或第6-1:102条(防止损害的发生)的规定,存在损害赔偿请求权或损害防止请求权是公平合理的情况下,该损失或伤害才构成具有法律相关性的损害。

(3)在判断存在损害赔偿请求权或损害防止请求权是否公平、合理时,应当考虑归责基础、损害或即将发生的损害的性质与因果关系、遭受或即将遭受损害的人的合理期待以及公共政策。

(4)在本卷中:

(a)经济损失包括收入或利润损失、费用负担以及财产价值的减少;

(b)非经济损失包括痛苦与创伤,以及对生活质量的损害。①

上述条文初看起来非常复杂,但是经过分析条理还是非常清楚的。

第一,该条(3)款采纳了动态体系论的立法技术,即"应当考虑归责基础、损害或即将发生的损害的性质与因果关系、遭受或即将遭受损害的人的合理期待以及公共政策"。起草者说明了理由,因为就立法者无法预见的事物不采用这种开放式的条款就难以把握生活的多样性,所以规则的弹性是必要的。② 但是该款提供动态体系的判断要素过于笼统,甚至比不上《欧洲侵权法原则》通过价值排序给法官的指引。

第二,该条(2)款规定,"具有法律相关性的损害"必须满足第6-1:101条关于侵权责任的一般条款:"任何人遭受具有法律相关性的损害,有权请求故意或过失造成该损害的人或因其他事由对该损害的发生负有责任的人赔偿。"或者满足第6-1:102条关于防止损害发生的一般条款:"具有法律相关性的损害有发生之虞的,将会因此遭受损害的人依本卷享有防止损害发生的权利。该权利针对如损害将对之负责的人行使。"这种规定并没有实质性的新意和突破性,即便是侵害法律明确规定的权利,如果不符合侵权责任的一般构成要件,单纯结果不法的存在(除非是无过错责任)并不会导致侵权责任。

第三,真正值得关注的是该条(1)款包含的三项内容。该款(a)

---

① 参见欧洲民法典研究组、欧盟现行私法研究组编著:《欧洲示范民法典草案:欧洲私法的原则、定义和示范规则》,高圣平译,中国人民大学出版社2012年版,第313页。

② 参见欧洲民法典研究组、欧盟现行私法研究组编著:《欧洲私法的原则、定义与示范规则:欧洲示范民法典草案》(第5、6、7卷),王文胜等译,法律出版社2014年版,第227页。

项规定“本章以下规则对此作出了明确规定”是判断损害是否具有法律相关性的第一个标准。“本章以下规则”指的就是第二章第二节“具有法律相关性的损害的特别类型”。该节共列举了 11 种损害的特殊类型：(1)人身伤害及其引发的损失；(2)因受害人的人身伤害或死亡而造成的第三人损失；(3)对人格尊严、自由以及隐私的侵犯；(4)散布有关他人的虚假信息造成的损失；(5)违反保密义务造成的损失；(6)侵犯财产权或合法占有造成的损失；(7)因信赖错误的建议或信息而遭受的损失；(8)不法侵害经营造成的损失；(9)政府因环境损害负担的费用；(10)因虚假陈述造成的损失；(11)诱使债务不履行造成的损失。①

上述立法技术的特点是，在侵权责任的一般条款之外尽可能列举侵害各种不同权益的类型。这非常类似于英国法中对各种诉名的列举，大陆法系的类似立法例是《埃塞俄比亚民法典》对一般侵权的特殊类型的列举。本质上，这种列举和《德国民法典》第 823 条第 1 款对各种权益的列举是一样的，目的都是尽可能明确侵权责任的保护范围，给法官更多的指引，增强法律的安定性。而且该节列举的保护范围更加广泛，由于存在对“人格尊严、自由以及隐私”的列举，德国法上创设一般人格权的争论就不存在了。由于对“不法侵害经营造成的损失”的列举，德国法上创设营业权的争论也不存在了。第 4、5、7、8、9、10 项中列举的各项损害的类型基本都和纯粹经济损失有关，这也会减少法院保护相关纯粹经济损失的裁判证立负担。第 11 项对“诱使债务不履行造成的损失”的列举则减少了第三人侵害债权的争论。这种立法技术说明，立法者尽最大可能将自己能够明确把握、在司法实践中非常多见的侵害权益的类型进行列举，有非常重要的实践意义。当然这种列举不可能穷尽，因此需要其他规定补充，这就是该款(b)项和(c)项规定的意义。

该款(b)项规定，“损失或伤害因侵犯法律所赋予的其他权利而

---

①　参见欧洲民法典研究组、欧盟现行私法研究组编著：《欧洲示范民法典草案：欧洲私法的原则、定义和示范规则》，高圣平译，中国人民大学出版社 2012 年版，第 314~316 页。

产生”。该项规定类似于《德国民法典》第 823 条第 1 款中关于“其他权利”的规定,因为这些权利是第二节关于各种权利列举之外的权利。根据起草者的观点,主要是法律规定的绝对权,但是不限于私法的规定,公法规定的选举权或者不受歧视的权利也包括在内。这个观点存疑,因为这涉及宪法规定的基本权利对第三人的直接效力问题。

该款(c)项规定,“损失或伤害因侵犯值得法律保护的利益而产生”。起草者一方面很自豪地宣称,“值得法律保护的利益”这一概念构成一项语言上的创新,因为这一概念在任何现行有效的民法典或损害赔偿责任法中都未扮演重要角色。另一方面又指出,该款(b)项和(c)项区分了权利和值得法律保护的利益,但是欧洲各法律体系可能就何谓权利、何谓值得法律保护的利益尚有完全不同的观点,因此这一区分没有太大意义。保留这一区分主要是因为,侵犯权利的概念在欧洲很多(但绝非全部)法域内是一个常见的概念;第二个考虑是,通过这一方式可以达成一定的分层效果。在只有(c)项可能适用的情形下,法官在确认具有法律相关性的损害时可能相对会更为谨慎。①

实际上,这种对权利和利益进行区分的方式非常必要。问题是《欧洲示范民法典草案》的相关规定给法官的指引还是太少,甚至还比不上《德国民法典》第 823 条第 2 款和第 826 条给法官的指引。

三、以日本相关关系理论为基础的解释模式

龙俊以日本的相关关系理论为基础提出了另外一种对我国原《侵权责任法》第 6 条第 1 款的解释方法,即用权益侵害要件在地位上取代损害要件,在功能上取代违法性要件,从而达到对权利和利益进行区分保护的目的。

这种解释论的理论依据是,第 6 条第 1 款只使用了“侵害他人民

---

① 参见欧洲民法典研究组、欧盟现行私法研究组编著:《欧洲私法的原则、定义与示范规则:欧洲示范民法典草案》(第 5、6、7 卷),王文胜等译,法律出版社 2014 年版,第 229、267 页。

事权益”的表述，并没有出现“不法”和“损害”的字样。从忠实法条原文的角度看，用权益侵害要件取代违法性和损害要件具有先天优势。这种解释论的目标是，通过将权益侵害解释为独立的构成要件，从而对权利和利益进行区分保护，让不同层次的权益和不同判断基准的过错相对应。同时为了使权益侵害要件具有可操作性，可以通过引入日本通说“相关关系理论”及其修正理论对权益进行二元划分：对于强的法益类型，只要没有违法阻却事由，就认可损害赔偿请求；对弱的法益类型，则要综合考虑行为的样态等因素再行决断。① 这种解释论对民法典的解释具有非常好的借鉴意义，但是也存在一些不足之处。

第一，这种解释论以原《侵权责任法》第 6 条第 1 款的具体文义为基础，非常值得赞同。解释不是立法，只要能够在法条文义范围内进行解释的，就不要超出文义。如果必须超出文义，解释者必须进行充分的证立，以说明这种解释的理由和具体的方法。即使在《民法典》第 1165 条第 1 款增加了“造成损害的”字样以后，这种严格遵循文义的解释方法仍然可行。因为龙俊明确指出，权益侵害和损害存在明确的区分，因为存在有权益侵害却无损害的情形。只有在损害赔偿责任中才须加上损害和责任范围的因果关系。②

第二，这种解释论未能很好地厘清违法性和权益侵害之间的关系。龙俊认为，用权益侵害替代违法性，一方面是因为条文中没有出现“不法”的字样，另一方面是因为违法性概念本身存在争议。如果采行为不法说，则会淡化权利概念本身的规范功能；如果采结果不法说，则由于“违法”二字本身带有强烈的伦理评价色彩，常常会受到“机动车生产”之类例子的冲击。违法性要件的功能完全可以被权益侵害要件及过错要件取代：违法性中重视结果的侧面可以由权益侵害要件实现，违法性中重视行为的侧面可以由过错要件实现。以此为基础，可以将日本民法中的相关关系理论及其修正理论引入中国的解释论。

---

① 参见龙俊：《权益侵害之要件化》，载《法学研究》2010 年第 4 期。

② 参见龙俊：《权益侵害之要件化》，载《法学研究》2010 年第 4 期。

依据日本的相关关系理论,违法性要依侵害法益的种类和侵害行为的样态而定。侵害法益的种类包括支配性财产权、人格权和其他人格利益、债权等,侵害行为的样态包括刑法规范的违反、禁止法规或者取缔性法规违反、公序良俗违反、权利滥用等。龙俊认为,可以将相关关系理论中被侵害权益的种类、性质问题交由权益侵害要件解决,而侵害行为的样态则被包含于过错要件中。被侵害的权益等级越高,对过错的要求越低;被侵害的权益等级越低,则对过错的要求越高。[①]

上述解释的问题在于,很多时候会将权益侵害的结果不法问题放入过错要件中判断。禁止性法规或者取缔性法规的种类非常多样化,有的是对具体行为义务的规定,违反该规定过错可以推定,但是未必能够扩大民法上利益保护的范围;有的是对保护某种利益的规定,违反该规定可以证明结果不法的存在,但是行为人的过错仍然要单独证明。《德国民法典》第826条规定故意违反善良风俗,明确区分了作为主观不法要件的故意和作为客观不法要件的善良风俗。尽管我国法律并没有规定违反善良风俗需要故意要件,但是过失要件也是和善良风俗相区分的要件。利益是否属于法律上保护的利益问题,应该在判断行为人的过错之前予以解决。

第三,正因为龙俊没有强调利益保护的范围需要预先予以确定,他就得出了原《侵权责任法》第6条第1款不存在法律漏洞的结论。只要不是所有利益都能受到法律的保护,上述结论是不成立的。因此,在基于文义对侵权责任的一般构成要件进行解释之后,仍然需要对利益保护的问题进行目的性限缩解释,因为此处存在一个隐藏的漏洞。

四、“限缩解释+目的性扩张”的解释方法

于飞赞同权益区分保护的观点,但是他认为以葛云松为代表的目的论限缩的解释方法过于简单直接,没有仔细地阐明解释的步骤和方法。这种目的论限缩的解释方法,起点是“过错侵害民事权益须承担

① 参见龙俊:《权益侵害之要件化》,载《法学研究》2010年第4期。

责任”，终点是“过错侵害绝对权”“过错违反保护他人的法律”“违背善良风俗故意加损害于他人”。由于这一过程是一步完成的，看起来原规范和续造产生的规范之间差别非常大，尤其是限缩之后的规范中还包括了“保护他人的法律”“善良风俗”“故意”这些在第6条第1款中不存在的要件，可能会增加司法者的接受难度。于飞认为，充分利用制定法上的已有资源，似乎比全新创设更能体现对既有法秩序的尊重，也更易被人接受。[①]

于飞认为，首先应该对原《侵权责任法》第6条第1款进行限缩解释，而不是目的论限缩解释。两者的差异表现在：首先，限缩解释与文义上的“核心范围”即“该用语之用法首先意指者”相重叠，而目的性限缩则“将属于核心范围的现象排除于外”。其次，目的性限缩通过“添加限制性规范”来实现，而限缩解释只是采纳了“一种较为狭窄的字义”。[②]

限缩解释的标准是拉伦茨所说的“客观的目的论的标准”。该标准包含两个要素：一是法律的客观目的或法律伦理性原则；二是规范范围内事物的结构，即连立法者也不能改变的事物的实际的既存状态。[③] 原《侵权责任法》第1条规定：“为保护民事主体的合法权益，明确侵权责任，预防并制裁侵权行为，促进社会和谐稳定，制定本法。”其中“促进社会和谐稳定”的立法目的主要应该通过协调损害填补和行为自由之间的关系来实现。

原《侵权责任法》第6条第1款的保护范围是“民事权益”，包括权利和利益两项。限缩解释的第一步是将其中的权利限缩为绝对权，债权在侵权法上并非权利，而是纯粹经济利益。限缩解释的第二步是将利益限缩为与绝对权相类似的利益。因为基于“协调损害填补与行为

---

① 参见于飞：《权利与利益区分保护的侵权法体系之研究》，法律出版社2012年版，第242~244页。

② 参见于飞：《权利与利益区分保护的侵权法体系之研究》，法律出版社2012年版，第249页；[德]卡尔·拉伦茨：《法学方法论》，陈爱娥译，商务印书馆2003年版，第267页。

③ 参见于飞：《权利与利益区分保护的侵权法体系之研究》，法律出版社2012年版，第250页；[德]卡尔·拉伦茨：《法学方法论》，陈爱娥译，商务印书馆2003年版，第211页。

自由”这一客观目的,若对缺乏社会典型公开性的利益给予过错责任的保护,将严重损害行为自由价值。

在将原《侵权责任法》第 6 条第 1 款由“过错保护一切权益”限缩为“过错保护绝对权及类似利益”之后,与绝对权不相类似的利益就溢出调整范围,构成了开放漏洞。由于法律未规定者与已规定者须适用完全不同的规则和构成要件,因此无法通过类推的方式,而只能通过目的性扩张。目的性扩张的制度基础是违法性要件,尽管原《侵权责任法》第 6 条第 1 款没有明确规定,但是在最高人民法院的相关司法解释中多次出现“非法”或“违法”。因此应当解释,违法性是我国侵权法过错责任中一个一以贯之的要件,其表现有隐有显。参照德国法上成熟的违法性理论,利益保护的方式主要有两个:过错违反保护他人的法律和悖俗故意致损。

于飞认为,自己的解释论模式和目的性限缩的解释模式相比,最根本的差异表现在,目的性限缩是从过于偏重损害填补的立场一步就到了中间,这样非常直接,但似乎也因此失之过简,导致无法容纳过多的支持因素来填充起点和终点之间的巨大缺口。“限缩解释+目的性扩张”是分多步、迂回地实现目的,希望由此减少一步到位的突兀感并吸收过多的支持因素,从而降低权益区分论被接受的难度。①

“限缩解释+目的性扩张”的解释方法强调对现行法的尊重,以条文的文义作为解释的出发点值得赞同。对目的论限缩解释的过于简单直接的方法的批评也值得赞同,但是上述解释方法也存在如下一些问题。

第一,在同一个条文中同时使用限缩解释和目的性扩张的解释方法,在观感上很突兀,在逻辑上似乎也存在问题。这种解释的起点是原《侵权责任法》第 6 条第 1 款不存在法律漏洞,因此无需作漏洞填补,只需作文义上的限缩。但是在文义限缩之后,再进行漏洞填补,这个漏洞从逻辑上看似乎是人为地创造出来的。

---

① 参见于飞:《权利与利益区分保护的侵权法体系之研究》,法律出版社 2012 年版,第 248~257 页。

第二,这种解释方法批评目的性限缩的解释过于简单直接,但是于飞在进行目的性扩张时,以最高人民法院的相关司法解释为基础,认为我国法律上一直存在违法性要件,值得商榷。因为最高人民法院的司法解释本质上不是立法,这种解释本身需要理论证立。最高人民法院的司法解释只能说明,我国的司法实践在没有进行充分理论分析的基础上,事实上在使用违法性要件。同时,这种解释方法以违法性为基础解释出"违反保护他人法律"和"悖俗故意致损"仍然比较简单直接,尤其是未能说明在中国法的背景下,如何能够解释出悖俗的故意要件。

第三节 《民法典》第 1165 条第 1 款的解释论

一、一般侵权责任的构成要件

《民法典》第 1165 条第 1 款规定:"行为人因过错侵害他人民事权益造成损害的,应当承担侵权责任。"该款是侵权责任的一般条款,关于该款的解释事关一般侵权责任的构成要件,这对该款的法律适用具有极其重要的意义。同时这种解释也是进一步考虑权利和利益是否应该进行区分保护的前提。

对于该款的解释应该以最大限度地尊重法条文义为原则,如无必要不突破法条的文义。如果确有必要突破法条文义的,应该进行充分的理论说明。根据该款的文义,我国一般侵权责任的构成要件包括:(1)加害行为;(2)权益侵害;(3)加害行为和权益侵害之间存在因果关系;(4)过错。如果一般侵权责任涉及损害赔偿,则要增加:(5)损害;(6)损害和权益侵害之间存在因果关系。如果不涉及损害赔偿,满足前四个要件侵权责任即成立。

"加害行为"源自该款中"行为人"的表述。加害行为是侵权责任产生的事实动因,如果权益侵害不是由人的行为引发,而是由自然事件引发的，则无需考虑侵权责任问题。如果因为自然事件的出现，从而引发某人不得不实施某种行为，并导致他人权益侵害的，确实需要考虑侵权责任是否成立的问题，但是关键还是有人的行为的介入。加害行为以行为人具有自由意志为前提，关于行为人的责任能力问题都要在这个环节进行考虑，但是无需考虑行为人的过错。

"权益侵害"源自该款中的"侵害他人民事权益"的表述。权益侵害是加害行为导致的结果，没有权益侵害，即使存在实际的损害，侵权责任也不成立。权益侵害是传统大陆法系违法性要件的体现，而且是结果不法说的体现。权利和法是一枚硬币的两面，侵害法律明确规定的权利，加害人的行为当然具有违法性。这在大陆法系就表现为侵害绝对权征引违法性。侵害法律保护的利益，加害人的行为也具有违法性，但是利益是否受到法律的保护，需要原告进行证明。这是问题的难点，也是本书关注的焦点，后文再作展开。在英美法系，权益侵害同样受到重视："在被告被确定为侵权人之前，原告是否拥有一项针对他人的权利必须预先予以回答。"①

"加害行为和权益侵害之间存在因果关系"源自该款中的"因"字。即使存在加害人的具体行为，也存在受害人的权益被侵害的事实，但是如果加害行为不是引发相关权益侵害的原因，所谓的加害人当然无需承担责任。

"过错"直接源自该款中的"过错"表述。过错包括故意和过失，过失则包括重大过失、一般过失和轻微过失。在法律没有明确例外规定的情况下，一般侵权责任的成立要件是一般过失。过错在传统大陆法系就是主观不法要件，这个主观不法要件加上权益侵害这个客观不法要件，构成一个整体的不法行为。

如果运用德国学说理论中的侵权责任构成要件的三阶层构造进行分析，事实构成的该当性包括：加害行为、权益侵害、加害行为和权益侵害之间存在因果关系。其中侵犯法律规定的权利，违法性被推

---

① See Peter Cane, "Rights in Private Law", edited by Donal Nolan and Andrew Robertson, *Rights and Private Law*, Hart Publishing, Oxford, 2014, p. 43.

定;侵犯利益,如果受害人能够证明该利益属于法律保护的利益,则违法性要件具备;过错属于有责性要件。

上述一般侵权责任的四个构成要件是相关关系原理的充分体现,即法律规定侵权责任的成立要件必须同时考虑加害人和受害人两方面的因素,不能偏废一方。[①] 加害行为和过错这两个要件涉及的是加害人,权益侵害涉及的是被害人。侵权责任的四个成立要件就是四个过滤器,只要有一个要件不满足,侵权责任就不成立。总体来看,侵权责任的构成要件更加有利于加害人。因为在加害行为要件中,如果加害人能够证明自己没有责任能力,或者证明该行为不在自己的自由意志的控制之下,该要件不成立;即使加害人的行为在其自由意志的控制之下,只要加害人证明自己没有过错,侵权责任仍然不成立;在权益侵害要件中,并非所有的利益都能受到法律保护,受害人如果不能证明被侵害的利益属于法律保护的利益,侵权责任仍然不成立。原因是立法者认为行为自由的价值比权益侵害(损害赔偿)的价值大,因为行为自由是一个社会充满活力的根本保证。

如果涉及损害赔偿,则需要"损害"要件,该要件源自该款"造成损害"的表述。损害要件不是一般侵权责任的成立要件,而是损害赔偿责任的成立要件。因为并不是所有的侵权责任都涉及损害赔偿,但是损害赔偿一定需要权益侵害。权益侵害是损害具有法律相关性的判断标准,只有侵害权益导致的损害才具有法律上的可赔偿性。因此损害和权益侵害之间必须存在因果关系,这种因果关系是损害赔偿范围的因果关系,不是侵权责任成立的因果关系。加害行为和权益侵害之间的因果关系才是责任成立的因果关系。

侵权责任的每一个构成要件都有进一步解释的余地,但是本书关注的是"权益侵害"要件的解释。因为法律不可能保护所有遭受侵害的利益,问题是,我们能够通过何种解释方法进行筛选,从而将一部分利益纳入法律保护的范围,其余的则处于法外空间。

---

① 参见[澳]彼得·凯恩:《侵权法解剖》,汪志刚译,北京大学出版社2010年版,第14页。

二、权益区分保护的解释方法

《民法典》第1165条第1款规定了“民事权益”是侵权责任的保护范围，权益是民事权利和民事利益的合称，但是，无论是权利，还是利益都需要进一步解释。对于权利和利益范围的解释，一方面明确了民事主体合法权益的保护范围，另一方面也决定了他人行为自由的限度。笔者采取的解释方法是“文义解释+目的论限缩”，即对权利进行文义解释，对利益进行目的论的限缩解释。

（一）权利范围的解释

关于权利范围的解释，应该采纳形式主义的标准，即民事法律明确以“权”字命名的才是权利，其他的都是单纯的利益保护的问题。例如《民法典》物权编规定的“所有权”“土地承包经营权”“建设用地使用权”“宅基地使用权”“地役权”“抵押权”“质权”“留置权”等，“占有”没有“权”字，它在民事法律上就是一种法律保护的利益。这种形式主义的解释属于文义解释，因为“民事权利”当然指的就是民事法律规定的权利，不包括公法上规定的权利。由于我国采民商合一体制，所以商法上规定的权利属于民事权利。这种形式主义解释方法的最大意义在于：一方面能够避免道德权利对实证法的过度侵蚀；另一方面能够避免法官动辄创设法律没有明确规定的权利，从而规避裁判证立的难题。

关于权利范围的解释采形式主义标准，意味着法官在具体的判决中不能创设法律没有明确规定的权利。关于这个问题，一直存在截然不同的看法。

第一种观点认为，创设权利是立法者的事情，而不是法官的事情。侵权法识别和保护权利，但是并不创造权利，权利的清单在法律上是封闭的。侵权法关注的是侵犯原初权利而产生的次级义务。[①] 允许法

① See Donal Nolan & Andrew Robertson, “Rights and Private Law”, edited by Donal Nolan and Andrew Robertson, *Rights and Private Law*, Hart Publishing, Oxford, 2014, pp. 12–29.

官创设权利的最大弊端是，可能导致道德权利对法律的过度侵蚀。在法律领域必须严格地区分法律权利和道德权利，因为实践中，当一个人希望自己的利益在法律上得到保护时，经常将这种利益表述为一种道德权利，然后再用法律权利的修辞来表述这种道德权利。如果允许法官在判决中创设权利，将会引起道德权利向法律权利的过度滑动。这种滑动是不幸的，因为权利和利益不是同一事物。①

第二种观点认为，立法者和法院都可以创设法律权利。这种观点的主要倡导者是英国学者罗伯特・斯蒂文斯，他认为，权利的目的是保护个人利益，在决定何种个人利益应该受法律保护时，政策考虑（也就是社会利益）无法避免。但是关于社会利益的考虑是立法者的任务，而不是法院的任务。当法院创设法律权利时，他们不应该将自己的利益衡量一股脑儿地放入让人头疼不已的政策考虑的篮子里。相反，法官应该通过反思我们自己的经验和本质、我们生活于其中的世界和社会，运用理性的力量演绎出，何种道德权利应该被赋予法律的力量。对于立法者而言，他们可以基于任何理由创造法律权利，而法官只能在道德权利中寻找法律权利。法官已经很好地具备了决定道德问题和反思正义问题的能力。因此，法官应该，也能够在判决中创设法律权利。②

斯蒂文斯本人是权利基础论的重要倡导者，权利基础论者都是形式主义者，他们在和法律现实主义者相对的基础上，强调法律和政策的区分，他们都对法官的自由裁量保持高度的怵惕之心。对于他们而言，权利基础主义是最好的司法理论，因为权利可以限制司法的自由裁量。法官应该选择"权利"这匹温柔的"小马"，而不是"政策"这匹"野马"。③ 但是，一旦认可法官在判决中创设法律权利，权利基础论

---

① See Donal Nolan & Andrew Robertson, "Rights and Private Law", edited by Donal Nolan and Andrew Robertson, *Rights and Private Law*, Hart Publishing, Oxford, 2014, p. 10.

② See Robert Stevens, *Torts and Rights*, Oxford University Press, 2007, pp. 216, 330-333.

③ See Peter Cane, "Rights in Private Law", edited by Donal Nolan and Andrew Robertson, *Rights and Private Law*, Hart Publishing, Oxford, 2014, pp. 41-49.

者试图通过权利概念限制法官自由裁量的想法就很难贯彻。

第一,斯蒂文斯认为法官应该以道德权利为基础创设法律权利,但问题是我们的道德权利是什么?斯蒂文斯认为,决定道德权利最低限度内容的出发点是圣经金律的否定公式,即如果你不想别人怎样待你,你就不要怎样待别人。[①] 这种思维方式和大陆法系以善良风俗为基础判断一项利益是否应该受法律保护是非常类似的。根据德国学者齐佩利乌斯的观点,应该用英美法中的常识标准来说明善良风俗。[②] 富勒为义务的道德确立的互惠原则实际上是对常识标准的最好说明,而互惠原则的理论基础则是《圣经·马太福音》中的金律。[③] 但是大陆法系以善良风俗为基础判断一项利益是否受法律保护,并不需要法官去创设一项法律没有规定的权利。

第二,尽管斯蒂文斯认为法官可以创设法律权利,但是他一直强调法律权利必须是极简主义的,而不应该是宽泛的。因为权利的目的是确保个人的自治,而个人的自治必须能够和他人的自治并存。如果权利的范围过于宽泛,必将削减他人的自治范围。法官在普通法中创造私人权利,必须能够确保对他人的最大化尊重,从而达到我们每个人的自治最大化。[④] 这种思考必将涉及政策的考量,根据斯蒂文斯的观点,这正是法官无法胜任的。

第三,正如彼得·凯恩所指出的,如果法官可以通过反思道德权利创造法律权利,而道德权利是个人反思和理性的产物,为什么我们的法律权利要基于法官个人认定的道德权利?如果对法官创造的法律权利或者其个人认定的道德权利存在民主的反对意见,我们该如何解决?由立法者基于道德性的考虑创设法律权利不是会更加民主吗?而且斯蒂文斯也没有告诉我们,如果法官之间存在道德判断上的不一

---

① See Robert Stevens, *Torts and Rights*, Oxford University Press, 2007, p. 332.

② 参见[德]齐佩利乌斯:《法学方法论》,金振豹译,法律出版社 2009 年版,第 22 页。

③ 参见[美]富勒:《法律的道德性》,郑戈译,商务印书馆 2005 年版,第 24~27 页。

④ See Robert Stevens, *Torts and Rights*, Oxford University Press, 2007, pp. 338-339.

致该如何解决。①

因此，笔者坚持对民事权利解释的形式主义标准，只有民事法律明确规定的权利才是民事权利，法官在判决中不能创造法律没有规定的权利。笔者已经反复强调，坚持权利保护的形式主义标准，并不意味着权利之外的利益不受法律的保护。这种观点只是要求法官不能通过简单直接地创造法律没有规定的权利的方式保护利益，法官必须对自己保护某种利益的裁判进行充分的证立。在这种裁判证立的过程中，无法避免法官的道德考量和政策考量，它们可能会隐藏在法官对违反保护他人法律和善良风俗的解释中。但是在能够限制法官过度自由裁量的地方，我们仍然要限制，否则法律安定性的价值将会受到极大冲击。如果从比较法上观察，我国《民法典》及其相关民事法律对法定权利范围的列举非常广泛。采取权利保护的形式主义标准，不会产生德国模式保护范围过小的问题。

（二）利益范围的解释

关于利益保护的问题，我们必须直接回答哪些利益应该受到法律的保护，任何迂回的解释只能使问题复杂化。如果我们只是说合法的利益应该受到法律的保护，这实际上是一种循环说明，对于问题的解决并没有实质的助益。问题的关键在于合法中的"法"究竟应该如何认定，只有解决了这个问题，利益保护的范围才能够相对确定。在司法实务中，法官只有在确定一个利益是受到法律保护的前提下，关于损害、过错和因果关系的分析才有意义；一旦确定一个利益并不在法律的保护范围内，任何后续的分析都不再必要。

现在的问题是《民法典》第 1165 条第 1 款只规定了民事权益，并没有"合法"两个字。如果从字面理解，民事关系就是私人之间的关系，那么民事利益就是私人利益，而私人利益纯粹是一种个人的主观感受，其范围无边无际。法律不可能保护私人提出的所有利益，在解

① See Peter Cane, "Rights in Private Law", edited by Donal Nolan and Andrew Robertson, *Rights and Private Law*, Hart Publishing, Oxford, 2014, pp. 54-55.

释论上必须根据立法目的对利益进行目的论限缩。在《民法典》生效之前,我们可以通过原《侵权责任法》第1条的规定对利益进行目的论的限缩解释。该条规定:“为保护民事主体的合法权益,明确侵权责任,预防并制裁侵权行为,促进社会和谐稳定,制定本法。”这是对立法目的的宣示,而且“民事主体的合法权益”的表述与原《民法通则》第1条和第5条的表述是一致的。尽管在随后的原《侵权责任法》第2条、第6条和第7条中只出现了民事权益的表述,但是我们只能理解为“民事权益”是“民事主体的合法权益”的缩写形式,利益必须合法才能得到保护,这是其题中应有之义。

在《民法典》生效之后,原先的《侵权责任法》第1条已经被删除,但是在解释论上没有太多问题。因为《民法典》第1条规定:“为了保护民事主体的合法权益,调整民事关系,维护社会和经济秩序,适应中国特色社会主义发展要求,弘扬社会主义核心价值观,根据宪法,制定本法。”第3条规定:“民事主体的人身权利、财产权利以及其他合法权益受法律保护,任何组织或者个人不得侵犯。”上述两个条文均明确规定只有“合法权益”才受法律保护。

首先,“合法权益”中的“法”不仅包括私法,也包括公法。根据利益法学派的“起源利益论”,无论是公法,还是私法,利益都是法律规范的基础。因为法律就是通过国家强制力量所获得的,确保社会生活条件的形式,而社会生活条件就是最广义的利益。① 我们在考虑对利益的保护时,不能只考虑私法规范,而且也要考虑公法规范,因为“民法规范不仅仅只是想要追求使个人的利益达到尽可能的平衡;更重要的是,它必须使其规范的总和——同时还要与其他法律规范的总和一起——形成一个能够运行的整体”。② 解释论上的难题是,不是所有公法上的规范都可以成为民法上的保护他人的法律,否则公法和私法的区分将会荡然无存。这个问题后文再作分析。

---

① 参见吴从周:《概念法学、利益法学与价值法学:探索一部民法方法论的演变史》,台北,一品文化出版公司2007年版,第147、254~259页。

② [德]迪特尔·施瓦布:《民法导论》,郑冲译,法律出版社2006年版,第9页。

其次,如果法律没有明确规定某类受保护的利益,但是根据体现道德规范的民法基本原则应该予以保护的利益,也是合法的利益。这可以从《民法典》第 8 条推导出来,该条规定:“民事主体从事民事活动,不得违反法律,不得违背公序良俗。”该条源自原《民法通则》第 7 条:“民事活动应当尊重社会公德,不得损害社会公共利益,扰乱社会经济秩序。”两条对比,《民法典》的表述更加符合大陆法系的传统表述。因此,根据公序良俗进行判断,一项利益应该受到保护,该项利益属于合法利益。这种解释符合我国既有的司法实践,2001 年最高人民法院《关于确定民事侵权精神损害赔偿责任若干问题的解释》第 1 条第 2 款规定:“违反社会公共利益、社会公德侵害他人隐私或者其他人格利益,受害人以侵权为由向人民法院起诉请求赔偿精神损害的,人民法院应当依法予以受理。”这是法院通过解释对权利之外的利益进行保护的典范。参与起草该解释的最高法院的法官也明确指出,鉴于我国没有公序良俗的提法,因此根据原《民法通则》第 7 条的规定,采取社会公共利益或者社会公德的提法,其规范功能与公序良俗原则基本是一致的。①

《民法典》第 8 条中增加的“不得违反法律”的规定进一步为“违反保护他人的法律构成侵权”提供了规范依据。同时这种解释也使民法典的体系更加融贯。《民法典》第 153 条规定违反法律、行政法规的强制性规定的民事法律行为无效;违背公序良俗的民事法律行为无效。该条规定可以认为是《民法典》第 8 条规定的基本原则在民事法律行为制度中的具体化。以《民法典》第 8 条为基础在侵权责任领域解释出“违反保护他人的法律构成侵权”“违反公序良俗构成侵权”,是该项基本原则在不法行为领域的体现。除了《民法典》第 8 条规定的合法原则、公序良俗原则以外,《民法典》还列举了合法权益受保护原则、平等原则、自愿原则、公平原则、诚实信用原则、绿色原则等

---

① 参见陈现杰:《人格权司法保护的重大进步和发展——〈最高人民法院关于确定民事侵权精神损害赔偿责任若干问题的解释〉的理解与适用》,载《人民法院报》2001 年 3 月 28 日。

六项基本原则，同时第132条还规定了权利不得滥用原则。在《民法典》中列举基本原则是内在体系外显的表现之一。[①] 外在体系是依形式逻辑规则建构的抽象概念体系，内在体系是由一般法律原则构成的体系。[②] 内在体系的最大功能就是能够弥补实证法体系的不足，为疑难案件的裁判证立提供规范基础。从比较法上看，对民法基本原则的列举是我国《民法典》的显著特色，这些原则在未来的司法实践中能够成为法官保护某种利益的裁判证立基础。[③]

通过对合法权益中的"法"的解释，我们确实可以在既有法律规定的基础上推导出类似于德国模式的利益保护方法，而且德国模式的不足在很大程度上可以避免。因为《民法典》总则编第五章"民事权利"和《民法典》第四编"人格权"对各类民事权利进行了非常详细的列举，《德国民法典》第823条第1款对民事权益列举范围过窄的问题可以避免。同时基于《民法典》第8条解释出"违反公序良俗构成侵权"并不存在主观要件——故意的限制，适用范围会更大。

（三）权益区分保护的法律适用步骤

经过上述解释以后，法院判断一项利益是否应受法律保护，应该遵循如下的思考步骤：

第一，当事人主张的利益是否已经表现为民事法律明确规定的权利或者民事法律明确规定的利益；

第二，如果当事人主张的利益没有表现为民事法律明确规定的权利或者民事法律明确规定的利益，但是基于事物本质的相似性理论，能否将当事人主张的利益解释进某种法律规定的权利类别或者法律规定的利益类别；

---

① 内在体系的外显，是根据特定的规范指导思想（原则、评价、基本目的）进行法律素材外部划分的全部尝试。See Pranz Bydlinski, System und Prinzipien des Privatrechts, Springer-Verlag/Wien, 1996, p. 657.

② 参见［德］卡尔·拉伦茨：《法学方法论》，陈爱娥译，商务印书馆2003年版，第318、355页。

③ 参见方新军：《内在体系外显与民法典体系融贯性的实现——对〈民法总则〉基本原则规定的评论》，载《中外法学》2017年第3期。

第三,如果上述两种方法行不通,私法上有没有保护当事人主张利益的规范;

第四,如果私法上不存在保护他人的规范,公法上是否存在保护当事人主张利益的规范;

第五,如果公法上也不存在保护他人的规范,基于公序良俗或其他民法基本原则的判断,该项利益是否应该予以保护;

第六,如果基于公序良俗和其他民法基本原则的判断,法律不应该保护该项利益,那么该项利益处于法外空间。

上述层层递进的思考步骤,将会使法官明确意识到对权利和利益进行区分保护的意义。同时这种思考步骤也能够使法官明确意识到,如果他想对某种利益进行法律保护,他所面临的法学方法论上的任务。

第五章　权利保护的形式主义标准

第一节　权利名分的意义

如果我们对权利的保护采取形式主义的解释标准，那么一项利益在法律上拥有权利的名分的意义将更加凸显。这种意义主要表现在价值、立法和司法三个层面。

一、价值层面的意义

在人类社会中，权利概念并非自始存在。权利概念的出现是个人主义兴起的产物，而个人主义的兴起和自由意志主义的兴起在时间维度上几乎是同步的，在理论维度上是暗合的。权利概念蕴含的理论前提就是人有自由意志，其蕴含的价值观念就是对人性尊严的尊重，随后产生的各种各样的关于权利问题的争论都是以个人主义作为参照物展开的。

权利否认说站在整体主义的立场上，通过对个人价值的消解达到否认权利概念的目的，但是在人类社会经历了纳粹主义的灾难之后，人们已经认识到这种观念的危害有多大。[1] 因此在现代社会中，“任何完全

---

① 参见[美]邓肯·肯尼迪：《判决的批判——写在世纪之末》，王家国译，法律出版社 2012 年版，第 303 页。

忽略或拒绝权利的理论将有着被开除出局的危险,因为它是无希望地处于我们的日常道德思考之外”。[①] 当我们看到拉伦茨在二战后撰写的《德国民法通论》中用康德理论来解释权利时,我们千万不要忘记在纳粹时期拉伦茨是批判和瓦解权利学说的得力干将,他甚至于1935年出版了一本包罗万象的文集,而该文集就是个人价值观沦落为纳粹式的民族集体主义的佐证。这是拉伦茨一生都抹不去的污点。[②]

正是因为权利概念所蕴含的个人主义价值观念在根本上无法被颠覆,一直以来以公益政治学作为标榜的社群主义开始出现转向。社群主义的代表性人物迈克尔·桑德尔本人甚至对自己被称为社群主义者而感到不安,“因为‘社群主义’意味着这样一种思想,即盛行于任何特定时期任何特定共同体中的价值都是正确的。而我反对这种思想,正如我反对‘多数至上主义’一样”。桑德尔更愿意将自己称为“公民共和主义者”,[③]而公民共和主义的核心思想是“自由取决于自治,而自治则需要公民能够就公共利益进行协商,能够有意义地共享自治和自我管理”。正因为人拥有自由,因此“在共和主义传统中,权利的作用相当重要。不是说自由主义传统赞成权利而共和主义传统反对权利,而是说两者对权利正当性的辩护有所不同”。[④] 共和主义的代表人物诺伯托·博比奥则认为,共和主义强调的共同善并不以有机共同体的观念为前提。[⑤] 尽管公民的义务感对共同善的促进具有重

---

① [加]L. W. 萨姆纳:《权利》,载[美]休·拉福莱特主编:《伦理学理论》,龚群译,中国人民大学出版社2008年版,第339页。

② 参见[德]卡尔·拉伦茨:《德国民法通论》(上册),王晓晔等译,法律出版社2003年版,第45~50页;[德]魏德士:《法理学》,丁晓春、吴越译,法律出版社2005年版,第35页;黄瑞明:《纳粹时期的拉伦茨:德国法学界的一页黑暗史》,载《台大法律论丛》2003年第5期。

③ 《论共和主义与自由主义:桑德尔访谈录》,刘婵琪译,载应奇、刘训练编:《公民共和主义》,东方出版社2006年版,第356页。

④ [加]威尔·金里卡:《自由主义、社群与文化》,应奇、葛水林译,上海译文出版社2005年版,第357页。

⑤ 将社会理解为有机体容易导向否定权利的结论,因为个人将成为有机体的一个组成部分,面对全体,个人只应承担义务,而不享有权利,这正是奥古斯特·孔德和莱昂·狄骥的观点。参见[法]莱昂·狄骥:《宪法学教程》,王文利等译,辽海出版社、春风文艺出版社1999年版,第13页。

要意义，但是这种义务感必须与权利感结合在一起时，它才是一种美德，否则义务感就会变成奴役感。因此，人们之所以履行他们的义务，是因为他们拥有权利。[①] 同时也正因为权利概念所蕴含的对人的尊严的尊重和对人的自由意志的张扬，权利概念才成为现代社会的核心话语，而法学需要做的工作就是将单纯基于道德宣扬的“权利”和在法律上能够操作的权利区分开来。

哈贝马斯指出，人类社会从简单社会逐步过渡到复杂社会之后，人与人之间的利益冲突越来越复杂，如何对社会进行整合就是一个尖锐的问题。“当人们在社会中聚集时会随之立即产生出他们将如何聚集和相处的方式和方法。”[②]“这个谜语的谜底，在于这样一种权利体系之中，它赋予主观行动自由以客观法的强制。因为，从历史的角度来看，也正是主观的私人权利——它们划分出个人行动的合法领域、并因此而适合对私人利益的策略性安排——构成了现代法的核心。”[③]

二、立法论上的意义

在立法论的层面上，权利概念一方面是体系建构的工具，另一方面也是立法者彰显自身价值判断的根据。

在权利概念出现之后，整个民法从罗马法以诉讼为工具的体系建构转变为以权利为工具的体系建构，现代的民法典就是一个架床叠屋的权利体系。以权利作为体系建构的工具可以起到简化立法的作用，一项权利的确立即意味着他人的一般性义务的确立，立法没有必要对义务的类别进行详细的列举，立法只需要对特别重要的义务类型进行规定即可。就一项权利对权利人的效力而言，法无禁止即为允

---

① 参见［意］诺伯托·博比奥、［意］莫里奇奥·维罗里：《共和的理念》，杨立峰译，吉林出版集团有限责任公司 2009 年版，第 43~47 页。

② ［德］古斯塔夫·拉德布鲁赫：《法哲学入门》，雷磊译，商务印书馆 2019 年版，第 213 页。

③ ［德］哈贝马斯：《在事实与规范之间——关于法律和民主法治国的商谈理论》，童世骏译，生活·读书·新知三联书店 2011 年版，第 33 页。

许;就一项权利对他人的效力而言,法无允许即为禁止。如果没有权利的工具,法无禁止即为允许,立法者势必要对各种禁止的行为进行详细的列举,这就体现为义务本位的立法,《普鲁士普通邦法》就是历史上失败的典型例证。现代社会庞大的法律体系是由于社会生活复杂化导致的,如果不以权利作为体系建构的工具,这个体系会更加庞大。

尽管权利概念在立法论上具有重要的意义,但是主体的利益并不是都有可能,或者都有必要上升到权利的层面予以保护。利益是主体对客体的一种欲望,基于欲望的主观性,这种利益的诉求必定是多元的,甚至是相互冲突的,世界满足不了所有人的所有欲望,因此在立法的层面上必定要对各种利益进行筛选。[①] 当立法者认为应该对某种利益进行保护的时候,他也未必一定要运用权利的工具,未上升到权利的层面但是受到法律保护的利益就是法益。例如,各类纯粹经济利益原则上处在法律的保护范围之外,只是在特定情况下立法者通过特殊的规定予以保护,即便某类纯粹经济利益受到法律的保护,其在法律上也没有上升为权利。

一项法益能否上升到权利的层面既涉及价值因素,也涉及技术因素。在价值层面上,立法者所持的政治哲学立场当然会决定一项权利是否成为可能,但是即便立法者基于自身的价值判断试图确立一项权利,技术因素也非常关键。这个技术因素就是权利的客体。权利是主体自由意志的外部定在,权利客体则是权利的外部定在,权利客体是主体自由意志和利益的交汇点。只有一项权利的客体能够相对确定下来,权利主体的自由意志才能够有明确的行使对象,义务主体的具体行为义务也才能够相对确定下来。[②] 如果我们将权利的客体划分为有体的客体和无体的客体,我们将会发现设立在有体客体上的权利相

---

① See Emilio Betti, *Interesse* (*Teoria generale*), *Novissimo Digesto Italiano* VIII, VTET Torino, 1968, pp. 838-839. 用汤姆·坎贝尔(Tom Campbell)的话说,"利益这个用语,如同我们已经提到的,滑不留手且范围广大,它自身并未提供明确的界限来证实什么样的人可以是权利的持有者"。[澳]Tom Campbell:《权利批判导论》,徐子婷、杨雅婷、杨济鹤译,韦伯文化国际出版有限公司2010年版,第88页。

② 参见方新军:《权利客体的概念及层次》,载《法学研究》2010年第2期。

对是比较确定的,尽管也出现了逐步细分的趋势。一旦涉及无体的权利客体,问题就复杂起来,“权利爆炸”所带来的各种“新权利”很大一部分都没有自己明确的客体。即便立法者基于价值判断在立法上确立一项没有明确客体的权利,他只不过是将烫手山芋扔给了法官,法官在具体判决中仍然无法回避对权利客体进行界定的难题。当然,权利客体的不确定也给法官带来了解释空间,法官可以通过解释将一些利益纳入权利保护的范围,但是这种解释存在一定的限度。

三、解释论上的意义

在解释论的层面上,权利是个人请求权基础的最可靠证明,同时它也减轻了法官的认知负担。请求权基础,是指可以支持一方当事人向他方当事人有所主张的法律规范。请求权规范应该是完全性的法条,它包括构成要件和法律后果。《民法典》第 1165 条第 1 款是认定侵权责任的最主要的请求权基础。但是请求权基础是一个规范的体系,单凭该条无法形成一个完整的请求权基础,它还必须有不完全法条或者辅助性法条的配合。[①]

《民法典》规定具体权利的法条就是辅助性法条。以《民法典》第 110 条第 1 款为例,该款规定:“自然人享有生命权、身体权、健康权、姓名权、肖像权、名誉权、荣誉权、隐私权、婚姻自主权等权利。”该款既没有构成要件,也没有法律后果,属于典型的不完全法条。但是该款能够为《民法典》第 1165 条第 1 款中的“民事权利”提供规范证立。如果一个人因为健康权受到侵犯向法院提起诉讼,那么《民法典》第 1165 条第 1 款、第 110 条和第 179 条(关于承担民事责任的方式)构成其请求权基础。如果其主张精神损害赔偿,《民法典》第 1183 条也是其请求权基础。如果当事人向法院主张一项法律没有明确规定的“权利”受到侵害,并要求损害赔偿,此时请求权基础就非常不确定。这正是

① 参见王泽鉴:《民法思维:请求权基础理论体系》,北京大学出版社 2009 年版,第 46~47 页;[德]迪特尔·梅迪库斯:《请求权基础》,陈卫佐等译,法律出版社 2012 年版,第 10~11 页。

法律对权利和利益进行区分保护的原因。这种区分保护是一个国家既存法律体系的实然状态。无论一个国家对权利的列举多么详细,这种列举都是有限的,必然存在大量的利益没有被规定为权利。这也是侵权责任中疑难案件的主要来源。

法律对民事权利的列举,能够有效地减轻法官关于是否存在违法性的判断。权利和法是一枚硬币的两面,当一个人的利益受到侵害时,如果这项利益在法律上取得了权利的名分,那么违法性要件是被推定的,因为侵害权利即意味着违法性的存在;如果该项利益在法律上没有取得权利的名分,那么违法性要件需要单独地证明。例如,甲开车撞断了乙的一条腿,乙基于健康权起诉时,其拥有明确的请求权基础,而法官也无需对违法性要件是否存在进行单独的判断。因为法律给了健康权明确的名分,对健康权侵害本身就是不法。如果乙的嘴唇和性器官在车祸中也受到伤害,当乙提起"亲吻权"和"性福权"的损害赔偿之诉时,因为上述"权利"在民法中没有名分,乙必须证明其请求权基础何在,而法官也要对违法性要件是否存在进行单独的判断,从而最终决定是否需要对上述利益进行保护。就中国的司法实践而言,在隐私权取得权利名分的前后,即使最终的判决结果没有实质性的差异,但是法院解决隐私权案件的解释论方法是完全不一样的。这个问题后文再作分析。

正因为权利的名分在解释论上具有违法性要件的推定效力,所以在权利的保护上我们应该遵循形式主义的标准,即只有民事法律明确规定的权利才是民法上的权利,其他的都是利益保护的问题。法院在司法实践中不能创造新的权利类别。意大利学者布斯奈利就明确指出,在某项利益被认为值得保护时,法官们总是一再地去创设虚构的新的绝对权利。事实上,只要通过违法性损害的要件,按照法律制度的规则和原则,证实讼争利益在法律上是十分重要的,值得给予赔偿保护就够了。①

---

① 参见[意]F. D. 布斯奈利、[意]G. 科芒达:《关于合同责任和侵权责任界限的几点评论》,载[奥]H. 考茨欧主编:《侵权法的统一:违法性》,张家勇译,法律出版社 2009 年版,第 109 页。

第二节　权利保护的形式主义方法的意义

权利保护的形式主义方法,属于一种极端的形式主义。因为笔者强调只有民事法律明确规定的权利才是民事权利,其他的都是利益保护的问题。而且民事法律只能是全国人大及其常委会制定的法律,因为依据《立法法》第 8 条的规定,民事基本制度只能制定法律。尽管《立法法》第 9 条规定,对于第 8 条规定的事项尚未制定法律的,全国人大及其常委会可以授权国务院根据实际需要,对其中的部分事项制定行政法规,但是行政法规不能创设民事权利,只是有可能成为保护他人的法律,从而成为保护某种利益的法律依据。①

从表面上看,这种主张比较僵化,因为它将创设民事权利的权力完全垄断在立法者的手中,不允许法官的自由裁量。但是这种主张恰恰是在明确认识到权利之外的利益保护是侵权责任中无法回避的难题这一基础上提出来的。强调权利保护的形式主义标准,反而会使利益保护的问题凸显出来。因为法官无法通过直接创设权利的方式,简单粗暴地解决这个问题,他必须对自己保护某种利益的判决作出充分的证立。归纳起来,权利保护的形式主义标准具有如下意义。

一、对法条文义的尊重

对法条文义的尊重,是法律解释的第一原则,否则司法权可以轻易地僭越立法权。② 成文法文字及其蕴含的文义是任何解释的起

---

① 我国台湾地区学者邱聪智认为,台湾地区"民法"第 184 条第 1 项中规定的权利是"法律"体系明认的权利,利益是权利以外为"法规"或公序良俗所保护之一切利益。但是其认为既存的"法律"体系,应兼指"法典"(包括委任"立法"之规章)、"习惯法"、习惯、法理及判例。笔者不同意这种观点,习惯很多时候就是公序良俗的体现,法理则是民法基本原则的体现,而公序良俗就是民法的基本原则之一。如果采此种观点,则与前述依据公序良俗保护的是利益的观点存在矛盾。参见邱聪智:《新订民法债编通则》(上),中国人民大学出版社 2003 年版,第 100~101 页。

② 参见[英]迈克尔·赞德:《英国法:议会立法、法条解释、先例原则及法律改革》,江辉译,中国法制出版社 2014 年版,第 212~215 页。

点,这符合事物的本质。法律文字是确定法律意旨的最基本和最重要的证据。因此,对于法律解释,简单却经常被忽视的建议是"仔细阅读法律文本"。从词源学的角度来看,lex(法律)与legein(阅读)存在联系,这并非巧合。[①] 因此,就法学而言,"字义具有双重任务:它是法官探寻意义的出发点,同时也划定其解释活动的界线"。[②]

在现代法律中,权利概念已经处于核心地位。立法者是否选择用"权"字命名某种利益,本身就代表了立法者的价值判断。《德国民法典》第823条第1款在对"生命、身体、健康、自由"等人格法益进行列举的时候,没有加上"权"字。这表明了立法者不愿意在一般意义上承认人格权的态度。这种立法例主要是因为萨维尼的学术影响力。他认为,如果承认一般的人格权概念,将会在逻辑上推导出人有自杀的权利,而这在当时的宗教观念上是不能接受的。[③] 我国《民法典》第111条规定:"自然人的个人信息受法律保护……"和第110条规定的"生命权""身体权""健康权"等相比,没有加上"权"字。我们只能推测立法者认为个人信息尽管值得法律保护,但是还没有上升到权利层面的必要。

尽管是否加上"权"字,可能体现了立法者的价值判断,但是只要立法者在具体的条文中明确列举了某种利益,在侵权责任的层面,这种法益(法律明确列举的利益)和权利在保护的程度上几乎没有区别。侵害这种法益,违法性同样可以被征引。这种区分更多地体现为一种价值宣示的意义。当然,有时候立法者也未必清楚地意识到加上"权"字的价值宣示意义。以我国台湾地区"民法"第195条第1款为例,该款规定:"'不法'侵害他人之身体、健康、名誉、自由、信用、隐私、贞操,或'不法'侵害其他人格法益而情节重大者,被害人虽非财产上之损害,亦得请求赔偿相当之金额。其名誉被侵害者,并得请求回复名

① 参见[奥]恩斯特·A. 克莱默:《法律方法论》,周万里译,法律出版社2019年版,第26、48页。

② [德]卡尔·拉伦茨:《法学方法论》,陈爱娥译,商务印书馆2003年版,第202页。

③ See Federico Carlo di Savigny, *Sistema del Diritto Romano Attuale*, Volume Primo, Traduzione di Vittorio Scialoja, Torino 1886, pp. 336-337.

誉之适当处分。”在该款中“身体、健康等”均没有加上“权”字，这和该款中的“人格法益”的表述是一致的。但是这种“立法例”是对《德国民法典》第823条第1款表述的照猫画虎，因为《德国民法典》立法背景下的宗教争论在我国台湾地区不存在。而且台湾地区“民法”第19条明确规定了“姓名权”，与身体、健康等人格法益相比，姓名并没有价值上的特别重要性。台湾地区的“立法者”在1999年“债法”修改时增加第195条第1款，原本是应该将上述人格法益规定为人格权的。但是没有加上“权”字，在侵权责任的认定上没有实质性的影响，因为它们是“法律”明确规定的“法益”。

严格遵循文义，对权利保护采形式主义的解释方法，目的是排除法官创设法律权利的可能性。它并不否认各种以“权”字命名的权利本身基于文义的一般性或者模糊性所存在的解释空间。

二、强化法官的裁判证立义务

对权利保护采形式主义的解释标准，将会强化法官的裁判证立义务。任何提出法律主张并期望被他人接受的人，都必须提出论证充分的论述。法官的立场体现在其裁决中，他必须充分证立该裁决以使当事人、其他法官乃至整个法律界所接受。①

裁判的证立根据简易案件和疑难案件的区分而有根本性的差异。涉及简易案件的是演绎证立（或者内部证立），涉及疑难案件的是次级证立（或者外部证立）。② 这种区分的理论依据是：在简易案件中，法律裁决依据的法律规则以及满足其适用条件的法律事实能够确定，法官仅凭演绎就能够获得裁判的正当性；在疑难案件中，“即使我们用尽

① 参见［荷］伊芙琳·T.菲特丽丝：《法律论证原理——司法裁决之证立理论概览》，张其山、焦宝乾、夏贞鹏译，商务印书馆2005年版，第1页。

② 尼尔·麦考密克用的是演绎证立和次级证立的区分，罗伯特·阿列克西和阿尔尼奥用的是内部证立和外部证立的区分。参见［英］尼尔·麦考密克：《法律推理与法律理论》，姜峰译，法律出版社2018年版，第21、118页；［德］罗伯特·阿列克西：《法律论证理论——作为法律证立理论的理性辩论理论》，舒国滢译，中国法制出版社2002年版，第274页；［荷］伊芙琳·T.菲特丽丝：《法律论证原理——司法裁决之证立理论概览》，张其山、焦宝乾、夏贞鹏译，商务印书馆2005年版，第128页。

所有的规则——因为规则通常是模糊的，或者那些试图根据规则对相关事实做出严格区分的努力总是招致争议，甚至也因为，连对于某些诉讼主张和判决在根本上有没有法律依据这一问题，人们都难以达成一致。所以我们发现，关于法律证明的真正引人注目的问题是：从上述意义上说，如果我们真的用尽了规则仍不能解决问题，应如何行事”？[①] 在诸如此类的疑难案件中，只有在新的规则创制之后或者对既存规则进行解释之后演绎证立才有可能。而要使创制的新规则或作出的解释具有可接受性，就需要次级证立。根据阿列克西的表述，内部证立处理的问题是，一个判断是否从为了证立而引述的前提中有逻辑地推导出来；外部证立是对在内部证立中所使用的各个前提的证立。[②] 学说理论一致认为，次级证立或者是外部证立是裁判证立真正应该关注的问题，因为只有在疑难案件中，裁判证立的意义才能够真正凸显出来。

采纳权利保护的形式主义解释标准，会使有关权利侵害案件的裁判证立相对简单，因为裁判依据的规则是非常确定的。但是这并不意味着涉及权利侵害的案件都是简易案件，因为这类案件在事实构成上仍然会非常复杂，如因果关系难以确定、损害范围难以确定，这些都会使该类案件成为疑难案件。这种复杂的情况在涉及利益保护的案件中也会存在。但是涉及利益保护的案件可能在据以适用的法律规则上存在争议，这会使案件的复杂程度加大。我们可以以权益区分为前提对简易案件和疑难案件作进一步的划分：最简易的案件，侵害权利的类别确定+事实要件的确定；相对简易的案件，侵害权利的类别确定+某个事实要件的不确定、侵害利益的类别确定+某个事实要件的不确定；相对疑难的案件，侵害利益的类别不确定+事实要件的确定；最疑难的案件，侵害利益的类别不确定+某个事实要件的不确定。

坚持权利保护的形式主义标准，只意味着法官在司法实务中不能

---

① ［英］尼尔·麦考密克：《法律推理与法律理论》，姜峰译，法律出版社2018年版，第118页。

② 参见［德］罗伯特·阿列克西：《法律论证理论——作为法律证立理论的理性论辩理论》，舒国滢译，中国法制出版社2002年版，第274、285页。

创设新的权利类别，但是这并不意味着法官不能对法定的权利类别进行解释，从而将一些原先被认为是利益的内容纳入某种权利的类别中进行保护。法院通过解释将一些利益纳入特定权利类别的保护范围，可以避免动辄僭越立法权创设新的权利类别，同时也符合思维经济原则，即如无实益，勿增实体。例如，通过扩张解释健康权的概念，将精神损害纳入侵权法的保护范围。原先认为健康主要指的是人的肉体机能的正常运转，但是人不仅是肉体的存在，也是精神的存在，后者甚至是人和动物之间的本质区别。因此精神机能的不正常应该属于健康权的受损。最高人民法院关于精神损害赔偿的司法解释尽管没有说明解释的理论依据，但是应该认为是对健康权进行扩张解释的结果。法官在进行上述解释的时候，仍然必须进行充分的证立，因为这种解释的依据是事物本质的相似性和语词文义的射程。如果必须突破文义，法官必须说明进行限缩解释或者扩张解释的依据。

如果不能将某种利益解释进法律明确规定的权利类别，仍然不代表特定的利益在法律上无法得到保护。只是法官会面临更加严峻的裁判证立负担，他必须寻找到保护某种特定利益的请求权基础，而不是通过简单地创设一种法律没有规定的权利逃避裁判证立的难题。只有通过这种裁判证立作出的判决，才能说服案件的当事人、其他法官甚至是整个法律共同体。同时，在这种裁判证立的过程中，法官实际运用的文义解释、限缩解释、扩张解释、目的性限缩、类推解释、目的性扩张或者是法律外的法的续造等方法都会一览无余，无法隐藏。

三、避免解释论上的逻辑矛盾

对权利保护采形式主义的解释标准，可以避免解释论上的逻辑矛盾。我们可以先考察一下德国的司法实践。如果采形式主义的解释标准，《德国民法典》第 823 条第 1 款规定的“其他权利”只能是民事法律明确规定的权利，除了该款规定的所有权之外，还应该包括法律明确规定的各类担保物权、用益物权、亲权、姓名权、股权和各类知识产权等。但是德国学说理论以所有权为样本，发展出归属效能、排除效能和社会典型公开性三个判断标准，凡符合这三个标准的，即属于第823条第1款规定的“其他权利”。[①] 这种解释方法实际上就赋予了法官创设法律没有规定的权利的权力。如果法官拥有这种权力，立法上对权利和利益进行区分保护的目的基本无法维持，而且在具体的解释论中会出现无法克服的逻辑矛盾。

当法官运用上述三个标准将一部分利益纳入第823条第1款中的“其他权利”进行保护时，他们实际上在进行类推适用，甚至是以类推适用为表象进行目的性扩张。如果我们采纳这种思维模式，一方面还是会出现司法权僭越立法权的问题，另一方面也会出现逻辑上的矛盾。因为类推适用或者目的性扩张是填补开放漏洞的方法，其理论依据是基于事物本质的相似性，相同的情况应该相同处理；而目的论限缩是对隐藏漏洞的填补方法，其理论依据是不同的情况应该作不同的处理。当我们试图将某些利益纳入其他权利进行保护的时候，我们只能说《民法典》第1165条第1款存在开放的漏洞；当我们试图排除对某些利益的保护时，我们又只能说第1165条第1款存在隐藏的漏洞。对于同样一个条款，我们一会儿说存在开放的漏洞，一会儿说存在隐藏的漏洞，一会儿进行目的性扩张，一会儿进行目的性限缩，逻辑上的混乱不可谓不明显。消除这一混乱的最好方法就是坚持权利保护的形式主义标准，法定权利以外的利益保护只能通过目的论限缩的方式解决。但这并不意味着德国学者创造出来的三个判断标准在理论上没有价值，只是这三个标准将成为判断利益本身是否值得保护的技术标准，而不是使利益成为权利的标准。

中国也有学者认为，法官可以通过社会公开性的标准和利益的重要性标准创设法律没有规定的权利。因为权利是指内容和边界较为清晰、具有较高社会公开性、较为重要的，法律（以或未以权利之名）作出相关规定的，得引发不特定人的义务之法益；其他法益则是指权利之外得引发不特定人义务之法益。在立法上，虽然区分权利和法益，但是未就其分立构成要件的情形下，一项法益若从价值判断上被

① 参见于飞：《侵权法中权利与利益的区分方法》，载《法学研究》2011年第4期。

认为应得到保护，不会因其是否可被称为权利而有影响。因此，权利和法益用语的区分意义较小，精确地使用“权利”一词，尤其是遵循形式标准，也往往不太必要。[1] 确实，一项利益是否应该受到法律的保护，和它是否被称为权利没有必然的关系，不是法律上的权利并不意味着该项利益一定不受法律保护。如果法官经过一系列的解释最终确定一项利益应该受到法律保护，在判决作出以后，从结果上看更是如此。但是权利和利益的区分，以及对权利保护采形式主义的解释标准，恰恰是对裁决的过程产生影响。因为它会决定法官采取何种经得起检验的裁判证立方法。

孙维飞以我国现行法律没有明确规定的“贞操权”为例说明法官创设法律没有规定的权利的正当性。若有女性受害人在与行为人以结婚为目的的交往中发生性行为，而此时行为人已经结婚，并对受害人进行了隐瞒。当法官觉得受害人与维护纯洁性有关的贞操利益值得保护时，尽管从形式标准上看，并无法律对其作出相关规定，其径直使用权利的用语，认为受害人的“贞操权”受到了侵害，不会觉得有妨碍。[2] 笔者不同意这种观点，即使需要对相关的贞操利益进行保护，法官无须，也无权创设法律没有规定的“贞操权”。正是在这个问题上，我们可以看出我国法官方法论意识的欠缺。我们来看两个有关“贞操权”的判决。

两个案件的事实几乎完全一致，都是男方故意隐瞒已婚的事实和女方交往，并多次发生性行为。分手以后，女方提起诉讼要求损害赔偿。在北京市朝阳区法院(2015)朝民初字第28258号判决中，法院认为，目前法律未界定贞操权的概念、类型等，故原告所称被告侵害其贞操权，于法无据，本院不予支持。但是被告在已婚情况下仍在世纪佳缘网站会员注册信息中隐瞒客观婚姻事实并与原告三次发生婚外性行为，违背公序良俗，法院予以严厉批评。在该案中，法院不认可原告

---

① 参见孙维飞：《侵权责任法中的权利和法益》，载王洪亮等主编：《中德私法研究》第11卷，北京大学出版社2015年版，第326页。

② 参见孙维飞：《侵权责任法中的权利和法益》，载王洪亮等主编：《中德私法研究》第11卷，北京大学出版社2015年版，第326页。

的贞操权非常合理,但是判决不构成侵权,只是予以批评值得商榷。因为法院几乎说出了保护原告贞操利益的法律依据——公序良俗(在原《民法总则》生效前,可以通过原《民法通则》第 7 条解释)。

在上海市第一中级人民法院(2014)沪一中民一(民)终字第 2315 号判决中,上诉人认为:“贞操权并非民法上的概念,相关法律及司法解释并未将该权利予以明确并作为可以申请精神损害赔偿的范围;贞操应属道德义务,不应将道德法律化。”被上诉人认为:“贞操权主要体现为性自主权,是自然人自主支配自己性利益的权利,作为一种人格利益,受到法律保护,不受他人侵犯。”法院认为:“一般人格权是民事主体所享有的,包括人格平等、人格独立、人格自由和人格尊严等内容的一般人格利益,并由此产生、解释和补充具体人格权的个人基本权利。公民的一般人格权应当受到法律保护。公民的人格尊严是一般人格权的最重要内容,是指公民作为人所应有的最起码的社会地位并且受到他人和社会的最基本尊重,是公民自身价值与其在社会上享有的最起码尊重的结合。根据最高人民法院《关于确定民事侵权精神损害赔偿责任若干问题的解释》第 1 条的规定,自然人因人格尊严权遭受非法侵害,有权请求赔偿精神损害;违反社会公共利益、社会公德侵害他人人格利益,受害人亦有权以侵权为由请求赔偿精神损害。”

法院判决原告胜诉值得赞赏,即使从一个普通民众的朴素法感情出发,被告的行为也应该受到谴责。但是就法官而言,他应该对自己的判决进行充分的裁判证立。法院对于原被告双方争论的“贞操权”问题没有直接回答,但是认为“原审法院判决正确”,似乎是认可了“贞操权”的存在。法院证立的路径是原告拥有一般人格权,而一般人格权的基础是人有尊严,法条依据是最高人民法院《关于确定民事侵权精神损害赔偿责任若干问题的解释》(2001 年)第 1 条。该条第 1 款第 3 项规定了“人格尊严权、人身自由权”。真正有价值的是该条第 2 款:“违反社会公共利益、社会公德侵害他人隐私或者其他人格利益,受害人以侵权为由向人民法院起诉请求赔偿精神损害的,人民法院应当依法予以受理。”通过前文的分析，我们已经知道，该款是最高人民法院借鉴《德国民法典》第 826 条规定的结果。法院同时援引该条第 1 款第 3 项和第 2 款显属不当，因为这两款属于并列的各自独立的请求权基础。

如果我们认可最高人民法院创设新权利的权力，那么法院可以将原告的贞操利益解释进“人身自由权”，因为被告隐瞒自己已婚的事实，使得原告违背内心的自由和其发生了原本不会发生的性行为。在《民法典》生效以后则可以将贞操利益解释进第 109 条规定的“人身自由”。实际上在原《民法总则》生效以前，最高人民法院并没有权力创设法律没有明确规定的“人格尊严权、人身自由权”，这种未经民主程序创设权利的行为，是司法权对立法权的攫取。尽管这种攫取从结果上看并没有产生不好的影响，甚至符合社会发展的趋势，但是我们不能从结果去证明这种行为的正当性。因为未经民主程序创设针对一切人的绝对权的行为也可能会对社会产生重大不利影响，我们无法对这种创设行为进行民主程序的控制。当时真正合理的裁判证立方法是援引最高人民法院《关于确定民事侵权精神损害赔偿责任若干问题的解释》（2001 年）第 1 条第 2 款的规定保护原告的贞操利益，因为基于社会公德的判断，该种利益应该受到法律保护。该款的真正法律依据在当时是原《民法通则》第 7 条，法官在对社会公德和社会公共利益进行解释的时候，可以转介《宪法》第 37 条、第 38 条关于人身自由和人格尊严的价值理念。这样法官可以在既有法律规范的框架内，不创设法律没有规定的权利去保护原告的贞操利益。

关于上述案件的分析说明，对于权利保护采形式主义的解释标准，会对法官的裁判证立提出更高的要求，同时也能够避免解释上的逻辑矛盾。

四、避免“权利爆炸”带来的“通货膨胀”趋势

对于权利保护采形式主义的解释标准，可以避免“权利爆炸”带来

的"通货膨胀"趋势。"我们的时代是权利的时代",[①]而且随着权利概念对社会生活的渗透,人类社会开始进入"权利爆炸的时代",这以20世纪六七十年代发生在美国的"权利革命"为代表。在这段时期,美国国会和总统创设了一套与美国制宪时期获得承认的权利大相径庭的法定权利。这些权利包括:对清洁空气和清洁水的权利,对安全的消费产品和工作环境的权利,获得充足的食物、医疗照料和住房在内的社会保障网络的权利,免于因种族、性别、残障和年龄而遭受公共或私人歧视的权利等。吊诡的是,上述"权利革命"并没有显著地增加个人的自由度,反而引发了国家这个"巨兽"对社会经济生活的全面渗透,并最终导致了现代规制国的诞生。凯斯·R.桑斯坦在为规制国进行辩护时指出,规制措施的很多失败可以归咎于将公共物品当作个人权利对待的拙劣做法,因为权利修辞常常被当作规制创议的正当化依据,但是实际上政府是在管理风险而不是在实现个人权利。[②]

中国也同样出现了"权利爆炸"的趋势。在实际发生的案件中,普通民众在法律规定的权利类别之外提出了种类繁多的"权利诉求",如"亲吻权""悼念权""配偶权""生育权""贞操权""经营权""信用权""性福权"等。在当代社会,一个人对自己利益主张的最简单直接的表述就是"我有权……"或者"我的……权受到了侵犯",尽管有时候他对自己主张的权利究竟何指并不明确。"因为在当代世界中,如果在陈述任何目标时,无法将其塑造为一种要求肯认或强制执行某种权利的诉求,则该目标几乎没有机会受到严正看待。"[③]权利的"爆炸"最终导致了一种"通货膨胀"的趋势,当任何个人的利益诉求都通过权利的话语来主张的时候,这实际上导致了权利概念本身的贬值,这也是"权利爆炸"带来的负面效应。[④]

---

① [美]路易斯·亨金:《权利的时代》,信春鹰等译,知识出版社1997年版,第1页。

② 参见[美]凯斯·R.桑斯坦:《权利革命之后:重塑规制国》,钟瑞华译,中国人民大学出版社2008年版,第31~35页。

③ [澳]Tom Campbell:《权利批判导论》,徐子婷、杨雅婷、杨济鹤译,韦伯文化国际出版有限公司2010年版,第3页。

④ 参见[加]L.W.萨姆纳:《权利的道德基础》,李茂森译,中国人民大学出版社2011年版,第14页。

权利的“爆炸”一方面降低了权利概念的威信，另一方面也表明权利概念在现代社会的核心地位。在权利概念出现之后，道德哲学家们对权利概念的鼓与呼，是现代社会进入权利时代的关键原因。对于他们的贡献，无论给予多高的评价都不为过，但是作为法律人应该更加严谨地使用权利概念。“权利爆炸”导致的权利“通货膨胀”的趋势，在很大程度上是因为道德权利对法律权利的过度侵蚀造成的。道德哲学家们也指出，必须对道德权利和法律权利进行区分，而且他们也发现权利论述无疑对法律特别偏心，法条主义命题比普遍化命题更命中红心，因为权利与规则之间存在密切关系。① 坎贝尔强调：“权利乃是规范体系的一部分，让我们能以相当明确的方式解决争论、协调彼此之间的行动，无需从头开始不断争辩某事是对是错，实际权利（尤其是法律权利）是对社会颇有用处的工具，可以协调行动与解决争论。”②

萨姆纳认为，权利的语言遭到歪曲或滥用是一个较为突出的问题，我们可以通过构建道德权利的适当概念来控制这一问题。当概念越来越被延伸出自身的范围时，它的具体内容就越来越空虚。所以说，权利的通用性的增长是以其空虚性的增长为代价的。他希望通过道德权利和法律权利的区分，并通过法律权利的分析为道德权利提供理论支撑。萨姆纳认为，说一个人在既定的法律体系下拥有一项权利，前提是该体系中的有效规则赋予这个人一个适当的自由、要求、权力和豁免的组合。法定权利一方面具有人为性，另一方面具有形式性。在某个法律体系中的权利，在另一个法律体系中可能就不是权利；即使都是权利，权利的内容也可能有很大的变化。因此，法定权利的存在从某种简化的意义上说，确实取决于在法律体系中的认可，而

---

① 参见［澳］Tom Campbell：《权利批判导论》，徐子婷、杨雅婷、杨济鹤译，韦伯文化国际出版有限公司2010年版，第53页。

② ［澳］Tom Campbell：《权利批判导论》，徐子婷、杨雅婷、杨济鹤译，韦伯文化国际出版有限公司2010年版，第35页。

不是取决于其内容。[1]

尽管也有道德哲学家认为："一部或许十分复杂的法律可以通过使用权利的用语轻而易举地设定一项权利。这一用语有多种形式，不限于权利或其他同义表述。"[2]但是笔者仍然坚持只有用"权"字表述的才是权利，其他只是法律规定的利益。尽管在请求权的基础上两者没有本质区别，但是坚持语词表述的严谨性，是防止权利概念滥用的非常重要的保证。

关于权利保护采形式主义的解释标准，美国学者艾伦·德肖维茨的观点值得认真对待和分析。他在《你的权利从哪里来？》这本著作中提出了如下观点，关于权利的来源一直存在两种不同的解答：第一种古典解答认为，权利来自法律之外，如自然、造物主、人类本能或其他客观事实；第二种古典解答认为，权利在法律之内，权利是法律本身所授予的。德肖维茨提出了第三种观点，以培养（nurture）而非自然为基础的经验取向。这个取向自下而上，而非自上而下地建立权利理论。它检验不正义的历史、归纳经验的教训，并以这种教训为基础来倡导权利，进而建构理论。一言以蔽之，权利来自不义。[3] 确实，在权利尚未遭到侵害之前，我们总是将它视为理所当然，而当我们面临失去的危险时，我们才开始珍视它。现代社会中很多新类型的权利均来自对人类不义历史的反思。德肖维茨的理论可以为权利的立法论提供非常好的说明，也可以为法院保护法律没有规定的权利，也就是利益提供解释论的价值判断基础。但是仍然没有必要让法官去创设法律没有明确规定的权利。

德肖维茨同样认识到"权利爆炸"对美国社会的影响。他详细地收集列举了美国法律没有明确规定，但是普通民众或者政治家们经常主张的"权利"，令人吃惊的是竟然有 103 种。难题在于：将这么多传

---

① 参见［加］L. W. 萨姆纳：《权利的道德基础》，李茂森译，中国人民大学出版社 2011 年版，第 61～63 页。

② ［美］卡尔·威尔曼：《真正的权利》，刘振宇等译，商务印书馆 2015 年版，第 40 页。

③ 参见［美］艾伦·德肖维茨：《你的权利从哪里来？》，黄煜文译，北京大学出版社 2014 年版，第 5～7 页。

统上属于政策领域的主张确立为法律上的权利是否是明智之举？德肖维茨认为，让偏好入宪成为权利，等于是把偏好从多数决定的领域移除，并使之成为非民选法官进行司法审查的标的。权利在民主制度中扮演着核心但有限的角色，它最重要的功能是钳制多数决。正因为如此，并非每个强烈偏好都该被承认为权利。多数决仍应是民主制度的预设立场。权利若过度增生，不仅将使经验已印证其价值的基本权变得平凡，也将危及民主制度的治理。不能防止恶行的权利，不能算是权利。但是他同时认为，除非被主张的权利在防止严重恶行上的确不可或缺，否则多数决仍应居于优势地位。[①] 也就是说，在特定的情形下，法官仍然有权创设法律没有明确的权利。笔者的观点是，即使某种利益在防止严重恶行上的确不可或缺，法官也只能通过解释去证立该种利益在法律上值得保护，而不是去创设一个法律上没有规定的权利。关于这个问题，德肖维茨并非完全没有意识到，因为他详细地探讨了美国最高法院的法官能否创设宪法没有规定的权利问题。

关于美国最高法院的法官能否创设宪法没有规定的权利问题，存在“死宪法”和“活宪法”之争。主张“死宪法”的美国最高法院大法官斯卡利亚认为，美国宪法及其包含的权利是“死”的，美国《人权法案》明确表示：“它所意指的权利，乃是法案被采纳当时所包含的权利。”主张“活宪法”的美国最高法院大法官布伦南，则谴责斯卡利亚的取向将祖先的死亡之手加诸活生生的法律之上，也许可以称为“亡者政治”。尽管德肖维茨认为，美国宪法规定的基本权利最好还是往扩张和调整的方向移动，而非限缩或停滞不前，但是他却反对德沃金的权利理论。[②]

德沃金认为，权利是被法官发现的，而不是被发明或创造的，即使是疑难案件，法官的职责仍在于发现双方当事人的权利，而非溯及既往地创设新权利。这种观点表面上看起来和笔者主张的权利保护的

① 参见[美]艾伦·德肖维茨：《你的权利从哪里来？》，黄煜文译，北京大学出版社2014年版，第5~7页。

② 参见[美]艾伦·德肖维茨：《你的权利从哪里来？》，黄煜文译，北京大学出版社2014年版，第9~10页。

形式主义标准非常类似,其实不然。因为德沃金认为,除了立法中规定的权利之外,法官可以通过普通法中蕴含的原则去发现原本就存在的,但是可能实证法上没有规定的权利。[①] 德肖维茨不同意德沃金的观点,因为德沃金没有告诉我们法官据以发现权利的原则来自何处,法官实际上是在发明,而不是在发现权利。最终德肖维茨得出这样的结论,未来我们应该这样解释宪法,限缩某些权利,扩张另一些权利,至于一些核心权利则原封未动。由于人类及人类组成的政府总是不断在其他人类身上施加新的恶行,因此我们必须持续建构新的权利。[②] 笔者非常赞同人类社会的权利范围会不断扩张的观点,法院可以通过限缩解释和扩张解释变更既有权利的内容,也可以通过类推或者目的性扩张的解释方法实质性地扩张权利的涵盖范围,但是法官无权创设法律没有规定的权利。

美国学者迈克尔·佩里关于美国最高法院能否创设权利问题的分析同样具有启发意义。佩里认为,通过司法审查确定某项法律是否侵犯了作为美国宪法规定的权利时,美国最高法院应当以它自己的判断来考察该法律是否侵犯了某项权利?或者相反,应当谦抑地从事司法审查,即尊重立法者的立法意图?强形式的司法审查表现为司法终极性权力,这种权力在判断一部法律是否侵犯了某项根植于宪法的人权时拥有最终决定权;而此最终决定权,是在绝大多数人试图修改或者废除法院据以作出裁判的宪法条文未成功的情况下才存在。弱形式的司法审查是指运用司法次终极性权力,该权力并不具有最终性,只不过具有次终极性。也就是说,当判决一部法律侵犯一项植根于宪法的人权或者为法律所保护的人权时,仅仅是警告性的,立法者考虑这个判决后可能对此不予理会。弱形式的司法审查可以与立法至上保持一致。因为其无需在权利保护上作出重大让步,司法次终极性制度就权利问题可以带来一个更好的、更具有民主辩护性的司法权

---

① 参见[美]罗纳德·德沃金:《认真对待权利》,信春鹰、吴玉章译,上海三联书店2008年版,第117~118、147~148页。

② 参见[美]艾伦·德肖维茨:《你的权利从哪里来?》,黄煜文译,北京大学出版社2014年版,第198~199页。

与立法权之间的平衡。法院不能僭越立法者的权利。① 既然法院在对法律规定的权利进行解释时尚需保持克制的态度,那么法院创设法律没有规定的权利无论如何是走得太远了。

美国学者玛丽·安·格伦顿对美国最高法院创设权利的司法实践进行了严厉的批判。她认为,始自20世纪五六十年代的民权运动,伴随着法院对这些权利主张的日益认同,美国经历了一场权利革命。在这场革命中,法院渐行渐远,它将多种多样的事项从立法机构以及地方的控制下转移了出来,给予许多有关个人自由的宪法权利以崭新而宽泛的辖域。法院的多数派带着对司法职能日益膨胀的观念,与其学界的敬慕者相互支持,就像是铁路工人对于手推车一样,沿线引领我们走向权利之地。这种权利的话语促进了不切实际的期盼,加剧了社会的冲突,遏制了能够形成合意、和解,或者至少能够发现共同基础的对话。②

五、避免司法能动主义的过度扩张

坚持权利保护的形式主义解释方法,可以避免司法能动主义的过度扩张。在美国次贷危机引发的全球金融风暴的刺激下,我国最高人民法院开始大力推行能动司法的理念。

原最高人民法院院长王胜俊指出,所谓能动司法,就是要发挥司法的主观能动性,积极主动地为党和国家工作大局服务,为经济社会发展服务。能动司法体现为三个主要特征,即服务型司法、主动型司法和高效型司法。但是他同时指出,能动司法不是随意司法、盲目司法。坚持能动司法,必须遵循司法工作的客观规律。人民法院的一切司法活动都必须严格遵守法律规定,不仅要严格遵守实体法,也要严格遵守程序法,要遵循法律解释和法律推理的基本要求,确保能动司

① 参见[美]迈克尔·佩里:《权利的新生——美国宪法中的人权》,徐爽、王本存译,商务印书馆2016年版,第112~119页。

② 参见[美]玛丽·安·格伦顿:《权利话语——穷途末路的政治言辞》,周威译,北京大学出版社2006年版,第5~18页。

法在法制的轨道上进行。[①] 上述限制观点非常重要,因为司法在本质上是被动的,尤其是就民事审判而言,基于不告不理原则和抗辩制原则,法官基本处在被动、中立的状态。强调司法能动的核心意义在于,通过适当发挥法官的主观能动性,在现行法律的框架下,通过更加主动的法律适用,在最大限度上填补法律和社会生活之间的空隙。但是能动司法必须遵循必要的限度,尤其是不能僭越立法权。

司法能动主义是一个源自美国司法实践的概念,最初被用于表达法院对于政治行为合宪性审查(司法审查)的立场和态度。随后被一般化地理解为,司法能动主义倡导法官接受新的政策,即使是那些与既定的法律规范和先例不一致的政策。最重要的是主张法院适用自己的政策优先于那些立法机关和行政机关的政策。[②] 美国学者克里斯托弗·沃尔夫认为:"司法能动主义的基本宗旨就是,法官应该审判案件,而不是回避案件,并且要广泛地利用他们的权力,尤其是通过扩大平等和个人自由的手段去促进公平——即保护人的尊严。能动主义的法官有义务为各种社会不公提供司法救济,运用手中的权力,尤其是运用将抽象概括的宪法保障加以具体化的权力去这么做。"[③]

美国的司法能动主义经历了温和的解释主义到激进的立法主义的转变,其中最主要的表现就是美国最高法院在"格利斯沃尔德诉康涅狄格州案"和"罗伊诉韦德案"中创设出美国宪法没有明文规定的隐私权,引发的争论至今余波未了。细节问题后文再作分析。沃尔夫对美国最高法院创设权利的行为进行了批评,理由是:

第一,法院在创设权利时,可能会忽视重要的实际考虑,例如,创设权利是否会产生使情况恶化的副作用。法官可以努力对这样的事实进行权衡,但是他们并不一定比立法者做得更好或者一样好。法官

---

① 参见王胜俊:《坚持能动司法 切实服务大局》,载最高人民法院编写组编:《当代中国能动司法》,人民法院出版社2011年版,第3~9页。

② 参见[美]彼得·G.伦斯特洛姆:《美国法律辞典》,贺卫方等译,中国政法大学出版社1998年版,第340页。

③ [美]克里斯托弗·沃尔夫:《司法能动主义——自由的保障还是安全的威胁?》,黄金荣译,中国政法大学出版社2004年版,第3页。

基本都是独行侠，不像立法机关有众多具有不同知识结构的人来代表，创设权利的理论基础和社会效应涉及哲学、伦理学、政治学、社会学、经济学甚至是自然科学等多方面的知识，认为法官具有回答这些问题的能力是值得怀疑的。①

第二，权利具有某种稳固性或者说道德高度，这使权利比利益更难依据不满意的经验进行修改。尽管在立法机关中改变公共政策也不容易，但是根据经验而进行政策调整也并不罕见，但是最高法院一旦发现或者创立一项新的宪法"权利"，它就很难对这个原则进行修改，即使面对广泛的批评时也是如此。② 如果法院没有创设权利，而是通过解释将某种利益纳入法律的保护范围，上述情况就不会出现。因为此时法院只是通过法律的解释作出了一个判决，它有可能会起到一个先例的作用，但是其他法官也可以根据自己的理解作出不同的判决。关于这个问题，卡尔·施密特在对比分析德国和美国的司法审查制度时有深入的探讨。

卡尔·施密特认为，德国帝国法院所行使的司法审查权，只具有任何作成诉讼裁判的法院都具有的特征，这只是一种附属的个案裁判权。而且这项审查权只具有最高司法机关判决先例拘束的效力。尽管判决先例在事实上会起到类似于法源的作用，但是有拘束力的不是判例本身，而是在其中被正确理解或具体化的规范。如果法官发现判决先例中的解释不正确，或者当初虽然正确，但是因为规范情景变更或整个法秩序的演变现今已不再合理时，法官必须自为判断。因此判决先例绝非独立的法源，它只是法官认识的媒介。③

与美国最高法院行使的审查权比较，主要差别在于，美国最高法

---

① 参见［美］克里斯托弗·沃尔夫：《司法能动主义——自由的保障还是安全的威胁?》，黄金荣译，中国政法大学出版社 2004 年版，第 151～152 页；［美］阿德里安·沃缪勒：《不确定状态下的裁判——法律解释的制度理论》，梁迎修、孟庆友译，北京大学出版社 2011 年版，第 166～167 页。

② 参见［美］克里斯托弗·沃尔夫：《司法能动主义——自由的保障还是安全的威胁?》，黄金荣译，中国政法大学出版社 2004 年版，第 152 页。

③ 参见［德］卡尔·拉伦茨：《法学方法论》，陈爱娥译，商务印书馆 2003 年版，第 301～302 页。

院旨在维护一般性原则，因此具有当前社会经济秩序之守护者与捍卫者的地位。反之，德国帝国法院认为政治上的关键决定应该留在立法权手上。所有的审判权都必须受到法规范的拘束，而在规范内容本身具有疑义或有争议的情况下，司法者应该止步。司法审查权必须以可进行涵摄的规范为依据。至于法官透过不确定概念及社会通念、透过诚信原则及交易习惯之适用，以及私法领域中的裁量而享有的行为自由及形成空间，在何种程度上是可想象且可允许的，则是第二层次的问题。如果法官偏离了这项基础，不以抽象规范的构成要件涵摄为限，从而不受法律内容的拘束，那么他就不再具有独立法官的身份。这种作成诉讼裁判的法院的司法审查权奠基于法官与立法者的对立思考上。把司法权扩及不具有司法本质的领域，只会使司法权受到伤害。同时也会导致政治司法化和司法政治化的结果，这正是美国出现的问题。[①] 如果把上述问题转化到民事领域，法官能否脱离法律规范的限制创设新权利是一个层次的问题，法官是否能够通过对基本原则的解释将某项利益纳入法律保护的范围则是另一个层次的问题。

第三节　民事权利的类别

如果对权利保护采形式主义的解释标准，那么仔细地梳理现行民事立法中规定的权利类别就是一项非常重要的工作。在本节也对法律明确规定的法益进行梳理，尽管从形式主义的标准进行解释，这种利益不是权利，但是从请求权基础的角度分析，法律明确规定的法益和法律明确规定的权利没有实质差异。

---

① 参见［德］卡尔·施密特：《宪法的守护者》，李君韬、苏慧婕译，台北，左岸文化出版公司2005年版，第72~75页。美国最高法院在“罗伊诉韦德案”中创设了宪法没有明文规定的隐私权，引发了极大的争论。在随后的历次最高法院法官提名的参议院答辩会上，关于该判决是否应该被推翻的问题一直是答辩的核心，甚至能够影响一个人最终能否成为大法官。其中的党派之争和意识形态之争非常明显。［美］罗纳德·德沃金：《最高法院的阵型——最高法院中的新右翼集团》，刘叶深译，中国法制出版社2011年版，第1~21页。

一、《民法典》中规定的权利类别

原《侵权责任法》第 2 条第 2 款列举了 18 种权利类别，在《民法典》中该款被删除。因为侵权责任只是对法律明确规定的权利进行保护的制度，它本身不能创设法律没有规定的权利。与原《侵权责任法》第 2 条第 2 款、原《民法通则》的相关规定进行比较，《民法典》对于权利的列举有了显著的变化。

（一）《民法典》第一编“总则”第五章“民事权利”中规定的权利类别

《民法典》第一编“总则”第五章是关于民事权利的总括性规定，该章规定了《民法典》和《民法典》之外的民事法律规定的权利类别。

1. 人身权的类别

《民法典》第 110 条规定的权利类别：生命权、身体权、健康权、姓名权、肖像权、名誉权、荣誉权、隐私权、婚姻自主权，法人与非法人组织的名称权、名誉权、荣誉权。该条规定的法人与非法人组织的名誉权和荣誉权与自然人的相关权利相比，只是主体的差异，权利性质没有不同。但是法人与非法人组织的名称权和自然人的姓名权存在本质差异，一方面姓名和名称的构成要素完全不同，另一方面法人与非法人组织的名称权是其商誉的载体，具有财产性。

《民法典》与原《民法通则》相比增加了身体权和隐私权，与原《侵权责任法》相比增加了身体权。尽管原《民法通则》没有规定身体权，但是第 119 条规定了“侵害公民身体造成伤害”的责任，《民法典》总则编将身体法益上升为权利。隐私权在原《侵权责任法》中首次被规定为权利，原《民法通则》没有关于隐私的规定，《民法典》总则编沿袭了原《侵权责任法》的规定。

2. 财产权的类别

《民法典》第 114 条规定了物权、第 118 条规定了债权、第 123 条规定了知识产权、第 124 条规定了继承权、第 125 条规定了股权和其他投资性权利。

需要注意的是，上述条文规定的物权、债权、知识产权、继承权等属于体系建构概念，不能作为独立的请求权基础。例如，一个人无法单纯基于物权被侵害，主张被告承担侵权责任。他必须明确说明是何种物权被侵害，如所有权被侵害。从这个意义上分析，用益物权和担保物权也是体系建构概念，一个人向法院单纯主张用益物权被侵害尚不足，他必须说明是何种用益物权被侵害，如地役权、建设用地使用权等。如果从这个角度分析，人格权和身份权也是体系建构概念，一个人无法单纯基于人格权被侵害，主张他人承担侵权责任，他必须说明是何种具体人格权，如生命权、健康权、身体权等。因此，从侵权责任的角度而言，我们应该关注的是上述一般权利的具体类别和产生原因，这只能从《民法典》的其他编和《民法典》之外的民事单行法中去寻找。

需要注意的是《民法典》第 123 条对知识产权新类别的突破。该条第 2 款规定："知识产权是权利人依法就下列客体享有的专有的权利：(一)作品；(二)发明、实用新型、外观设计；(三)商标；(四)地理标志；(五)商业秘密；(六)集成电路布图设计；(七)植物新品种；(八)法律规定的其他客体。"其中在作品上的是著作权，在发明、实用新型、外观设计上的是专利权，在商标上的是商标权，这些权利只是一般意义上的规定，具体的权利类型根据《著作权法》、《专利法》和《商标法》的规定可以再作细分。

"地理标志权"是一种新类型的知识产权，《商标法》第 16 条只是规定了商标中有地理标志的问题，但是当事人申请的地理标志未必包括在商标中。《民法典》第 123 条明确区分了商标和地理标志，赋予了"地理标志权"的独立名称。

"商业秘密权"也是一种新类型的知识产权，《反不正当竞争法》第 9 条规定了对商业秘密的保护，但是没有将其称为一种权利。《民法典》第 123 条明确赋予"商业秘密权"的称谓，即使在学说理论上可能存在争论，但是基于形式主义的解释标准，"商业秘密权"在我国是一种权利，不存在争议。

"集成电路布图设计权"严格意义上不是新类型的知识产权。因为2001年国务院发布的《集成电路布图设计保护条例》明确使用了“集成电路布图设计专有权”的表述，根据《立法法》第9条的规定，只要国务院是在全国人大及其常委会授权下制定该条例，该条例就属于法律的范畴。

“植物新品种权”严格意义上也不是新类型的知识产权。因为国务院2014年修订的《植物新品种保护条例》中明确使用了“植物新品种权”的表述。

“法律规定的其他客体”属于兜底表述，不排除以后的法律或者经全国人大及其常委会授权制定的行政法规创设新类型的知识产权。

3. 兜底条款和转介条款

《民法典》总则编第126条规定：“民事主体享有法律规定的其他民事权利和利益。”这是一个兜底条款，因为《民法典》总则编第五章未必能够对民事权利进行全面的列举，而且不排除在《民法典》生效以后，其他民事单行法继续规定新的民事权利。但是该条的“法律规定”的表述非常重要，这也是笔者主张权利保护形式主义解释的重要依据，只有民事法律规定的权利才是民事权利。

《民法典》第127条规定：“法律对数据、网络虚拟财产的保护有规定的，依照其规定。”这是一个转介条款，如果《民法典》以外的某部法律规定了上述权利，其当然属于民事权利。

（二）《民法典》第一编“总则”中规定的其他权利类别

1. 监护权

《民法典》总则编除了第五章对民事权利作了总括性的规定以外，第二章“自然人”第二节“监护”还规定了监护权。第30条、第31条、第32条、第36条使用了“监护资格”的表述，第32条、第33条、第34条、第35条、第36条还使用了“监护职责”的表述，立法者似乎有意回避将“监护”确定为权利。主要原因是主流的学说理论认为，监护不是一种权利，而是一种义务。① 由于我国立法不区分父母对子女的

① 参见梁慧星：《民法总论》（第5版），法律出版社2017年版，第106页；朱庆育：《民法总论》，北京大学出版社2013年版，第399页。

亲权和父母以外的人的监护，这两个问题是合在一起讨论的。

拉伦茨认为："父母的权利以及监护人的权利不是一种利己的，而是一种具有关心照顾特点的权利；他是一种以法律的形式，为了子女的利益而行使的权利，所以，它实际上是一种义务。所以，人们也把它称为义务权。"①这种观点确实符合在父母子女关系上，从父权到子女权利的演进趋势。现代家庭法开始以子女权利理论为基础进行构建，典型代表是1979年的德国《关于重新规定父母照顾的法律》，该法强调了父母权利的义务本质。这部法律改变了相关术语，"父母权力"的概念被"父母照顾"替代。②

在家庭法的内部，确实应该多谈义务，少谈权利。但是亲权和监护权在对外的关系上仍然具有重要的意义。例如，在子女被诱拐的情形下，父母可以主张亲权被侵犯。即使是亲权以外的监护权在侵权责任法上仍然有意义。尽管《民法典》没有直接使用"监护权"的表述，但是《民法典》第34条第2款规定："监护人依法履行监护职责产生的权利，受法律保护。"第1068条规定："父母有教育、保护未成年子女的权利和义务……"上述两个条文均明确使用了"权利"的表述，因此可以认为《民法典》规定了监护权（其中包括亲权）。

2. 代理权

尽管在学说理论上对于代理权是否属于一种权利存在争议，③但是《民法典》第163条明确规定了委托代理人的代理权和法定代理人的代理权。基于形式主义的解释标准，代理权在我国法律上属于权利，没有疑义。至于代理权在侵权责任法上是否容易被侵犯，则是另外一个问题。例如，在被代理人死亡后，被代理人的继承人无正当理由单方面终止代理人的代理权，构成侵权。

---

① ［德］卡尔·拉伦茨：《德国民法通论》，王晓晔等译，法律出版社2003年版，第283页。

② 参见［德］迪特尔·施瓦布：《德国家庭法》，王葆莳译，法律出版社2010年版，第259～260页。

③ 参见［德］维尔纳·弗卢梅：《法律行为论》，迟颖译，法律出版社2013年版，第935～936页。

3. 撤销权

《民法典》第 145 条、第 147 条、第 148 条、第 149 条、第 150 条、第 151 条、第 152 条、第 171 条明确规定了撤销权。在传统民法理论上,撤销权属于形成权,而且被归入相对权的类别。[①] 因此在德国的学说理论上,撤销权不被认为属于《德国民法典》第 823 条第 1 款规定的"其他权利"的类别,在侵权责任法中只能是一种利益,因为通说认为"其他权利"必须具有和所有权类似的支配性。也有学者认为,形成权本质上属于相对权,但是在一种特别的程度上具有支配的性质。尤其是形成权的效果通常不必事先经过法院诉讼程序即可产生,这种支配性质便越发明显。但是其在讨论《德国民法典》第 823 条第 1 款的"其他权利"时并没有涉及撤销权。[②]

笔者认为,基于权利保护的形式主义标准,撤销权属于侵权责任法保护的权利。尽管根据《民法典》的相关规定,撤销权只能通过人民法院或者仲裁机构行使,性质上更偏向于相对权,但是无论是绝对权,还是相对权,作为法律上的权利都具有不可侵性,只是存在侵犯可能性的大小问题。在中国,撤销权只能通过人民法院或者仲裁机构行使,反而更容易被侵犯,第三人或者相对人完全有可能采取措施恶意阻止权利人行使撤销权。权利被侵犯的可能性大小是一回事,是否为法律上的权利则是另外一回事。

同时,基于权利保护的形式主义标准,所谓"追认权"不是法律明确规定的权利,只是法律保护的一种利益。因为《民法典》第 145 条和第 171 条并没有表述"追认权",如果在司法实务中出现妨碍追认的情形,可以将上述条文解释为保护他人的法律来进行保护。

(三)《民法典》第二编"物权"中规定的权利类别

《民法典》第二编"物权"第二分编规定了"所有权",其中第五章根据主体的不同规定了国家所有权、集体所有权和私人所有权;第六

① 参见[德]本德·吕特斯、[德]阿斯特丽德·施塔德勒:《德国民法总论》(第 18 版),于馨淼、张姝译,法律出版社 2017 年版,第 57 页。

② 参见[德]迪特尔·施瓦布:《民法导论》,郑冲译,法律出版社 2006 年版,第 143 页。

章规定了建筑物的区分所有权。第三分编规定了“用益物权”,其中第十章“一般规定”中规定了“海域使用权”“探矿权”“采矿权”“取水权”和养殖权、捕捞权;第十一章规定了“土地承包经营权”;第十二章规定了“建设用地使用权”;第十三章规定了“宅基地使用权”;第十四章规定了“居住权”;第十五章规定了“地役权”。第四分编规定了“担保物权”,其中第十七章规定了“抵押权”,分为两个类别:“一般抵押权”和“最高额抵押权”;第十八章规定了“质权”,分为两个类别:“动产质权”和“权利质权”;第十九章规定了“留置权”。与原《物权法》相比,最主要的变化是增加了“居住权”。

根据《民法典》第一编“总则”第116条的规定:“物权的种类和内容,由法律规定。”这是关于物权法定的表述,但是“法律”并不限于《民法典》。《民法典》之外的法律对特殊物权有明确规定的,当然属于物权,但是会涉及解释的问题。

(四)《民法典》关于债权的规定

由于《民法典》没有设债编,因此债权的发生原因需要解释。第一种是民事主体基于合同创设的债权;第二种是“合同”编第三分编“准合同”的第二十八章规定的因“无因管理”产生的债权;第三种是“准合同”第二十九章规定的因“不当得利”产生的债权;第四种是因第七编“侵权责任”产生的债权;第五种是《民法典》第500条规定的因缔约过失产生的债权;第六种是第499条规定的因悬赏广告产生的债权,这是基于单方行为产生的债权。但是如果将悬赏广告解释为要约,则属于第一种基于合同产生的债权。需要注意的是,除了基于上述原因产生的债权外,“合同编”还规定了特殊类型的权利,这些权利即使当事人没有明确约定,基于法律的规定,当事人仍然享有这种权利。例如,第728条规定的“承租人的优先购买权”。

与物权采法定原则不同,债权的创设原则上采自由主义,这尤其表现在民事主体通过合同创设的债权。《民法典》相对于原《合同法》增设了四种有名合同,而且合同的类型并不存在封闭性,只要没有无效或可撤销的原因,当事人之间签订的非典型合同仍然会产生债权。

对于侵权责任而言,问题的关键是债权是否属于第 1165 条第 1 款规定中的权利。关于这个问题,学说理论一直存在争议。

肯定说认为,基于权利不可侵的义务,任何权利既受法律保护,当不容任何人侵犯,物权如此,债权也一样。如果认为债权不属于侵权责任法上保护的权利,将会导出债权非权利之结果,滋生概念上无限混淆。① 否定说认为,债权属于相对权,只能对抗债务人,第三人不负任何义务。债权不具典型的社会公开性,第三人难以知悉,同一债务人的债权人有时甚多,加害人的责任无限扩大,不合社会生活上损害合理分配原则。为维护债务人的意思自由及社会生活的竞争,应作限制性解释。债权不属于侵权责任法上保护的权利。②

笔者采肯定说,主张债权属于《民法典》第 1165 条第 1 款规定的权利。理由如下:

第一,我国台湾地区学者采否定说有特殊背景,同时也受到了德国学说理论的影响。因为台湾地区"民法"第 184 条第 1 款后段和《德国民法典》第 826 条均规定构成侵权的主观要件是故意,如果将债权认为是侵权责任法上的权利,那么就要适用台湾地区"民法"第 184 条第 1 款的前段和《德国民法典》的第 823 条。而这两个条文的主观要件是过错,这有可能会导致基于一般过失也侵犯债权,这对社会自由的影响太大。但是这个问题对于《民法典》而言不存在,因为即使将债权解释为利益,再通过《民法典》总则编第 8 条的公序良俗原则对其进行保护,也没有故意要件的限制。如果要将侵害债权的主观要件限定

---

① 参见邱聪智:《新订民法债编通则》(上),中国人民大学出版社 2003 年版,第 102 页。参见[日]吉村良一:《日本侵权行为法》,张挺译,中国人民大学出版社 2013 年版,第 39 页。

② 参见王泽鉴:《侵权行为》,北京大学出版社 2009 年版,第 173 页。陈聪富:《侵权责任主体与客体》,台北,元照出版有限公司 2019 年版,第 191 页。这种观点主要受到了德国学说理论的影响,德国的通说认为,《德国民法典》第 823 条第 1 款中规定的"其他权利"必须和所有权具有类似性,即具有支配性,因此债权不是该款意义上的权利,只能通过第 826 条的规定予以保护。少数意见认为债权属于第 823 条第 1 款规定的权利。参见[德]马克西米利安·福克斯:《侵权行为法》,齐晓琨译,法律出版社 2006 年版,第 40 页。[德]埃尔温·多伊奇、[德]汉斯-于尔根·阿伦斯:《德国侵权法——侵权行为、损害赔偿及痛苦抚慰金》,叶名怡、温大军译,中国人民大学出版社 2016 年版,第 95 页。

为故意，仍然需要作进一步的解释。

第二，否定说的核心观点是，债权属于相对权，不具典型的社会公开性，只能对抗债务人，第三人不负任何义务。这是从积极的层面，也就是从债权实现的层面进行的分析。美国学者霍菲尔德曾经运用自己精细的权利理论对“对物权”和“对人权”的概念进行过分析。他认为，所谓的“对物权”是不存在的，任何权利都是对人的。“对物权”针对的是不特定的任何人，“对人权”针对的是特定的某个人或某几个人。[①] 从权利实现的积极层面看，这种分析非常正确。以所有权为例，所有权只需要通过自己的自由意志的行使就能实现自己的权利，不需要任何特定的人的积极配合，不特定的任何人都承担不妨碍权利人实现权利的义务。债权均需要特定行为人的积极配合才能实现，这种积极的配合包括作为，也包括不作为，但是无论是作为，还是不作为，均需是当事人特别约定或者法律规定的。如果从消极的层面分析，任何法律权利均具有不可侵性，只是债权被侵犯在法律上更加难以被认定，因为债权没有公示性，外人无从知晓。行为人的过错不容易被认定。尽管原《侵权责任法》第 2 条第 2 款没有列举债权，但是全国人大常委会法工委的相关人士明确指出，可以认为“等人身、财产权益”中包括了债权。[②] 这种观点是正确的。

因此只要事实构成要件具备，侵害债权的违法性同样可以被征引，但是只有违法性要件还不够，原告还必须证明被告的有责性。此时原告并不能通过理性人标准证明被告的过错存在，因为债权并没有被公示出来，一般的理性人无从知晓。因此，原告只有证明被告明知特定债权的存在，而且其行为的目的正是阻止该债权的实现，也即存在主观上的故意时，第三人侵害债权才能成立。也就是说，债权并非不具有可侵性，只是在主观要件上要求更加严格，即使立法没有明确规定这种要求，我们通过对债权性质的分析也能够推导出来。

---

① 参见[美]霍菲尔德：《基本法律概念》，张书友编译，中国法制出版社 2009 年版，第 101 页。

② 参见全国人大常委会法制工作委员会民法室编：《中华人民共和国侵权责任法条文说明、立法理由及相关规定》，北京大学出版社 2010 年版，第 8 页。

陈忠五尽管反对权益区分保护，但是他认为债权作为一种权利当然属于台湾地区“民法”第 184 条第 1 项前段侵犯权利的调整范围。但他同时又认为关于第三人侵害债权的问题，关键不在债权性质上是一种权利或利益，而在侵害行为是否具有“不法”性。因为无论依据第 184 条第 1 项前段，还是依据第 184 条后段“违反善良风俗”的规定，行为都要具有“不法”性。无论是故意侵害债权，还是过失侵害债权，侵权责任的成立关键仍在于行为是否具有“不法”性。①

笔者不同意这种从行为“不法”的角度对债权应该受保护的分析，笔者仍然坚持结果不法的观点。首先，如果认为债权是权利，从而适用第 184 条第 1 项前段，事实构成要件本身就能征引“不法”性；如果认为债权是利益，从而适用第 184 条第 1 项后段，事实构成要件本身不能征引“不法”性，“不法”性要在个案中通过利益衡量予以具体确定。其次，故意的认定只能是有责性问题，陈忠五举例说，明知交易相对人为竞争同业者的长期固定客户，但却以更低的价格和更好的服务品质抢走该客户，尽管主观上存在故意，但是因为竞争行为不构成“不法”性，因此不构成侵权。笔者认为只要事实要件构成就存在“不法”性，但是当事人的行为不构成故意，因此不构成侵权。因为明知并不能当然构成法律上的故意，只有当行为人的目的就是阻止他人债权的实现才构成故意，竞争行为本身是为了获取自身的利益，对他人债权的损害只是该行为的附带结果，并不是其行为的目的所在。

将债权确定为侵权责任法上受保护的权利，可以有效地区分债权和纯粹经济损失。我国有学者认为，侵权责任法中的权利只能是绝对权，不包括作为相对权的债权，债权应该放入纯粹经济损失中进行分析。② 笔者认为，尽管两者在主观要件上不存在区别，但是债权既然享有权利之名，它还是应该纳入权利的范畴进行对待，这是逻辑思维清晰的表现。考茨欧在分析受侵权法保护的利益的性质的时候也明确

---

① 参见陈忠五：《契约责任与侵权责任的保护客体——“权利”与“利益”区别正当性的再反省》，台北，新学林出版股份有限公司 2008 年版，第 208～211 页。

② 参见葛云松：《纯粹经济损失的赔偿与一般侵权行为条款》，载《中外法学》2009 年第 5 期。

地将债权和纯粹经济损失区分开来，并且认为纯粹经济利益受到的评价比债权更低，因为它们尚未形成为权利，也没有明确的内容。①

关于这个问题，我国的司法实践在认识上也不清晰。上海高级人民法院在《侵权纠纷办案要件指南》第 5 条的说明中将债权纳入利益的保护范畴，该指南认为，对于合同债权的侵害，只有在合同外的第三人明知债权存在而故意侵害的情况下，才能够要求其承担赔偿相当于合同履行利益的损失。例如，因他人发生交通事故，造成交通堵塞，而致某人无法及时与预定的签约方签约，导致本来可以得到的利益不能得到的，他仍然不能依据侵权行为法的规定，就这些损失向交通事故的肇事者主张赔偿。因为肇事者无法预见有这种损害的存在。这种分析混淆了债权和纯粹经济损失，因为与"预定的签约方签约"只是存在享有债权的可能性，合同没有签订，债权还不存在。我们把这个例子拓展一下，问题会更加清晰。甲超速引发交通事故，导致高速公路被封闭。乙困在高速公路上无法按照合同约定将货物及时运抵目的地，从而导致违约无法获取运费收入，这是债权被侵害；丙因为高速公路被封闭，只能选择绕道，导致多支出油费 500 元，这是纯粹经济损失。因为在交通事故发生时，丙没有任何债权，只是因为交通事故的发生，丙通过购买汽油的买卖合同多支出了 500 元费用。尽管最终法院可能都需要通过主观要件上是否存在故意对上述损失进行排除，但是分析路径是不一样的。因为从结果不法的角度分析，侵害债权违法性被推定，法院不需要纠结债权是否属于法律保护范围的问题，只需要考虑主观要件和因果关系的问题。但是对于纯粹经济损失，法院首先需要考虑该种纯粹经济损失是否属于法律的保护范围，如果不属于，后续的主观要件和因果关系问题都不需要考虑。

同时，在特定情况下，对债权和纯粹经济损失的区分会对侵权责任的成立产生影响。例如，甲歌星和乙公司已经签订了举办大型演唱会的合同，丙故意绑架甲，目的就是不让其参加演唱会。此时，甲的债

---

① 参见［奥］H. 考茨欧主编：《侵权法的统一：违法性》，张家勇译，法律出版社 2009 年版，第 36 页。

权和乙的债权均受到侵犯,因此遭受的损失原则上均应得到赔偿。如果丙故意绑架甲,目的是阻止甲和乙签订演唱会的合同,此时合同没有签订,甲和乙均没有债权。如果有损失只是纯粹经济损失,而且甲和乙证明这种损失的存在以及和丙的加害行为之间的因果关系都会比较困难。

以中国发生的两则案例为例。在“新锋演出公司诉某晚报案”中,原告新锋演出公司决定在某市体育中心举办“星光灿烂大型明星演唱会”,为此支付了场地租赁费、演出设备租赁费、演出广告费等,同时与著名艺术家李某某等签订了演出合同,并支付了定金。在演出前5天,被告某晚报在第三版醒目的位置登载一篇《著名艺术家李某某已不可能来本市》的报道,该文指出:“本报讯,本市歌迷期待已久的星光灿烂大型明星演唱会因著名艺术家李某某生病住院,目前尚未康复,歌迷一睹明星风采的愿望看来要泡汤了。”在该消息登出第二天,有12家单位向原告退回团体票8000余张,个人退票3000余张,并有两家赞助单位退出,共损失80万余元。原告以侵权为由提起诉讼,要求被告承担侵权责任。王利明在点评该案中引用了史尚宽的观点:“债权虽为相对权,而相对权并非不容有不可侵性。既为权利,则一般人应负有不为侵害之消极的义务,故如有第三人不法加以侵害,则不可不使其负侵权行为之责也。”①王利明认为,只是由于债权具有相对性,外人可能无从知晓,因此第三人侵害债权必须以故意为要件。在本案中,从报道的内容分析,可以得出被告存在故意(至少是间接故意),因为被告将李某某生病的事实直接和大型演唱会能否顺利举行联系起来,被告应该非常清楚地知道这种报道对原告权利的影响。如果被告只是客观报道李某某生病的事实,尚难认为其有侵害原告债权的故意。至于原告尚未售出的门票则属于纯粹经济损失,因为现实的债权并不存在。原告必须证明,如果没有被告的行为,原告完

---

① 史尚宽:《债法总论》,中国政法大学出版社2000年版,第1~2页。

全有可能售出全部或部分的门票,否则不能获得赔偿。① 上述分析非常合理。

在"中国工商银行股份有限公司平昌支行、中国长城资产管理公司成都办事处与徐某、邓某勇、朱某东、四川平昌县百坚水泥有限公司侵权赔偿纠纷案"中,最高人民法院认为"合同债权原则上不属于侵权责任法的保护范围"。该案的简要事实是:百坚公司欠平昌工行贷款,本息合计 812.3 万元。后两者协商,百坚公司以 230 万元买断在平昌工行的全部债务,从而了结双方的全部债权债务关系。随后,平昌工行仍然将剩余债权 533.5 万元转让给长城资产成都办。长城资产成都办通过公开拍卖的方式将上述债权转让给邓某勇和朱某东,邓某勇和朱某东又将债权转让给徐某。因债权最终无法实现,徐某诉请法院判令平昌工行和百坚公司连带赔偿损失。

一审法院认为,平昌工行应当根据原《民法通则》第 106 条第 2 款承担侵权责任,因为其转让不存在的债权,其行为构成欺诈,主观上具有明显过错,客观上侵害了最后买受人徐某的合法权益。长城资产成都办、邓某勇和朱某东则应根据原《民法通则》第 92 条的规定承担不当得利的返还责任。二审法院认为,平昌工行、长城资产成都办、邓某勇和朱某东应当在各自获利范围内承担连带的侵权赔偿责任。最高人民法院在再审中认为,徐某对于其损失可根据合同相对性原则向其合同相对人要求其承担责任,驳回徐某起诉。

最高人民法院认为,本案的实质问题是合同债权是否属于侵权责任法的保护范围,本院持否认态度。理由是:第一,债权具有相对性,根据原《民法通则》第 84 条的规定,合同只在当事人之间产生特定权利和义务关系,原则上不允许突破合同相对性提起诉讼。第二,原《侵权责任法》第 2 条列举的权利中没有包括债权。解释上应该认为不应当包括债权,因为债权没有公示手段,如果第三人要为受其影响的债权负责,第三人的责任将无限扩大。第三,侵权责任一般包括四

---

① 参见王利明:《民法疑难案例研究》(增订版),中国法制出版社 2013 年版,第 527~530 页。

个方面：行为人实施了某一行为、行为人行为时有过错、受害人的民事权益有损害事实、行为人的行为与受害人损害之间有因果关系。平昌工行将并不存在的债权作为不良资产转让给长城资产成都办明显不当，但主观上并无证据表明平昌工行存在损害徐某利益的过错，从客观上平昌工行转让并不存在的债权历经多手至徐某时，其过错行为与其后多次转让的受让方徐某损失之间并不具有直接的法律上的因果关系。因此裁定驳回徐某的诉讼请求，之所以裁定驳回，不是判决驳回，是让徐某另案起诉直接当事人。①

最高人民法院裁定驳回起诉是正确的，因为徐某起诉平昌工行和百坚公司承担连带的侵权赔偿责任。平昌工行将不存在的债权转让给长城资产成都办时，徐某的债权并不存在，百坚公司对于平昌工行的转让行为并不知晓。因此平昌工行对于徐某既不存在合同上的联系，也不存在侵害债权的关系。但是这不能说明债权不具有不可侵性，而是平昌工行无法侵害一个在其行为时尚不存在的债权。

（五）《民法典》第四编"人格权"中规定的权利类别

《民法典》第四编"人格权"是对《民法典》第110条规定的人格权类别的具体展开，同样包括：生命权、身体权、健康权、姓名权、肖像权、名誉权、荣誉权、隐私权、法人与非法人组织的名称权。唯一的区别是没有包括婚姻自主权，立法者可能认为该权利属于身份权。实际上，婚姻自主权是人的自由的表现，本质上属于人格权。当一个人基于婚姻自主权选择和某人结婚，由此产生的夫妻关系和父母子女关系上的权利才是身份权或者是身份法益。《民法典》即使没有规定婚姻自主权，也可以从《民法典》第109条"人身自由"中解释出来。例如，《民法典》并没有规定"合同自由权"和"遗嘱自由权"，同样可以从《民法典》第109条"人身自由"中解释出来。但是《民法典》明确规定

---

① 参见李琪：《合同债权原则上不属于侵权责任法保护范围——中国工商银行股份有限公司平昌支行、中国长城资产管理公司成都办事处与徐某、邓某勇、朱某东、四川平昌县百坚水泥有限公司侵权赔偿纠纷案》，载最高人民法院民事审判第一庭编：《民事审判指导与参考》（总第66辑），人民法院出版社2016年版，第183~198页。

婚姻自由权会降低法官的解释负担,即使法官能够从人身自由中解释出“合同自由”和“遗嘱自由”,但它们都不是法律上的权利,只是法律上保护的利益,这也是笔者一直强调的法律用语的精确性。尽管这对最终的侵权责任的认定没有实质性的影响。

(六)《民法典》第五编“婚姻家庭”中规定的权利类别

与《民法典》第四编“人格权”规定的生命权、健康权等这种明确命名的权利不同,第五编“婚姻家庭”中很少出现明确命名的权利,但是在具体条文中出现了“权利”的表述,这就需要通过学说理论的归纳给这种权利起个名字。这不是创造权利,因为条文中出现了“权利”的表述。

“婚姻家庭”编中没有出现“总则”编第 110 条规定的“婚姻自主权”,但是可以认为第 1041 条规定的婚姻自由,第 1042 条规定的禁止包办、买卖婚姻,第 1046 条规定的结婚自愿等都是婚姻自主权的具体展开。

第 1056 条规定的夫妻双方都有各自使用自己姓名的权利,这是第 110 条规定的姓名权在婚姻家庭领域的具体表现,这并不是一个新类型的权利。与此类似的是第 1061 条规定的夫妻有相互继承遗产的权利,第 1070 条规定的父母和子女有相互继承遗产的权利。同样不是一个新权利,只是继承权在婚姻家庭领域的具体体现。第 1087 条第 2 款规定的“对夫或者妻在家庭土地承包经营中享有的权益等,应当依法予以保护。”这是“物权”编中规定的“土地承包经营权”的具体体现,同样不是新权利。

第 1067 条第 1 款规定:“父母不履行抚养义务的,未成年子女或者不能独立生活的成年子女,有要求父母给付抚养费的权利。”这种权利可以命名为“被抚养权”。该条第 2 款规定:“成年子女不履行赡养义务的,缺乏劳动能力或者生活困难的父母,有要求成年子女给付赡养费的权利。”这种权利可以命名为“被赡养权”。

第 1068 条规定的“父母有教育、保护未成年子女的权利”,可以命名为“亲权”。

第1086条明确规定了离婚后父母对子女的“探望权”。法律没有规定祖父母或者外祖父母对孙子女的“探望权”。如果在特定的案件中，法院认为需要同意祖父母或者外祖父母对孙子女的探望，只能通过解释说明这种探望的利益为何能够在法律上得到保护。

第1108条规定：“配偶一方死亡，另一方送养未成年子女的，死亡一方的父母有优先抚养的权利。”这种权利可以命名为“优先抚养权”。

（七）《民法典》第六编“继承”中规定的权利类别

《民法典》第六编“继承”第1120条明确规定了“继承权”，这是该编唯一规定的权利类别，其他规定都是对继承权的发生、变更或者消灭的具体规定。遗赠产生的权利不是新类型的权利，这是基于单方行为产生的债权。如果遗赠是双方事先约定，并附有义务的，可以认为是基于双方行为产生的债权。

（八）《民法典》第七编“侵权责任”中规定的权利类别

侵权行为是债的发生原因之一，因此侵权行为会产生债权。但是侵权行为不能产生法律没有规定的权利，这是笔者一直坚持的观点。

二、《民法典》之外的民商事法律规定的权利类别

《民法典》之外的民商事法律主要包括各类商事单行法和各类知识产权单行法，以及因为互联网的兴起导致合同签订和履行方式变化的《电子商务法》。

（一）商法中规定的权利类别

根据传统的分类，商法主要包括《公司法》、《破产法》、《保险法》、《票据法》和《海商法》。作为民法的特别法，商法主要围绕商事交易建构制度，包括商主体和商行为两个大块。商主体主要表现为各类企业，单纯的自然人不是商主体。相关法律主要围绕商主体的设立、变更和终止而展开；商行为主要围绕各种合同展开，尤其是围绕着买卖合同展开，因此买卖商被称为固有商，其他属于辅助商。买卖合同签订以后，会涉及货款支付的方式、运输的方式、保险的方式等问题。

正因为商行为主要围绕合同展开，商行为法上一般不会产生和民

法不同性质的权利,主要是债权类型的特殊化。例如,票据是证券化的债权,尽管存在很多特殊化的规则,但是债权的性质并没有改变;保险同样是基于合同而产生,本质上仍然是债权问题;《海商法》的特殊性比较大,因为相关规则主要基于海事惯例而产生,但是权利类别没有在本质上突破民法的框架。所有的海上货物运输合同产生的都是债权。关于船舶的规定有一定的特殊性,关于船舶所有权和船舶抵押权是基于客体的特殊性规定的权利,所有权和抵押权的性质和民法上没有区别。特殊性表现在《海商法》第二章第三节规定的"船舶优先权",这是法律对特殊类别的债权赋予优先受偿的权利。这是一种新类型的权利。

商主体法中最主要的权利类别是股权,这是《民法典》总则编第125条规定的具体展开,主要体现在《公司法》中。比较特殊的是《公司法》第72条规定的有限责任公司股东的"优先购买权"。由于合伙企业和个人独资企业等并不通过股份的形式融资,因此不能称为股权。《合伙企业法》和《个人独资企业法》中均未出现类似于"股权"这种明确命名的权利,但是根据《民法典》总则编第125条的规定,可以相应地称为"合伙企业投资权"和"个人独资企业投资权。"

(二)知识产权法中规定的权利类别

尽管没有像《民法典》第116条明确规定物权法定原则,但是知识产权的类别也是法定的,而且法定性比物权还要严格。法律规定知识产权的目的是积极鼓励民事主体发挥自身的聪明才智作出对人类社会有价值的思想或者发明创造。但是知识产权是一把双刃剑,对于知识产权的过度保护会对社会经济的发展产生不利影响,因此与所有权可以永续存在不同,知识产权一般都有时间限制和合理使用的限制。对于知识产权类别的限制,也是为了防止对社会自由的过度影响。

《民法典》第123条规定了对作品的知识产权,也就是著作权,但是作品的范围很大,法律必须明确。《著作权法》第3条明确列举了8种作品类别,并加上了"法律、行政法规规定的其他作品"的兜底条款。因此,在没有新的法律颁布的前提下,著作权只能存在于这8个作品的类别上,每一个类别都可以单独命名一个权利名称,如“文字作品著作权”“口述作品著作权”“摄影作品著作权”等。这与原《物权法》存在明显差异,原《物权法》只是在一般意义上将所有权区分为动产所有权和不动产所有权,因为两者的公示方法和物权变动规则不同,但是法律不会分类规定“猫的所有权”“狗的所有权”“汽车的所有权”,这实际说明知识产权的法定性远比物权严格。同时,《著作权法》第 30 条规定了“图书的出版权”;第 37 条规定了“表演者权”;第 41 条规定了“录音录像制作者权”;第 44 条规定了“广播电台、电视台的播放权”。

根据《专利法》的规定,专利权包括发明专利权、实用新型专利权和外观设计专利权。《商标法》只规定了一种权利——商标权。和《民法典》的规定相比,上述法律对这些权利的取得方式、具体内容等作了更加具体的规定,但是并未出现新类型的权利。

三、《民法典》中规定的法益类别

《民法典》中规定的法益类别,是指该种法益有具体的名称,但是没有“权”字,如《德国民法典》第 823 条中列举的“生命、身体、健康、自由”等。基于权利解释的形式主义标准,上述利益均不是权利,而是法律明确规定的法益。正是因为有法律明确的规定,侵犯这种利益的,违法性也被推定,无需单独的证明。从请求权基础的角度分析,法律明确规定的法益和法律明确规定的权利没有本质差别。但是在《民法典》和其他单行的民商事法律中,还存在没有对某种利益进行命名,需要通过对条文的解释才能探明立法者意图保护的利益类型。这些利益将在“违反保护他人法律”中进行分析。《民法典》中明文规定保护的利益类别包括:

(一)人身自由和人格尊严

《民法典》第 109 条规定:“自然人的人身自由、人格尊严受法律保护。”该条确立了两项法益:“人身自由”和“人格尊严”。这两项法益尽管没有以“权”字命名,但是它们的意义比任何一项具体的人格权都要大。因为这两项法益是所有具体人格权的基础。该条规定也反衬出最高人民法院 2001 年颁布的《关于确定民事侵权精神损害赔偿责任若干问题的解释》第 1 条第 1 款第 3 项直接创设“人格尊严权、人身自由权”的不合理。因为在民事法律没有明确规定的情况下,法院无权创设新权利。实际上该条第 2 款以原《民法通则》第 7 条的规定为基础,规定“违反社会公共利益、社会公德侵害他人隐私或者其他人格利益”已经可以解决这个问题。因为法官可以通过对社会公共利益、社会公德的解释转介《宪法》第 37 条、第 38 条的价值理念解决人格尊严和人身自由的保护问题。《民法典》直接规定这两项法益的意义表现在以下几个方面:

1.《宪法》价值理念的体现

《民法典》第 109 条规定“人身自由”和“人格尊严”是宪法价值理念在民法中的体现。《宪法》第 37 条第 1 款规定:“中华人民共和国公民的人身自由不受侵犯。”第 38 条规定:“中华人民共和国公民的人格尊严不受侵犯……”在民法中体现宪法的价值理念是法律体系融贯性的要求。

融贯理论源自哲学理论的变迁,主要是为了解决基础论崩溃以后认识论上的难题。因为随着基础主义的崩溃,人类的知识似乎已经失去了根基。与基础主义寻求知识的固定基础不同,融贯理论认为我们认知中的任何理念都具有同样的地位,一个认知主体的某个信念是否可以得到辩护,是由他的整个信念体系共同决定的,在这当中,没有任何一个信念能够具有特殊地位。① “我们的知识不是建立在坚固砖块上的房屋,它们更像是漂浮在海上的木筏,它们彼此联接在一起以相互支撑。”②

法学理论中引入融贯理论是为了解决疑难案件的裁判证立难题。佩岑尼克和阿列克西在合作撰写的论文中指出,所谓融贯,是指某个给定理论有越多陈述接近完美支持结构,该理论就越融贯。在上述描

① 参见徐向东:《怀疑论、知识与辩护》,北京大学出版社 2006 年版,第 453 页。

② Paul Thagard, *Coherence in Thought and Action*, London, MIT Press, 2002, p. 5.

述中,“理论”在宽泛的意义上使用,既包括描述性理论,如经验理论,也包括规范或者价值理论(规范体系或者价值体系);“支持”意指,陈述 p 支持陈述 q,当且仅当,q 从 p 所属的前提集 s 中逻辑地推导出来;“支持结构”取决于属于在议理论的各陈述之间的支持关系;“支持结构的完美度”取决于融贯标准的实现程度。因此,融贯的标准非常重要。在民法中体现宪法的价值理念符合如下融贯标准:在其他条件不变的情况下,越多属于某个理论的陈述获得其他陈述的强支持,该理论越融贯;在其他条件不变的情况下,有越多结论被属于在议理论的相同前提支持,该理论越融贯。①

在民法中规定“人身自由”和“人格尊严”可以避免一个解释论上的难题。如果没有这个规定,法院只能通过《民法典》第 8 条关于公序良俗原则的规定去转介宪法的价值理念。如果直接适用《宪法》第 37 条、第 38 条的规定会产生宪法规定的基本权利对第三人的直接效力问题。

2. 填补法律漏洞的宝库

从比较法上观察,我国《民法典》的“总则”编第五章和“人格权”编对具体人格权的列举已经非常全面,但是随着社会生活的发展,我们无法预见会出现何种类型的人格利益需要法律保护。基于权利保护的形式主义解释标准,人格权的范围在特定的时间段内是封闭的,但是“人身自由”和“人格尊严”这两个概念是开放的,这两项法益是各类具体人格权的理论基础和价值基础,法官可以通过对这两项法益的解释,将需要保护的人格利益纳入民法的保护范围。

现代意义上的人格尊严的概念是康德提出来的,他得出人有尊严

---

① See Robert Alexy & Aleksander Pecznilk, “The Concept of Coherence and Its Significance for Discursive Rationality”,3 *Ratio Juris*(1990),131-143.[德]罗伯特·阿列克西:《法:作为理性的制度化》,雷磊编译,中国法制出版社 2012 年版,第 119~120 页。[瑞典]亚历山大·佩策尼克:《论法律与理性》,陈曦译,中国政法大学出版社 2015 年版,第 151 页。

的前提就是人有意志自由。[①] 康德在《实践理性批判》中确定了实践理性的三项公设,即(灵魂)不死、(意志)自由和上帝存在。之所以要将意志自由确定为公设,是因为在“这个概念上,思辨理性无法不陷于相互冲突;为了解决这种冲突,(实践)理性只能通过自由的公设,设定一个虽然可以大致设想却不能在客观实在性方面加以证明和确定的概念”。即“必须预先认定,人是可以不受感性世界摆布的,能够按照灵明世界的规律,即自由的规律,来规定自己的意志”。[②] 正因为有了上述公设,康德才能够在《法的形而上学原理》一书中指出:“只有一种天赋的权利,即与生俱来的自由。自由是独立于别人的强制意志……它是每个人由于他的人性而具有的独一无二的、原生的、与生俱来的权利。……这是每个人生来就有的品质,根据这种品质,通过权利的概念,他应该是他自己的主人。”[③]同时正因为人有自由意志,因此“人,一般来说,每个有理性的东西,都自在地作为目的而实存着,他不单纯是这个或那个意志所随意使用的工具。在他的一切行为中,不论对于自己还是对其他有理性的东西,任何时候都必须被当作目的。”而作为目的的人是超越一切价值之上,没有等价物可代替的,因此人有尊严。[④]

在康德的理论出现之前,尊严这个概念在政治理论方面没有什么位置,而现代人权的理论都是站在康德这位巨人的肩膀上的。[⑤] 在

① “尊严”(dignity)这个词源自拉丁文(dignitas),但是在古罗马,“尊严”这个词反而是不平等的象征。因为尊严是指较高的社会地位,以及该地位给盘踞它的人带来的荣誉和尊敬。经过基督教的理论洗礼以后,尊严从一个特定社会中少数几个人的社会地位转变为人类的一个一般特征,和他们能够独立自决的能力紧紧联系一起。最终在康德这里得到最全面的表述。参见[英]迈克尔·罗森:《尊严——历史和意义》,石可译,法律出版社 2015 年版,第 10~13 页。[德]瓦尔特·施瓦德勒:《论人的尊严——人格的本源与生命的文化》,贺念译,人民出版社 2017 年版,第 2~5 页。

② [德]康德:《实践理性批判》,邓晓芒译,人民出版社 2003 年版,第 180~182 页。

③ [德]康德:《法的形而上学原理——权利的科学》,沈叔平译,商务印书馆 1991 年版,第 49~50 页。

④ 参见[德]康德:《道德形而上学原理》,苗力田译,上海世纪出版集团 2005 年版,第 47~55 页。

⑤ 参见[英]迈克尔·罗森:《尊严:历史和意义》,石可译,法律出版社 2015 年版,第 17 页。

《民法典》生效以后,对于上述两项法益的解释是填补人格权领域法律漏洞的最有效方法。我们甚至可以说,有了这两项法益,在人格权领域已经没有法律漏洞,剩下的只是解释问题。

(二)个人信息

《民法典》第111条规定:“自然人的个人信息受法律保护……”因为没有加上“权”字,根据权利解释的形式主义标准,“个人信息”属于法律明确规定的法益。“个人信息”和“隐私权”存在很多的交叉,如果没有该条的规定,很多“个人信息”可以通过对“隐私权”的解释纳入民法的保护范围,但是有些“个人信息”未必一定和隐私权有关联。《民法典》明确将“个人信息”规定为法益,可以减轻法院的解释负担,当然“个人信息”仍然需要解释。

关于“个人信息”和“隐私权”的关联和区分,可以通过对英国法的考察进一步明确。和中国法不同,英国法不承认侵犯隐私的独立诉讼,但是这并不表明个人隐私在英国法中一概不能得到保护。其中的保护措施之一就是将隐私纳入“滥用私人信息之诉”。在2004年的“Campbell v. MGN Ltd.”案中,尼考斯勋爵甚至认为“滥用私人信息之诉”有两个不同的诉因,保护着两种不同的利益:隐私和秘密信息。① 尽管这种观点在英国仍然存在争议,但是至少说明了个人信息和隐私还是存在一定的差异,这也可以说明《民法典》在隐私权之外规定“个人信息”这种利益还是比较合理的。

(三)占有

《民法典》第二编第二十章“占有”和原《物权法》第十九章“占有”相比,除了个别文字的增补,几乎没有变化。基于权利解释的形式主义标准,立法者既然没有加上“权”字,“占有”在中国法上只能是一种法益,而不是一种权利。

基于形式主义的解释标准,将“占有”解释为法益,可以避免关于

① W. V. H. Rogers, Winfield & Jolowicz, *Tort*, 18th ed., Sweet & Maxwell, 2010, p. 675.

“占有”法律性质的无穷争论。在《德国民法典》颁布之前的整个 19 世纪，关于占有的法律性质的讨论在德国如火如荼。有人认为占有是一种权利，有人认为占有只是一种事实，或者说是一种法益；[①]有人从意志说的角度将占有界定为人对自身的权利，是人格权；[②]有人从利益说的角度将占有界定为物权之一种，应该位于所有权之后、他物权之前；[③]也有人认为，占有既是一种事实，也是一种权利。[④]

在《德国民法典》颁布之前，这种讨论有非常重要的意义，在《德国民法典》颁布之后，对于侵权责任法而言，这种争论的意义已经失去。因为《德国民法典》第三编第一章明确规定了“占有”，没有加上“权”字。可以认为立法者在充分考虑上述学说理论以后做出了自己的选择。但是在德国仍然有学者认为“占有”属于《德国民法典》第 823 条第 1 款规定的“其他权利”。[⑤] 笔者不赞同这种解释，这会导致权利概念的淡化，在法律明确规定不是权利的情形下，将其解释为权利，也是对法律的不尊重。

福克斯的观点和上述观点相反，他认为，没有争议的是侵权行为法对占有的保护。占有本身只表示一种事实上的关系，因而排除在《德国民法典》第 823 条第 1 款规定的“其他权利”之外。但当占有与法律地位相联系，并赋予占有人与拥有财产所有权类似的地位时，才出现侵权行为法对占有的保护。所以，被认可应受到侵权行为法保护

---

① 参见[德]菲利普·黑克：《占有保护的原因和历史》，钟昊译，载王洪亮等主编：《中德私法研究》（第 11 卷），北京大学出版社 2015 年版，第 110 页。

② 参见[德]格奥尔格·弗里德里希·普赫塔：《占有属于何种性质的权利？——权利分类视角下的考量》，吴香香译，载王洪亮等主编：《中德私法研究》（第 11 卷），北京大学出版社 2015 年版，第 61 页。

③ 参见[德]鲁道夫·冯·耶林：《耶林论占有》，纪海龙译，载王洪亮等主编：《中德私法研究》（第 11 卷），北京大学出版社 2015 年版，第 73 页。

④ 参见[德]弗里德里希·卡尔·冯·萨维尼：《论占有》，朱虎、刘智慧译，法律出版社 2007 年版，第 25 页。

⑤ 参见[德]埃尔温·多伊奇、[德]汉斯-于尔根·阿伦斯：《德国侵权法——侵权行为、损害赔偿及痛苦抚慰金》，叶名怡、温大军译，中国人民大学出版社 2016 年版，第 95 页。

的是合法占有,即基于债权而行使的占有。[①] 在中国法的背景下,笔者赞同上述观点的前半句,不赞成后半句。

占有不是一种权利,除了形式主义的解释标准以外,还有其他一些原因。占有可以基于多种原因产生:第一种是基于物权而产生,如基于所有权的占有,此时占有属于所有权的权能,侵害占有实际上是侵害了所有权;第二种是基于债权而产生,如基于租赁、保管、委托、运输等合同而产生,这是合法占有;第三种是没有权源基础的非法占有。侵权责任法上保护的占有不仅包括合法占有,也包括非法占有。如果将占有解释为一种权利将无法说明侵权责任法对非法占有的保护。

在英国法上"现存占有无论如何取得,均受保护,免于单纯不法行为人的任何妨害;而且,不法行为人不能通过证明第三人——且他无法通过该第三人提出主张或证明自己的主张——享有比原告更优的权利为自己辩护。任何占有针对不法行为人均为合法占有"。[②] 试举一例,甲占有属于乙的明代花瓶,被丙打碎。丙能够证明花瓶属于乙所有,甲无法证明自己的占有一定是合法的。可能是乙为了躲债外逃国外,托甲保管,也可能是甲趁乙出逃非法占有,此时乙杳无音信,无从核实。即使甲属于非法占有,侵权责任法也应该予以保护,原因是在乙返回以后,甲必须承担返还原物的义务。如果不允许甲基于占有对丙主张损害赔偿,在乙返回时,丙可能杳无音信,也可能丧失资力,而且甲的请求权可能已经过了诉讼时效。甲在对乙赔偿之后,可能无从追索。

在中国法上对非法占有的保护可以通过对《民法典》第 461 条,也就是原《物权法》第 244 条的解释得出。原《物权法》第 244 条规定:"占有的不动产或者动产毁损、灭失,该不动产或者动产的权利人请求

---

① 参见[德]马克西米利安·福克斯:《侵权行为法》,齐晓琨译,法律出版社 2006 年版,第 41 页。

② [英]弗里德里克·波洛克:《普通法上的占有》,于子亮译,中国政法大学出版社 2013 年版,第 109 页。

赔偿的，占有人应当将因毁损、灭失取得的保险金、赔偿金或者补偿金等返还给权利人；权利人的损害未得到足够弥补的，恶意占有人还应当赔偿损失。”依据该条的规定，占有人应当将因毁损、灭失取得的赔偿金等返还给权利人，说明占有人可以对侵害占有的人提起损害赔偿之诉，否则赔偿金无从获取。该条又规定，权利人的损害未得到足够补偿的，恶意占有人还应当赔偿损失。这说明恶意占有人也可以提起损害赔偿之诉，如果赔偿金不够赔偿权利人，恶意占有人还应当补足差额。

在“李某同诉宋某友等侵权责任案”［山东省临沂市蒙阴县人民法院（2014）蒙民初字第 2008 号民事判决书］中，原告购得沿街房屋一套，被告对房屋一楼进行打砸，原告诉请被告损害赔偿。法院查明原告房屋所在的位置原先是某修理厂的大门，因为不符合政府职能部门的规划，应认定为违章建筑。但是法院认为，违章建筑在被强制拆除之前，原告因其对建筑物的投入而享有支配、使用权，非政府职能部门或经其授权的单位和个人不得对违章建筑进行侵害，否则应当承担相应的赔偿责任。因此被告应当承担损害赔偿责任。只是法院的法律适用和裁判说理仍然存在问题。法院的裁判依据是原《侵权责任法》第 15 条和第 19 条，上述条文是关于承担侵权责任的方式和侵害财产损失的计算的规定，法院并没有指明侵权责任成立的裁判依据。① 法院应该依据原《侵权责任法》第 6 条第 1 款和原《物权法》第 245 条，同时依据原《侵权责任法》第 15 条和第 19 条作出判决。前两条是侵权责任的成立依据，后两条是损害赔偿方式的依据。因为该案侵害的是原告的占有利益，援引原《物权法》第 245 条是为了说明原告被侵犯的利益是合法利益。

① 参见国家法官学院案例开发研究中心编：《中国法院 2016 年度案例——侵权赔偿纠纷》，中国法制出版社 2016 年版，第 259~261 页。

第四节 权利概念的解释方法

对于权利的保护采纳形式主义的解释方法,只是意味着法官不能创设法律没有规定的权利,也就是不允许法官对于权利进行法律外的续造,但是这并不能排除法官对于权利本身的解释。任何一种法定的权利都是用明确的文字表述的,而文字存在很大的解释空间。文字的模糊性对于法学而言既是缺点,也是优点。缺点是文字的模糊性会影响法律的安定性和可预见性,优点是文字的模糊性可以增强法律的适应性,从而能够跟得上社会伦理观念的变迁。有时候法官可以通过对法定权利的解释,将某种法律没有明确规定的利益纳入法律保护的范围,只是这种解释仍然要遵循一定的方法。

一、权利概念解释的一般理论问题

"法律是透过语言被带出来的。"①法律的表现是规范(法条),规范的表现是语句,而语句由语词构成。语词包括名词、动词、助动词、副词、形容词、连接词等,法律明确规定的权利类别在语词上表现为名词,而名词就是概念。因此,对于法律明确规定的权利类别的解释,就是对于概念的解释。法官解释的宽严事关侵权责任法的保护范围。

从比较法上考察,民法规定的权利基本上只是一个名词,立法者很少对这个名词进行定义。《民法典》对于绝大多数权利都没有进行定义,但是也有例外。例如,《民法典》第 1018 条规定了肖像权,同时该条第 2 款对肖像进行了界定:"肖像是通过影像、雕塑、绘画等方式在一定载体上所反映的特定自然人可以被识别的外部形象。"第 1024 条规定了名誉权,该条第 2 款对名誉进行了界定:"名誉是对民事主体的品德、声望、才能、信用等的社会评价。"第 1032 条规定了隐私权,该条第 2 款对隐私进行了界定:"隐私是自然人的私人生活安宁和不愿

---

① [德]考夫曼:《法律哲学》,刘幸义等译,法律出版社 2004 年版,第 169 页。

为他人知晓的私密空间、私密活动、私密信息。”由于民法上规定的权利类别基本表现为名词的组合，例如，肖像权是“肖像+权”的名词组合，肖像是肖像权的客体，如果能够确定权利客体的范围，很多时候就能确定权利的范围。上述规定在一定程度上可以减轻法官的解释负担，但是无法从根本上解除法官解释的任务。因为这些界定仍然是由语词构成的，法官仍然要通过对这些语词的解释确定权利客体的范围。

如果立法上的用词极其精确，无需解释，那么法官的任务就是严格执行法律，但是这种理想的状况不存在。语词固有的模糊性是法官解释法律必须面对的难题。对于法学而言，在明确意识到语词具有模糊性的前提下，如何通过解释寻求案件的公正解决，同时又能保持法律的安定性和可预期性是问题的关键。关于这个问题，语言哲学上的理论变迁可以给法学很多启示，因为法学方法论的兴起在很大程度上是诠释学的伴生物。

人和动物的最大区别在于，人能够通过语言表达自己的思想从而认识这个世界。但是语言具有不确定性，人对于很多问题的争论均源自语言的不精确，因此追求理想的语言文字在很长一段时间里是人类孜孜以求的目标。

弗雷格指出：“在科学的较抽象部分，人们一再感到缺少一种既可以避免别人的曲解又可以避免自己思想中错误的工具。这两个问题的原因都在于语言的不完善性。因为我们正是用有意义的符号表达思想的。……没有符号，我们也很难提高到概念思维。当我们将相同的符号指派给不同类而类似的东西，我们实际上不再表示个别事物，而表示它们共同的东西，即概念，我们只有表示出概念，才能获得概念；因为概念本身不是直观的，为了显示给我们，它需要一个直观的代表者。这样这种可感觉的东西引导我们达到不可感觉的东西的世界。”①弗雷格认为，为达到思维清晰的目标，应该追求一种模仿算术

① ［德］弗雷格：《弗雷格哲学论著选辑》，王路译，商务印书馆1994年版，第37～38页。

语言构造的纯思维的形式语言。他把这种拟追求的理想语言文字和日常语言的关系比作显微镜和眼睛的关系:“眼睛在其可应用的范围方面,在其可用于各种不同情况的灵活性方面,都比显微镜优越得多。如果把眼睛看作一种光学仪器,它当然显示出许多缺陷,只不过由于它与精神生活有内在联系,这些缺陷一般不被注意罢了。但是一旦为了科学的目的,人们提出精确的分辨这种更高的要求,眼睛的不足就显示出来了。而显微镜却恰恰完全适合这种目的,但是正因为这一点,它在所有其他方面是不能应用的。因此,这种概念文字是为一定的科学目的构想出来的辅助工具。”①

对于理想语言文字的追求一直也是法学的目标。法律作为行为规范和裁判规范,条文的表述越精确,法律的安定性就越高,行为模式和裁判结果的可预期性也越高。在数千年的演进过程中,法学概念呈现不断精致化的趋势。以法律行为概念为例,这个概念本身就是对生活事实的抽象。为了分析精确,法学领域进一步区分了法律行为、事实行为和准法律行为,在法律行为中又区分了合法的法律行为、无效的法律行为、可撤销的法律行为、效力待定的法律行为、部分无效的法律行为等;为了分析法律行为,又创造出意思表示的概念,同时又将意思表示区分为效果意思、表示意思和表示行为。以权利概念为例,法学中不但以客体为标准区分了人身权和财产权,而且在财产权中又区分了物权和债权,同时又将物权区分为所有权、用益物权和担保物权,这些权利仍然可以细分。而且法学还以内容为标准将权利区分为支配权、请求权、形成权和抗辩权等。

美国学者霍菲尔德正是基于对法律语词过度模糊性的不满,从而提出了自己对权利概念的精致分析。霍菲尔德认为,法律语词的模糊性集中体现在权利概念上,对任何严密的推理而言,变色龙般的词语在思维和表达上都极其有害。法律越发展,法律术语就越需明确其含义。如果常用的法律术语得到正确运用,我们便易于理解问题本身;如果不能正确运用,那我们至少也应该弄清究竟错在何处。因此霍菲

① ［德］弗雷格:《弗雷格哲学论著选辑》,王路译,商务印书馆 1994 年版,第 2~3 页。

尔德运用四对概念、八个范畴对权利概念进行了深入分析，目的就是达到权利分析的精致化。①

但是，人们很快就意识到追求理想语言文字是一项不可能完成的任务。如果说以数学为代表的自然科学追求理想语言文字尚有可能的话，那么以法学为代表的社会科学不可能达到建构理想语言文字的目标。因为作为行为规范，法学不可能脱离日常语言建构普通民众无法理解的符号语言。如果在法学中使用符号语言，必须进行两次转化。首先，必须将日常用语中出现的法律问题转换成符号语言。其次，通过第一次转换实现法律调整之后，又必须将这些符号再次转换成日常语言。由于在转换过程中不可避免地存在判断与衡量的问题，因此可能导致错误。同时使用符号语言就意味着将陷入不透明性。如果法律丧失了透明度，加之转换过程中的双向风险，那么通过符号语言赢得精确性将得不偿失。②

一旦我们意识到追求理想语言文字是一项不可能完成的任务，我们马上又会面对另一项不可能完成的任务，即如何通过解释在法学领域解决日常语言的模糊性问题。正如魏斯曼指出的，没有语言为所有的可能性做好了准备，谴责语言的不充足性纯粹是误导。即使尽我们所能，也没有概念是以一种不留任何怀疑余地的方式给出的。问题是，我们的概念因此就不完满、不精确吗？一个精确的概念是什么呢？难道是一个预料到了所有怀疑情形的概念？难道是一个被精确地给出，以致每个角落和小洞都在阻止怀疑侵入的概念？我们必须承认没有概念满足这个要求；我们开始明白在绝对精确要求方面我们有一些乌托邦式的幻想。③ 问题是，如果我们必须接受语言模糊性的现实，是否一定导致概念虚无主义的结论呢？这正是语言哲学中神秘主义的观点："由于我们语言的不准确性，我们不可能用清晰的语言来对上帝

---

① 参见［美］霍菲尔德：《基本法律概念》，张书友编译，中国法制出版社 2009 年版，第 26～29 页。

② 参见［德］魏德士：《法理学》，丁晓春、吴越译，法律出版社 2005 年版，第 87～88 页。

③ 参见［美］布莱恩·比克斯：《法律、语言与法律的确定性》，邱昭继译，法律出版社 2007 年版，第 11～12 页。

这个概念进行界定。但神秘主义却声称：我们的语言越含糊，越具有多义性，越使用象征性符号和隐喻，它越适合于对那个包孕着重重矛盾的太一进行命名。……其结果是，诠释成了无限的东西，那种试图去寻找一种终极意义的努力最终也不得不向这样一种观点屈服：意义没有确定性，它只是在无休无止地漂浮。”①

维特根斯坦在早期追求理想语言文字的著作中说过一句著名的话：“凡是能够说的事情，都能够说清楚，而凡是不能说的事情，就应该沉默。”②在哲学领域对人类的理性保持谦逊的态度是一种美德，但是在法学领域这句话恐怕要改为：“凡是能够说的事情，未必能够说清楚；凡是不能说的事情，却无法保持沉默。”因为对于民事案件而言，法官不得拒绝裁判，即使面对法律概念的不确定性法官仍然需要通过解释解决实际发生的案件。为了解决这个难题，法学理论发展出了各种各样的观点。

在理想语言文字的幻想破灭以后，法学理论承认法律中的语言或者概念具有开放性的结构。哈特指出，法律的语词无可避免地会和自然语言发生关联，而自然语言必然存在开放结构。为了使用包含一般化分类语汇的传播形式来传达事实情况，边界地带的不确定性是我们必须要付出的代价。理想语言文字追求的世界不是我们的世界。因为人类的立法者不可能预知未来可能发生之所有可能情况的组合。人类在预知未来上的无能为力也造成目标的相对不确定性。③ 但是承认法律概念的开放性结构，并不必然导致规则怀疑主义或者是概念的虚无主义。关于这个问题，我们必须警惕对维特根斯坦后期哲学理论中语言游戏理论的过度解读。

维特根斯坦在放弃了对理想语言文字的追求以后，提出了著名的语言游戏理论。他指出，语言中的单词是对对象的命名，语句就是这

---

① [意]安贝托·艾柯：《诠释与过度诠释》，王宇根译，生活·读书·新知三联书店1997年版，第33页。

② [奥]维特根斯坦：《逻辑哲学论》，郭英译，商务印书馆1962年版，第20页。

③ 参见[英]哈特：《法律的概念》（第3版），许家馨、李冠宜译，法律出版社2018年版，第192页。

些名称的组合。每个词都有一个意义。这一意义与该词相关联。词所代表的乃是对象。他同时指出,一个词的意义就是它在语言中的使用。使用词的整个过程类似于儿童学习母语的种种游戏中的一种,我们可以把由语言和行动(指与语言交织在一起的那些行动)所组成的整体叫作"语言游戏"。[①] 游戏当然要遵循一定的规则,规则就像一个路标。[②] 但是维特根斯坦随后提出了一个规则的悖论:"没有什么行为方式能够由一条规则来决定,因为每一种行为方式都可以被搞得符合规则。答案是,如果一切事物都能被搞得符合规则,那么一切事物也就能被搞得与规则相冲突。因而在这里既没有什么符合也没有冲突。在我们论证的过程中,我们作了一个接一个的解释;似乎每一个解释至少都暂时使我们感到满意,然后我们又想到还有另外的解释在它的背后。"[③]正是这个悖论导致了法律是彻底不确定的观点,但是,这是对维特根斯坦观点的过度解读。[④] 因为维特根斯坦接着说道:"因此,遵守规则也是一种实践。而认为自己在遵守规则并不就是遵守规则。因而,人们不可能私人地遵守规则;否则,认为自己在遵守规则就会同遵守规则是一回事了。"[⑤]

上述观点可以很好地消解法学领域对维特根斯坦"私人语言"的过度解读。维特根斯坦指出:"一个人可以鼓励自己,可以对自己下命令、可以服从自己、责备自己、惩罚自己、对自己提问题和对之给出回答。我们甚至能够想象只能进行独白的人们;他们的活动伴随着自言自语。……这种语言的单词所指的只有说话的人知道的东西,是他的直接的私人感觉。因此,另一个人是不可能懂得这种语言的。"[⑥]确

① 参见[奥]维特根斯坦:《语言哲学》,李步楼译,商务印书馆 1996 年版,第 3~7、31 页。

② 参见[奥]维特根斯坦:《语言哲学》,李步楼译,商务印书馆 1996 年版,第 39、59 页。

③ [奥]维特根斯坦:《语言哲学》,李步楼译,商务印书馆 1996 年版,第 121 页。

④ 参见[美]布莱恩·比克斯:《法律、语言与法律的确定性》,邱昭继译,法律出版社 2007 年版,第 41 页;[美]索尔·克里普克:《维特根斯坦论规则和私人语言》,周志羿译,漓江出版社 2017 年版,第 72 页。

⑤ [奥]维特根斯坦:《语言哲学》,李步楼译,商务印书馆 1996 年版,第 121~122 页。

⑥ [奥]维特根斯坦:《语言哲学》,李步楼译,商务印书馆 1996 年版,第 133 页。

实,我们无法否认日常语言中的私人语言现象,但是,如果人类的语言一直停留在私人语言的阶段,人与人之间的交流和理解就是不可能的。因此,维特根斯坦指出:“要通过语言进行沟通,那就不仅要有定义的一致而且还要有(尽管听起来很奇怪)判断上的一致。”①这种一致之所以能够达成,是“因为我们共同的人性、我们共同的训练和我们共同的生活方式,我们有了适用语词的共识”。② 这种共识也是我们能够对权利概念进行解释的基础。

无论是大陆法系,还是英美法系,学说理论均认识到法律概念的模糊性。哈特认为,法律中的概括性语词必须有一个确定的中心含义,同时也可能会有一个有争论的暗区地带。确定的中心含义代表的是某种标准情形,在这种标准情形中,对这些语词的适用一般不会引致争论;在暗区地带里,这些语词的意思既不能明确地被适用,也不能被明确地排除。这些情形可能会与标准情形具有某些共同的特征,它们也可能缺乏某些标准情形所具有的特征,或者多了一些标准情形所没有的特征。③ 哈特同时指出:“在这些十分基础的事物之边缘处,我们应当要欢迎规则怀疑论者,只是他不要忘记了,他只是在边缘处才受到欢迎,并且我们不可对以下事实视而不见,即法院之所以能够使那些基础规则的重大发展成为可能,在很大程度上,是因为法院在广大的、核心的法律领域中,接受规则的支配而进行无可置疑的运作,才取得了足够的威信。”④但是哈特并没有给暗区地带引发的法律问题提供具体的解决方案,他只是指出在某些未受法律规范的案件中,法官必须行使自由裁量权为该案件造法,而非仅仅适用已经存在的既定

---

① [奥]维特根斯坦:《语言哲学》,李步楼译,商务印书馆 1996 年版,第 132 页。

② [美]布莱恩·比克斯:《法律、语言与法律的确定性》,邱昭继译,法律出版社 2007 年版,第 62 页。德国学者比德林斯基同样指出:“在特定的范围内,涉及的语言共同体的成员对特定的词语有共同的想象,在实践中,这是人类语言交流的基础。”[奥]恩斯特·A. 克莱默:《法律方法论》,周万里译,法律出版社 2019 年版,第 32 页。

③ 参见[英]H. L. A. 哈特:《实证主义和法律与道德的分离》,支振锋译,载《哈佛法律评论——法理学精粹》,法律出版社 2011 年版,第 284 页。

④ [英]哈特:《法律的概念》(第 3 版),许家馨、李冠宜译,法律出版社 2018 年版,第 222 页。

法律，这正是他一直受到批评的地方。

德国学者菲利普·黑克同样指出法律概念包括“概念核心”和围绕核心的“概念边缘”。但是和哈特不同的是，德国的学说理论针对上述理解发展出了具体的解释方法，即“三领域模式”。德国学者认为，使用模糊的表述会产生以下情况：一是肯定的候选，能够明确模糊的表述适用于它们；二是否定的候选，能够明确模糊的表述不适用于它们；三是中性的候选，不能确定模糊的表述适用于它们。这种“三领域模式”的优点在于，它有助于让核心的方法论角色在概念上得以相对明确地界定。如果语义边缘地带的候选不被涵摄，概念只包括肯定的候选，就是限缩解释；如果中性的候选包括在内，则是扩张解释；如果基于相同的评价基础将否定的候选包括在内，则是类推适用；如果排除肯定的候选，则是目的性限缩。[①] 上述解释方法可以分为两个大类，限缩解释和扩张解释仍然属于文义解释，类推和目的性限缩则属于逾越概念可能文义的解释。对于上述解释方法的区分，可以使法官明确地意识到自己究竟是在解释，还是在进行法律的续造。根据拉伦茨的看法，概念的可能文义，是指依一般语言用法，或立法者标准的语言用法（这可能只在特殊情况下才存在），这个用语还能够指称的意义。语言上可能的字义未必始终能精确界定，因此在某些事例，究竟是在作扩张解释，还是通过类推适用填补法律漏洞，有时不无疑义。即使不能精确地划定界限，仍然不影响这种区分。在大多数情况下还是可以确定，某种解释方式已经逾越了该用语的可能文义。之所以有必要区分解释以及补充或者改造法律的法的续造，乃是因为：为保障法律作为优先适用的决定标准的地位，只有在满足特定条件的情况

---

① 参见［奥］恩斯特·A. 克莱默：《法律方法论》，周万里译，法律出版社2019年版，第29~31页。

下,才可以从事法的续造。[1] 因此,关于权利的解释应该遵循如下步骤:

第一,文义解释,权利概念的文义是法官探寻意义的出发点,同时也划定了法官解释活动的界限。法律的解释方法有多种,关于这些方法是否存在确定的优先秩序一直存在争论。萨维尼最早将法律的解释方法区分为四个要素:文法要素、逻辑要素、历史要素和体系要素。但是他同时指出:"这四个要素并非是人们可以根据其趣味和偏好而任意选择的四种解释方式,毋宁说,如果解释能够成功达成,这四个要素必须是协调作用的不同活动。无疑,或者是此要素或者是彼要素可能更为重要和明显,但必不可少的是考量要始终取向所有这四个方面,尽管在许多具体的案件中,对这四个要素的其中之一的明确考虑可能被认为是不必要的和不方便的从而被省略,同时这对于解释的缜密性而言并无危险。"[2]但是更多的学者为了避免法律解释的随意性,仍然将语义解释置于优先地位,只有在多义的语词解释中,其他解释方法才有机会发挥作用。[3]

齐佩利乌斯指出,所有进一步的解释努力都以可能语义为基础:它们总是在语言习惯所许可(可能还受到法律定义限制)的语义空间内进行。它们必须在这一空间内确定能够最恰当地赋予有关法律语词的语义。支持对某一法律语词在其语义空间内作某种解释的人,应当使其决定正当化,即为其决定提供理由。也就是说,解释应当以论辩的方式展开。正如德国联邦最高法院所说的,解释具有商谈的特

---

① 参见[德]卡尔·拉伦茨:《法学方法论》,陈爱娥译,商务印书馆2003年版,第202页。齐佩利乌斯同样指出:"严格意义上的解释都是以待解释之规范的可能语义为界限的。如果法律适用偏离了这一原则,比如出于正当的同等对待的考虑,将某一法律规范适用于根据该规范的语义明显不属于其适用范围的情形,或者不将该规范适用于明显属于其适用范围的情形,则这些做法都不属于法律解释,而已经进入了对法律进行补充或校正的法律续造领域。"[德]齐佩利乌斯:《法学方法论》,金振豹译,法律出版社2009年版,第88页。

② [德]弗里德里希·卡尔·冯·萨维尼:《当代罗马法体系Ⅰ:法律渊源·制定法解释·法律关系》,朱虎译,中国法制出版社2010年版,第167页。

③ 参见[德]卡尔·恩吉施:《法律思维导论》(修订版),郑永流译,法律出版社2014年版,第96页。

点。在这个过程中,即使是方法上无可争议的努力,也不能提供绝对正确的,在专业眼光看来毫无疑问的断言,而只是提出一些理由,并列出与之相对的另一些理由,最后选择较好的理由。因此,语义的选择应以对正当化理由的寻求为引导。按照这样一种对法的功能性理解,法律解释尤其应当受到下列论据的引导:法律解释必须考虑国家的各政府部门的职能分工,在分权制国家中法律适用者有义务尊重立法者的规范意旨;法律解释应维护法的统一性,法律解释的结果应当能够与法的其余部分,至少与具有相同位阶或更高位阶的法相兼容;法的解释还应提供公正的规整及利益满足的最大化。因此,确定多义语词的含义,应当提供基于法律目的的论据、基于法律体系的论据和基于正义的论据。只有这样,我们才能够最大限度地避免法律解释的恣意。①

第二,如果在确定权利概念的语义时,我们需要进行充分的证立,那么在特定案件中,法官认为必须突破文义时更应该进行充分的证立。尽管笔者坚持权利解释的形式主义标准,但是这只是反对法官进行法律外的法律续造,对于法律内的法律续造仍然予以认可。法律内的法律续造涉及裁判的外部证立,法官必须对这种证立进行充分的说理,否则权利解释的形式主义方法的意义将荡然无存。

二、权利概念的类别及其对解释方法的影响

法律概念有不同的类别,明确权利概念的类别特征是对其进行解释的前提。

(一)描述性概念和规范性概念

描述性概念是语言的工具,它描述并定义不同类型的生活事实,目的在于应付现实的复杂性。其中既有描述外部现实性的概念,如人身伤害,也有描述内部现实性的概念,如真意保留。② 描述性

---

① 参见[德]齐佩利乌斯:《法学方法论》,金振豹译,法律出版社 2009 年版,第 68~84 页。

② 参见[德]魏德士:《法理学》,丁晓春、吴越译,法律出版社 2005 年版,第 85 页。

概念原则上是可感觉到的或以其他方式可经验的客体的概念，如人、死亡等。①

规范性概念是包含价值标准的概念，要理解这些概念，必须先作出判断。规范性概念的适用总是适用者的一种评价行为。因为规范性概念与价值密不可分，所以它包含着世界观的因素。描述性概念旨在描述事实与事实之间的关系，而规范性概念则包括了价值判断和当为内容。②

描述性概念和规范性概念的区分是以事实和价值的两分为基础的。事实判断是有无的判断，价值判断是好坏的判断。这种区分被认为存在根本性的差异，因为我们无法从“是”中推出“应当”。但是新近的哲学理论认为，事实和价值的两分法已经崩溃。原因是事实和价值的两分建立在狭隘的经验主义的基础上，即事实就是与感觉——印象相符合的某种东西。但是新近的学说理论认为，认知上有意义的语言不但可以包含观察术语，而且可以包含所谓理论术语，即指称不可观察的和通过假设体系引入的各种科学理论的假设的术语。在抛弃了作为能够个别地与感觉经验遭遇的“事实”句子的图像之后，经典的事实与价值的两分法的整个论证都瓦解了。③

法学领域同样意识到这个问题，恩吉施认为，如果人们认为每个法律概念都是法律规范的组成部分，并通过法律规范获得意义和内容，那么所谓的描述性概念在本质上也是规范性概念。④ 黄茂荣甚至认为，法律概念不是被设计来描写事实，法律概念只具有规范价值，而不具有叙事价值。因为法律概念的本来功能在于规范其所在社会的行为，而不在于描写其所在的社会。⑤ 权利概念本身毫无疑问属于规

---

① 参见［德］卡尔·恩吉施：《法律思维导论》（修订版），郑永流译，法律出版社 2014 年版，第 134 页。

② 参见［德］魏德士：《法理学》，丁晓春、吴越译，法律出版社 2005 年版，第 85～86 页。

③ 参见［美］希拉里·普特南：《事实与价值两分法的崩溃》，应奇译，东方出版社 2006 年版，第 37～39 页。

④ 参见［德］卡尔·恩吉施：《法律思维导论》（修订版），郑永流译，法律出版社 2014 年版，第 135 页。

⑤ 参见黄茂荣：《法学方法与现代民法》（第 5 版），法律出版社 2007 年版，第 67 页。

范性概念,某些具体的权利概念也是纯粹的规范性概念,如所有权,但是某些具体的权利概念包括了一定的描述因素,如生命权、身体权、姓名权等,其中生命、身体、姓名是对事实的描述。关于这些事实描述的解释,将会决定具体权利的范围。法官必须意识到这一点,其在对事实描述进行解释时,很难避免掺杂价值判断的因素。一旦意识到价值判断的不可避免,就会彰显裁判证立的重要性,解释者必须对自己的价值判断进行充分的说理,从而说服他人认可自己解释的合理性和正当性。

(二)抽象概念和类型概念

抽象概念,又称为分类概念。抽象概念之所以"抽象",是因为它由下列要素组成:"自其所由显现之客体分离、抽象化,以其一般化的形式,个别孤立于其它要素及客体(于此,这些要素以一定的方式组合在一起)之外的诸要素。"[①]由这些孤立的要素组成的抽象概念被认为是封闭的,只有完全符合这些要素的事物才能被涵摄于抽象概念之下。而在上述的涵摄过程中,人们只能进行是或否的绝对两分的思考,多或少的近似思考是被严格排除在外的。[②] 在理论根源上,抽象概念的思考方式是理性主义的延续,它的目的是追求一种理想的语言文字,即追求语言的单义性和精确性,但是随着日常语言学派和诠释学对理想语言的批判,法学界开始意识到通过清晰的抽象概念建构法学的体系是一个不切实际的幻想,这时候补充或代替抽象概念的类型概念就进入了法律人的视野。

传统的抽象概念思维是一种分离思维,它瓦解和破坏了生活的整体性。生活只是流动的过渡状态,但是抽象概念横亘在这些流动状态之上,为之划出了鲜明的界限。如果说生活只是显示出"或多或少"的话,那么抽象概念则要求一种"非此即彼"的决断。因此需要在概念思

① [德]卡尔·拉伦茨:《法学方法论》,陈爱娥译,商务印书馆 2003 年版,第 318 页。

② 拉德布鲁赫指出,分类概念是由这样的特征组合而成,人们要么只能将之归于某个具体现象,要么不将之归于某个具体现象。参见[德]古斯塔夫·拉德布鲁赫:《法哲学入门》,雷磊译,商务印书馆 2019 年版,第 187 页。

维框架内寻求一种革新,这就是类型概念的思维方式。①

类型概念被认为是次序概念的最主要形式。与传统的抽象概念的涵摄模式不同,类型化思考是一种顺序的排列关系,类型概念不是以具备所有列举特征为前提的严格涵摄,它是根据具体对象具备列举特征的多和少的程度来判断其是否符合该类型,因此它不是一种择一的关系,而是一种比较的程度关系,因此类型是开放的。同时在这种类似性的比较中,离不开个人的评价观点。

抽象化思考和类型化思考在第一个步骤上并没有什么区别,它们都是在具体事物中区分出一般的特征并赋予其名称,但是在第二个步骤上,两者存在根本的区别。在抽象概念的思考中,事物的一般特征被确定为孤立的要素,同时通过一再地放弃这些要素,就建构出越来越一般的概念;而类型化思考则不然,它让类型的构成要素维持其结合的状态,通过这种方式,类型化思考尝试在思想的掌握阶段,也还能够维持类型形象上的整体性。② 因此,类型概念和抽象概念的根本区别在于:类型是以评价观点为其建构因素,而抽象概念则是以表达该概念特征的语言符号的可能意义范围为其建构要素。虽然抽象概念也是在评价观点之下被挑选出来的,但是抽象概念的适用,原则上不考虑这种评价观点,抽象概念的存在已经代表着评价之存在。类型概念的最大贡献在于,它使我们突破了抽象概念思考方式的限制,这也使得在概念法学破产之后建构一个开放的法律体系成为可能。但是在法律体系的建构过程中,类型概念并不能完全代替抽象概念,只是抽象概念的使用范围比以前要小得多,而且我们也将发现原先以为是在进行抽象概念思考的地方,实际上是在进行类型化思考。

基于上述概念的区分,我们发现法学中的抽象概念是非常少见的。以法律行为概念为例,从表面上看,与法律行为相对的是事实行

---

① 参见[德]古斯塔夫·拉德布鲁赫:《法哲学入门》,雷磊译,商务印书馆 2019 年版,第 186 页。

② 参见吴从周:《论法学上之“类型”思维》,载《法理学论丛——纪念杨日然教授》,台北,月旦出版社股份有限公司 1997 年版,第 338 页。

为,这是一种非此即彼的思考方式。法律行为是以意思表示为要素的行为,事实行为是不以意思表示为要素的行为,前者的法律效果是基于行为人意思表示的创设,后者的法律效果是基于法律的规定。但是这种非此即彼的思考方式无法掩盖法律行为概念属于类型概念的本质,因为在法律行为和事实行为之间还存在准法律行为,法律行为本身还可以区分为有效的法律行为、可撤销的法律行为、效力待定的法律行为和无效的法律行为。无效的法律行为实际上就是事实行为,因为法律不考虑行为人的内心意思,其法律效果直接由法律规定。权利概念同样如此,能够通过抽象概念进行非此即彼界定的权利概念是非常少见的,绝大多数的权利概念都是类型概念。认识到这一点并不能导致法学概念的虚无主义。因为安定性和可预期性始终是法律追求的目标。

概念是法学建构的工具,建构意味着将某种生活关系不断改造为一种法律关系,将某种法律关系不断改造为一种法律制度。这一过程意味着塑造出生活关系的法律意义。建构的目标不在于形成种类概念,它并不适用于将最近的种从属差中抽象分离,继而形成一再被抽象化的上位概念。服务于法律建构目标的并非种类概念,而是类型概念。[①] 但是在具体的司法实践中,无论类型概念有多模糊,法官在很多时候必须做出非此即彼的判断,即是某项具体的权利,还是非某项具体的权利,只是这种判断是通过类型化的思考达成的。因此可以说,类型概念只是一种值得追求的分类概念的雏形,是从类型概念向分类概念转变的逻辑运算的出发点。只是这种追求可能在终极意义上永远无法达成。[②]

类型可以区分为经验类型和理想类型,理想类型是一种应然和价

---

① 参见[德]古斯塔夫·拉德布鲁赫:《法哲学入门》,雷磊译,商务印书馆 2019 年版,第 232 页。

② 参见[德]古斯塔夫·拉德布鲁赫:《法哲学入门》,雷磊译,商务印书馆 2019 年版,第 198 页。

值的构造物,来自对大量个别情形所显露的共同特征的强调。① 法律中的权利概念可以认为是一种理想类型的构造,其对应的就是权利概念的核心语义。我们通过对核心语义的解释确定权利概念的理想类型,这是进行比较程度的类型化思考的起点。我们只有理解了某个具体权利概念的理想类型,才能分析非理想类型的范围。教义学的任务就是尽最大可能确定理想类型的样态,实际的生活关系或多或少都会和理想类型产生一些偏差,这需要法官依据事物本质的思考进行具体的判断,在事物的临界点上这种判断永远不会有标准答案,但是在事物的核心部分我们仍然可以达成大致的共识。当我们逐渐偏离权利概念的核心语义进行解释时,经常会将某些利益纳入权利范畴进行保护,只是这种解释有其限度,这个限度就是事物本质的界限。

(三)事物本质的思考对权利解释的意义

关于事物本质的经典表述是德国学者邓伯格提出来的:"生活关系(无论发达程度如何)承载着自身的标准及其秩序。人们将这种内在于事物的秩序称为'事物本质'。当实在规范缺失或不完整、不清晰时,有思考的法学家就必须回溯到它。不能将事物本质与自然法相混淆。自然法以来自人的本质的推论为基础。它并不适合直接用于法律适用。"②事物本质理论被认为是解释法律和填补法律漏洞的有效工具,但是学说理论存在截然对立的观点。

反对者认为,事物本质是掩饰法官替代立法的外衣。在从事物本质中得出法律规范的时候,只有法律适用者才能对何为本质、何为事物以及什么样的内容作出判断。从法律史和法比较中可以看出,法律适用者对世界观的理解可能决定性地影响从事物本质中得出的结果。事物本质这种表述最糟糕的地方在于,它不再要求人们进行深刻的思考。它成了思维的替代品并被使用。因此,事物本质不是解释的工

---

① 参见[德]古斯塔夫·拉德布鲁赫:《法哲学入门》,雷磊译,商务印书馆 2019 年版,第 233 页。

② [德]古斯塔夫·拉德布鲁赫:《法哲学入门》,雷磊译,商务印书馆 2019 年版,第 209~210 页。

具,而是添加的工具。①

赞同者则认为,立法是使法律理念与将来可能的生活事实调适,法律发现是使法律规范与现实的生活事实调适。此种调适需要一个第三者,这个第三者就是事物的本质。事物本质是一种观点,在该观点中存在与当为互相遭遇,它是现实与价值互相联系的方法论所在。因此,从事实推论至规范,或者从规范推论至事实,一直是一种有关事物本质的推论。事物本质是类推的关键点,它不仅是立法,也是法律发现之类推过程的基础。因此,事物本质不是如法律规范般的法源,而是一种催化剂,以便能够使法律理念或者法律规范与生活事实(当为与存在)产生一种联系。从事物本质产生的思维是类型式思维和类推思维,这些思维方式不含有逻辑的严密说服力,不含有绝对的拘束,但却因此对生活及现实具有开放性。②

笔者认为,只要语词的模糊性无法消除,法学建构必须使用类型概念,事物本质的思维方式就无法避免。激烈反对事物本质思维方式的魏德士同样意识到《德国民法典》第 823 条第 1 款存在的法律漏洞。他认为,任何法律规定的事实构成都是对需要法律调整的若干生活事实所作的一般抽象性描述。《德国民法典》第 823 条第 1 款囊括了各种受到绝对保护的法益,并规定了同样的法律效果。如果法官遇到法律没有规定的利益时,他也面临同样的任务。由于禁止拒绝裁判,所以法官必须在其权限范围内作出裁判。他们清楚,其裁判必然渗入整个法律秩序的内部体系。因此,他们只有根据那些类似或者相同案件中尽可能和谐的规定来处理他们所面临的纠纷。对类似案件进行成功的区分和总结有利于符合同等对待的要求,这些可以界定的一类案件和类型系列是进行有意义的法官造法的前提。魏德士的上述观点是建立在对类型概念批判的基础上,他指出,与事物本质一样,以类型

---

① 参见[德]魏德士:《法理学》,丁晓春、吴越译,法律出版社 2005 年版,第 383~385 页。

② 参见[德]亚图·考夫曼:《类推与"事物本质"——兼论类型理论》,吴从周译,台北,新学林出版股份有限公司 1999 年版,第 101、181 页。

为根据的论证就是随意地使解释结果去适应已经改变的社会的事实状态和政策的价值观,而不必将隐藏着的、非常重要的解释者自己的法律政策(法官造法)公开出来。[①]魏德士提出上述观点的一个非常重要的原因就是纳粹时期政治对法律的过度侵蚀,这种对威权的高度怵惕之心非常值得赞赏,但是因此在根本上拒绝事物本质和类型化思维还是走得太远了。魏德士的观点是,在出现法律没有规定的利益需要保护时,应该通过法律秩序的内在体系予以解决。这种法律秩序的内在体系就是宪法的价值标准、对其他领域产生远程影响的一般的法律规范的评价、法的基本原则。[②] 根据这种观点,如果出现《德国民法典》第 823 条第 1 款没有规定的利益时,法官不能基于事物本质和类型概念思维进行类推,而是应该根据法律的内在体系进行漏洞填补。实际上,这种思考方式在德国的司法实践中一直存在。例如,德国法院基于《德国基本法》的规定,通过对《德国民法典》第 823 条第 1 款中"其他权利"的解释,创造出"一般人格权"的概念;第 826 条规定的"善良风俗"更是民法内在体系的典型表现。但是在进行这种解释的时候,法官的价值判断仍然无法避免,政治的意识形态仍然可能对民法产生侵蚀。纳粹统治时期,国家社会主义的意识形态正是通过"善良风俗"源源不断地进入民法。[③] 因此,真正关键的问题是,当法官运用事物本质或者类型化思维填补法律漏洞时,应该进行充分的裁判证立,从而将隐藏在事物本质和类型化思维背后的价值判断充分表述出来,以便接受普通民众和法律共同体的检验。

以隐私权为例,1987 年生效的《民法通则》(现已失效)没有规定隐私权,最高人民法院《关于贯彻执行〈中华人民共和国民法通则〉若干问题的意见(试行)》(已失效)第 140 条第 1 款规定:"以书面、口头

---

① 参见[德]魏德士:《法理学》,丁晓春、吴越译,法律出版社 2005 年版,第 386~387 页。

② 参见[德]魏德士:《法理学》,丁晓春、吴越译,法律出版社 2005 年版,第 388~389 页。

③ 参见[德]迪特尔·梅迪库斯:《德国民法总论》,邵建东译,法律出版社 2000 年版,第 512~513 页。

等形式宣扬他人的隐私,或者捏造事实公然丑化他人人格,以及用侮辱、诽谤等方式损害他人名誉,造成一定影响的,应当认定为侵害公民名誉权的行为。”上述规定实际上是将名誉权作为类型概念,通过类推的方法填补原《民法通则》中存在的隐藏漏洞。但是在随后的司法实践中,最高人民法院逐渐意识到名誉和隐私在事物本质上没有相似性,因为名誉是社会对一个人的一般评价,隐私是个人不愿为外人所知的信息。侵犯隐私在很多时候确实会导致一个人的名誉降低,但是也存在侵犯隐私不导致一个人名誉降低,甚至提升一个人名誉的情形。因为隐私有可能是包含正面信息的隐私。因此,2001 年最高人民法院《关于确定民事侵权精神损害赔偿责任若干问题的解释》第 1 条第 2 款规定:“违反社会公共利益、社会公德侵害他人隐私或者其他人格利益,受害人以侵权为由向人民法院起诉请求赔偿精神损害的,人民法院应当依法予以受理。”该条第 1 款明确规定了名誉权,这说明最高人民法院明确将隐私的保护和名誉权的保护区分开来。这是通过民法的内在体系保护利益的典型表现,因为无法通过事物本质和类型化思维解决隐私的保护问题。但是这并不代表将名誉权认定为类型概念,从而通过事物本质和类型化思维填补法律漏洞就没有价值。例如,甲盗用乙的身份证申请信用卡进行透支,从而使得乙在银行留下不良信用记录。如果法律没有明确规定信用权,法官可以通过事物本质和类型化思维将信用解释进名誉权。因为一个人的信用降低,一般都会导致一个人的名誉降低,二者在事物本质上是类似的。《民法典》第 1024 条第 2 款规定,名誉是对民事主体的品德、声望、才能、信用等的社会评价。在该定义中已经包含了信用的内容,我们只需通过文义解释就可以解决侵害信用的案件,无需通过事物本质的思维方式进行类推。

三、权利概念的具体解释方法

法律规定的具体权利,在语言学上就是一个名词,在逻辑学上就是一个主词。法律很少对具体权利下定义,即使下定义,基于语词的模糊性仍然存在很大的解释空间。因此,对于绝大多数权利的解释都是教义学的任务,这种解释不可能终局完成,它只可能在特定的时间段达成大致的共识。随着社会经济生活的发展、科技的进步和伦理观念的变迁,关于具体权利的解释也会出现动态化的变迁过程。

如果法律没有对具体的权利下定义,那么教义学的首要任务就是通过定义将某种权利在文义上大致确定下来。而且最好是能够通过非此即彼的方式将某类权利确定下来,这会最大限度地实现法律的安定性和可预期性,但是在绝大多数场合这只是一个理想。下定义就是通过述谓将主词和谓词联系起来,例如"康德是德国哲学家",其中"康德"是主词,"德国哲学家"是谓词,主词和谓词通过系动词"是"构成一个述谓。"主词必先通过谓词的规定才具有其明确的规定性和内容,因而孤立的主词本身只是单纯的表象或空洞的名词。……主词的内容只有借谓词表述出来。"[①]如果谓词的内容过于一般性,我们仍然无法通过定义的方式将主词确定下来。例如德国的哲学家非常多,只是将康德界定为德国哲学家仍然过于笼统,因为黑格尔、海德格尔也是德国哲学家。如果我们将康德定义为:"康德是出生于 1724 年 4 月 22 日,撰写了《纯粹理性批评》、《实践理性批判》和《判断力批判》等学术著作的德国哲学家。"我们可以非常有把握地将康德和其他德国哲学家非此即彼地区分开来,要么是康德,要么不是康德。这种定义方式实际上是通过不断增加内涵,从而缩小概念的外延,最终达到非此即彼的区分目的。但是这种定义方法在法学领域并不具有代表性,因为"康德"是"专名",而各种具体的权利是"通名"。"通名"一般无法通过具体的信息进行界定,很多时候需要通过抽象语词进行界定。[②] 例如,"康德"是"专名",而"哲学家"是"通名",我们马上会发现对于"哲学家"非常难以定义。如果我们将哲学家定义为"具有哲

① [德]黑格尔:《小逻辑》,贺麟译,商务印书馆 1980 年版,第 341 页。蒯因将"主词"称为"单独词项",将"谓词"称为"普通词项",述谓把普通词项和单独词项结合成一个句子。参见[美]W. V. O. 蒯因:《语词与对象》,陈启伟等译,中国人民大学出版社 2005 年版,第 101 页。

② 参见陈嘉映:《语言哲学》,北京大学出版社 2003 年版,第 323~326 页。

学思想的人”，这属于循环定义，因为谓词中不能出现主词；如果我们根据“哲学家”的西语词根将其定义为“一个爱智慧的人”，我们会发现这个界定过于宽泛，这是否意味着只要一个人喜欢思考就可以被称为哲学家。如果我们将哲学家界定为“一个爱智慧、同时撰写了体现深刻思想作品的人”，那么苏格拉底本人并没有直接撰写学术作品，就不能被称为哲学家；如果我们将哲学家界定为“一个爱智慧、同时表述了深刻思想的人”，确实可以将苏格拉底涵盖在哲学家的范畴内，但是我们马上又会面对在何种情况下可以说一个人有“深刻思想”的问题。

法学领域主要面对的是“通名”的解释问题，但这并不意味着法学领域无法追求最大程度的安定性。例如，“无民事行为能力人”属于典型的“通名”，根据《民法典》总则编第 20 条的规定，不满 8 周岁的未成年人为无民事行为能力人，只要我们能够确定某人的出生日期，我们就能够作出非此即彼的区分。例如，《德国刑事诉讼法》第 104 条第 3 款对“夜晚”的界定：“从 4 月 1 日到 9 月 30 日：21：00—4：00；从 10 月 1 日到 3 月 31 日：21：00—6：00”。[①] 也就是说，在法学领域可以通过数字对概念进行严格的限定，但是这种方法对于权利的定义无法适用。例如，《民法典》第 1024 条第 2 款规定：“名誉是对民事主体的品德、声望、才能、信用等的社会评价。”其中的品德、声望、才能和信用均需要进一步的解释才能确定其含义。尽管笔者坚持权利保护的形式主义解释方法，但是笔者并不否认基于语词的模糊性权利概念存在的解释空间，笔者甚至认为可以通过对权利概念的解释将一些原本是利益保护的问题纳入权利保护中予以解决，只是这种解释具有一定的限度。

（一）原则上无法扩大侵权责任保护范围的权利解释

民法中有些权利尽管因为语词的模糊性存在很大的解释空间，但是对于这些权利的解释原则上无法扩大侵权责任的保护范围，典型的范例就是对于生命权的解释。

---

① ［德］魏德士：《法理学》，丁晓春、吴越译，法律出版社 2005 年版，第 81 页。

《民法典》第 110 条规定自然人享有生命权，但是没有给生命权下定义。生命权是一个主词，我们应该通过谓词对其进行界定。这种界定有多种："生命权为享受生命安全之人格的利益之权利。"①"生命权者，不受他人之妨害，而对于生命之安全，享受利益之权利也。"②"生命权是以公民的生命安全的利益为内容的权利。"③上述界定存在共同的问题，即在谓词中出现主词，从而导致了循环定义。因此，对于生命权的定义关键是对生命的定义，如果我们将生命的含义界定清楚，生命权的含义似乎也就清楚了。在《现代汉语词典》中，生命被定义为生物体所具有的活动能力，是蛋白质存在的一种形式。④ 由于我们讨论的是自然人的生命权，因此动物的生命形式可以被排除在外。如果我们将生命权定义为"自然人对于自身作为蛋白质存在形式的权利"，我们会发现这个定义的外延太宽。因为胎儿显然已经是一种蛋白质的存在形式，而且自然人在一般意义上死亡以后头发、指甲等仍然可能会生长，甚至某些器官仍然有活力。因此我们可以将生命权界定为自然人自出生时起，到死亡时止，对自身活着的状态的权利。只要我们能够相对明确地界定出生和死亡，我们就能够相对明确地界定生命权，但是我们很快就会发现这种界定也不容易。

准确地界定出生，是为了确定生命的起点。根据《民法典》第 15 条的规定，自然人的出生时间以出生证明记载的时间为准；没有出生证明的，以户籍登记或者其他有效身份登记记载的时间为准。有其他证据足以推翻以上记载时间的，以该证据证明的时间为准。真正疑难的案件恰恰可能是没有出生证明，或者是还没有来得及办理相关证明就死亡了。此时出生时间的确定对是否构成侵犯生命权、继承人范围的确定，甚至是否构成杀人罪有重要影响。通说认为，所谓出生，是指与母体完全分离（出），而能独立呼吸，保有生命（生）而言，脐带是否

---

① 史尚宽：《债法总论》，中国政法大学出版社 2000 年版，第 146 页。

② 何孝元：《损害赔偿之研究》，台北，台湾商务印书馆 1982 年版，第 124 页。

③ 王利明主编：《人格权法新论》，吉林人民出版社 1994 年版，第 282 页。

④ 参见中国社会科学院语言研究所词典编辑室编：《现代汉语词典》（修订本），商务印书馆 1996 年版，第 1129 页。

剪断,已否发出哭声在所不问。[①] 为了避免循环定义,我们将上述定义中的生命删除,那么出生意味着与母体完全脱离和独立呼吸。如果婴儿在出生以后死亡的,在侵权责任法上属于侵害生命权;如果脱离母体以后无法独立呼吸的,只能是侵犯了怀孕妇女的身体权或者健康权。

对于生命权而言,死亡的判断标准更加重要。如果说关于文义解释一般应遵循“三领域模式”,那么我们关于生命权的解释只能遵循两领域模式,即通过确定“否定的候选”确定“肯定的候选”的范围,而且不考虑“中性的候选”问题。[②] 也就是说,要么死了,要么活着,半死不活仍然是活着。这也意味着在侵权责任上考虑生命权是否被侵害的问题,只能坚持非此即彼的思维方式。无论死亡的标准多么难以确定,法院在具体案件中也必须作出决断。

《民法典》第 13 条规定,自然人从出生时起到死亡时止,具有民事权利能力。第 15 条规定:自然人的死亡时间以死亡证明记载的时间为准;没有死亡证明的,以户籍登记或者其他有效身份登记记载的时间为准。有其他证据足以推翻以上记载时间的,以该证据证明的时间为准。对于侵权责任案件而言,关于死亡的认定很多时候恰恰是在没有相关证明的情况下由法院进行确认,而且在侵权案件中对于死亡的确定反而是相关证明出具的前提。

《民法典》并没有对死亡进行定义,这一任务仍然留给了教义学。关于什么是死亡有不同的定义。第一种定义采纳的是“心与肺的标准”,既然呼吸和血液是生命的要素,它们的缺少便标志着死亡的出现,即心跳和呼吸的停止标志着死亡的出现。这是对死亡的传统理解。第二种定义采纳的是“身体和灵魂分离的标准”,这种定义来源于哲学和宗教,这一定义将人理解为身体与灵魂的结合,而死亡就是灵魂和肉体结合的消解。第三种定义采纳的是“整个大脑死亡的标

---

① 参见王泽鉴:《民法总则》,北京大学出版社 2009 年版,第 83 页。

② 参见[奥]恩斯特·A. 克莱默:《法律方法论》,周万里译,法律出版社 2019 年版,第 29 页。

准”,这个定义来自美国哈佛医学特别委员会 1969 年起草的不可逆转的昏迷标准。这些标准是:没有感受性和反应性,没有自主的运动或呼吸,没有反射性,这种情况要通过电子大脑摄影图来确认。按照这一定义,大脑是死亡的核心地带,因为它是把其他器官系统整合起来的器官,是一个人作为社会存在的基础。整个大脑的死亡(脑干、大脑皮层和新脑皮层组织的死亡)相当于人的死亡。第四种定义采纳的是“新脑皮层死亡的标准”,这个定义是为了解决定义三可能存在的问题,即新脑皮层已经死亡,但是一个人的脑干可能仍然工作,而且脑干负责人的自主神经系统,这个人可能还有自主呼吸和心跳。新脑皮层是人的自我意识的基础,既然这种自我意识的基础不可逆转地被破坏掉了,这个人就不再是一个完整的社会整体,因此也不再是一个人。①

由于第二种定义的神秘性,随着科技的进步已经不再被接受,目前的核心争论存在于“心与肺的标准”和“脑死亡标准”之间。上述争论和人们对生命的理解有关,这就涉及诠释学的循环问题。一方面,我们认为,确定生命权的界限要通过确定死亡的界限来实现;另一方面,我们又发现确定死亡的标准和我们对生命的理解的有关。“心与肺的标准”关注的是生物学生命,而“脑死亡标准”关注的是精神生命。随着科技的进步,上述理解差异导致的冲突被进一步加深了,因为人类可以利用呼吸机和先进的护理技术人为地延长已经无法独立呼吸的人的生物学生命体征,但是这个人的大脑可能已经不可逆地死亡了。②

目前,我国通说采纳的是“心与肺的标准”,即“以呼吸断绝、脉搏消失且心脏鼓动停止之时为死亡之时”。③ 但是在具体的司法实践中已经出现采纳“脑死亡”标准的判例。国务院 2010 年颁布的《工伤保险条例》第 15 条第 1 款第 1 项规定,在工作时间和工作岗位,突发疾病死亡或者在 48 小时之内经抢救无效死亡的,视同工伤。司法实务

---

① 参见[美]托马斯·A. 香农:《生命伦理学导论》,肖巍译,黑龙江人民出版社 2005 年版,第 73~75 页。

② 参见[美]H. T. 恩格尔哈特:《生命伦理学基础》(第 2 版),范瑞平译,北京大学出版社 2006 年版,第 241~243 页。

③ 梁慧星:《民法总论》(第 5 版),法律出版社 2017 年版,第 89 页。

中出现了大量关于"脑死亡可否认定为死亡从而享受工伤保险待遇"的案件。在"何某运诉韶关市始兴县人力资源与社会保障局行政确认案"[广东省韶关市中级人民法院(2015)韶中法行终字第16号民事判决书]中,原告的儿子在工作时突发疾病送医院抢救,在37个小时以后被医院临床诊断为脑死亡,在64个小时以后心跳停止,医院出具的死亡证明以心跳停止时间作为死亡时间。始兴县人力资源与社会保障局以医院出具的死亡证明为依据,对工伤不予认定,但是一审法院认为,我国并无关于死亡的标准,《工伤保险条例》的立法目的是保障劳动者的合法权益,因此从立法本意来说,将脑死亡作为认定工伤中的死亡标准,充分保护了劳动者的权益,对依法行政,维护弱势群体利益意义重大。因此撤销始兴县人力资源与社会保障局作出的《不予认定工伤决定书》,二审维持原判。

在"李某初与株洲市公安局交通警察支队天元大队二审行政判决书"[湖南省株洲市中级人民法院(2016)湘02行终5号]中,原告的妻子发生交通事故,被告天元交警大队和株洲市一医院现场确认原告的妻子脑死亡,并将尸体交由殡仪馆保存。原告认为,由于天元交警大队将受了一点轻伤的原告妻子不送医院抢救,而是雇来货车和民工,在没有死亡证明和亲属在场的情况下,野蛮搬运和随意拖拉,使受了轻伤的原告妻子死亡,请求赔偿经济损失。法院认为原告的主张证据不足,予以驳回。问题是,如果原告有确凿的证据证明,原告的妻子在被确认为脑死亡以后尚有呼吸和心跳的,法院应该如何处理。因为在事故现场医生是否有足够的设备检测死者的脑电波存在疑问。

关于生命权的解释一般不会扩大侵权责任的保护范围,如果确认死亡,侵犯的是生命权;如果没有死亡,侵犯的则是身体权或者健康权。关于生命权内容的解释则会影响侵权责任的抗辩事由,如果我们在法律上认可一个人在特定条件下可以选择安乐死,这实际上是一个人对自己生命的处分。① 这种选择构成受害人同意,是协助其死亡的

---

① 参见[美]罗纳德·M.德沃金:《生命的自主权:堕胎、安乐死与个人自由的论辩》,郭贞伶、陈雅汝译,中国政法大学出版社2013年版,第244页。

人的抗辩事由。

(二)可以扩大侵权责任保护范围的权利解释

和生命权的解释不同,对于民法中某些权利的解释可能会扩大侵权责任法的保护范围,典型的范例是所有权和健康权。

《民法典》第240条采取列举客体和权能的方式对所有权进行了界定:“所有权人对自己的不动产或者动产,依法享有占有、使用、收益和处分的权利。”对于客体和权能的解释将会决定所有权的范围。

根据上述条文的界定,所有权的客体是不动产和动产,真正准确的表述是不可动物和可动物。因为财产作为一种制度概念,意指财产权,而权利不存在可动还是不可动的问题。物权法上的物特指有体物,即在物理空间能够通过长、宽、高三维进行确定的物,这使物权和知识产权能够区分开。物的范围决定所有权的范围。随着科技的进步和人类认知水平的提高,所有权的客体一方面在扩张,另一方面也在缩小。扩张的原因是人类控制有体物的水平在提高,例如,原先被认为没有价值的物品被确定为珍稀矿藏;缩小的原因是立法者基于特定的价值判断将某些有体物排除出一般人能够享有所有权的客体范围,例如,扬子鳄在被确定为国家珍稀动物之前,在民间一直被称为“土龙”,捕获一只扬子鳄和捕获一只野兔子一样,可以基于无主物先占取得所有权。对于客体的解释可以在事实上扩大所有权的类别,这在物权法上有特别重要的意义,但是对于侵权责任法而言并没有扩大保护范围。因为无论所有权的类别有多少,对于侵权责任法而言就是所有权这一种权利类别,侵犯所有权应当承担侵权责任没有疑问。

对于所有权权能的解释则可能扩大侵权责任法的保护范围,最典型的例子是可以通过解释将纯粹经济损失纳入所有权的保护范围。一般认为,纯粹经济损失是指不与任何人遭受人身伤害或者财产损害相关的经济损失,即只是使受害者的钱包受损,此外并无他物受损。纯粹经济损失与间接损失的最大区别是,间接损失的发生必定意味着此前发生了实际损害,这是间接损失原则上具有可赔性的关键原因,而纯粹经济损失原则上不能得到赔偿,最主要的原因是担心诉讼闸门被打开。[①] 从比较法上观察,纯粹经济损失并非一概不能得到赔偿,各个国家通过对侵权责任法的解释,对某些纯粹经济损失的可赔偿性达成了大致的共识。这些类型包括:(1)因故意导致的纯粹经济损失;(2)过失履行专业服务导致的纯粹经济损失;(3)转移性的纯粹经济损失;(4)过失干涉原告的经营和商业行为导致的纯粹经济损失。[②] 第4种类型主要是通过对所有权的解释达成。这在德国的司法实践中表现得最明显:"法院想在他们的权力范围之内尽一切可能性借助于所有权保护的手段来填补《德国民法典》在我们所论及的纯粹经济损失问题上的漏洞。"[③]

侵害所有权的责任可以区分为两种不同类型:(1)对侵害物之物理完好性的法律责任;(2)不以物的损坏为表现形式的所有权侵权责任。第一种类型是侵害所有权的常态,即通过侵害所有权的客体导致权利人无法行使所有权;第二种类型不是侵害所有权的常态,因为所有权的客体没有被损害,但是权利人行使所有权的状态受到了影响。如果我们从意志说的角度去理解权利,那么这种类型的侵权就是妨碍了权利人基于自己的自由意志行使所有权的状态,这是对所有权本身的侵害。正是在这种侵权类型中,法官可以通过解释将某些纯粹经济损失纳入所有权的保护范围之内,但是这种解释仍然存在限制。

在德国的一则判例中,被告因过错导致运河堤墙倒塌,使得这段运河将近一年无法通行。原告的一艘船被困在这段水道之中,无法以确定的用途使用船只,因此提起损害赔偿之诉。法院认为,对物的所有权的侵害不仅可能通过损害物的实体,还可能通过其他在事实上对所有人对物的支配的侵害而发生。在本案中,产生损害的原因是,由于水道的封闭,那条船不得不停留在卸货点,它实际上已经不能被用

---

① 参见[意]毛罗·布萨尼、[美]弗农·瓦伦丁·帕尔默主编:《欧洲法中的纯粹经济损失》,张小义、钟洪明译,法律出版社2005年版,第5~13页。

② 参见[意]毛罗·布萨尼、[美]弗农·瓦伦丁·帕尔默主编:《欧洲法中的纯粹经济损失》,张小义、钟洪明译,法律出版社2005年版,第398~400页。

③ [德]克雷斯蒂安·冯·巴尔:《欧洲比较侵权行为法》(下卷),焦美华译,法律出版社2004年版,第49页。

做交通工具,并丧失了它应有的用途。因此,对该船的禁锢即构成了事实上对所有权人对这一交通工具的支配的侵害,这也正是对财产所有权的侵害。[①] 德国法院作出上述解释的原因是,原告的船只并没有受到损害,如果将船只无法运营的损失界定为纯粹经济损失,只能通过适用《德国民法典》第 826 条予以解决,该条的主观要件是故意,在该案中被告的行为很难被认定为是故意。通过将船只无法运营解释为所有权的功能受到影响,该案可以通过适用《德国民法典》第 823 条第 1 款予以解决,该款规定的主观要件是过错。

从比较法上观察,德国法院的解释方法具有一定的共性。布萨尼和帕尔默设计了"堵塞商业大厦入口的卡车案"征求欧洲各国的解决方案,该案的案情是:大卫将自己的卡车横停在通往彼得花园中心的入口。由于对发动机缺乏充分的维护,卡车在两天内不能启动或者被移走。由此,顾客不能进入花园中心,彼得因销售收入下降而损失巨大。总共有 13 个国家和地区的学者提供了解决方案。让人有些感到意外的是,无论是对纯粹经济损失采取放任式保护的国家,还是采取限制性保护的国家,原则上均认为上述案件中的原告可以获得赔偿,只是在赔偿的范围上存在差异。以法国模式为代表的国家,如法国、比利时、意大利和西班牙,认为彼得可以获赔的理由是彼得的经济损失和大卫的过错行为之间存在因果关系,但是对于彼得的经济损失本身是否具有可赔偿性基本不加分析;以德国模式为代表的国家,如德国、希腊、奥地利,均强调彼得的经济损失可以获得赔偿的原因是他的所有权受到了侵害,即彼得对花园中心所有权的功能受到了影响。德国学者明确指出该案和前文提及的"船舶被困案"的相似性。比较特别的是葡萄牙,其原本属于法国模式的国家,但是葡萄牙学者认为彼得的经济损失可以得到赔偿的原因是,大卫侵害了《葡萄牙民法典》第 1305 条规定的所有权的权能。英格兰、苏格兰、瑞典和芬兰的思维方式和德国一样,均强调彼得的经济损失和所有权侵害之间的关联。

---

① 参见[德]马克西米利安·福克斯:《侵权行为法》,齐晓琨译,法律出版社 2006 年版,第 37 页。

葡萄牙学者甚至提出了这样一个问题,如果葡萄牙法律规定了“企业权利”,那么可以改进这个问题的技术性法律框架。因为可以将彼得的经济损失解释为侵害了“企业权利”。①

在“新乡市百货大楼诉宰某花等案”[河南省新乡市新华区人民法院(2000)新华民初字第546号]中,被告亲属猝死于百货大楼,被告将亲属的遗体在百货大楼的经营场所停放17天,严重影响了百货大楼的经营活动,原告诉请损害赔偿。法院认为被告的行为“严重妨碍了原告合法正常的商业经营”。因此根据原《民法通则》第5~7条和第106条第2款判决被告承担损害赔偿责任。但是,法官在判决中没有对原告的损失进行定性,也没有说明在该案中这种损失得到赔偿的理由。同时,法院在判决书的案由一栏使用了“经营权”的表述,似乎认为是原告的“经营权”被侵害。但是,中国的民事法律并没有明文规定“经营权”,法官实际上是想通过原《民法通则》第7条关于社会公德的规定解决纯粹经济损失的问题。因为中国的法律并没有将主观要件限定为故意,这种解决方式未尝不可,但是法院无需创造法律没有规定的“经营权”。审理该案的法官并没有意识到可以通过对“所有权”功能的解释解决上述案件的可能性。

《民法典》第293条规定:“建造建筑物,不得违反国家有关工程建设标准,妨碍相邻建筑物的通风、采光和日照。”上述“通风、采光和日照”是对不动产所有权内容的特别列举,如果没有这条规定,侵犯上述利益需要通过对所有权的解释予以解决。有了上述规定,法官的裁判证立负担减轻了,而“违反国家有关工程建设标准”则成为判断加害人是否存在过错的标准。《民法典》第294条规定:“不动产权利人不得违反国家规定弃置固体废物,排放大气污染物、水污染物、噪声、光辐射、电磁辐射等有害物质。”该条规定的是不可称量物对所有权的侵害,通过对所有权的解释可以将特定的纯粹经济损失纳入保护的范围。例如,葡萄牙科因布拉上诉法院曾经判决,因无所顾忌的施工而

---

①　参见[意]毛罗·布萨尼、[美]弗农·瓦伦丁·帕尔默主编:《欧洲法中的纯粹经济损失》,张小义、钟洪明译,法律出版社2005年版,第324~338页。

引起的噪声、震动和粉尘导致一咖啡馆丧失70%的顾客流量，施工者应当承担损害赔偿责任。①

尽管通过对所有权的解释解决某些类型的纯粹经济损失案件是一种有效的方法，但是这种解释必须遵守一定的限度，否则纯粹经济损失的无限扩张是司法实践不能承受之重。在德国发生的一则案例中，因为被告的过失导致自己的房屋发生火灾，原告企业害怕火势蔓延不得不在其后的2个小时内撤离了所有人员。在危险解除后的3个小时内，原告运货的车辆仍然无法在这一地段通行。原告要求赔偿损失。对于人员撤离期间所造成的损失，德国联邦最高法院肯定了财产所有权的损害，理由是妨碍了物的使用也是对所有权的侵害。但是对于后面一段时间的交通封闭，德国联邦最高法院认为，因公共交通的阻塞，使得原告在这一地段无法通行，将此视为对原告地产所有权的损害是不恰当的。该判决得到了不少赞同，但更多的是受到了批评。② 笔者持赞同意见。

通过对所有权的解释将哪些纯粹经济损失纳入保护范围永远不会有标准答案，但是有几个因素需要特别考虑。库齐奥曾经总结了认定纯粹经济损失最有意义的10条规则，其中如下几条对于通过解释所有权保护纯粹经济损失有特殊的意义：(1)可能出现的潜在原告的数量越少，则越容易认定纯粹经济损失责任；(2)当事人之间的近因性越强，则纯粹经济损失责任越容易被接受；(3)纯粹经济利益的边界越明确，则行为人承担该利益的损害赔偿责任就越合理。③ 在上述案件中，因被告房屋发生火灾，火势蔓延可能影响的原告数量是大致可以确定的，近因性也非常强，而且原告可能受到的损失也是大致可以确定的，因此这种纯粹经济损失可以通过对所有权的解释予以赔偿。随

---

① 参见[德]克雷斯蒂安·冯·巴尔：《欧洲比较侵权行为法》(下卷)，焦美华译，法律出版社2004年版，第51页。

② 参见[德]马克西米利安·福克斯：《侵权行为法》，齐晓琨译，法律出版社2006年版，第38~39页。

③ 参见[奥]海尔姆特·库齐奥：《侵权责任法的基本问题(第一卷)：德语国家的视角》，朱岩译，北京大学出版社2017年版，第199~200页。

后的因公共道路的阻塞可能影响的原告数量无法确定，因此导致的纯粹经济损失也无法确定，为避免诉讼闸门的打开，法院认定不予赔偿是合理的。在“船舶被困案”中，因航道堵塞被困在港口内的船舶数量是确定的，对船舶所有权功能的影响非常直接，而且相关的纯粹经济损失是大致可以确定的，因此应予赔偿。但是因为航道阻塞，导致其他船舶无法进入港口装运、卸载货物，由此导致的纯粹经济损失应该不予赔偿，因为原告的数量无法确定，纯粹经济损失的范围也无法确定，而且船舶航行的自由度并没有在本质上受到影响。

在中国的司法实践中，经常出现法官通过对健康权的解释解决特定利益保护的案件。在“杨某夫诉朱某芳等人身损害赔偿案”［宁波市鄞州区人民法院(2009)甬鄞民初字第2542号］中，法官通过对健康权的解释解决了所谓的“性福权”案件。该案中，原告遭遇车祸导致性器官受到损伤，要求被告赔偿精神损害。法院在判决中并没有使用“性福权”的称谓，只是认为本次事故导致原告性功能障碍，对于尚未结婚生育的原告来说，无疑对其今后生活的影响和造成的精神损害是较为严重的，应该予以精神损害赔偿。法官根据原《民法通则》第98条作出判决，实际的判决依据是原告的健康权受到伤害，性器官只是身体的一个部分，性器官受损是健康权被侵犯的一种表现形式，其本身并不能构成一个独立的权利类别。只是这个特殊部位的伤害是判断原告精神损害是否严重的重要因素。这种解释具有合理性，但是在另外一些案件中法官的解释则存在问题。

在20世纪90年代发生的“王某泰诉福建省地图出版社出版物上错印电话号码致其受电话骚扰损害赔偿纠纷案”中，由于被告的疏忽大意在“厦门交通旅游图”中将“民航售票处”的电话号码错印为与原告住宅电话相同的号码，致使原告经常接到查问飞机航班、售票等事宜的电话，经过和被告的反复沟通，被告一直未作修改。原告起诉要求损害赔偿。厦门市开元区人民法院根据原《民法通则》第120条第1款判决原告胜诉，该款规定：“公民的姓名权、肖像权、名誉权、荣誉权受到侵害的，有权要求停止侵害，恢复名誉，消除影响，赔礼道歉，并可以要求赔偿损失。”厦门市中级人民法院的法官在评析该案时指出，法院的判决结果是合理的，但是本案应该适用原《民法通则》第98条，而不应该适用第120条第1款，因为被告的行为干扰了原告的正常生活，侵害了原告的健康权。最高人民法院的法官在点评该案时指出，法院适用原《民法通则》第120条第1款确属不当，因为该款是关于公民的姓名权、肖像权、名誉权、荣誉权受到侵害有何种请求权的规定，与本案的权益之争没有直接的关联。推测法院的判案旨意，可能是因为本案无适当的法律规定可以适用，而原告方确有精神损害之性质，本款规定又是确认精神损害赔偿请求权的法律依据，故不得已而适用之，可谓用心之良苦，急保护受害人之合法权益之所急。但是本案适用原《民法通则》第98条也值得商榷，因为该案中并没有确凿证据显示原告的健康受到影响，原告只是无端地增加了不必要的麻烦和耗费精力，也就是原告的安宁生活受到了骚扰。我国《宪法》第39条规定，“中华人民共和国公民的住宅不受侵犯”，实际上就含有公民正常生活不受非法骚扰的意思。因为我国民法没有关于上述不受非法骚扰权的明确规定，将本案归入公民生命健康权的范畴，也是现实不得已的办法。①

在“易某贵等诉文某嫦长期拨打其住宅电话侵扰安宁生活赔偿案”中，被告经常在夜晚甚至午夜长期拨打原告住宅电话，原告拿起话筒时则出现忙音或无人应答，原告先后三次更换电话机，但是电话铃声的骚扰如故，后查明骚扰电话是被告故意拨打。湖南省株洲市荷塘区人民法院根据原《民法通则》第98条判决原告胜诉，理由是健康权中包括了良好的休息权。最高人民法院的法官在点评该案时指出，本案适用原《民法通则》第98条是在法律对原告利益没有明文规定的情况下，为处理案件寻找的一条出路，方法论上是在类推适用最近似的法律规定。只是判决理由存在问题，因为健康权中无法包括休息权。实际上本案原告被侵犯的是安宁生活的权利。但是最高人民法院的

① 参见最高人民法院中国应用法学研究所编：《人民法院案例选——民事卷（中）》（1992~1999年合订本），中国法制出版社2000年版，第925~929页。

法官并没有说明通过何种解释方法为原告的利益提供请求权基础。

如果上述案件发生在《民法典》生效之后，那么根据第 1032 条第 2 款、第 1033 条第 1 款的规定，可以认为原告的隐私权被侵犯。根据上述条文的规定，隐私包括自然人的私人生活安宁，任何组织或者个人不得以短信、电话等方式侵扰他人的私人生活安宁。如果上述案件发生在《民法典》生效之前、原《侵权责任法》生效之后，则可以通过对原《侵权责任法》第 2 条第 2 款规定的隐私权的解释解决上述案件。如果上述案件发生在原《侵权责任法》生效之前，则应该通过对原《民法通则》第 7 条“民事活动应当尊重社会公德，不得损害社会公共利益，扰乱社会经济秩序”的解释，说明被告违反社会公德侵害原告居住安宁的利益，这也是 2001 年最高人民法院《关于确定民事侵权精神损害赔偿责任若干问题的解释》第 1 条第 2 款所采取的解释方法。通过对上述案例的分析可以发现，如果无法通过对法律权利的解释保护某种利益，我们仍然可以通过对民法基本原则的解释为某些利益的保护提供裁判证立的基础，而无需创造法律没有规定的权利。

（三）法官创设权利的裁判证立问题

在中国的司法实践中，法官通过创设法律没有规定的权利裁判案件并不少见，关键的原因是 2008 年最高人民法院颁布的《民事案件案由规定》中设立了法律没有明确规定的各种权利纠纷案由。最高人民法院认为，民事案件案由是民事诉讼案件的名称，反映案件所涉及的民事法律关系的性质，是人民法院将诉讼争议所包含的法律关系进行的概括。建立科学、完善的民事案件案由体系，有利于当事人准确选择诉由，有利于人民法院在民事立案和审判中准确确定案件诉讼争点和正确适用法律，有利于提高民事案件司法统计的准确性和科学性，有利于对受理案件进行分类管理，从而更好地为审判规范化建设服务，为人民法院司法决策提供更有价值的参考。①

民事案件的案由非常类似于英美法系的诉名，从大陆法系的角度

---

① 参见最高人民法院民事案件案由规定课题小组编著：《最高人民法院民事案件案由规定理解与适用》，人民法院出版社 2008 年版，第 1~2 页。

来思考,实际上是对当事人请求权基础的归纳和概括。最高人民法院确定的民事案件案由基本都有具体的法律条文作为基础,例如,“姓名权纠纷”的案由对应的法条是原《民法通则》第 99 条、第 120 条关于姓名权的规定,“肖像权纠纷”的案由对应的法条是原《民法通则》第 100 条、第 120 条关于肖像权的规定。在大多数的民事案件案由的名称中,最高人民法院基本上都保持了和具体条文表述的一致,例如,“占有保护纠纷”,最高人民法院明确指出占有是一种事实而非权利关系,因此没有使用“占有权”的表述。[①] “侵犯商业秘密纠纷”对应的是《反不正当竞争法》(1993 年)第 10 条,因为该条中使用的是“商业秘密”,而不是“商业秘密权”的表述。但是在有些民事案件案由中,最高人民法院并没有坚持这种一致性。例如,“隐私权纠纷”的案由,在最高人民法院颁布《民事案件案由规定》的时候,原《侵权责任法》没有生效,当时的民事法律没有关于“隐私权”的明文规定。最高人民法院列举的对应法条是原《民法通则》第 5 条,该条规定:“公民、法人的合法的民事权益受法律保护,任何组织和个人不得侵犯。”该条只是对合法权益受法律保护的原则表述,并没有“隐私权”的字样。

更加特殊的是最高人民法院列举了“一般人格权纠纷”的案由,对应的相关规定是原《民法通则》和最高人民法院《关于确定民事侵权精神损害赔偿责任若干问题的解释》(2001 年),没有任何具体的法条。如果从民事案件的案由和请求权基础的对应关系来说,这种案由本身就存在问题,因为它无法指明当事人请求权基础何在。最高人民法院创设“一般人格权纠纷”案由的理由是:一般人格权是指公民、法人享有的,包括人格独立、人格自由和人格尊严等内容的一般人格利益,并由此产生和规定具体人格权的个人基本权利。我国原《民法通则》没有规定社会生活中出现的并已被公认的诸如隐私权、贞操权、信用权等权利。随着人权保护的范围和内容不断扩大,从审判实践的角度考虑,应当根据一般人格权的法律功能,在法律适用中,充分发挥司

① 参见最高人民法院民事案件案由规定课题小组编著:《最高人民法院民事案件案由规定理解与适用》,人民法院出版社 2008 年版,第 88 页。

法机关的能动作用,对民事主体的一般人格权进行保护。因此,对在审判实践中出现的、法律尚未规定的人格权,在不能依照 8 个人格权纠纷案由确定案由的情况下,可以依此案由确定。这一案由实际是人格权纠纷案由的兜底案由。[①]

最高人民法院力图保护法律明确规定的各类人格权之外的人格利益的思路无疑是正确的,但是没有必要采用"一般人格权纠纷"的模式。一般人格权是在德国法体系背景下的特殊产物,即使在德国也是充满争议,我国没有必要采纳这个概念。[②] 用"人格利益纠纷"作为案由是更好的选择,对应的条文可以列举原《民法通则》规定的各项基本原则,在《民法典》生效以后可以列举原《民法总则》第 109 条规定的人格尊严。这样反而会使法官在保护人身权之外的人身利益时,充分注意裁判依据和裁判说理。在"一般人格权纠纷"案由的掩护下,中国法官在裁判中创设法律没有规定的权利非常多见,但是在方法论上很难经得起推敲。

在"死者亲属祭奠权主体范围及行使顺序的确认规则——王甲诉陈乙人格权案"[北京市第三中级人民法院(2017)京 03 民终 7025 号民事裁定书]中,王甲是王丙之父,陈乙是王丙之妻。王丙死亡后骨灰寄存于北京市八宝山殡仪馆,后陈乙在未告知王甲的前提下,将王丙的骨灰取走并安放于老山骨灰堂某一格位内,一个月后陈乙告知王甲骨灰存放地点。王甲诉请陈乙返还骨灰,并进行损害赔偿。理由是陈乙阻碍了王甲行使祭奠的权利。法院认为,祭奠权是近亲属对于死者进行祭祀的权利。自然人去世后,其亲属参加死者殡葬仪式属于我国传统习俗,也是亲属表达哀思、怀念的方式。王甲作为王丙的父亲,陈乙作为王丙的配偶,双方平等地享有祭奠权。在骨灰的安置上,基于公序良俗原则并考虑到血缘关系以及联系紧密的程度,配偶应为骨灰管理的第一顺位主体,其次为父母、子女。王丙去世后,陈乙对骨灰的

---

① 参见最高人民法院民事案件案由规定课题小组编著:《最高人民法院民事案件案由规定理解与适用》,人民法院出版社 2008 年版,第 31~33 页。

② 参见薛军:《揭开"一般人格权"的面纱——兼论比较法研究中的"体系意识"》,载《比较法研究》2008 年第 5 期。

安葬方式符合公序良俗原则及相关规定。故对于王甲要求陈乙返还王丙骨灰的诉讼请求,法院不予支持。陈乙在未告知王甲的情况下擅自移走骨灰的行为确实在一定程度上侵犯了王甲的祭奠权利,酌情判决精神损害抚慰金20,000元。裁判依据是原《民法通则》第5条、第7条,原《侵权责任法》第2条、第15条、第22条。[①] 该案的判决结果比较合理,尤其是类推适用继承的顺序解决骨灰保管人的顺序非常合理,但是法官完全没有必要创设法律没有规定的祭奠权。因为原《民法通则》第5条和原《侵权责任法》第2条均没有明确规定祭奠权,原《侵权责任法》第15条是关于责任承担方式的规定、第22条是关于精神损害赔偿的规定。核心的裁判依据是原《民法通则》第7条关于民事活动应当遵守社会公德的规定。实际上正确的说理方式是,祭奠亲人是中华民族的传统美德,根据原《民法通则》第7条的规定祭奠亲人属于法律应该予以保护的利益。陈乙未告知王甲移走骨灰,使得王甲在一段时间内无法祭奠亲人,酌情判决精神损害抚慰金若干。

法院在判决中创设"祭奠权"的案件不在少数。在"祭奠权的属性及行使的界限——耿某刚等诉李某生等一般人格权案"[北京市第三中级人民法院(2013)三中民终字第00430号民事判决书]中,法官认为,祭奠权作为独立的人格权是发展趋势,但是目前的法律并没有直接规定。最高人民法院在《民事案件案由规定》中规定了一般人格权纠纷的案由,祭奠权纠纷作为一般人格权纠纷具有可诉性。[②] 从上述说理中,我们明显可以看出"一般人格权纠纷"的案由对法官创设法律没有明确规定的权利的影响。

尽管存在法官在"一般人格权纠纷"案由的掩护下创设法律没有明确规定的权利的现象,但是在某些判决中,法官通过非常好的说理,在不创设权利的前提下解决了祭奠利益的保护问题。在"私自将父母骨灰海葬是否侵犯其他子女的'祭奠权'——郑某华等诉郑某庆

---

① 参见国家法官学院案例开发研究中心编:《中国法院2019年度案例——人格权纠纷》,中国法制出版社2019年版,第251~253页。

② 参见国家法官学院案例开发研究中心编:《中国法院2016年度案例——人格权纠纷》,中国法制出版社2016年版,第307页。

案”[北京市第二中级人民法院(2012)二中民终字第16647民事判决书]中,原、被告系兄弟姐妹关系,在父母去世以后,被告遵从父母的遗愿将他们的骨灰实施海葬。三原告诉称,被告未通知原告参加父母骨灰的海葬仪式,侵犯了原告的“祭奠权”,故要求被告赔偿精神损害抚慰金。法院依据原《侵权责任法》第6条、最高人民法院《关于确定民事侵权精神损害赔偿责任若干问题的解释》(2001年)第1条的规定,判决被告赔偿三原告精神抚慰金各2000元。但是法院并没有认可原告主张的“祭奠权”。法院认为,我国现行法律和相关司法解释未将自然人对故者的祭奠权确定为一种独立的人格权,故原告认为被侵犯“祭奠权”的诉讼理由缺乏法律依据,根据相关法律规定(2001年最高人民法院《关于确定民事侵权精神损害赔偿责任若干问题的解释》第1条),自然人违反社会公共利益、社会公德侵害他人人格利益,受害人以侵权为由向人民法院起诉赔偿精神损害的,人民法院应当依法予以受理。被告的上述行为有违公序良俗,侵犯了三原告的人格利益,故原告要求被告赔偿精神损害抚慰金的诉讼请求,符合法律规定,具体数额由法院酌定。法官在评析此案时明确指出,在“人格权”案由下存在“一般人格权”的子案由,用以保护除生命权、健康权等其他8种独立人格权外的一般人格利益,故法院依照“违反社会公共利益、社会公德侵害他人人格利益,受害人以侵权为由向人民法院起诉赔偿精神损害的,人民法院应当依法予以受理”之规定,对原告的权益进行保护,但是并不支持原告“祭奠权”的主张。[①] 必须为法官的裁判说理点赞。

第五节　利益上升为权利的途径

对权利保护采形式主义的解释标准,利益上升为权利的途径只有

① 参见国家法官学院案例开发研究中心编:《中国法院2014年度案例——人格权纠纷》,中国法制出版社2014年版,第10~12页。

一条，那就是立法。对于这个问题似乎无需多论，因为它只会涉及立法论的问题，而不是解释论的问题，其实不然。

海德格尔在论述语言的本质时反复提到一句话——“词语破碎处，无物存在”。[①] 这种词语破碎的状况在权利概念上得到了充分的体现。自从权利概念诞生以来，它几乎成了人类社会共同的核心话语，但是伴随这一趋势的并不是对权利概念的统一认识，相反这种认识越来越趋向于碎片化。这种碎片化趋势的最突出表现就是权利爆炸导致的权利“通货膨胀”的现象。

这种碎片化的趋势表明，人类社会还处在通往权利概念的途中。任何将上述碎片在理论上进行粘合的努力，一方面需要鸿篇巨制的篇幅，另一方面也无法避免过于抽象化的倾向。哈贝马斯在论述权利问题时指出：“民法教义学是对整个法律理解具有权威意义的东西。”[②] 但是在民法的一般理论层面上讨论权利问题仍然过于抽象，更好的方法是选择一个在现代社会中具有代表意义的权利类别作为试金石，看看一项权利究竟如何成为可能，这种可能的实现在法律上究竟有何意义，未能实现在法律上又意味着什么。这块试金石的最好样本就是隐私权。自从沃伦和布兰代斯于 1890 年在《哈佛法律评论》上发表著名的《隐私权》论文之后，在一百余年的演进过程中有关权利问题的各种争论基本上都在隐私权上发生过。

对于中国而言，2010 年生效的原《侵权责任法》已经明确地将隐私上升到权利的层次予以保护，2021 年生效的《民法典》也对隐私权进行了列举，再来讨论隐私权如何成为可能似乎已经没有多少意义，其实不然。隐私权从利益上升到权利的过程，是各类“新权利”的最好样本，而且随着人类社会的发展，基于人类理性相对性的假设，我们无法准确地预见还有哪些“新权利”将会出现。在比较法的层面上探究隐私权的演进过程，尤其是中国的司法实践在隐私权的演进过程

---

① ［德］海德格尔：《在通向语言的途中》，孙周兴译，商务印书馆 2004 年版，第 152 页。

② ［德］哈贝马斯：《在事实与规范之间——关于法律和民主法治国的商谈理论》，童世骏译，生活·读书·新知三联书店 2011 年版，第 106 页。

中积累的经验和不足，对于中国未来的立法和司法解决各种类型的“新权利”问题具有重要的参考意义。

一、条条大路通罗马

从比较法的角度考察，将隐私权在法律上明确规定为权利并不是常态，对于隐私的保护实际呈现的是条条大路通罗马的状况。

（一）直通罗马的道路

如果将隐私比喻为罗马城，那么在立法上直接将隐私规定为权利的就是直通罗马的道路。实际上罗马城很久以前就存在，法国年鉴学派的学者就对从古罗马到现代的人类隐私观念的变迁进行过令人叹为观止的梳理，①但是一开始人们并没有在法律上前往罗马城的欲望和想法，在发现罗马城的魅力之后，人们也是摸索了很久才发现了直通的道路。

尽管第一篇关于隐私权的法律论文是美国人发表的，但是在立法的层面上美国并没有走在前沿。第一个在立法层面上将隐私规定为权利的是 1948 年的《世界人权宣言》第 12 条，紧随其后的是 1950 年的《欧洲人权公约》第 8 条，由于欧洲理事会的实际影响力，后者对民族国家的立法产生了实质性的影响，甚至出现了一个在新民法典中规定、在旧民法典中增补隐私权条款的浪潮。1966 年《葡萄牙新民法典》增补了第 80 条、1968 年《阿根廷民法典》增补了第 1071 条附加款、1970 年《法国民法典》增补了第 9 条、1977 年的《魁北克民法典》第 35 条、1995 年《俄罗斯联邦民法典》第 150 条、1999 年我国《澳门民法典》第 74 条、2002 年《巴西新民法典》第 21 条、2004 年《奥地利民法典》增补了第 1328a 条、2009 年的《欧洲示范民法典草案》第 6～2：203 条等，当然还包括 2010 年的我国原《侵权责任法》第 2 条。而美国直到 1977 年的《侵权法重述第二版》第 28A 章才对隐私权作出了明确的

---

① 参见［法］菲利浦·阿利埃斯、［法］乔治·杜比主编：《私人生活史》（Ⅰ、Ⅱ、Ⅲ、Ⅳ、Ⅴ卷），李群等译，三环出版社、北方文艺出版社 2007、2008 年版。

规定,[1]但是更多的国家或地区仍然走在通往罗马的途中。

（二）曲折迂回的道路

寻求直接通往罗马的道路固然痛快,但是在隐私权概念相对成熟之前已经制定民法典的国家和地区,如果没有修改民法典的契机,则只能寻求曲折迂回的道路,这方面的代表就是德国。

1900 年生效的《德国民法典》根本不接受任何人格权的概念,因此就更不可能规定隐私权的内容,这一方面是因为萨维尼的巨大学术影响力,另一方面也是宗教理论对法学影响的结果。因为根据基督教的理论,人不能自杀,如果法律上规定人有人格权,那么基于人格权的支配性,人就有权自杀。[2] 因此《德国民法典》第 823 条第 1 款只是列举了生命、身体、健康、自由四种人身法益,并没有加上“权”字。一直到 1954 年的“读者来信案”,德国联邦最高法院以《德国基本法》第 1 条和第 2 条为依据,认为《德国民法典》第 823 条第 1 款所规定的“其他权利”中包括了“一般人格权”。实际上“读者来信案”主要涉及的并不是隐私问题,但是在“一般人格权”被创造出来以后,随着审判实践和学说理论的进一步解释,隐私权也被认为包含在“一般人格权”中。[3] 这就好比德国最高法院指出了一条通往意大利的道路,然后又解释罗马属于意大利,因此到了意大利就等于到了罗马。“一般人格权”就像一个权利的口袋,法官从中能倒出多少权利主要凭借其解释的技巧。但是德国这种通过创造“一般人格权”的方式对隐私予以保护的解释论方法在大陆法系并不居于主流地位,因为这一方面导致了宪法基本权利的直接效力问题,另一方面因为一般人格权在客体范围上无法进行明确的界定,从而使得该概念在司法实践中存在太多的不

---

① 美国《侵权法重述第二版》并不是立法,由于很多州在立法上接受该重述,或者是在判例中参考该重述,其实际上起到了立法的作用。

② See Federico Carlo di Savigny, *Sistema del Diritto Romano Attuale*, Volume Primo, Traduzione di Vittorio Scialoja, Torino, 1886, pp. 336-337.

③ See Basil S. Markesinis & Hannes Unberath, *The German Law of Torts: A Comparative Treatise*, Fourth Edition, Hart Publishing, Oxford and Portland, Oregon, 2002, pp. 74-75.

确定性。[①]

《意大利民法典》没有规定隐私权，司法实践中主要通过对第2043条中“不法损害”的“不法”两个字进行解释，从而达到对权利之外的利益进行保护的目的。意大利学者明确指出，这是受到了德国学说理论的影响。[②]意大利的通说认为，对该条规定的“不法”应该这样判断：(1)违反了一条民法规范；(2)对根据社会公认的原则予以认可的利益的侵害，构成不法；(3)根据宪法原理的衡量应予以保护利益的侵害，构成不法；(4)对根据法律制度整体的考量应该予以保护利益的侵害，构成不法。[③] 因此，意大利对隐私的保护主要是通过对《意大利民法典》第2043条的解释去转介宪法、刑法、行政法、特别私法以及《欧洲人权公约》的规定予以解决，但是意大利并没有创设出一般人格权的概念。[④]《西班牙民法典》没有直接规定隐私权，但是《西班牙宪法》第18条将隐私权界定为一种基本权利，1982年西班牙又制定了《保护荣誉权、个人和家庭隐私、肖像权等相关权利组织法》对其宪法的规定进行了具体化，但是该法在渊源上仍然属于宪法，因此法院在判决民事案件时，仍然通过适用《西班牙民法典》第1902条和第1903条来转介其宪法的规定。[⑤]

《日本民法典》也没有规定隐私权，而且直到2002年该法典第

---

① 在我国台湾地区也存在依据基本权利的直接效力认定隐私侵权成立的判例，王泽鉴教授对此提出了批评。参见王泽鉴：《人格权法——法释义学、比较法、案例研究》，台北，新学林出版股份有限公司2012年版，第264页。基于一般人格权的模糊性，法国学者明确指出：在今天的法国没有任何人相信，在法律技术的意义上一般人格权有存在的必要。See Konrad Zweigert & Hein Kötz, *Introduction to Comparative Law* II, translated from the German by Tony Weir, Clarendon Press, Oxford, 1968, p. 694.

② See Pier Giuseppe Monateri & Filippo Andrea Chiaves, *Italy International Encyclopaedia of Laws, Tort Law*, Volume 2. Hague, The Netherland, Kluwer Law International, 2003, pp. 90-95.

③ See C. Massimo Bianca, *Diritto Civile, La Responsabilità*, Giuffrè Editore, Milano, 1994, pp. 585-587.

④ 参见[奥]赫尔穆特·考茨欧、[奥]亚历山大·瓦齐莱克主编：《针对大众媒体侵害人格权的保护：各种制度与实践》，匡敦校等译，中国法制出版社2012年版，第230页。

⑤ 参见[奥]赫尔穆特·考茨欧、[奥]亚历山大·瓦齐莱克主编：《针对大众媒体侵害人格权的保护：各种制度与实践》，匡敦校等译，中国法制出版社2012年版，第358~390页。

709 条规定只保护权利。在 1925 年“大学汤”案件后，日本的学说理论从严格的权利侵害说转向了违法性说，日本的通说认为：“被评价为违法的通常被认定为权利侵害这样的形态是比较普遍的，另外，命令性的法规通过自身具有的评价性机能具有独自对违法的评价，而缺乏明确的法规的场合时可因违反善良风俗来评价违法。”[①]但是在具体的司法实践中，日本的法院仍然存在一些模糊的认识，日本最高法院在具体的判决中有时直接使用“隐私权”的表述，有时使用“隐私利益”的表述，实际上这两种表述在法学方法论上的差别非常大。[②] 使用“隐私权”的表述，实际上是对第 709 条的权利进行解释，认为其中包含了隐私权的类别，此时传统的“权利侵害说”就可以解决问题，没有运用“违法性说”的必要。但是日本的法官仍然必须说明在实证法上隐私权存在的依据，如果引用宪法的规定，则会产生基本权利的直接效力问题；如果不引用宪法条文，则又产生法官能否在立法没有规定的情况下直接创设权利的问题。因此，日本学者明确指出，必须解决所谓的隐私权究竟是权利，还是法律上保护的利益的问题。[③]

（三）只走寻常路

在世界各国均趋之若骛地涌向隐私的罗马城时，唯有英国人不为所动，罗马城对他们而言似乎没有任何的吸引力，他们只愿意走在老祖宗事先划定好的道路上，至于能不能到罗马不是他们关心的事情。在大陆法系讨论得热火朝天的“一般人格权”和“特别人格权”问题对英国人来讲也毫无意义，因为在英国的法律语言中不存在上述字眼。在英国普通法中不存在侵犯隐私的直接诉讼方式，但是这并不代表隐私利益在英国法中不受任何保护：第一，隐私利益可以寄生在其他既存的诉讼形式上得到保护，如侵扰（trespass）和妨害（nuisance）之诉；

---

① ［日］圆谷峻：《判例形成的日本新侵权行为法》，赵莉译，法律出版社 2008 年版，第 65 页。

② 参见［日］五十岚清：《人格权法》，［日］铃木贤、葛敏译，北京大学出版社 2009 年版，第 157～158 页。

③ 参见［日］圆谷峻：《判例形成的日本新侵权行为法》，赵莉译，法律出版社 2008 年版，第 68 页。

近年来,英国法院更多地运用"泄密之诉"(breach of confidence)来保护隐私。[①] 第二,各种单行的成文法,如《防骚扰法》、《数据保护法》和《版权法》中有隐私保护的规定。英国的上述做法看起来和曲折迂回的道路没有什么差别,其实不然,因为英国人根本没有去罗马的想法。

即便是在英国加入《欧洲人权公约》之后,英国的法官仍然拒绝接受隐私权的概念。在1984年的"马龙诉大伦敦市警察总监案"中,原告引用《欧洲人权公约》第8条支持他的诉请。麦加利法官首先指出一般性的隐私权在英国法律中不存在,他不能因为身为法官,就可以硬说它存在:"我不介意在英国法中找不到先例:什么事都要有第一次。如果英国法律的原则,包括从现行的法则中类推出来的原则,再加上公道与常识的要求,使你不能不相信这个权利的确存在,法庭就应该不顾一切,加以承认。然而法庭的功能不是在新领域中立法。伸展现行法律原则的应用范围是一回事,凭空发明一项新的权利是另一回事。……簇新而充分地享受适当保障的权利,绝不能从一个正在审案的法官的脑子里冒出来:只有国会才有这个权力……当法律出现一个大漏洞的时候,法官无疑有能力制定一套自以为妥善的法规把它填补起来,有时还少不得跃跃欲试。可是他要记得,他的功能是司法的,不是立法的;他不应利用他的职位,借行使司法权力之名,行擅自立法之实。"最后麦加利法官说道:"如果以前我没有说清楚,现在让我再说一遍:本案似乎很明白地告诉我们,为偷听电话这件事而制定法律,确是一件刻不容缓的事。"[②]尽管欧洲人权法院最终裁定该案中原告由《欧洲人权公约》第8条赋予的权利受到了侵犯,英国议院确实如麦加利法官所说的那样随后于1985年制定《电信截取法》回应该判决,但是英国仍然不承认隐私权在法律上的存在。即便是在英国《1998年人权法案》通过之后,主导观点仍然认为该法案并未在私人

---

① See Winfield & Jolowich, *Tort*, Sweet & Maxwell, London, 2010, p. 669.

② 黄金鸿:《英国人权60案》,中国政法大学出版社2011年版,第8~10、110~112页。

之间创设可诉的隐私权。①

针对英国法官的保守态度，冯·巴尔也忍不住批评，尽管英国司法部门在世界上是最有能力的，但是在人格权的保护方面却极其软弱，这使得人格权在英国法律中还处于"后娘所生之子"的地位。② 对于大陆法系的法官来讲，英国法官的保守态度确实有点不可思议，由于民法典中基本原则和一般条款的存在，大陆法系的法官比英美法系的法官拥有更多的自由裁量权和解释的余地，但是英国法官的态度仍然值得我们重视。③ 因为在中国的司法实践中，法官随意创设民法中没有规定的权利的现象非常普遍。在原《侵权责任法》明确将隐私权确定为权利之前，中国的法官在判决中直接认定隐私权存在的案例非常多，同时法官在具体判决中还创设了民法中没有的"配偶权""经营权""一般人格权""生育权"等一系列"新权利"。这种状况一方面说明法官对自己司法权力的边界认识不清，另一方面说明法官对权利和利益之间的区分、私法权利和公法权利之间的区分以及具体的解释论方法没有清晰的认识。

上述"条条大路通罗马"的状况带给我们的启发是，权利并不是保护利益的唯一工具，将权利的概念作为保护利益的唯一工具，反而会导致权利概念的不能承受之重。法官在司法实务中尽管不能创造权利，但是并不代表法官不能通过解释论的方法对特定利益进行保

---

① 参见[英]约书亚·罗森伯格：《隐私与传媒》，马特等译，中国法制出版社 2012 年版，第 43~48 页。澳大利亚同样追随英国方法不承认隐私权的存在。See Russell Brown, "Rethinking Privacy: Exclusivity, Private Relationand Tort Law", Alberta Law Review, Vol. 43, 2006, p. 596.

② 参见[德]克雷斯蒂安·冯·巴尔：《欧洲比较侵权行为法》（上卷），张新宝译，法律出版社 2001 年版，第 354~355 页。

③ 目前在解释论上强调法官的司法能动性似乎已经成为主流，但是美国学者阿德里安·沃缪勒指出，法律解释是一种在经验事实极度不确定状态下的决策活动，基于法官的通才性、有限理性、有限信息等客观条件，法官应该采取一种谦逊的态度，抑制自己的解释欲望，选择受规则约束的、相对机械的决策方式，仅仅运用少数的解释方法，而且在法律文本不明确或者不具体时，尊重立法的理解。参见[美]阿德里安·沃缪勒：《不确定状态下的裁判——法律解释的制度理论》，梁迎修、孟庆友译，北京大学出版社 2011 年版，第 317~318 页。如果在解释上法官尚且需要采取谦逊的态度，那么在通过法律外的法律续造创设新的权利类别上更应该采取抑制的态度。

护，在立法滞后的情况下，这种解释论正是法学的独门暗器，同时也是使法学能够成为一门科学的真正根基。同时上述“条条大路通罗马”的状况必然引发如下的思考，既然不将隐私界定为权利并不意味着隐私利益得不到法律的保护，那么权利的名分在法律上究竟有何意义呢？如果权利的名分在法律上有其特殊的意义，那么一项“新权利”如何在法律上争得它的名分呢？

一项权利取得法律上的名分，从而被冠以“某某权”的名称，无外乎三种途径：第一种就是立法；第二种是在立法滞后的情况下，由法官在判决中创设；第三种是法官并不创设一个新的权利名称，而是将需要保护的某种“新权利”解释进立法中已经明确规定的某一种权利类型中。第三种方法从严格意义上讲并没有给所谓的“新权利”以名分，这种“新权利”实际上是挂靠在其他权利的名下得到保护。第一种方法尽管在立法的过程中会有各种各样的争论，但是立法一旦完成，权利名分的取得在法律上已经不用再讨论，剩下的只是解释的问题。因此真正值得讨论的就是第二种方法，而隐私权取得法律上名分的过程又是最好的样本。

二、隐私权的名分在美国是如何获得的

沃伦和布兰代斯的论文已经成为法学史上的一个奇迹，他们不但开启了延续一个多世纪的法学研究方向，而且最终导致了一股关于隐私权立法的浪潮。但是沃伦和布兰代斯的本意并不是要在立法论上为隐私权寻找理论根据，而是在解释论上，在既有的普通法的体系框架下为隐私权的保护寻找依据。

沃伦和布兰代斯作为题记引用的一段话意味深长：“只有当私人正义、道德适度及公共利益的原则被应用于一个新的主题时，才能不经先例而创制普通法；更多的情况下法律是由于使用而被接受和认可的。”但是两位作者认为隐私权的保护还没有到创制普通法的地步：“我们的目的是考察现有的法律是否提供了一种可以适当地保护个人隐私的原则；如果有的话，这种保护的性质和范围如何。”接着两位作

者相继分析了既有的诽谤之诉、泄密之诉、版权法的保护、作为财产权之一种等对隐私权保护方式的不足,然后他们通过对大量判例的分析表明既有的普通法中已经蕴含保护隐私权的原则,法律无需阐明新的原则就可以保护个人的隐私权。[①] 一句话,他们只是发现了原本就在普通法中存在的隐私权,而不是凭空创造了隐私权。

该篇论文发表不久,在 1902 年发生的"罗伯森诉罗切斯特案"中,纽约上诉法院的法官拒绝承认普通法中存在隐私权概念,他们认为美国历史中"隐私权"一词似乎始于 1890 年《哈佛法律评论》的一篇充满智慧的文章,但是所谓的"隐私权"至今仍未在我们的法学理论中得到肯定。将隐私权作为一项原则,是对法学界和公众长期认可的原则的违背。但是在 1905 年的"派维斯奇诉新英格兰保险公司案"中,隐私权第一次得到明确的承认,但是法官的论证方式却是沃伦和布兰代斯所不愿意采取的。因为法官说隐私权作为纯而又纯的私人事务发端于自然法,当然在最后判决时法官仍然回到了实证法,他说到,如果个人自由包括公开的权利,那么它也不会不包含隐私权,这在佐治亚州的法律中早已论之。如果只说到这儿,隐私权还是不能获得自己的名分,因为这只意味着隐私可以挂靠在自由权的名下。但是法官继续说到,把隐私权从那些业已确定的权利中划分出来的界限是难以界定的,但是我们不难得出结论,即在我们面前的这个案件中,隐私权已经遭到侵犯。[②] 尽管在上述判决中法官的说理非常模糊,但是在随后的美国司法实践中越来越多的法院开始接受隐私权的概念,以至于在沃伦和布兰代斯的论文发表 70 年后,普罗赛已经能够在总结三百多个案例的基础上将侵害隐私权的情形划分为四个类型,并最终体现在美国《侵权法重述第二版》中。[③]

---

① 参见[美]塞缪尔·沃伦、[美]路易斯·布兰代斯:《论隐私权》,李丹译,载《哈佛法律评论——侵权法精粹》,法律出版社 2005 年版,第 5~33 页。

② 参见[美]阿丽塔·L. 艾伦、[美]理查德·C. 托克音顿:《美国隐私法——学说、判例与立法》,冯建妹等编译,中国民主法制出版社 2004 年版,第 17~22 页。

③ 参见[美]威廉·普罗瑟、[美]W. 佩奇·基顿:《论隐私权》,廖嘉娴译,载张民安主编:《美国当代隐私权研究——美国隐私权的界定、类型、基础以及分析方法》,中山大学出版社 2013 年版,第 186 页。

尽管在裁判证立上存在问题，但是在美国普通法上创设隐私权已经被普遍接受。只是在宪法层面，法官在判决中创设隐私权引起了轩然大波，至今仍然余音未了。美国宪法及其修正案中没有关于隐私权的规定，1928年美国发生了一个和英国“马龙诉大伦敦市警察总监案”几乎一模一样的案件——“奥慕斯泰德诉联邦政府案”，此时布兰代斯已经成为联邦最高法院的法官。布兰代斯认为，政府雇人窃听原告的电话侵犯了宪法修正案第4条隐含的隐私权：“该修正案所提供的保护范围非常广泛。我们的宪法制定者们，致力于保障种种有利于人民寻求幸福的条件。……他们创设了针对政府的独处权——对文明社会的人而言，这是一种广泛的、最有价值的权利。为了保护这种权利，政府对于个人隐私的每次非法侵入，不管它采取了何种手段，都必须视为是违反了第4修正案。”[①]但是联邦最高法院没有接受布兰代斯的意见，仍然判决原告败诉。

在1965年的“格里斯沃德诉康涅狄格州案”中，美国联邦最高法院首次在宪法层面确立了隐私权的概念。该案的事实并不复杂，原告在康涅狄格州向已婚妇女提供关于避孕的知识，并提供避孕用具，根据该州的法律，原告的行为构成犯罪。联邦最高法院判决原告胜诉，理由是康涅狄格州关于禁止使用避孕手段的制定法侵犯了婚内隐私权，此权利处于权利法案所保护的特定权利范围的灰色地带。道格拉斯大法官在其撰写的判决书中指出，我们面对的隐私权是一项比权利法案、政党甚至学校系统都早的权利。权利法案保障的特定权利存在灰色地带，正是那些从权利束中散发出的元素组成了这种灰色地带。众多的权利保证创造了隐私的空间，这些保证包括宪法修正案第1条、第3条、第4条、第5条和第9条。怀特大法官赞同案件的判决结论，但是他认为原告胜诉的依据是宪法修正案的第14条。

布莱克大法官在反对意见中指出，本院一直在说宪法中的隐私权，听起来仿佛真的有那么一条或几条宪法条文防止可能减损个人隐

① [美]路易斯·D.布兰代斯等：《隐私权》，宦盛奎译，北京大学出版社2014年版，第79~80页。

私的法律被通过,事实上没有。如果要稀释或扩张某一宪法保障的权利,最有效的方法之一就是将条文中的重要单词替换为更有弹性的、意义更不局限的新单词。用隐私权替换宪法第4修正案中的“无理搜查与扣押”就是一例。基于这些原因,我不认为本案所谓的隐私权源于任何一个或几个宪法条文。和别人一样,我也喜欢我的隐私,但我不得不承认政府除非被特定的宪法条文限制,否则是可以侵入此领域的。布莱克大法官尤其指出其不能同意在“派维斯奇诉新英格兰保险公司案”中,佐治亚州的法官以隐私权源于自然法为依据在普通法上创设隐私权的裁判理由。斯图亚特大法官在反对意见中也指出,康涅狄格州的法律确实是一个不常见且愚蠢的法律,但是无论此法多么不明智,我们真正要回答的问题是,此法是否违反了合众国的宪法。在本案的审理过程中,本院至少引用了6条宪法修正案,但是没有说其中任何一条被康涅狄格州的此法直接违反了。本院说,这是因为被一些宪法性基本保证创造的隐私权导致的,可是我却看不出权利法案中、宪法其他条文中抑或本院任何先例中哪里规定了隐私权。如果要废除该法,应该是由康涅狄格州的人民通过行使宪法第9修正案、第10修正案的权利去劝说他们的民选代表,这才是让该法无效的合宪方式。①

事态的发展果然不出布莱克大法官所料,在1973年的“罗伊诉韦德案”中,美国联邦最高法院以“格里斯沃德诉康涅狄格州案”中创设的“隐私权”为基础,判决得克萨斯州刑事堕胎法违宪。布莱克门大法官在判决意见中指出,得克萨斯州刑事堕胎法侵犯了孕妇选择终结妊娠的权利是上诉人的核心观点。虽然宪法没有明确的规定,但是本院的一系列判决已经承认隐私权,或者在宪法下存在的隐私区域。上诉人可以从第14修正案的正当法律程序条款保障的个人自由,权利法案或它的伴影所保障的个人隐私、婚姻隐私、家庭隐私和性隐私或者第9修正案保障的由人民保留的权利中发现上述权利。布莱克门大法官甚至说出了这样的话,不管能否在第14修正案的个人自由或者

① 参见《美国法对隐私权的确认——格里斯沃德诉康涅狄格州案》,吴至诚译,载《苏州大学学报(法学版)》2016年第1期。

第9修正案的人民保留的权利中发现隐私权,也不管其能否限制州的行为,隐私权都足够广泛并包含孕妇选择是否终止妊娠的决定。[①] 该案引起轩然大波,直到今天,对该案判决的态度仍然是一个人能否成为美国联邦最高法院法官的非常重要的判断标准。[②]

由于"罗伊诉韦德案"以"格里斯沃德诉康涅狄格州案"中创设的"隐私权"为基础,如果后者的创设不成立,那么前者的判决也就失去了依据。对于上述隐私权的创设,赞同者认为,"格里斯沃德诉康涅狄格州案"是沃伦法院对正义追求的集中体现,因为通过该案的判决,沃伦法院在公共领域和大多数私人领域涉及性和生育控制方面的判决扩大了宪法性自由。[③] 反对者则认为,法官创设隐私权没有以任何宪法文本为依据,通过这种创造,隐私权成为司法审查的非文本来源,这使得法官攫取了原本应该属于立法者的权力。[④] 美国前司法部长埃德温·米斯三世更是明确指出,最高法院把新义注入旧词,因而创设新的权利,完全违背了美国的宪法逻辑以及对法治的庄严承诺。[⑤] 争论仍然没有停歇,但是该案在方法论上揭示出的问题值得深思。

第一,该案揭示出大陆法系和英美法系,以及英美法系内部英国和美国在思维方式上的差异。

隐私权在美国获得名分的方法在大陆法系是无法复制的,甚至在英国也是无法复制的。美国确实属于判例法国家,但是美国并不受英国严格遵循先例理论的阻碍,这使得美国法院有更多的机会参与到法律对现时需要的创造性调整中来。[⑥] 正是因为严格遵循先例,英国才

---

① Roe v. Wade 410 U. S. 113(1973).

② 参见[美]罗纳德·德沃金:《自由的法——对美国宪法的道德解读》,刘丽君译,上海人民出版社2001年版,第371~392页。

③ 参见[美]莫顿·J. 霍维茨:《沃伦法院对正义的追求》,信春鹰、张志铭译,中国政法大学出版社2003年版,第185页。

④ See Robert H. Bork, *Tempting of America: The Political Seduction of The Law*, New York, A Touchstone Book, 1990, pp. 95-101.

⑤ 参见[美]斯蒂芬·卡拉布雷西编:《美国宪法的原旨主义——廿五年的争论》,李松锋译,当代中国出版社2014年版,第9页。

⑥ 参见[美]罗伯特·E. 基顿:《侵权法中的创造性延续》,李俊译,载《哈佛法律评论——侵权法精粹》,法律出版社2005年版,第84页。

拒绝承认普通法中存在隐私权的概念,而美国正是通过沃伦和布兰代斯所提出的在既有的普通法判例的基础上归纳出原则来实现侵权法的创造性延续。德沃金的理论就是对美国司法实践的最好说明,德沃金在对规则、政策和原则进行区分之后,开始分析疑难案件的解决方法,而这些疑难案件恰恰都是一些涉及新类型的权利是否存在的案件。德沃金首先批判了法律实证主义关于疑难案件的理论,这种理论认为在没有明确的法律规则的情况下,法官实际上就开始行使自由裁量权。法官的意见会这样表述,就是它似乎假定甲方或乙方享有一种事先存在的胜诉的权利,但是这种观念是一种虚构,实际上他一直在创设着新的法律权利,然后把他们溯及既往地运用到手边的案件中。德沃金认为,即使在疑难案件中,发现各方权利究竟是什么而不是溯及既往地创设新的权利仍然是法官的责任,而做到这一点的方法就是运用原则解决疑难案件,因为原则构成实在法规则的基础或镶嵌在它们之中。同时原则是权利导向的,只要法官能够在普通法中归纳出原则对原告的利益进行保护,那么原告的利益就获得了法律上的名分。① 而在大陆法系,如果不是一种法律明确规定的权利,即便法官通过一般原则判决原告胜诉,这也只是说明原告主张的利益获得了法律的保护,原告并不享有法官创设的权利。

在英美法系,是先有诉讼,然后有权利。在英美法系,尤其是英国法不太关注权利本身,英国法在总体上更愿意谈论义务、更愿意谈论救济。英国法更倾向于先从义务开始,并将权利视为义务的附带结果,而不是从权利开始,然后强加义务以保护这些权利,这也是传统英国实证法学家认为义务是法的基本要素的原因。② 如果从逻辑上分析,权利和救济之间的顺序应该是:利益、权利、义务、诉讼、救济,但是在英美法的发展历史上其顺序正好是相反的。人们向国王控诉,国王颁发令状,从这种令状中产生诉讼,在诉讼之后人们看到义务被执

① 参见[美]罗纳德·德沃金:《认真对待权利》,信春鹰、吴玉章译,上海三联书店2008年版,第41~49、117~118、147页。

② 参见[英]P. S. 阿蒂亚:《英国法中实用主义与理论》,刘承韪、刘毅译,清华大学出版社2008年版,第16~18页。

行,而法学家们则看到义务背后的权利,以及权利背后的利益。① 尽管诉讼方式在英美法系已被全部废除,但是以诉讼为主导的思维方式仍然存在,这正是梅特兰所指出的:“我们已经埋葬了诉讼形式,但它们依然从坟墓里统治着我们。”②

在权利概念出现之前,大陆法系和英美法系的思维方式并不存在本质区别,罗马法同样是以诉讼方式为主导的;但是在权利概念出现之后,大陆法系无论是在体系建构,还是在司法实践上均出现了根本性的转变。大陆法系是先有权利,再有诉讼。在大陆法系,案件发生以后法官首先考虑的就是原告的请求权基础是否存在,原告享有法律明确规定的权利是请求权基础最可靠的证明,将某种利益解释进一个权利的类别也将使原告获得请求权基础。原告不享有法律规定的权利,被告违反法律的具体规定(包括通过民法的转介规范引入的公法规定)也将使原告获得请求权的基础。法律没有规定的,法官通过对民法基本原则的解释也可能使原告获得请求权基础。但是后两种情况只是保护原告权利之外利益的一种方法,其本身并不能创造新的权利类别。③ 这也是大陆法系国家在隐私权被立法明确规定为权利之前采取曲折迂回道路的关键原因,但是这并不排除通过后两种方法积累一定的案例之后,最终通过立法将权利的名分给予某种新的权利类别。④

---

① 参见[美]罗斯科·庞德:《法理学》(第3卷),廖德宇译,法律出版社2007年版,第34页。

② [英]梅特兰:《普通法的诉讼形式》,王云霞、马海峰、彭蕾译,商务印书馆2010年版,第34页。

③ 参见[德]迪特尔·梅迪库斯:《请求权基础》,陈卫佐等译,法律出版社2012年版,第1~3、24~25页。

④ 美国学者逐渐意识到在法技术的层面法官直接创设权利的问题,因为权利具有某种稳固性或者道德高度,这使权利比利益更难依据不满意的经验进行修改。最高法院一旦发现或者创立了一项新的宪法权利,它就很难对这个原则进行修改,即使面对广泛的批评时也是如此。因此美国最高法院开始在很多案件中用“可保护的利益”取代个人的权利的表述。参见[美]克里斯托弗·沃尔夫:《司法能动主义——自由的保障还是安全的威胁?》,黄金荣译,中国政法大学出版社2004年版,第152页;[美]詹姆斯·安修:《美国宪法判例与解释》,黎建飞译,中国政法大学出版社1999年版,第158页。

第二,该案反映出自然权利概念对美国最高法院的影响。

在法律实证主义兴起以后,自然法理论衰落,这是英国法院在隐私权保护上采保守主义的非常重要的原因。而美国宪法和修正案诞生时自然法学盛行于美国,一直以来美国宪法被认为贯穿了自然法的观念,同时自然法也是修正案的理论根据。美国宪法修正案第 9 条:"本宪法列举之若干权利不得被解释为人民保有之其他权利可被否定或轻忽。"该条以自然权利的假定为基础,这也是美国联邦最高法院创设新权利的重要依据。当自然权利理论不再被信奉,其中包含的权利推定不再获得认可时,未列举权利的问题接踵而来。这也是美国联邦最高法院创设隐私权遭受质疑的非常重要的原因。①

第三,该案反映出美国宪法及其修正案在立法技术上的不足。

美国宪法作为立法史上第一部成文宪法,在价值理念上无论对其进行怎样的赞扬都不过分,但是在立法技术上美国宪法及其修正案明显存在不足,这非常类似于《法国民法典》的情况。美国宪法的起草者们更多地关心价值宣示,而不是该法在法院里的具体操作。在"格里斯沃德诉康涅狄格州案"中,核心的问题是普通民众有无使用避孕工具的自由,而不是所谓的隐私权问题,因为在该案中并没有实际发生警察非法搜查已婚夫妇卧室的问题。② 美国联邦最高法院认为隐私权可以从宪法修正案第 1 条、第 3 条、第 4 条、第 5 条、第 9 条和第 14 条中解释出来,实际上第 1 条规定的是宗教信仰自由、言论自由、出版自由和结社自由;第 3 条规定的是和平时期军队不得驻扎于民房;第 4 条规定的是人民的人身、住房、文件与财物不受无理搜查与扣押;第 5 条规定的是不得自证其罪和未经正当法律程序,不得剥夺任何人的生命、自由或财产;第 14 条规定的是州不得制定剥夺公民特权或者豁免

---

① 参见[美]詹姆斯·安修:《美国宪法判例与解释》,黎建飞译,中国政法大学出版社 1999 年版,第 161 页;屠振宇:《未列举权利研究——美国宪法的实践和经验》,中国法制出版社 2012 年版,第 256 页;[美]斯蒂芬·卡拉布雷西编:《美国宪法的原旨主义——廿五年的争论》,李松锋译,当代中国出版社 2014 年版,第 65~110 页。

② 参见[美]迈克尔·桑德尔:《民主的不满——美国在寻求一种公共哲学》,曾纪茂译,江苏人民出版社 2008 年版,第 110~119 页。

的法律,州未经正当法律程序不得剥夺任何人的生命、自由或财产。在上述条文中,和该案直接关联的就是第5条和第14条中的自由,但是康涅狄格州在审理原告时没有违反相关诉讼程序。尽管该州法律非常令人讨厌,但是该法是通过正当的程序在州议会通过的。这正是斯图亚特大法官反对该案判决的关键理由。

三、隐私权的名分在中国是如何取得的

隐私权在美国获得名分的道路当然无法在中国得到复制。通过分析隐私权在中国获得名分过程中的经验和教训,对于未来处理各类层出不穷的"新权利"问题具有重要的参考意义。

(一)1988年最高人民法院司法解释的成功与不足

1987年生效的原《民法通则》对隐私未置一词,但是最高人民法院于1988年发布的《关于贯彻执行〈中华人民共和国民法通则〉若干问题的意见(试行)》第140条第1款规定:"以书面、口头等形式宣扬他人的隐私,或者捏造事实公然丑化他人人格,以及用侮辱、诽谤等方式损害他人名誉,造成一定影响的,应当认定为侵害公民名誉权的行为。"最高人民法院实际上是用类推的方法填补原《民法通则》中存在的隐藏漏洞。

首先,最高人民法院的用词非常严谨,只用"隐私"而没有用"隐私权",这表明它意识到自己没有创设新权利的权力。但是最高人民法院的用词严谨性并没有被各级地方法院遵循,在随后的判决中法官直接认定"隐私权"存在的案例随处可见。

其次,用类推名誉权的方法填补隐私保护的隐藏漏洞在方法论上存在问题,因为类推的前提是事物本质的相似性,而隐私和名誉的异质性非常明显,隐私的披露并不一定会导致一个人名誉的降低,有时甚至会导致一个人名誉的提高。例如,蒋介石日记的披露就改变了很多人对他的既有成见。这也说明当时最高人民法院在类推之外想不出其他更好的解释论方法,在中国法学界对法学方法论还非常陌生的年代,我们对最高人民法院的要求不能过苛。最高人民法院的上述权

宜之计毕竟给予了隐私保护一个独立的地位，这也使得关于隐私侵权的案件在各级法院中能够运作起来。

最后，即便不考虑类推的方法是否合理，该司法解释仍然留下了一个法律漏洞，因为“以口头、书面等形式宣扬”只可能涉及个人信息的隐私，对于个人独处的隐私显然无法通过宣扬的方法予以侵犯，这给后来的司法实践带来很大的困惑。前文曾经提及，在 20 世纪 90 年代发生的两起电话骚扰居住安宁案件中，法官分别依据原《民法通则》第 120 条第 1 款保护姓名权、肖像权、名誉权和荣誉权的规定和第 98 条公民享有生命健康权的规定作出判决，最高人民法院的法官在评论上述案件时也指出法院的判决在适用法律上的不当。因为居住安宁和上述权利之间并没有本质的联系，评论者明确指出居住安宁在当时并不是一种法定的权利，但是因为本案无适当法律规定可适用，所以不得已适用上述条款，可谓用心之良苦，急保护受害人之合法权益之所急。将居住安宁归入生命健康权的范畴，也是现实不得已的办法。[①] 上述案件如果发生在今天，法官可以通过适用《民法典》第 1032 条第 2 款、第 1033 条第 1 款的规定予以解决。但是，即使在案件发生的当时，在解释论上也不是没有解决的办法，只是法官没有发现而已。

（二）1993 年最高人民法院司法解释的倒退

1993 年最高人民法院在《关于审理名誉权案件若干问题的解答》第七个问题中对隐私的保护问题作了进一步的解释：“对未经他人同意，擅自公布他人的隐私材料或者以书面、口头形式宣扬他人隐私，致他人名誉受到损害的，按照侵害他人名誉权处理。”这个司法解释对 1988 年司法解释中存在的个人独处的法律漏洞没有任何的填补，同时还出现了倒退。因为在 1988 年的司法解释中，“以书面、口头等形式宣扬他人的隐私”和“捏造事实公然丑化他人人格，以及用侮辱、诽谤等方式损害他人名誉”这两种类型是用“或者”这个词连接起来的，这说明两者是并列关系，只是侵害隐私的“应当认定为侵害公民名誉权

---

① 参见最高人民法院中国应用法学研究所编：《人民法院案例选——民事卷（中）》（1992~1999 年合订本），中国法制出版社 2000 年版，第 925~937 页。

的行为”。而在 1993 年的司法解释中宣扬他人隐私只有“致他人名誉受到损害的”才按照侵害他人名誉权处理。尽管 1988 年的司法解释在解释的方法上存在问题,但是隐私的保护具有自己的独立地位,而按照 1993 年的司法解释宣扬他人隐私只是导致他人名誉受到损害的一种方式,隐私本身失去了独立的保护地位。这也使得中国的司法实践对隐私的保护出现了更多的迟疑。

在 1998 年发生的“李某某诉郝某某等以其真实姓名采访其隐私内容的文章侵犯名誉权案”中,被告通过对原告的采访,将原告变性的经历发表在某个刊物上。原告认为个人隐私被披露,使得他不能正常工作和生活,而被告认为自己的文章所涉及的情节和事实都是真实的,而且遣词造句充满了理解和同情,谈不上名誉侵害。最后法院通过调解结案,这实际上是在回避单纯侵害隐私、没有侵害名誉权的案件应该如何处理的问题。① 如果法院做出判决,法官应该通过 1988 年的司法解释适用原《民法通则》第 120 条第 1 款来解决案件,这是该司法解释的本意。

(三)2001 年最高人民法院司法解释的巨大进步

2001 年最高人民法院《关于确定民事侵权精神损害赔偿责任若干问题的解释》第 1 条第 2 款规定:“违反社会公共利益、社会公德侵害他人隐私或者其他人格利益,受害人以侵权为由向人民法院起诉请求赔偿精神损害的,人民法院应当依法予以受理。”该条司法解释显现了最高人民法院在法学方法论上的巨大进步。

第一,最高人民法院仍然坚持了用词的严谨性,没有出现“隐私权”的表述。

第二,最高人民法院彻底地将隐私和名誉区分开来,不再使用类推的方法解决隐私的保护问题。因为名誉权的保护位于该条的第 1 款,隐私的保护获得非常清晰的独立保护地位。

第三,最高人民法院并没有将隐私限定在个人信息上,这使得个

① 参见《人民法院案例与评注——民事七卷损害赔偿》(上),中国法制出版社 2006 年版,第 146 页。

人独处的隐私利益可以被解释进隐私的概念。

第四,最高人民法院使用"违反社会公共利益、社会公德"的表述,实际上是以原《民法通则》第7条"民事活动应当尊重社会公德,不得损害社会公共利益,扰乱社会经济秩序"为依据,指导法官转介道德规范来判断原告主张的隐私是否应该受到法律的保护,即违法性要件是否存在。该条司法解释明显受到了《德国民法典》第826条的影响,而且还有进步。[①] 因为该司法解释并没有要求"故意"的主观要件,这就避免了德国司法实践中出现的,为了规避故意要件不得不创造出具有很大争议的"一般人格权"的问题。

最高人民法院司法解释的合理之处在于,在不打破实在法体系结构的基础上(因为以原《民法通则》第7条作为解释依据)架起了法律和道德之间的桥梁。这种解释不但在司法实践中具有可操作性,而且符合最新的理论发展趋势。即便是法律实证主义的代表性人物哈特,在和富勒就法律和道德之间的关系进行论战之后,也不得不承认实证法中应该具有最低限度的自然法内容,这在很大程度上是因为实证法中存在开放结构,而这种开放结构的存在是因为语言的不确定性。尽管语言一般都有一个确定的中心含义,但同时也可能会有一个有争论的暗区地带。在暗区地带里,这些语汇的意思既不能明确地被适用,也不能明确地被排除。正是在这个暗区地带里必然存在道德和法律的交迭处。[②] 而隐私就是语言具有不确定性的代表,在各国的司法实践中确定隐私的范围一直都是一个难题,这在隐私获得权利的名分之后也不会改变。只不过是在获得名分之后,法官不需要再去寻找违法性的依据,他的判断在名义上变成了单纯的文义解释,尽管文义解释的背后仍然不可避免地蕴含着法官自身的道德判断。

---

① 这也是在原《侵权责任法》的起草过程中,最高人民法院法官一直主张借鉴德国模式的主要原因,因为最高人民法院在指导具体的司法实践中已经历史性地走向了德国模式。在原《侵权责任法》生效后,在解释论上最高人民法院的法官仍然坚持上述看法。参见陈现杰:《〈侵权责任法〉一般条款中的违法性判断要件》,载《法律适用》2010年第7期。

② 参见[英]H. L. A. 哈特:《实证主义和法律与道德的分离》,支振锋译,载《哈佛法律评论——法理学精粹》,法律出版社2011年版,第284~285页。

有了 2001 年的司法解释,法官再遇到居住安宁被侵害的案件就不用纠结了,法官可以通过引用原《民法通则》第 7 条和第 106 条第 2 款进行判决。之所以要引用第 106 条第 2 款,是因为在原《侵权责任法》生效之前该款是侵权责任的一般条款,2001 年的司法解释只是提供了法官判断隐私是否应该受法律保护的解释论方法,第 7 条本身作为一条不完整的规范不能作为判案的独立依据,该条只是提供了解释隐私是否受法律保护的方法,即提供了违法性要件是否存在的判断方法。

第五,即便是在隐私权获得权利的名分之后,2001 年的司法解释在原《侵权责任法》生效后的司法实践中仍然有重大的意义。因为该款不但规定了"违反社会公共利益、社会公德侵害他人隐私",而且还包括了"其他人格利益",这就为司法实践处理没有取得权利名分的人格利益提供了解释论方法。如果非要在鸡蛋里挑骨头,"其他人格利益"改为"其他人身利益"会更好,因为在现实的案例中已经出现没有体现为权利的"身份利益"受侵害的问题。但是在原《民法总则》颁布以后,上述司法解释的意义大幅度降低。因为"其他人格利益"都可以通过对"人格尊严"和"人身自由"的解释得出,无需绕道民法的基本原则。

尽管 2001 年的司法解释在方法论上取得了巨大的进步,但是在很长一段时间里,无论是中国的学术界还是实务界均没有真正意识到该司法解释的价值。张新宝教授一方面认为 2001 的司法解释为隐私的保护提供了相对独立的地位,但另一方面又认为将"违反社会公共利益、社会公德"与侵害隐私行为相并列或作为前提条件难以理解。[①] 张新宝教授长期致力于侵权行为法的研究,同时也是中国第一个写出隐私权保护专著的学者,可以说是这方面的权威。如果他都不能理解上述司法解释的意义,法官在司法实践中的状况就可想而知了。

在 2002 年发生的"李某诉妻子离婚期间偷拍捉奸侵犯隐私权案"

① 参见张新宝:《隐私权的法律保护》(第 2 版),群众出版社 2004 年版,第 72 页。

[四川省泸州市龙马潭区人民法院(2002)龙马民初字第1599号]中,被告怀疑自己的丈夫和其他女人有染,为了在离婚中获取更多的有利证据,其对丈夫进行了跟踪拍摄。法院判决原告胜诉,但是在判决中仍然直接使用了“隐私权”的表述,同时只根据原《民法通则》第106条第2款和最高人民法院《关于确定民事侵权精神损害赔偿责任若干问题的解释》(2001年)第8条第2款、第9条第3款、第10条的规定(关于精神损害的赔偿方式和赔偿数额的规定)做出判决。第106条第2款是原《侵权责任法》生效之前关于侵权责任构成的一般条款,只要不是特殊侵权,法院在侵权责任案件中必须引用,但是该款就隐私是否受保护并没有直接的说明。法官如果想要保护原告的隐私利益,就必须说明保护的法律依据,根据1988年的司法解释法官一般引用原《民法通则》第120条第1款,而根据2001年的司法解释法官应该引用原《民法通则》第7条,法官在判决中只引用2001年司法解释的第8条第2款、第9条第3款、第10条的规定,同时在判决中出现“隐私权”的表述,说明法官根本没有意识到该司法解释第1条第2款在方法论上的意义。在2009年发生的“廖某诉曾某隐私权案”[北京市海淀区人民法院(2009)海民初字第11219号]中,法院同样使用了“隐私权”的表述,而且只引用原《民法通则》第106条第2款进行判决。

在经历了太多的偏离、绕路的困惑之后,隐私应该受到保护的观念已经深入人心,司法实践中也积累了大量的案例。中国最终还是到达了隐私的“罗马城”,在2010年生效的原《侵权责任法》中隐私权终于获得了自己的名分。在中国意识到隐私利益需要保护,到隐私权最终获得名分总共花了22年的时间,这在比较法的层面上已经非常迅捷,但是现实生活中还有很多所谓的“新权利”奔波在获得名分的途中,有的在未来的某一天可能心想事成,有的可能永远不能取得自己的权利名分。有名分固然可喜,没有名分也不要如丧考妣,法官在遇到当事人主张所谓的“新权利”时也没有必要惊慌失措,只要掌握了正确的解释论方法,无论判决原告胜诉还是败诉,法官都可以对自己的判决充满信心。正是通过“权利爆炸”时代的上述司法冷处理，我们才能够维持立法权和司法权的相对区分，才能够维持权利概念的核心价值不至于因权利的“通货膨胀”而贬值。而法院充满智慧的判决则为未来立法提供了源源不断的素材，正是在这个意义上，我们可以说法院是各类新权利的发源地，但是法院本身并不能创设新权利。

第六章　违反保护他人的法律对利益的侵害

如果对权利保护采形式主义的标准,创设法律权利的权力将会垄断在立法者的手中。尽管可以通过对具体权利的解释将一部分利益纳入权利保护的框架中,但是这种解释存在一定的限度,更多的利益需要在权利框架之外予以考虑。基于法律体系的整体性考量,我们必须在公法和私法相互交融的视角上考虑这个问题,这就是传统大陆法系的违反保护他人的法律对利益的侵害问题。

第一节　违反保护他人的法律的一般理论问题

权利只是保护利益的工具之一,法律通过单纯为他人设定义务也可以起到保护利益的作用,因此当事人除了侵害民事法律规定的权利之外,违反法律侵害他人利益的也可能构成不法行为。前文已经指出,利益必须是合法的利益才能在侵权责任法上得到保护,这个法既包括私法,也包括公法,我们必须在法律体系的整体意义上考虑利益的保护问题。但是私法和公法在价值取向上存在根本的差异,私法更注重对个人利益的保护,公法更注重对公共利益的保护。如果不加分析地认为，只要公法规范存在保护个人利益的面向，均可以在私法中适用，必定会造成公法对私法的过度侵蚀。问题是，我们应该通过何种方法筛选能够在侵权责任法中适用的公法规范。

一般而言，除了民法和商法属于私法，其他法律均属于公法的范畴。从宏观的层面考虑，我们需要确定是否所有的公法都可能成为私法上的保护他人的法律，例如宪法、刑法和行政法能否成为保护他人的法律。如果我们将其中的某个公法排除在保护他人的法律之外，例如将宪法排除在保护他人的法律之外，那么微观上的问题，例如对侵权责任法保护范围的影响、对过错和因果关系认定的影响等都无需考虑。当然，对于这种排除我们必须充分说明理由。这是后文将会详细讨论的问题。我们首先来讨论如下几个一般理论问题。

一、违反保护他人的法律和规制法的关系①

随着现代规制国的诞生，国家开始全面介入市民社会的生活。其中的一个突出表现是，国家直接在侵权行为法上“挖掘钻孔”，这种“挖掘钻孔”的工具就是由立法机关制定涉及健康、安全等的规制性法规。② “每一个从事侵权法实务的律师都必须同行政法规则和管制法规则打交道。”③因此也导致学界将主要的精力集中在关于规制法对侵权责任法的影响问题上。但是，保护他人的法律的范围比规制法的范围要大，尽管规制法是其中最主要的类型。

关于规制法的范围，存在广义和狭义两种不同的理解。广义上，规制法可以被宽泛地定义为任何意图规制主体行为的规则制度。④因此行政法、刑法，甚至侵权法都属于规制法，因为损害赔偿也可以作为加强公共管制政策目标的工具。狭义上，规制法主要和公法联系在

---

①　规制法是对 Regulatory Law 的翻译，也有人将其译为管制法。在本书中两者的意思相同。

②　参见［美］劳伦斯·弗里德曼：《二十世纪美国法律史》，周大伟等译，北京大学出版社 2016 年版，第 462 页。

③　［荷］威廉·范博姆、［奥］迈因霍尔德·卢卡林、［瑞士］克丽斯塔·基斯林主编：《侵权法与管制法》，徐静译，中国法制出版社 2012 年版，第 464～465 页。

④　参见［英］休·柯林斯：《规制合同》，郭小莉译，中国人民大学出版社 2014 年版，第 7 页。

一起，主要是行政机关被赋予公法权力的领域，不包括私法。①

如果我们将保护他人的法律和规制法等同起来，那么保护他人的法律对于扩展侵权责任法保护范围的意义有限。因为规制主体行为的规则的最主要功能是为侵权责任法上判断加害人的过错提供依据。如果我们将不法行为区分为主观不法和客观不法，同时将客观不法理解为结果不法，那么规制主体行为的规则主要是对确定主观不法有贡献，对确定客观不法，即侵权责任法的保护范围意义有限。例如，《道路交通安全法》第 35 条规定："机动车、非机动车实行右侧通行。"如果甲驾车在左侧通行导致乙死亡，那么甲的过错可以被推定，但是对乙的死亡进行损害赔偿并没有扩大侵权责任法的保护范围，因为民法明确规定了生命权。如果甲驾车在左侧通行引发交通事故，导致丙产生纯粹经济损失，我们发现无法从第 35 条中推出应该保护纯粹经济损失的结论。也有规制法是对主体行为的具体规定，但是通过对具体规定的目的解释，可以得出该规定保护纯粹经济损失的结论。例如，《注册会计师法》第 21 条第 2 款规定，注册会计师执行审计业务出具报告时，不得有下列行为：明知委托人的财务会计处理会直接损害报告使用人或者其他利害关系人的利益，而予以隐瞒或者作不实的报告。该款中的"利益"主要指的就是纯粹经济损失。但是这种情况并不是常态。② 朱虎非常明确地区分了规制法对侵权法保护对象的界定功能和

---

① 参见［荷］威廉·范博姆、［奥］迈因霍尔德·卢卡林、［瑞士］克丽斯塔·基斯林主编：《侵权法与管制法》，徐静译，中国法制出版社 2012 年版，第 1 页。

② 解亘明确意识到管制规范对侵权责任认定的影响和过错、违法性要件之间的关联。他通过对中国实际发生的案例的分析，发现中国的法院对于违反管制规范这一事实直接影响的是违法性要件还是过错要件，立场不统一，甚至不明确。在周某安诉王某元、李某荣道路交通事故损害赔偿纠纷案件中，法院认为案外人违反了《道路交通管理条例》第 6 条的规定（驾驶车辆必须右侧通行）、第 36 条第 3 项的规定（机动车遇风、雨、雪、雾天能见度在 30 米以内时最高时速不准超过 20 公里），造成被害人死亡，应当负主要责任。法院在判决中并没有说明违反上述管制规范究竟满足了侵权责任构成的哪个要件。根据笔者的分析，在上述案件中案外人违反管制规范，满足的是过错要件，因为法律明确规定了在特定场合下的行为义务，违反该义务的过错可以被推定。而被害人的死亡则符合结果不法的要件，因为侵害了被害人的生命权。如果案外人左侧通行没有造成任何交通事故，因为没有结果不法，民法上的侵权责任不成立，但是行政不法行为依然存在，相关部门可以对其进行行政处罚。这从一个侧面也说明了区分主观不法和客观不法，并将客观不法界定为结果不法对侵权责任认定的意义。参见解亘：《论管制规范在侵权行为法上的意义》，载《中国法学》2009 年第 2 期。

对过错判断的功能,并进行了非常详细的论述。① 本书关注的焦点是规制法对侵权法保护对象的界定功能。

保护他人的法律不仅包括规制法,而且也包括侵权责任法之外的其他私法规范。例如,《民法典》第 1043 条第 2 款规定:“夫妻应当互相忠实,互相尊重……”该条规定就确立了夫妻相互忠实的利益。同时,行政法并不等同于规制法,行政法中还存在授予主体特定权利的规范,如采矿权、捕鱼权等。由于《民法典》第 329 条规定:“依法取得的探矿权、采矿权、取水权和使用水域、滩涂从事养殖、捕捞的权利受法律保护。”上述权利属于民法上的物权,但是行政法规还有可能创设上述权利之外的其他“权利”。这类规范有两种解释途径:第一种途径是将上述权利解释为特别法规定的物权。原《物权法》第 5 条规定了物权法定原则,《民法典》第 116 条予以保留;原《物权法》第 8 条规定“其他相关法律对物权另有特别规定的,依照其规定”,该条在《民法典》中被删除。但是在解释论上仍然应该认为,物权法定的法包括《民法典》之外的其他特别法。第二种途径是,如果无法将上述权利解释为物权,例如因为特别法的位阶,那么可以解释为保护他人的法律确立的利益。

一旦我们认识到保护他人的法律不仅包括规范主体行为的规制法,而且还包括不规范主体的具体行为但保护主体某种利益的规范,我们就会发现我国台湾地区“民法”第 184 条第 2 款规定的不足。

1931 年《中华民国民法典》第 184 条规定:“因故意或过失,不法侵害他人之权利者,负损害赔偿责任。故意以背于善良风俗之方法,加损害于他人者亦同。违反保护他人之法律者,推定其有过失。”该法生效以后,关于“违反保护他人之法律”是否构成一个独立的侵权类型一直存在争议。1999 年我国台湾地区“民法”债编修正时,将第 184 条第 2 款改为:“违反保护他人之‘法律’,致生损害于他人者,负

---

① 参见朱虎:《规制法与侵权法》,中国人民大学出版社 2018 年版,第 87 页以下。

赔偿责任。但能证明其行为无过失者,不在此限。”[①]修改以后,对于该款构成独立的侵权类型已经没有争议,但是该款仍然维持了过错推定的规定,这显然存在问题。

有学者指出:“现代政府莫不是管制福利政府,颁行甚多的事前管制及福利给予法令,若是其皆属此之保护他人之法律,则民法的过失责任原则尚余多少?如此到底是引狼入室还是源头活水?”[②]这是因为我国台湾地区的“立法”者没有考虑到保护他人的法律并非全部都是规范主体具体行为义务的规范。如果保护他人的法律只是确立了某种应予保护的利益,但是没有规定具体的行为义务,此时适用过错推定责任会出现价值倒错。因为从价值位阶上看,法律明确规定的权利的价值位阶比利益高。侵害法律权利的适用过错责任,侵害利益的反而是过错推定责任,显然在价值判断上不合理,但是这个问题对于《民法典》不存在。即使我们通过合法利益的解释,将公法规范也纳入利益保护的考察范围,但是并不意味着必定会适用过错推定责任。如果公法规范明确规定了主体的行为义务,此时过错可以被推定,但是未必能够扩大侵权责任法的保护范围;如果保护他人法律的规范只是确立了某种应该受法律保护的利益,此时仍然要适用《民法典》第1165条第1款,受害人必须证明加害人存在过错,过错不能被推定。

二、违反保护他人的法律的位阶

解亘在《论管制规范在侵权行为法上的意义》一文的结尾处提出了一个问题:“在诸多的管制规范中,位阶的差异是否会影响到侵权行

---

① 修正理由谓:“现行条文第二项究为举证责任之规定,抑为独立之侵权行为类型?尚有争议,为明确计,爰将其修正为独立之侵权行为类型,凡违反保护他人之法律,致生损害于他人者,即应负赔偿责任。惟为避免对行为人课以过重之责任,增订但书规定,俾资平衡。”参见陈忠五:《契约责任与侵权责任的保护客体——“权利”与“利益”区别正当性的再反省》,台北,新学林出版股份有限公司2008年版,第128页。

② 简资修:《经济推理与法律》,北京大学出版社2006年版,第97页。同样的观点可参见陈忠五:《契约责任与侵权责任的保护客体——“权利”与“利益”区别正当性的再反省》,台北,新学林出版股份有限公司2008年版,第239页。

为的判定？”[①]这确实是一个必须回答的问题。

公法规范对私法的影响，不仅表现在侵权责任法中，也表现在此前的合同法中。我国此前的《合同法》第52条第5项规定，违反法律、行政法规的强制性规定，合同无效。最高人民法院原《关于适用〈中华人民共和国合同法〉若干问题的解释（一）》第4条规定：“合同法实施以后，人民法院确认合同无效，应当以全国人大及其常委会制定的法律和国务院制定的行政法规为依据，不得以地方性法规、行政规章为依据。”这种解释的意图显然在于通过法律位阶的限制，避免强制性规范对合同自由的过度干预，因为我国的强制性规范政出多门，过时、不合理甚至强制性规范之间存在矛盾。[②] 但是朱虎认为，对于能够界定侵权法保护对象的规制性规范不应该有位阶限制，理由包括以下几个方面。

首先，从比较法上观察，德国的通说认为，构成《德国民法典》第823条第2款所称的“保护性规范”是《德国民法典施行法》第2条意义上的法律，不仅包括形式意义上的法律，也包括实质意义上的法律。形式意义上的法律，是指由议会代表国家颁布的一般具有普遍约束力的规范。由于德国是联邦制，由州议会颁布、适用于该州的规范也是法律。实质意义上的法律主要是指法规命令、规章和习惯法。[③] 我国台湾地区的通说同样认为，“民法”第184条第2款规定的“保护他人之法律”，除狭义的法律（公法或私法）外，尚包括习惯法、命令、规章等。[④] 这些国家和地区基本不从法律的位阶进行限制，而以该规范是

---

① 解亘：《论管制规范在侵权行为法上的意义》，载《中国法学》2009年第2期。

② 参见王利明：《合同法研究》（第1卷），中国人民大学出版社2002年版，第658页。

③ 所谓法规命令，是指包括政府、部长在内的行政机关颁布的法律规范；规章是指县、乡镇以及大学、工业和商业协会、社会保险机构、广播设施、医师协会等公法法人为管理自己的事务而制定的法律规范，其中最重要的是乡镇规章。参见［德］哈特穆特·毛雷尔：《行政法学总论》，高家伟译，法律出版社2000年版，第56页；［德］乌尔里希·马格努斯、［德］克劳斯·比特里希：《德国侵权法与管制法》，载［荷］威廉·范博姆、［奥］迈因霍尔德·卢卡林、［瑞士］克丽斯塔·基斯林主编：《侵权法与管制法》，徐静译，中国法制出版社2012年版，第110页。

④ 参见王泽鉴：《侵权行为》，北京大学出版社2009年版，第288～289页。

否以保护个人的权益为判断标准。

其次,尽管最高人民法院在原《关于适用〈中华人民共和国合同法〉若干问题的解释(一)》中对确认合同无效的行政法规进行了位阶限制,但是在司法实践中并没有被严格遵循。最高人民法院的一贯做法是,如果违反地方性法规或者部门规章从而导致损害社会公共利益,则可以根据原《合同法》第 52 条第 4 项的规定,以损害社会公共利益为由确认合同无效。最高人民法院在“安徽省福利彩票发行中心与北京德法利科技发展有限责任公司营销协议纠纷案”[最高人民法院(2008)民提字第 61 号民事判决书]中完全遵循了这一思路。因此,在侵权责任法上也不应该对保护他人的法律进行位阶限制。①

笔者赞同对侵权责任法中的保护他人的法律不作位阶限制。尽管不作位阶限制可能会导致同案不同判的情况,因为我国地域辽阔,地方性立法的差异比较大,但是这是尊重法律的必要代价。② 笔者认为,尽管对保护他人的法律不作位阶限制,但是对于“法律”本身仍然应该采取形式主义的解释方法。根据《立法法》的规定,属于“法律”的规范包括:(1)全国人大及其常委会制定的法律;(2)法律解释;(3)行政法规;(4)地方性法规、自治条例和单行条例、规章;(5)军事法规。

有争议的是《立法法》第 104 条规定的最高人民法院、最高人民检察院的司法解释。有学者认为,上述司法解释具有法律渊源的地位。③ 笔者持异议观点。因为《立法法》规定,上述解释属于审判、检察工作中具体应用法律的解释,应当针对具体的法律条文,并符合立法的目的、原则和原意。如果遇到《立法法》第 45 条第 2 款第 2 项规定的情况,应当向全国人大常委会提出法律解释的要求或者提出制定、修改有关法律的议案。该项的规定是:“法律制定后出现新的情况,需要明

---

① 参见朱虎:《规制法与侵权法》,中国人民大学出版社 2018 年版,第 118~119 页。

② 奥地利学者同样意识到这个问题。参见[奥]迈因霍尔德·卢卡林:《奥地利侵权法与管制法》,载[荷]威廉·范博姆、[奥]迈因霍尔德·卢卡林、[瑞士]克丽斯塔·基斯林主编:《侵权法与管制法》,徐静译,中国法制出版社 2012 年版,第 7 页。

③ 参见朱虎:《规制法与侵权法》,中国人民大学出版社 2018 年版,第 112 页。

确适用法律依据的。”因此，最高人民法院、最高人民检察院的司法解释不是法律渊源，它们只是对具体法律条文的解释，目的是给各级人民法院和各级人民检察院适用法律提供指引。尽管在上述解释中，最高人民法院和最高人民检察院可以作出目的性限缩或者目的性扩张的解释，但是根据《立法法》第45条第2款的规定不允许进行法律外的法律续造。

另外一个需要讨论的问题是，除了《立法法》明确规定属于法律渊源的行政法规和行政规章之外，行政规定是否属于侵权责任法中的保护他人的法律。[①] 行政规定是除行政法规和规章之外的行政文件。[②] 根据《立法法》的规定，如果从形式主义的标准判断，行政规定不属于法律。有学者认为，应该将行政规范区分为法规命令和行政规则。传统理论认为，法规命令是指行政机关制定的、关于行政主体和私人的关系中的权利、义务的一般性规范。它必须具有委任立法的根据，因此在我国只有行政法规和行政规章属于法规命令。行政规则，是指行政机关制定的规范，但与国民的权利、义务不直接发生关系，即不具有外部效果的规定。行政规则即使没有法律根据，也可以由行政机关自由地制定。但是新近的理论认为，行政规定开始出现外部化的现象。[③] 因此朱芒认为：“行政规定因规范调整的对象属于行政职权体系之外或之内，由此导致行政规定是否涉及私人的权利义务，是否可能成为司法审判基准，从而在总体上可以被划分为属于法规命令的行政规定（其在功能上等同于法律规范）以及属于行政规则的行政规定（其不

① 根据《立法法》第65条的规定，行政法规由国务院制定；根据《立法法》第80条的规定，国务院各部、委员会、中国人民银行、审计署和具有行政管理职能的直属机构，可以制定部门规章；根据《立法法》第82条的规定，省、自治区、直辖市和设区的市、自治州的人民政府可以制定地方政府规章。

② 参见朱芒：《论行政规定的性质——从行政规范体系角度的定位》，载《中国法学》2003年第1期；全国人大常委会法制工作委员会研究室编著：《中华人民共和国行政复议法条文释义及实用指南》，中国民主法制出版社1999年版，第60页。

③ 参见［日］盐野宏：《行政法总论》，杨建顺译，北京大学出版社2008年版，第60~65页；［日］市桥克哉等：《日本现行行政法》，田林、钱蓓蓓、李龙贤译，法律出版社2017年版，第84~99页；［德］哈特穆特·毛雷尔：《行政法学总论》，高家伟译，法律出版社2000年版，第591页。

具有法律规范的功能)。”①

笔者认为,即使行政规定涉及私人的权利和义务,从而具有一定的外部效果,但是基于形式主义的解释标准,行政规定仍然不属于侵权责任法上的保护他人的法律。如果在具体的案件中法院需要考虑相关行政规定,应该通过对《民法典》总则编第 8 条规定的“公序良俗”的解释,作为裁判说理的依据,而不是直接引用。根据最高人民法院《关于裁判文书引用法律、法规等规范性法律文件的规定》(法释〔2009〕14 号)第 4 条规定:“民事裁判文书应当引用法律、法律解释或者司法解释。对于应当适用的行政法规、地方性法规或者自治条例和单行条例,可以直接引用。”第 6 条则规定,本规定第 3、4、5 条规定之外的规范性文件,根据审理案件的需要,经审查认定为合法有效的,可以作为裁判说理的依据。上述规定将行政规章排除在直接引用的范围之外似乎不符合《立法法》的规定,但是对于行政规定只能作为裁判说理依据的规定是合理的。

三、违反保护他人的法律的判断方法

即使我们采形式主义的标准,在宏观上将保护他人的法律限定为《立法法》确立的法律,我们仍然需要通过一定的方法进行进一步的限缩;否则公法规范会对私法产生过度的侵蚀。

在大陆法系,通说认为,关于违反保护他人的法律构成侵权,在方法上应分三个阶段加以认定:第一,加害人违反的法律是否为保护他人的法律,单纯保护公众的规范不是保护他人的规范;第二,被害人是否属于受保护之人的范围,只有在受害人属于保护性法律意图保护的那一类时,他才能有效地援引该规范;第三,被害人所请求的是否为该法律所要保护的利益。② 在上述三个阶段中,第一个阶段具有特别重要的意义,它关系一条规范,尤其是公法规范是否能进入民法,法官解

① 朱芒:《论行政规定的性质——从行政规范体系角度的定位》,载《中国法学》2003 年第 1 期。

② 参见王泽鉴:《侵权行为》,北京大学出版社 2009 年版,第 288 页。

释的宽严决定公法规范进入民法的流量。第三个阶段对拓展侵权责任法的保护范围有特别重要的意义,但是第三个阶段并不是一条公法规范进入私法的必要条件。因为一条公法规范很可能只是规定了行为人的具体行为义务,它可能只对侵权责任构成要件中的过错认定具有作用,并没有拓展侵权责任法的保护范围。

关于这个问题,梅迪库斯关于保护他人的法律的分类非常合理。他将保护他人的法律分为:(1)《德国民法典》第1款适用范围内与结果相关联的保护性法规。也就是和该款列举的权益相关的保护性法规,这种法规不会扩大侵权责任法的保护范围,甚至于对侵权责任的过错认定也无多少助益,主要是各类刑法规范。(2)与行为相关联的保护性法规。这类法规并非仅是禁止促成侵害结果,而且禁止实施特定的危险性行为。这类法规对侵权责任中的过错认定会产生影响,违反该类法规的,行为人的过错会被推定。(3)保护财产的法规。这类法规涉及的是不被第823条第1款所涵盖的法律意义,特别是财产。这类保护性法规使第823条第2款取得了最大的意义。利用这些规定,可以设定不能够由第823条第1款产生的损害赔偿请求权。[①] 多伊奇将保护性法律区分为“抽象的危险规范”和“具体的危险规范”则不够全面,这只是对“与行为相关联的保护性法规”的细分。[②]

在英美法系,制定法对侵权法的影响同样是一个备受关注的问题。美国学者多布斯指出,在侵权责任的认定中,由于法院可以自由地采纳或拒绝某些法定标准,所以作为决定法院恰当选择的一个步骤,必须对制定法之间的差异加以确定。在和侵权法的关联上,制定法可以区分为如下类型:

1. 施加义务但未在其他方面改变侵权法的制定法。这种制定法施加了普通法上并不存在的具体义务或注意标准,但并没有改变侵权

---

① 参见[德]迪特尔·梅迪库斯:《德国债法分论》,杜景林、卢谌译,法律出版社2007年版,第674~676页。

② 参见[德]埃尔温·多伊奇、[德]汉斯-于尔根·阿伦斯:《德国侵权法——侵权行为、损害赔偿及痛苦抚慰金》,叶名怡、温大军译,中国人民大学出版社2016年版,第104~105页。

责任的构成要件或抗辩事由。这类制定法只是有助于对侵权人过失的认定，并没有扩大侵权责任的保护范围。

2. 创设新的诉求、义务或抗辩的制定法。这类制定法创设了不为普通法认可的新的诉求或诉因。它没有简单地增加一个具体的行为义务，而是创设了一整套有关行为或审判的规则。这类似于大陆法系的特殊侵权，它未必扩大了侵权责任的利益保护范围，但使侵权责任本身更加容易被认定。例如，美国《联邦雇主责任法》废除了与有过失和自担风险的抗辩，这使得雇主责任更容易被认定。

3. 限制诉求或创设抗辩的制定法。制定法可以限制，也可以扩展侵权责任。它可能会为普通法侵权诉求创设新的抗辩，或者为某些活动制定一个较低的注意标准。例如，《搭车人法》解除了司机的普通注意义务，只有在存在重大过失或肆意不当行为时才会让他承担责任。这类似于我国《民法典》第 1217 条的规定。

4. 否认侵权法影响的制定法。立法机构有时会规定，法定规则或标准不能被赋予任何侵权法的影响，而只能根据刑法或行政制裁决定来执行。例如，美国《职业安全与健康法》只能通过管理机构来执行，而非通过侵权法来执行。如果立法机构已经说安全规则不得影响侵权法，它们就不能自由地将安全规则作为侵权规则或标准加以采纳。

5. 默示否认侵权影响的制定法。当一部制定法规定了一种救济，如刑事制裁或行政救济，但却根本没有提到侵权救济的时候，通常就有可能将该制定法解释为默示排除了任何侵权法的影响。例如，美国很多州都要求人们报告合理怀疑的虐待儿童的行为，但是这些制定法通常并没有提及未能报告的侵权责任，因此法院不将未能报告的行为视为侵权就不足为奇了。①

（一）第一阶段的判断方法

从比较法上观察，各个国家和地区的学说理论基本认为，保护他

① 参见[美]丹·B. 多布斯：《侵权法》（上册），马静等译，中国政法大学出版社 2014 年版，第 275~277 页。

人的法律必须具有保护个人的意图，一条只在于保护公众的规范并不适合归类于保护他人的法律。[①] 对于保护个人面向的强调，主要是担心公法规范的过度适用会导致对纯粹经济损失的过度保护。[②] 但是对于如何判断一项公法规范具有保护个人的面向，则不是一件容易的事情。这种判断在本质上是一个法律解释的问题。英国学者斯坦顿指出："在英国法上，没有一个公认的概括性原则规定，违反制定法的行为对因违法而受害之人而言是可诉的，同样也不存在一个相对具体的原则规定了因违反行政行为所致之损害能够产生损害赔偿请求权。这种侵权的传统形式是作为一种技巧而存在，经由此技巧，仅能够在少数案件中提供救济。"[③]

在德国法上，德国联邦最高法院采纳了文义、历史和体系三种解释方法。笔者认为，修正为文义解释、目的解释和体系解释更恰当。因为历史解释就是要探求立法者的目的，但是新近的学说理论均意识到，对于法律目的的解释不能仅仅局限在探寻立法者的意志。一方面，立法者的意志因为时间久远可能已经无从查询；另一方面，随着社会生活的变迁，单纯探寻立法者的主观意志已经无法解决现实问题，因此应该从客观的角度探寻法律的目的。和文学作品一样，一旦作品完成就脱离了作者，其中的意义作者本人也未必能够意识到。但是在对法律的目的的解释中充分重视立法者的原初意志仍然是必需的。因此应该用目的解释替换历史解释。关于这个问题，拉伦茨说得非常清楚："法律解释的最终目标只能是探求法律在今日法秩序中的

---

① 参见[德]马克西米利安·福克斯：《侵权行为法》，齐晓琨译，法律出版社2006年版，第143页；[德]埃尔温·多伊奇、[德]汉斯-于尔根·阿伦斯：《德国侵权法——侵权行为、损害赔偿及痛苦抚慰金》，叶名怡、温大军译，中国人民大学出版社2016年版，第102页；[德]迪特尔·梅迪库斯：《德国债法分论》，杜景林、卢谌译，法律出版社2007年版，第677页；朱虎：《规制法与侵权法》，中国人民大学出版社2018年版，第133~135页。

② 参见[德]马克西米利安·福克斯：《侵权行为法》，齐晓琨译，法律出版社2006年版，第143页。Basil S. Markesinis & Hannes Unberath, *The German Law of Torts: A Comparative Treatise*, Fourth Edition, Hart Publishing Oxford and Portland, Orengon, 2002, p. 209.

③ K. M. Stanton, "New Forms of the Tort of Breach of Statutory Duty", *Law Quarrerly Review*, 2004, 120(Apr.), p. 327.

标准意义(其今日的规范意义),而只有同时考虑历史上的立法者的规定意向及其具体的规范想法,而不是完全忽视它,如此才能确定法律在法秩序中的标准意义。这个意义是一种思考过程的结果,过程中,所有因素不论是主观的或是客观的,均应列入考量,而且这个过程原则上没有终极的终点。"①

文义解释是解释的第一步。如果公法规范明确规定了保护个人的面向,或者是明确排除了保护个人的面向,法官当然要遵从立法者的意志。美国学者多布斯就区分了"创设新的诉求、义务或抗辩的制定法"和"否认侵权法影响的制定法",对于前者当然应该在侵权责任法中适用,对于后者当然应该予以排除。例如,美国联邦或各州的《职业安全与健康法》及其伴随的规则为许多产业的安全条件规定了详细的规则。如果立法机构已经说安全规则不得影响侵权法,法院就不能自由地将安全规则作为侵权规则或标准加以采纳。② 但是在公法规范中明确说明是否保护个人利益并不多见,因此还是需要其他解释方法。

目的解释和体系解释必须结合起来考虑。从表面上看,目的解释从主观的立法者的目的解释转向了客观的法律目的解释,实际上只是将主观的标准从立法者转到了法官手上。所谓客观的法律目的主要是法官主观认定的结果,为了避免法官的主观恣意,必须从客观法律体系的整体角度加以限制,从而最大限度地避免评价矛盾。③

关于这个问题,朱虎对德国学说理论的系统分析有非常重要的参考价值。德国的学说理论可以总结为两派:一派是"法官评价说",一派是"立法者意志说"。从表面上看,两派解释方法都属于主观解释方

---

① [德]卡尔·拉伦茨:《法学方法论》,陈爱娥译,商务印书馆 2003 年版,第 199 页。

② 参见[美]丹·B. 多布斯:《侵权法》(上册),马静等译,中国政法大学出版社 2014 年版,第 275~277 页。

③ 克莱默指出,客观性目的解释,事实上意味着存在法官本人很大的评价余地。萨维尼也指出,运用法律目的去解释法律的做法,要特别小心。参见[奥]恩斯特·A. 克莱默:《法律方法论》,周万里译,法律出版社 2019 年版,第 25 页;[德]弗里德里希·卡尔·冯·萨维尼:《当代罗马法体系 I:法律渊源制定法解释法律关系》,朱虎译,中国法制出版社 2010 年版,第 171 页。

法，一派强调法官的主观意志，另一派强调立法者的主观意志，但是实际上两派均强调了客观体系解释的意义。

“法官评价说”认为，由于保护目的确立的困难，法官必须通过适当的评价确定是否课以损害赔偿责任。很多时候制定法并没有提供是否具有保护他人目的的任何根据，因此法官在判断某规范是否具有保护他人目的时，不仅要符合“整体法秩序体系的意义”，还要与“所涉制定法的意义、内容和目的相一致”。因此，确定规范目的应分为两个阶段：第一个阶段是确定法规范的客观效力，即考虑该规范是否保护个人利益；第二个阶段是对结果进行评价，重点考察损害赔偿结果的合适性。“立法者意志说”同样确立了两阶层的解释方法：首先是根据历史上立法者的观念大致上确定的保护目的；其次是考虑目的随时代改变的情形以及与其他法规定相冲突情形下的谨慎调整。总之解释存在于侵权法与其他法秩序之关联中的深思熟虑。我们可以看出，两派均强调客观法律体系的整体价值对解释的影响，只是强调的侧重点存在差异。①

德国联邦法院将上述解释方法总结为：“旨在个人保护的观点是规定被承认为保护性规范的基本前提，但是这并不充分。毋宁说，必须根据规范结构的整体关联而得出，损害赔偿请求权的设立根据具体情势是制定法所追求的，也即，此种特别的损害赔偿请求权是有意义的，并且根据责任法的整体体系是可容忍的。在这种相互联系中，受害人是否在其他地方获得了足够的保障，这也具有一定的作用。最后，还应注意的是，通过保护性规范设立的损害赔偿请求权是否与整体的法律原则相矛盾，探寻这种矛盾是否是实际所意欲的。”②

通过上文的分析，我们可以发现，逻辑上，目的解释在先，整体法律体系的价值评判在后。如果法官经过目的解释认为某条公法规范具有保护个人的面向，但是在考虑整体法律体系的价值评判之后认为会导致评价矛盾，那么该条规范仍然不能被认为是保护他人的法律。

---

① 参见朱虎：《规制法与侵权法》，中国人民大学出版社 2018 年版，第 142～146 页。

② 朱虎：《规制法与侵权法》，中国人民大学出版社 2018 年版，第 147 页。

因此,实际的解释过程可能是颠倒过来的,如果一名法官基于整体法律体系的价值评判的考量,认为一项利益不应该在私法上得到保护,那么他就会直接在目的解释阶段否定该规范具有保护个人的面向。

在德国有这样一个案例:被告用挖掘机在一块私人土地上进行工作时,损坏了一家供电企业的电缆,使得原告生产企业因停电而导致停工。原告要求赔偿因无法生产而造成的损失。原告诉讼请求的主要依据是《德国民法典》第 823 条第 2 款结合《土地建筑条例》第 18 条第 3 款:要在建筑施工期间,对公共交通用地、水电供应、排水和通讯设施予以保护,必要时应采取安全防范措施。法院认为第 18 条第 3 款不属于保护他人的法律,因为只有在条文对个人实施保护时,它才成为保护性的法律。要确定这种有利于个人的保护目的,在个案中往往十分困难,特别是在根据有关该法律的其他资料仍无法查明的情况下。必须始终针对这样一个问题进行审查:在这种情况下创设一个个人的赔偿损失的请求权是否有意义,并且是否在赔偿义务法律制度的整体框架内是合适的,只有以这种方式,才能避免提起请求权时过分援用第 823 条第 2 款的情况,也使得立法者反对总括财产损失一般责任的决定不至于落空。① 德国法院的判决主要是基于对赔偿纯粹经济损失从而导致损害赔偿过度扩散的担心,因为《德国民法典》规定三个小的一般条款的目的就是要对利益保护进行适当的限制。如果对纯粹经济损失不加限制地予以保护,会掏空第 823 条第 1 款对法益进行列举保护的限制意义,从而导致评价上的矛盾。

以中国发生的"王某富诉三信律师事务所见证遗嘱无效案"为例。2001 年,王某智聘请被告三信律师事务所为自己所立遗嘱进行见证。遗嘱内容包括:将自己享有房屋的共有部分以及部分其他财产留给儿子王某富继承。被告指派的律师出具了见证书。在王某智去世以后,因为遗嘱不符合法定形式要件而被法院认定无效,王某智的遗产

---

① 参见[德]马克西米利安·福克斯:《侵权行为法》,齐晓琨译,法律出版社 2006 年版,第 143～144 页。Basil S. Markesinis & Hannes Unberath, *The German Law of Torts: A Comparative Treatise.* Fourth Edition, Hart Publishing Oxford and Portland, Orengon, 2002, pp. 209-210.

只能按照法定继承处理。王某富因遗嘱无效而少继承遗产合计 11 万余元。北京市第二中级人民法院二审根据原《民法通则》第 106 条第 2 款和 2001 年《律师法》第 49 条,判决三信律师事务所赔偿原告王某富 11 万余元的损失。该案中,王某富所受的损失属于典型的纯粹经济损失,因为他没有任何权利被直接侵害,他只是未能获得本来能够获得的利益。法院适用 2001 年《律师法》第 49 条第 1 款非常合理,该款规定:"律师违法执业或者因过错给当事人造成损失的,由其所在的律师事务所承担赔偿责任。律师事务所赔偿后,可以向有故意或者重大过失行为的律师追偿。"但是法院在裁判说理时,未能很好地说明适用该条的理由,反而认为律师事务所的行为侵害了王某富依遗嘱继承王某智遗产的权利。①

在本案中,王某富并没有法定权利被侵害,法院应该基于对 2001 年《律师法》第 49 条的解释,说明王某富的利益在法律上应该得到保护的理由。法院应该对该条中的"当事人"作目的性扩张解释。因为"当事人"的原本含义是和律师事务所有直接委托关系的当事人——王某智,在常规的案件中,律师事务所因过错导致的损害都是直接当事人的损害。但是在本案中,王某富并不是直接的当事人,他只是遗嘱的受益人。遗嘱一方面体现了遗嘱人的意思自治,另一方面,更加关键的是对遗嘱继承人有利。律师作为专业人士应该明知遗嘱法定形式要件的意义以及对遗嘱继承人的影响。王某智聘请律师见证的目的也是确保遗嘱有效。因此应该认为,该条规定的当事人包括受遗嘱无效影响的继承人。而且这种解释不会在整体法律体系上产生评价矛盾。因为律师作为专业人士凭借其专业知识为当事人服务并取得报酬,对其专业上注意义务比普通人要求要高。同时保护王某富的纯粹经济损失不会打开诉讼闸门,导致损害赔偿责任的过度扩张。和挖断电缆案不同,在此类案件中,当事人的范围是特定的,不会无限扩张。同时,王某富对遗嘱继承利益是可期待的,这和挖断电缆导致的实现无法期待的利益存在显著差异。

① 参见《最高人民法院公报》2005 年第 10 期。

(二)第二个阶段的判断方法

和第一个阶段的判断方法的难度相比,第二个阶段的判断方法相对容易一些。如果法官通过第一阶段的判断方法确定某条规范属于保护他人的法律,接下来法官还要考虑,原告是否属于该条规范意欲保护的人。

德国的例子是,一个少年车主在知道另一少年 H 没有驾照的情况下,将自己的轻型摩托车借给了他。H 又将车转借给 B,并且车主和 H 都知道 B 也没有驾照。B 驾车时发生了事故。B 的医疗保险人基于让与的诉权,根据《德国民法典》第 823 条第 2 款结合德国《道路交通法》第 21 条第 1 款第 2 项起诉车主。法院认为,受伤的 B 不属于德国《道路交通法》第 21 条第 1 款第 2 项所保护的人的范围。因为这个条文是为了保护他人免受无证驾驶人驾车所产生的危险,而不是为了保护违反该项法律而无证驾驶的本人。①

我国台湾地区的例子是,原告开设的工厂厂房与被告开设的弹簧床加工厂比邻,因被告厂房发生火灾,延烧至原告厂房而受损。原告依据"民法"第 184 条第 2 款和"劳工安全卫生法",诉请被告赔偿损失。法院认为,"劳工安全卫生法"的"立法"目的是防止职业灾害、保障劳工安全与健康,因此该"法"所欲保护的个人是劳工,本案原告是比邻的厂房受损,并非本"法"所欲保护的对象。即使被告违反"劳工安全卫生法"的规定,原告也不得依据被告违反该"法令"规定,而请求损害赔偿。②

美国《侵权法重述第二版》第 286 节规定:"法庭可采纳一部法律或行政法规的要求,作为一个正常人的行为标准,只要该要求的目的被认定是全部或部分地:(a)保护包括其权益受到侵犯者的某一类

---

① 参见[德]马克西米利安·福克斯:《侵权行为法》,齐晓琨译,法律出版社 2006 年版,第 146 页。

② 参见陈聪富:《侵权行为法原理》,台北,元照出版有限公司 2018 年版,第 402~403 页。

人……”[①]具体的例子是，被告把车开到路边，靠马路的左侧停下来，与一个朋友聊天。闲谈结束以后，被告向各个方向观察了一下，没有看到任何人，发动汽车把车开走，结果撞上了一个她没有看见的小孩。法院拒绝裁定被告违反靠马路右侧行驶的法律属于本身过失，因为该交通规则所要保护的人群类别是有赖于有序交通的行人和司机。[②]

多布斯特别指出，制定法很少明确说明它们意图防止哪种人群类别和风险的类别。法院如何能够在不知道立法者意图保护谁及意图防止什么的情况下适用人群或风险类别规则呢？这实际上是一个立法目的的解释问题。例如，制定法经常通过要求刹车、限速或禁止酒后驾车等活动来调整驾车安全。这样的制定法很明显是为了保护使用街道和公路的其他人而制定的，但是，很显然违反上述行为也可能对公路之外的人或财产造成伤害，法院完全有理由说，为了公路之外的人的利益，该法定规则也适用于他们。如果一个人将车停在一个根据某条例设立的转载区，他就违反了该制定法。但是对于孩子突然从你的车后冲入街道，你的违法行为与你停车卸货相比并没有产生更多的风险。如果这是一个立法意图问题，法院可以假设，立法者从来没有制定将装载区作为儿童安全区域的法律，而只是为了商人的方便而制定的。[③]

（三）第三个阶段的判断方法

即使根据前两个阶段的判断，某条规范具有保护个人的面向，而且原告也属于该规范保护的人的范围，法官还需要考虑原告主张的损失是否属于该条保护的物的范围。关于物的范围的解释恰恰决定了保护他人的法律能否扩张侵权责任法的保护范围。

例如，我国《道路交通安全法》第 42 条第 1 款规定：“机动车上道

① 《侵权法重述第二版：条文部分》，许传玺、石宏、和育东译，法律出版社 2012 年版，第 118 页。

② 参见［美］丹·B. 多布斯：《侵权法》（上册），马静等译，中国政法大学出版社 2014 年版，第 287 页。

③ 参见［美］丹·B. 多布斯：《侵权法》（上册），马静等译，中国政法大学出版社 2014 年版，第 288~289 页。

路行驶,不得超过限速标志标明的最高时速……”如果某人超速行驶导致交通事故,导致甲受伤和车辆损坏,应该属于该条的保护范围,但是乙因道路封闭而产生的纯粹经济损失,如多支出的过路费和汽油费,则不在该条保护的物的范围之内。

《注册会计师法》第 21 条规定:“注册会计师执行审计业务,必须按照执业准则、规则确定的工作程序出具报告。注册会计师执行审计业务出具报告时,不得有下列行为:(一)明知委托人对重要事项的财务会计处理与国家有关规定相抵触,而不予指明;(二)明知委托人的财务会计处理会直接损害报告使用人或者其他利害关系人的利益,而予以隐瞒或者作不实的报告……”如果甲注册会计师违反上述规定,为某上市公司出具不实报告,导致他人买卖该公司股票受有损失的。尽管该损失属于纯粹经济损失,也应该认为属于该条保护的利益范围。

以“周某某诉江苏邮政速递物流有限公司、江苏邮政速递物流有限公司无锡分公司一般人格权案”[江苏省无锡市惠山区人民法院(2015)惠民初字第 00413 号民事判决书]为例。该案的案情是:2014 年 11 月 4 日,案外人凯某向无锡市北塘区人民法院起诉,请求与周某某离婚。该法院于同月 17 日以邮政 EMS 特快专递的形式向周某某寄送传票等诉讼材料。邮件详情单上载明收件人为“周某某”,邮寄地址为“惠山大道 1525 号嘉利华府庄园二期××号”,由邮政无锡市分公司负责投递。嘉利华府庄园二期内设 4 区、5 区两个区,这两个区都有××号房屋。EMS 网站查询该邮件的寄送状态显示为投递并签收,签收人为本人,签收日期为 2014 年 11 月 18 日。2014 年 12 月 22 日,无锡市北塘区人民法院开庭审理该离婚案件,以周某某经合法传唤无正当理由拒不到庭为由进行缺席审理,并当庭宣判凯某与周某某离婚。周某某一方面就离婚案件判决向无锡市中级人民法院提起上诉,另一方面向无锡市惠山区人民法院提起诉讼,要求邮政无锡市分公司及邮政公司赔偿损失 10,000 元并公开赔礼道歉,理由是:在邮政无锡市分公司投递时,周某某不在国内,邮政无锡市分公司在未取得其本人实际签收的情况下标注为本人签收，导致其在离婚诉讼中的民事诉权受到影响。

无锡市惠山区人民法院经审理后认为：第一，根据原邮电部1992年实施的《国内特快专递邮件处理规则》的相关规定，特快专递应当投递至封面收件人地址中所指明的最具体地点，投递时应做到“投收相见”，由收件人在国内特快专递详情单第一联上盖章或者签名并填明收到日期。收件人地址书写不详或错误，应当作为无法投递邮件予以退回。现邮政无锡市分公司在地址不明确的情况下投递并标注为收件人本人签收，其操作存在过错。第二，民事诉权是指当事人向人民法院起诉或者应诉，请求法院以国家审判权保护其实体权益的权利，是一种程序性的权利。对民事诉权的侵犯应当通过上诉、再审等途径加以救济。周某某已经就相关离婚案件向无锡市中院提起上诉，该上诉案件尚在审理中，邮政无锡市分公司的行为是否影响周某某民事诉权的行使，应该由相应上诉法院按照《民事诉讼法》的相关规定进行审查核实，而非另行提起诉讼以实现其权利救济。即使邮政无锡市分公司的行为确实影响了周某某民事诉权的实现，周某某据此要求邮政公司及无锡市分公司承担民事侵权责任也不符合法律规定。民事诉权不属于原《侵权责任法》第2条规定的民事权利，该条规定的权利都是实体权利，民事诉权只是程序性权利，民事诉权是当事人和法院之间的权利义务关系，当事人和法院并非平等主体。而周某某要求邮政公司和无锡市分公司承担的侵权责任是基于侵害原《侵权责任法》所保护的民事权益才应承担的法律责任，其主张的侵权事实与其主张的法律责任无法律上的因果关系，因此驳回周某某的诉讼请求。①

本案的裁判说理存在问题，根据前文提及的三个阶段的判断方法，法院首先应该考虑《国内特快专递邮件处理规则》第89条第2项的规定：“投递邮件时要认真复核点交，做到‘投收相见’。”是否具有保护他人利益的面向。该规则第1条规定：“……为了保证通信的正

① 参见国家法官学院案例开发研究中心编：《中国法院2017年度案例——人格权纠纷》，中国法制出版社2017年版，第282~285页。

常进行，根据《中华人民共和国邮政法》和《中华人民共和国邮政法实施细则》制定本规则。”根据《邮政法》第 1 条的规定，该法的立法目的之一是“保护用户合法权益”。因此可以认定上述规则第 89 条第 2 项的规定具有保护他人利益的面向。

接下来需要考虑周某某是否属于上述规定意欲保护的具体人。因为周某某是收件人，而“投收相见”的规定当然是为了保护收件人。

再接下来需要考虑，周某某主张的利益是否属于上述规定意欲保护的物的范围。如果因为邮政公司投递错误，而投递的材料是一张飞机票，最终导致周某某未能赶上飞机，从而损失了机票款。此时邮政公司侵害的是周某某的债权，该债权是合法权利，应该属于第 89 条第 2 项意欲保护的物的范围。但是根据《国内特快专递邮件处理规则》第 135 条第 4 项的规定：“未保价的信函、文件类邮件应按实际损失补偿，但最高补偿金额不超过所付邮费的 150%。”该规则是针对寄件人的补偿问题，无法直接适用于收件人。根据《国内特快专递邮件处理规则》第 137 条的规定：“对邮件的丢失、短少、损毁和延误，除按规定补偿外，对其他损失或间接损失不担负补偿责任，也不担负补偿实物的责任。”该条中的“规定”指的就是第 135 条，但是该条主要考虑的是对寄件人的补偿，没有考虑对收件人的赔偿问题。《邮政法》关于损害赔偿区分了邮政普遍业务和快递业务，根据该法第 59 条的规定，第 45 条第 2 款关于邮件的损失赔偿的规定，适用于快件的损失赔偿。第 45 条第 2 款规定：“邮政普遍服务业务范围以外的邮件的损失赔偿，适用有关民事法律的规定。”圈子又绕回来了，我们原本希望通过对保护他人之法律的检索解决特快专递延误或者投递错误造成的损害赔偿问题，结果相关行政法规把问题又踢给了民法。根据原《侵权责任法》第 6 条第 1 款的规定，行为人因过错侵害他人民事权益，应当承担侵权责任。债权属于民事权利，这可以通过原《侵权责任法》第 2 条第 2 款的“等”字解释出来，但是债权属于特定当事人之间的权利，第三人无从知晓。如果第三人不是基于故意侵害债权，原则上因侵害债权导致的损害无法得到赔偿。这种解释和《邮政法》的价值理念是融贯的，因为

《邮政法》第 46 条规定："邮政企业对平常邮件的损失不承担赔偿责任。但是,邮政企业因故意或者重大过失造成平常邮件损失的除外。"第 47 条规定,邮政企业因故意或者重大过失造成邮件损失,无权主张有关限制赔偿责任的规定。举轻明重,如果对于普通邮件,故意损害的应当承担赔偿责任,那么快件邮寄费用更高,故意损害的更应当承担赔偿责任。

与假设的周某某的债权受到侵害不同,本案中周某某主张的诉讼权利是否属于侵权责任中保护的利益需要单独解释。无锡市惠山区法院认为,民事诉权不属于原《侵权责任法》第 2 条规定的民事权利,因为民事诉权只是程序性权利,它是当事人和法院之间的权利义务关系,当事人和法院并非平等主体。根据笔者主张的权利保护的形式主义解释标准,公法上的权利确实不是私法上的权利,但是这并不意味着公法上的权利不是私法上应该予以保护的利益。民事诉权确实是当事人向相关国家机关主张保护自己民事权益的程序性权利,但是这不能排除《民事诉讼法》关于诉权的相关规定具有保护个人利益的面向。《民事诉讼法》第 2 条规定,该法的任务之一就是"保护当事人的合法权益",人民法院违反诉讼程序妨碍当事人行使诉权确实是常态,但是这并不代表其他人无法侵害当事人的诉权。例如,《民事诉讼法》第 72 条规定:"凡是知道案件情况的单位和个人,都有义务出庭作证……"第 13 条第 1 款规定:"民事诉讼应当遵循诚实信用原则。"如果相关证人作伪证导致当事人败诉的,尽管在诉讼程序上还有二审和再审的救济可能,但是二审有可能已经过了上诉期限,再审可能时间间隔过长,当事人所受的损害已经无法完全弥补。当事人可以根据上述两个条文主张自己的合法利益受到侵害,要求损害赔偿。

本案中,邮政无锡市分公司投递错误导致周某某无法按时到庭参加诉讼,根据《民事诉讼法》第 12 条的规定:"人民法院审理民事案件时,当事人有权进行辩论。"该条具有保护个人利益的面向。因此,违反保护他人的法律的第一阶段的判断标准已经满足。同时,周某某是该离婚案件的当事人,因此第二阶段的判断标准也可以满足。关键是第三阶段的标准是否满足,即周某某主张的利益是否在该条的保护范围内。周某某主张邮政无锡市分公司及邮政公司赔偿损失10,000元并公开赔礼道歉,理由是其诉讼权利受到影响。如果说《民事诉讼法》第12条具有保护个人利益的面向,那么这种个人利益只是当事人通过辩论获得胜诉的利益。本案中,离婚案件仍然在上诉中,如果周某某最终胜诉,其个人没有受到影响;如果周某某败诉,这说明其是否参加一审诉讼,最终的诉讼结果并不会改变。如果周某某二审胜诉,他可能会提出,因为邮政无锡市分公司的投递错误导致其未能参加一审诉讼,由此导致了参加二审的一系列费用,如交通费、诉讼费、律师费等。这些费用属于典型的纯粹经济损失,如果邮政无锡市分公司不存在故意,上述损失无法得到赔偿。邮政无锡市分公司违反《国内特快专递邮件处理规则》第89条第2项的规定,没有做到"投收相见",其过失可以被推定,但是很难证明无锡市分公司存在故意。因此,最终的判决结果仍然应该是驳回周某某的诉讼请求。

尽管笔者的分析结果和无锡市惠山区法院的判决结果是一样的,但是裁判说理的过程完全不一样。上述分析表明,法院在判决中未能完全理解违反保护他人的法律的判断方法及其意义。

英美法系同样存在关于物的保护范围的解释,美国《侵权法重述第二版》第286节规定:"法庭可采纳一部法律或行政法规的要求,作为一个正常人的行为标准,只要该要求的目的被认定是全部或部分地:……(b)保护受到侵犯的该具体权益,并且(c)保护该权益不受所发生的此类损害。"[①]具体的例子是:被告违反了有关建筑物安全的规则,结果导致建筑物的坍塌。制定法无疑要保护工人们免受身体的伤害,但是它并没有意图保护他们免受在修理建筑物过程中因不能工作而遭受的纯粹经济损失。因此,被告对于没有受到伤害却损失了工资的工人们不承担法律责任。[②]

---

① 《侵权法重述第二版:条文部分》,许传玺、石宏、和育东译,法律出版社2012年版,第119页。

② 参见[美]丹·B.多布斯:《侵权法》(上册),马静等译,中国政法大学出版社2014年版,第287页。

第二节 侵权责任法之外的私法规范是否属于保护他人的法律？

有学者认为，违反保护他人的法律只能是行政法和刑法，不包括民法，理由是违反保护他人的法律构成侵权的目的是转介公法领域的强制性规范，只要形式上构成民事侵权责任的规定，就没有必要再转介。[①] 上述观点值得商榷。

首先，其他私法规范可能只规定了行为义务和保护利益的类型，没有规定法律后果。

例如，我国《民法典》第 1043 条第 2 款规定，夫妻应当互相忠实，互相尊重。该款只规定了行为义务，但是没有规定法律效果，也没有规定主观要件，性质上属于不完全法条，它必须与其他规范结合才能起到完整的规制效果。如果发生夫妻一方违反忠实义务的情形，在德国应通过第 823 条第 2 款进行转介，因为上述条文属于保护他人的法律，而违反以保护他人的法律为目的的人，担负和第 823 条第 1 款同样的损害赔偿责任，但是在中国并不存在和德国法类似的条文，此时只能通过《民法典》第 1165 条第 1 款进行转介。因为该条不仅保护权利，也保护合法的利益，而《民法典》第 1043 条第 2 款的规定表明，因夫妻双方互相忠实所带来的利益是受法律保护的。正是通过“合法”两个字，我们可以将《民法典》第 1043 条第 2 款的规定转介到《民法典》第 1165 条第 1 款中。尽管第 1043 条第 2 款没有规定主观要件，但是根据《民法典》第 1165 条第 1 款的规定应以过错为要件。我们可以看出最终的处理结果和德国法是一样的，而上述思考方式正

① 参见苏永钦：《走入新世纪的私法自治》，中国政法大学出版社 2002 年版，第 311、329 页。

是中国法官所欠缺的。[①]

在 2008 年发生的“应某明诉陈某红配偶权案”中，原告主张婚姻关系存续期间和被告所生子女，经 DNA 检测不是其亲生，被告对检测结果没有异议，原告因此向法院主张精神损害赔偿。法院认为被告的行为侵犯了原告的配偶权，遂根据原《婚姻法》第 4 条（也就是《民法典》第 1043 条第 2 款）和最高人民法院《关于确定民事侵权精神损害赔偿责任若干问题的解释》（2001 年）第 1 条的规定，判决被告承担精神损害抚慰金的责任。[②] 上述判决存在问题。第一，配偶权在中国民法中不存在，原《婚姻法》第 4 条只是规定了夫妻双方互负忠实义务所带来的利益，法院没有随意创设权利类别的权限；第二，法院适用最高人民法院《关于确定民事侵权精神损害赔偿责任若干问题的解释》（2001 年）第 1 条的规定，属于法律适用不当。因为该条第 2 款只是规定了人格利益的精神损害，而夫妻双方互负忠实义务所带来的利益属于典型的身份利益。即便该款将“其他人格利益”改为“其他人身利益”，法院适用法律仍属不当。因为该款的前置语是“违反社会公共利益、社会公德”，这实际上是通过原《民法通则》第 7 条有关社会公德的规定转介道德规范解决利益的保护问题。在原《婚姻法》有明确规定的情况下，法院没有必要转介道德规范。因此，在原《侵权责任法》生效之前，法院应通过原《民法通则》第 106 条第 2 款转介适用原《婚姻法》第 4 条。只是该条并没有直接规定精神损害赔偿问题，而且最高人民法院《关于确定民事侵权精神损害赔偿责任若干问题的解释》（2001 年）也没有规定侵害该种身份利益的精神损害赔偿问题，这属

---

① 德国学者认为，民法上的很多规定属于保护性法律，例如物权法中关于相邻关系的规定，但是家庭法上的规范并不包含任何明显的侵权法性质的保护性规范。由于家庭法规范具有的特殊人身属性，家庭法中的法律后果被封闭地列出。因此，配偶一方不能因为婚姻破裂或其他有损婚姻的不端行为而向另一方配偶或第三者请求损害赔偿。笔者不同意上述关于家庭法的观点。参见［德］埃尔温·多伊奇、［德］汉斯-于尔根·阿伦斯：《德国侵权法——侵权行为、损害赔偿及痛苦抚慰金》，叶名怡、温大军译，中国人民大学出版社 2016 年版，第 106 页。

② 参见国家法官学院、中国人民大学法学院编：《中国审判案例要览》（2009 年民事审判案例卷），中国人民大学出版社、人民法院出版社 2010 年版，第 434~437 页。

于一个法律漏洞。但是法官可以通过举轻明重的方式进行目的性扩张，因为最高人民法院《关于确定民事侵权精神损害赔偿责任若干问题的解释》（2001年）第4条规定，因具有人格象征意义的特定纪念物品被毁损的，物品所有权人可以提起精神损害赔偿。从利益的位阶上看，身份利益应该低于人格利益，但是应该高于财产利益。既然基于特定财产的损害都可以主张精神损害赔偿，侵害身份利益当然更可以主张精神损害赔偿。在《民法典》生效以后，法官应该通过《民法典》第1165条第1款转介第1043条第2款，然后再通过《民法典》第1183条判决被告承担精神损害赔偿责任，因为该条规定侵害他人人身权益，造成严重精神损害的，被侵权人可以请求精神损害赔偿。

其次，其他私法规范可能既规定了行为义务，也规定了法律后果，表面看起来是一个完整的规范，但是该规范可能只是笼统地规定了行为义务，并没有对责任的主观构成要件予以说明，这时仍然要通过《民法典》第1165条第1款的转介适用对具体责任予以认定。

例如，《民法典》第462条规定："占有的不动产或者动产被侵占的……因侵占或者妨害造成损害的，占有人有权依法请求损害赔偿。"该条将不属于权利的占有利益纳入了法律的保护范围，而且从表面看是一个完整规范，如果只从字面解释，该条规定没有对侵占人的主观要件作任何规定，那么侵占人是否应该承担无过错责任？但是这种解释显然在价值判断上出现了倒错，因为对所有权的侵犯原则上应该适用过错责任原则，而所有权的位阶显然比占有利益更高，对于占有利益的保护并没有适用无过错责任的特别理由。因此，《民法典》第462条应通过《民法典》第1165条第1款的转介，基于过错责任原则对具体责任进行认定。

上述类型的条文在《民法典》中比较多见。例如，《民法典》第34条第3款规定："监护人不履行监护职责或者侵害被监护人合法权益的，应当承担法律责任。"该款同样没有规定主观要件，监护人一般是无偿地履行监护职责，如果法律没有特别的规定，仍然要通过《民法典》第1165条第1款的规定判断监护人是否构成侵权。《民法典》第

70 条第 3 款规定："清算义务人未及时履行清算义务，造成损害的，应当承担民事责任……"该款规定同样没有规定主观要件，清算义务人不可能承担无过错责任，因此仍然要通过《民法典》第 1165 条第 1 款的规定判断清算人是否构成侵权。

最后，如果其他私法规范明确规定了主观构成要件，也规定了法律后果，这时确实没有必要通过《民法典》第 1165 条第 1 款的转介适用，因为该规定已经构成了法律特别规定的侵权责任类型。

例如，《民法典》第 43 条第 3 款规定："财产代管人因故意或者重大过失造成失踪人财产损失的，应当承担赔偿责任。"该款属于法律特别规定的侵权责任类型，因为财产代管人一般是无偿地履行管理职责，基于一般过失要求其承担赔偿责任有失公平。类似的规定有《民法典》第 316 条，该条规定（拾得人）因故意或者重大过失致使遗失物毁损、灭失的，应当承担民事责任。

《公司法》第 189 条第 3 款规定："清算组成员因故意或者重大过失给公司或者债权人造成损失的，应当承担损害赔偿责任。"该条规定的损失实际上包括了纯粹经济损失，立法者将主观要件界定为故意或者重大过失，表明了立法者就这一类型的侵权责任作出了独立的价值判断，因此没有必要再转介适用。如果没有这一条的规定，根据《公司法》第 187 条的规定："清算组在清理公司财产、编制资产负债表和财产清单后，发现公司财产不足清偿债务的，应当依法向人民法院申请宣告破产。"该条就是一个不完全的法条，需要转介适用《民法典》第 1165 条第 1 款，这时应该适用的就是过错责任。立法者之所以要作出第 189 条第 3 款的规定，主要原因恐怕在于担心基于过错责任对纯粹经济损失进行赔偿会对社会的健康发展造成阻碍。《证券法》第 69 条和第 173 条对纯粹经济利益的保护和《公司法》第 190 条第 3 款一样是一个完整的规范，没有必要通过《民法典》第 1165 条第 1 款的转介。

同时判断方法上的第二阶段和第三阶段也同样重要。例如，根据《公司法》第 147 条的规定，公司董事、监事和高级管理人员对公司负有忠实和勤勉义务，如果上述人员违反该义务造成损害的，只有公司和公司的股东才能基于该条提起诉讼,公司的债权人可能也会有损失,但是不在该条保护的人的范围之内。《民法典》第293条规定:“建造建筑物,不得违反国家有关工程建设标准,不得妨碍相邻建筑物的通风、采光和日照。”当事人主张的“眺望”则不在该条保护的客体范围之内。《民法典》第295条规定:“不动产权利人挖掘土地、建造建筑物、铺设管线以及安装设备等,不得危及相邻不动产的安全。”如果因为上述行为导致不动产停电不能营业的纯粹经济损失则不在该条保护的客体范围之内。

第三节　宪法规范是否属于保护他人的法律?

在引起广泛关注的“齐玉苓案”中,山东省高级人民法院以最高人民法院《关于以侵犯姓名权的手段侵犯宪法保护的公民受教育的基本权利是否应承担民事责任的批复》为依据判决原告胜诉,从而开启了宪法规范在民事案件中直接适用的先河。但是最高人民法院审判委员会《关于废止2007年底以前发布的有关司法解释(第七批)的决定》又明确废止了上述批复。现在的问题是,最高人民法院的废止决定是否具有示范效应,在今后的司法实务中法院是否都不能直接适用宪法规范作为民事案件的审判依据?

“齐玉苓案”涉及的核心问题就是宪法规定的基本权利对第三人的效力问题。作为国家的根本大法,宪法规定的基本权利对私法的影响是毋庸置疑的,宪法的优位性是出于法秩序的内在逻辑,没有任何法律领域不受到这一内在逻辑的拘束。关键在于宪法规定的基本权利通过何种路径影响私法,正是在这个问题上学说理论产生了分歧。

基本权利的直接效力说主张,宪法规定的基本权利在私人关系中有绝对的效力,当事人可以直接援引,否则宪法关于基本权利的条文将沦为仅具有绝对的宣示性质。① 基本权利的间接效力说则认为，宪法规定的基本权利只是针对国家权力而产生，私法有其自身的独立性，基本权利的直接效力说是对私法体系的一个毁灭杰作，但是该说也承认私法本身也是由基本权利衍生而出，因此宪法中的基本权利应该通过私法中的概括条款的媒介间接地对私人关系产生影响。②

从世界范围看，除极少数国家采基本权利直接效力说外，基本权利间接效力说已经成为通说。尽管德国联邦劳工法院仍然维持基本权利直接效力说的立场，但其主要适用于合同法领域。在侵权领域，自1950年"路特案"以来德国联邦宪法法院一直坚持基本权利间接效力说不曾动摇，甚至有学者认为："就以基本权利对第三者效力之深入而言，路特案达到了理论之顶点。其后之联邦宪法法院判决，皆未超过其程度。"③在该案中，汉堡地方法院运用违反善良风俗条款判决被告败诉，联邦宪法法院同样运用善良风俗条款，但是通过对宪法基本权利的转介得出了对违反善良风俗的不同理解，从而对案件进行了改判。这是一个通过民法的概括条款体现基本权利所蕴含的价值观念的典范。

不采纳基本权利直接效力说不代表否认宪法对私法的影响，但是承认宪法在效力上的优先性，并不意味着要否认私法在适用上的优先性。尽管采直接效力说和采间接效力说法院都要在个案中进行利益衡量，而且可能对案件的最终结果不会产生实质性的影响，但是能够在私法范围内解决的问题就不要直接适用宪法条文。因此我国也应

---

① 参见陈新民：《德国公法学基础理论》（增订新版·上册），法律出版社2010年版，第337~338页。

② 参见陈新民：《德国公法学基础理论》（增订新版·上册），法律出版社2010年版，第349~352页；Christian Starck：《法学、宪法法院、审判权与基本权利》，杨子慧、林三钦等译，台北，元照出版有限公司2006年版，第368页。朱岩博士认为，宪法应该作为保护他人的法律，经由民法中一般条款的解释，宪法应该可以间接进入保护性法律的范围。这种理解有误，如果宪法作为保护他人的法律，它就是在民法中产生了直接效力，通过民法一般条款的解释，只是转介宪法的价值观念，法院在判决中并不能直接援引宪法条文。参见朱岩：《违反保护他人法律的过错责任》，载《法学研究》2011年第2期。

③ 陈新民：《德国公法学基础理论》（增订新版·上册），法律出版社2010年版，第349~352页。

该采纳基本权利的间接效力说，基本权利和民法的关系应该是，民法应该尊重在基本权利中所传达的人类生活图像，即在人们相互间交往时，基本权利必须被尊重，这并不是因为法律具体规定所有人民均受到基本权利的直接约束，而是源自人类共同生活的传统规范，基本权利即是建构在此一规范的基础上。基本权利所传达的人类生活图像并不只是在人民—国家关系中作为基本权利规范的基础，也是民法建构的根基。而这一根基的原点就是人有尊严。①

如果中国采纳基本权利的间接效力说，那么最高人民法院废止原先对"齐玉苓案"的批复在技术上就是正确的，问题是中国的法院再遇到类似案件应该如何解决？蔡定剑认为，可以适用《教育法》第 81 条侵犯受教育权的应当承担民事责任的规定予以解决，②这种观点不能成立。因为第 81 条只是规定了侵犯受教育者的合法权益，应当承担民事责任。这种合法权益只能是受教育者的人身和财产权益，也就是通过《教育法》第 72 条（寻衅滋事）和第 73 条（校舍倒塌）保护的权益，而不是受教育权。如果在责任的构成要件上没有特殊性，《教育法》中规定民事责任实际上是多余的。教育法是在立法上对宪法教育权的细化，即便是主张基本权利直接效力的学者也认为教育权作为一种相对权，只能向国家主张，它只能是公法上的主观权利。实际上，在中国教育权目前还处于客观法的层面，它还不是公法上的主观权利，更不用说成为私法上的主观权利了，例如失学儿童就没有办法向国家起诉主张教育权。如果我们比较一下《义务教育法》的相关规定，问题就更加清楚，义务教育应该比一般教育更加根本、更加重要，按照举轻明重的原则，侵犯一般教育权应该承担民事责任，侵犯义务教育权更应该承担民事责任，但是《义务教育法》对民事责任问题根本没有提及，同时也没有提及失学儿童主张义务教育权的内容。我们有一万个理由说，教育权应该体现为一种主观权利，但是从"应当"中无

---

① 参见 Christian Starck：《法学、宪法法院、审判权与基本权利》，杨子慧、林三钦等译，台北，元照出版有限公司 2006 年版，第 372 页。

② 参见蔡定剑：《中国宪法实施的私法化之路》，载《中国社会科学》2004 年第 2 期。

法推导出“是”。

刘文杰认为，在最高人民法院废止“齐玉苓案”批复之后，如果遇到类似案件，可以将姓名权作为兜底性的人格权，即冒用他人姓名侵犯的利益尚未结晶为民法上的权利，则由姓名权加以保护。① 这种观点同样不成立。首先，姓名权并不是人格权，而是身份权，它只是通过文字符号将一个人与其他人进行区分的标志；②其次，作为最不重要的人身权，姓名权根本起不到兜底的作用，因为姓名权并不是与生俱来的必备的人格要素，法律也没有禁止重名，个人也可以随时改变自己的姓名；最后，以姓名权作为兜底的人格性权利保护尚未结晶为民法上的权利的做法，实际上是通过扩张解释姓名权起到保护相关利益的作用，前文已经提及，这种解释不能超越相关权利的核心意义。

因此，类似案件应该这样解决：在《民法典》生效之前，冒用他人姓名顶替上学，是以姓名权为媒介侵犯他人上学的机会，从而侵犯了原告按照自己的自由意志发展人格的利益，这种利益在民法上并没有表现为一种权利类别。根据最高人民法院《关于确定民事侵权精神损害赔偿责任若干问题的解释》（2001 年）第 1 条第 2 款的规定，被告实际上是违反社会公共利益、社会公德侵害他人的其他人格利益。如果在德国，上述解释的依据就是《德国基本法》第 2 条第 1 款自由发展人格的权利，在中国宪法中没有上述内容，因此解释的依据是《宪法》第 38 条的关于人格尊严不受侵犯的规定。因为《德国基本法》第 2 条第 1 款也是其第 1 条第 1 款人格尊严不得侵犯的展开。人有尊严是因为人有理性，这种理性不仅指人类认识客观世界的能力，而且也包括人识别道德要求并根据道德要求行事的能力。因此，“人依其本质属性，有能力在给定的各种可能性的范围内，自主地和负责地决定他的存在和关系、为自己设定目标并对自己的行为加以限制”。③ 齐玉苓被侵害的正是这种人格利益，在被冒名顶替上学之后，她的整个人生发生

---

① 参见刘文杰：《民法上的姓名权》，载《法学研究》2010 年第 6 期。

② 参见方新军：《权利客体的概念及层次》，载《法学研究》2010 年第 2 期。

③ ［德］卡尔·拉伦茨：《德国民法通论》（上册），王晓晔等译，法律出版社 2003 年版，第 45~46 页。

了完全的改变,她失去了基于自己的自由意志发展自己人格的机会。

在《民法典》生效之后则无需绕路,因为《民法典》第 109 条明确规定:“自然人的人身自由、人格尊严受法律保护。”第 990 条第 2 款规定:“除前款规定的人格权外,自然人享有基于人身自由、人格尊严产生的其他人格权益。”法官只需通过对人格尊严的解释,说明被冒名顶替者的人格利益受到侵害,再通过《民法典》第 1165 条第 1 款作出判决即可。

通过上述分析,笔者认为,宪法规范原则上不属于保护他人法律的规范,法官不能在民事裁判中直接援引,但是法官在裁判具体案件时可以通过民法的一般条款或者基本原则转介宪法的价值理念。

需要注意的是,如果宪法规范明确规定了基本权利的私人面向,应该认为属于民法中的保护他人的法律。例如,《宪法》第 36 条第 2 款规定:“任何国家机关、社会团体和个人不得强制公民信仰宗教或者不信仰宗教,不得歧视信仰宗教的公民和不信仰宗教的公民。”第 40 条后句规定:“除因国家安全或者追查刑事犯罪的需要,由公安机关或者检察机关依照法律规定的程序对通信进行检查外,任何组织或者个人不得以任何理由侵犯公民的通信自由和通信秘密。”第 41 条第 2 款规定:“对于公民的申诉、控告或者检举,有关国家机关必须查清事实,负责处理。任何人不得压制和打击报复。”上述规定中均出现了个人不得侵犯的表述,这明显突破了基本权利只是针对国家的界限。

朱虎认为,尽管上述规范中出现了“个人”等语词,但这些规范仍然并非直接以私人作为规范对象,而仅仅是设立了国家的制度性保障义务。适格的规制性规范必须是明确的或已被具体化的强制或禁止规范,而上述三个基本权利规范仅仅提供了一个概括条款式保障,并未规定明确具体的行为义务,既非明确的强制或禁止规范,也非已被具体化的强制或禁止规范。因此,上述规范不得作为适格的规制性规范。①

笔者认为,上述规范应该属于保护他人的法律。理由如下:

---

① 参见朱虎:《规制法与侵权法》,中国人民大学出版社 2018 年版,第 128 页。

第一,基于形式主义的解释方法,既然法条文义中明确出现了“个人”的表述,应该认为该法条具有保护个人的面向。除非出现了明显有违法律目的的情形,原则上不得进行目的性限缩解释。

第二,基于比较法上的观察,当宪法条文中出现类似于“个人”的文义表述时,即使存在基本权利直接效力和间接效力的争论,一般也认为具有保护个人的面向。例如,《日本宪法》第15条第4项规定:“选举人对其选择,于公于私均不负责任。”日本学说理论一般认为,该项是对投票秘密的保障,可以适用于公权力的侵害,也可以适用于私人间的侵害。1919年德国《魏玛宪法》第159条规定:“为维护并促进劳动条件及经济条件之团结的自由,对任何人,且对所有职业,均予以保障。”依据当时的通说,该条规定不仅对公权力,而且对于社会性的权力也有其适用。①

第三,保护他人的法律的范围比规制法的范围广,规制法只是保护他人的法律的一种类型。单纯规定特定行为义务的规制法在很多时候并不能扩大侵权法的保护范围,只是对过错的认定有助益;单纯保护他人利益的法律在很多时候并不规定行为人的具体行为义务,但是能够扩大侵权法的保护范围。上述三个宪法条文尽管没有规定具体的行为义务,但是可以作为原《侵权责任法》第6条第1款中“益”的解释基础,说明某种利益是受到法律保护的。至于具体的行为义务,则可以通过第6条第1款规定的“过错”进行判断。

第四,将上述三个宪法条文解释为保护他人的法律在目前的实践中可能没有太多的意义,因为《宪法》第36条第2款规定的宗教信仰自由的利益已经可以通过《民法典》总则编第109条规定的“人身自由”解释出来,“不得歧视”可以通过《民法典》总则编第4条规定的平等原则和第109条规定的“人格尊严”解释出来;第40条保护的通信自由利益已经可以通过《民法典》总则编第109条规定的“人身自由”解释出来,通信秘密可以通过《民法典》总则编第110条规定的“隐私

---

① 参见萧淑芬:《基本权基础理论之继受与展望——台日比较》,台北,元照出版有限公司2005年版,第97页。

权”解释出来;第 41 条第 2 款规定的不得打击报复可能侵犯的利益,也可以通过《民法典》规定的名誉权、隐私权、健康权、身体权、人身自由或者人格尊严解释出来。但是这并不影响将上述条文解释为保护他人的法律,我们不能以实然的结果去否认规范的应然价值。

第四节 刑法规范是否属于保护他人的法律?

在大陆法系关于刑法中侵犯个人利益的犯罪属于保护他人的法律基本上不存在争议,在葡萄牙和西班牙违反保护他人的法律构成侵权的规定甚至主要依赖的是刑法,[①]但是英美法系明确地将刑法排除在违反制定法的责任之外。在“Lonrho 案”中,英国法院明确表示:“在法律以刑事制裁作为强制行为人履行义务之方法时,应排除民事责任之请求权。”[②]笔者的看法是,刑法规范原则上不能被认为是保护他人的法律,它们不能在民法中被直接援引,它们只能通过民法的一般条款转介其价值观念。

第一,刑法存在的正当性在于它对于保障社会共同体和睦昌盛的共同生活有着无可争议的必要性,刑法的任务是为实现共同福祉和维护共同秩序服务。判断一条规范是否属于保护他人的法律,关键标准是规范的目的,正是在规范的目的上,刑法不属于保护他人的法律。刑法的直接目的是对社会共同体生活秩序的维护,只是间接上起到保护个人权益的作用。“几乎无法想象哪一个公法条文不在较为一般的

---

① 参见[德]克雷斯蒂安·冯·巴尔:《欧洲比较侵权行为法》(上卷),张新宝译,法律出版社 2004 年版,第 21 页。

② 陈聪富:《侵权归责原则与损害赔偿》,北京大学出版社 2005 年版,第 63 页。瓦格纳通过比较法上的考察也明确指出,在英美法系,广义上的刑法作为一种庞大且不断扩张的体系,事实上是侵权法适用的禁区,因此不应该将其作为发展新型侵权责任的指引渊源。参见[德]格哈特·瓦格纳:《当代侵权法比较研究》,高圣平、熊丙万译,载《法学家》2010 年第 2 期。美国学者基本持同样的看法,参见[美]丹·B. 多布斯:《侵权法》(上册),马静等译,中国政法大学出版社 2014 年版,第 277 页。

意义上，以对个别公民提供帮助和保护为目的。”[①]反过来，我们也无法想象哪一个私法的条文不在一般的意义上是有利于公共利益的。如果以间接目的为标准，刑法和民法之间的区分将在根本上消失。

比较容易让人产生误解的是《刑法》分则第四章“侵犯公民人身权利、民主权利罪”和第五章“侵犯财产罪”中规定的各种犯罪类型，从名称上看是对公民人身权利和财产权利的直接保护，实质不然。我们来看两则例子：(1)甲持刀蓄意杀害乙，但是因为乙跑得快，甲追出100多米被警察制服。此时乙没有任何民事权利被侵害，但是根据《刑法》第232条的规定甲构成犯罪，只是根据第23条的规定属于未遂，可以从轻或减轻处罚；(2)甲希望以100万的高价购买乙祖传的明代花瓶，但是乙基于对祖辈的感情不愿出售，甲恼火地将正在自己手中观赏的花瓶扔在地上摔碎，甲即便愿意赔偿乙100万，根据《刑法》第275条的规定他的行为仍然构成犯罪。上述两个例子表明，犯罪的本质不在于是否对个人的民事权益造成了具体的损害，而在于对刑法认定的社会公共秩序的违反，[②]犯罪是对法本身的不法。[③] 在例(1)中，尽管乙的民事权利没有受到任何损害，但是甲的行为严重挑战了人的生命不得侵犯的社会公共秩序，因此应该被认定为犯罪。否则所有的预备犯、中止犯和未遂犯都失去了被处罚的依据。在例(2)中，如果刑法的目的是对个人权利的保护，那么乙的权利在民法上已经得到充分的填补，基于谦抑性原则刑法似乎没有必要介入。通过对甲科处刑罚，甲得到的是他的行为应得的社会伦理上的谴责和法制共同体对他不负责任地犯下的不法给予的不能够同意的回答。[④] 因为甲的行为不但侵害了乙的财产权利，而且严重挑战了任何个人的财产不得被侵

---

① [德]马克西米利安·福克斯：《侵权行为法》，齐晓琨译，法律出版社2006年版，第144页。

② 参见[英]J. C. 史密斯、[英]B. 霍根：《英国刑法》，马清升等译，法律出版社2000年版，第21页。

③ 参见[德]黑格尔：《法哲学原理》，范扬、张企泰译，商务印书馆1961年版，第95~96页。

④ 参见[德]约翰内斯·韦塞尔斯：《德国刑法总论》，李昌珂译，法律出版社2008年版，第4页。

犯的社会公共秩序,前者属于民法,后者属于刑法。我们从侵犯知识产权罪在中国刑法中的位置更能看出问题所在,知识产权当然属于民事权利,如果侵犯人身权利罪和侵犯财产罪都是独立的一章,侵犯知识产权罪也应该是独立的一章,但是在《刑法》中侵犯知识产权罪位于分则第三章"破坏社会主义市场经济秩序罪"中的第七节,这正反映了这一罪名的本质。

正因为刑法直接保护的是公共利益,民法直接保护的是私人利益,凯尔森认为两者之间的本质区分在程序上最能体现出来。在私法中启动程序的是权益受到侵害的个人,在刑法中启动程序的是国家的专门机关,因为"规定刑罚作为制裁的法律秩序认为有决定意义的,并不是直接为不法行为所侵犯的私人利益,而却是以公诉人为其机关的那个法律共同体的利益"。① 比较容易引起争论的,是《刑法》第246条、第257条、第260条和第270条规定了五种"亲告罪",这确实是刑法中的异类,但是上述"亲告罪"恰恰体现了刑法的谦抑性,因为民法的相关规定已经可以解决问题。《刑法》第246条第2款的但书更能说明问题,即侮辱、诽谤罪严重危害社会秩序和国家利益的不适用告诉才处理的规定。而且上述五个罪名都以主观上故意为要件,在民法上转介反而不利于保护受害人。

第二,正因为刑法的直接目的是对公共利益的维护,而不是对个人权利的保护,刑法学从权利侵害说转向了法益侵害说。费尔巴哈创立的"权利侵害说"认为刑法的任务是保护权利,权利分为国家的权利和个人的权利,因此犯罪分为对国家的犯罪和对个人的犯罪。② 权利侵害说和费尔巴哈主张的罪刑法定原则相并列,对防止国家权力的恣意、维护刑法的安定性有重大的贡献,但是该说也存在如下问题:(1)由于实证法上通过权利工具保护的利益只是法律保护利益的一部分,这使得费尔巴哈必须持自然权利论,这受到了法实证主义的批判;

---

① [奥]凯尔森:《法与国家的一般理论》,沈宗灵译,中国大百科全书出版社1996年版,第232页。

② 参见[德]安塞尔姆·里特尔·冯·费尔巴哈:《德国刑法教科书》(第14版),徐久生译,中国方正出版社2010年版,第35~36页。

(2)对于一些刑法规定的,既没有侵犯国家权利,也没有侵犯个人权利的罪名没有办法解释,如反伦理罪、违警罪等。因此比恩鲍姆提出了法益侵害说,即权利作为一个抽象的概念不存在被侵害的问题,立法者只是在比喻的意义上使用"侵害"一词。我们受到侵害的不是权利本身,而是权利的对象,即法益。①

如果从法律的目的就是保护利益,刑法的直接目的并不是对个人权利的保护这个角度看,法益侵害说具有合理性,但是当法益侵害说将其理论基础设立在权利作为一种抽象概念是不可能被侵犯的,同时将刑法保护的利益理解为既包括超个人的法益,也包括个人法益时,它仍然存在问题。

1. 尽管民事法律以赔偿实际损害为原则,但是欧洲很多国家的法律制度承认名义性赔偿,即"权利宣示或确权功能",它是在没有具体损害时,宣称某种权利被侵害的方式。② 因此刑法转向法益侵害说和权利是否能够被侵害没有本质联系,根本性的原因在于刑法的直接目的并不是对个人权利的保护。

2. 如果刑法直接保护的法益包括个人法益,那么未遂犯的处罚正当性问题仍然无法解决。尽管有学者提出了"多元的法益保护论",但是这种多元只是一个犯罪对多个共同利益的侵犯,共同利益背后的个人利益仍然是被间接保护的。③ 也有学者认为,刑法的保护体系是以个人法益为中心的,超个人的法益只居于次要地位。在超个人法益和个人法益之间存在"推论的关系",只有在超个人法益是为了个人的人格发展之目的,且该超个人法益是保护个人法益的可能性上的条件时,才有资格成为超个人的法益。因为在纳粹时代,国家通过创设和个人利益毫无直接关联的民族精神、种族主义等法益,发展所谓的非

---

① 参见张明楷:《法益初论》(修订版),中国政法大学出版社2003年版,第14~18页。

② 参见[德]U. 马格努斯主编:《侵权法的统一:损害与损害赔偿》,谢鸿飞译,法律出版社2009年版,第270页。

③ 参见[日]关哲夫:《法益概念与多元的保护法益论》,王充译,载《吉林大学社会科学学报》2006年第3期。

常时期的刑法,从而使刑法沦为政治意识形态的化身。[①] 这种对极权主义的怵惕之心实值赞赏,对超个人利益所持的唯名论观点确实可以防止国家随意创设罪名,但是国家确实可以通过创设和个人利益毫无关联(如虐待动物罪),甚至和整个人类通行的价值观相悖的罪名(例如,曼德拉在南非被判有罪),这是刑法本身保护抽象的社会公共利益的固有风险,这只能通过完善的政治制度进行预防。在现代民主国家,"对刑事立法者预先规定的唯一限制,存在于宪法的原则中"。[②] 既然刑法和民法都要体现宪法规定的价值观念,而且刑法的直接目的是保护社会公共利益,那么民法在遇到权利之外的利益被侵犯的场合,没有必要转介刑法规范,因为通过一般条款转介宪法的价值观念就可以了。如果宪法的规范过于抽象,而刑法的规定非常具体,民法在对一般条款进行解释时确实可以考虑刑法所体现的价值观念。

第三,尽管基于保护目的的不同,民法无须转介刑法规范,但是在比较法上确实存在立法上明确规定,构成犯罪的对受害人予以赔偿。问题是中国在解释论上是否应该借鉴?笔者认为没有必要,理由如下:

1. 原先的《西班牙刑法典》第 19 条规定:"任何一个构成违法或犯罪的人也负有民事上的责任。"上述规定显然有漏洞,因为,即使没有任何损害,也不影响犯罪的成立。因此,《西班牙新刑法典》第 116 条将其修改为只有造成损害的犯罪行为,才承担民事赔偿责任,但是上述规定仍然存在问题。[③] 我们来看一个例子:甲为了贿赂乙,将一幅名人字画交给丙,让其转交给乙,但被丙私吞。如果丙的侵占罪成立,甲并不能向丙主张画的返还,更不用说赔偿损失了,因为不法原因的给付并不导致不当得利的返还。[④] 正因为民法中有上述规定,刑法学的

---

① 参见陈志龙:《法益与刑事立法》,台湾大学法学丛书 1997 年版,第 44~45、156~157 页。

② [德]克劳斯·罗克辛:《德国刑法学·总论——犯罪原理的基础构造》(第 1 卷),王世洲译,法律出版社 2005 年版,第 15 页。

③ 参见《西班牙刑法典》,潘灯译,中国政法大学出版社 2004 年版,第 45 页。[意]毛罗·布萨尼、[美]弗农·瓦伦丁·帕尔默主编:《欧洲法中的纯粹经济损失》,张小义、钟洪明译,法律出版社 2005 年版,第 738 页。

④ 参见王泽鉴:《不当得利》,北京大学出版社 2009 年版,第 273~280 页。

主流学说认为在上述案例中,丙也不构成侵占罪。认定罪名成立,实际上表明刑法和民法的保护对象并不一致,认定罪名不成立的,恰恰是以民法的理论为前提。[①] 因此更加合理的规定是《意大利刑法典》第 185 条和《葡萄牙刑法典》第 129 条,即犯罪人必须依据民法规范承担恢复和赔偿的义务。[②] 我国《刑法》第 36 条和第 37 条也应该作这样的解释,不是民法应该转引刑法,而是刑法应该转引民法。

2.《奥地利民法典》第 1331 条规定,如果损害是由刑法禁止的行为造成的,受害人可以请求赔偿受损害财产的特别价值,上述特别价值指的是受害人对该物的感情价值。[③] 上述立法例确实可以证明最高人民法院《关于人民法院是否受理刑事案件被害人提起精神损害赔偿民事诉讼问题的批复》(已失效)是错误的,但是对于中国的民事司法实践意义甚微。因为最高人民法院《关于确定民事侵权精神损害赔偿责任若干问题的解释》(2001 年)第 4 条明确规定,具有人格象征意义的特定纪念物品被毁损的,受害人可以提起精神损害赔偿。一方面,刑法中的犯罪原则上以故意为要件,这反而限制了情感损失的赔偿范围;另一方面,上述立法例对物的范围没有限定,实务中也需作目的论限缩。因为具有情感价值的物在经济上未必有多大价值,这时可能不存在犯罪的问题,但是民事上的精神损害赔偿责任仍然存在。因此,有关侵害具有情感价值的物造成的精神损害赔偿的问题,只能在民法中进行规定。张明楷也明确指出,如果根据我国《刑法》第 37 条的规定应该赔偿精神损害的,其范围应该参考民法的规定予以决定。[④]

3.《瑞典侵权责任法》第二章第 4 条规定,因犯罪致人发生纯粹经济损失的,应予赔偿。相似的规定有《芬兰侵权责任法》第 5 章第 1

---

① 参见[日]曾根威彦:《刑法学基础》,黎宏译,法律出版社 2005 年版,第 260~262 页。张明楷:《刑法学》(第 3 版),法律出版社 2007 年版,第 742~743 页。

② 参见《最新意大利刑法典》,黄风译注,法律出版社 2007 年版,第 71 页。《葡萄牙刑法典》,陈志军译,中国人民公安大学出版社 2010 年版,第 63 页。[意]杜里奥·帕多瓦尼:《意大利刑法原理》,陈忠林译,中国人民大学出版社 2004 年版,第 353~354 页。

③ 参见《奥国民法》,王绍堉译,文武有限公司 1978 年版,第 230 页。[德]克雷斯蒂安·冯·巴尔:《欧洲比较侵权行为法》(上卷),张新宝译,法律出版社 2004 年版,第 749 页。

④ 参见张明楷:《刑法学》(第 3 版),法律出版社 2007 年版,第 478 页。

条、《西班牙刑法典》第113条。[①] 笔者认为在中国的民事司法实践中没有必要采纳这种思考方式。首先,即便我们要在民法中对刑法规范进行转介,也只能转介侵犯个人财产法益的规范,但是这些罪名全部以故意为要件。在民法中,尽管纯粹经济损失原则上得不到赔偿,但是所有法系都承认故意造成的纯粹经济损失是可以赔偿的,这是纯粹经济损失赔偿的真正共同核心。[②] 通过故意违反善良风俗构成侵权的规定,民法可以解决问题,没有必要转介刑法规范。其次,如果不对犯罪的类型进行限定,则可能不当地扩大对纯粹经济损失的保护范围。例如,根据中国《刑法》第119条的规定,当事人基于过失破坏电力设备造成严重后果的构成犯罪,而破坏电力设备是最容易导致纯粹经济损失的,如果此时认定纯粹经济损失的赔偿,反而不当地扩大了民法的保护范围。即便瑞典和芬兰作了上述规定,对因过失引起的纯粹经济损失也是不予赔偿的。[③] 因此,就纯粹经济损失问题,民法也没有必要转介刑法的规定,但是故意犯罪的认定确实可以认为民事侵权的主观要件也已经符合。在荷兰的司法实践中,行为人构成犯罪的,确实可以认为其也符合《荷兰民法典》第6:106条第1款的故意要件。[④]

第四,传统大陆法系国家和地区通过目的性扩张,将刑法规范解释为:尽管是一项保护公众的条款,但是同时也有意图对具体的受害人提供保护,从而将其纳入保护他人的法律,但是在具体的司法实践中作用甚微。在我国台湾地区"最高法院"关于是否适用第184条第2项的80个判例中,没有一个是主张"刑法"规范的。[⑤] 在德国,学说

---

① 参见[意]毛罗·布萨尼、[美]弗农·瓦伦丁·帕尔默主编:《欧洲法中的纯粹经济损失》,张小义、钟洪明译,法律出版社2005年版,第2~9页。[德]克雷斯蒂安·冯·巴尔:《欧洲比较侵权行为法》(上卷),张新宝译,法律出版社2004年版,第749~750页。

② 参见[意]毛罗·布萨尼、[美]弗农·瓦伦丁·帕尔默主编:《欧洲法中的纯粹经济损失》,张小义、钟洪明译,法律出版社2005年版,第398~399页。

③ 参见[意]毛罗·布萨尼、[美]弗农·瓦伦丁·帕尔默主编:《欧洲法中的纯粹经济损失》,张小义、钟洪明译,法律出版社2005年版,第153页。

④ 参见[德]克雷斯蒂安·冯·巴尔:《欧洲比较侵权行为法》(上卷),张新宝译,法律出版社2004年版,第749页。

⑤ 参见陈聪富:《侵权归责原则与损害赔偿》,北京大学出版社2005年版,第90~101页。

理论上试图通过转介刑法规范解决第823条第1款对人身权保护不足的问题,这在《德国基本法》没有出现之前有一定意义,此后法院可以通过违反善良风俗条款转介基本法的价值理念予以解决,这使得转介刑法规范只起到阐释和进一步明确的功能,甚至只是考试中的一种分析方法而已。①

第五节　行政法规范是否可以作为保护他人的法律?

尽管传统学说理论认为行政法是以维护公共利益为目的,因此在性质上属于公法范畴,但是通过转介行政法规解决民事案件,无论是在大陆法系,还是在英美法系均是一种常态。只是在转介的范围、对行政法规保护的物的范围和人的范围的宽窄度上不同国家或地区存在区别。如果刑法属于公法范畴,在民法中不能直接转介,那么同属公法范畴的行政法规为什么能够在民法中转介,而且作用非常明显。在我国台湾地区"最高法院"关于是否适用第184条第2项的80个判例中,绝大多数都是关于转介"行政法"的案件;在英美法上违反制定法的责任,绝大多数也是违反行政法规构成侵权的案件。

这是因为行政法从其产生开始就是公法和私法的混合体。在行政法成为一个独立的法律部门之前,有关国家或地区的活动一直受到民法和民事审判的调整。作为这种思考方式的残余,现代社会仍然在讨论行政法是否可以类推适用民法的规定。在法治国出现之后,基于分权的思想,行政法开始独立出来。行政法产生之初,正值自由主义鼎盛时期,基于经济人假说和国家守夜人的定位,国家对市民生活的干预并不明显,行政法被认为只是为了实现公共利益。因此行政法被认为是和民法截然不同的法律,两者之间不存在共同的法律制度,也

① 参见[德]马克西米利安·福克斯:《侵权行为法》,齐晓琨译,法律出版社2006年版,第141页。

没有能够直接产生民事法律效力的行政法制度。① 但是,随着后自由主义社会的来临,国家和社会逐步近似,公法和私法逐步混同,国家不再伪装为社会秩序的中立监护人,国家越来越多地对社会经济生活进行直接的干预。② 此时开始产生行政法究竟属于公法,还是属于私法的讨论。

在这场讨论中我们发现,关于民法和刑法、宪法的区分并不存在争议,所谓私法的公法化和公法的私法化实际上就是民法和行政法相互渗透的问题。正是因为社会经济基础的变化,现代社会已经是一个风险社会和福利社会,民法从近代民法转向现代民法,即从抽象人格转向具体人格、从所有权的绝对保护转向所有权的限制、从意思自治转向意思自治的限制、从自己责任转向社会责任。③ 其中的每一个转变都意味着国家对社会经济生活控制的加强,民法中强制性规范也随之空前增加,这使得民法成为公法和私法的混合体。与民法的转向同步,行政法也脱离单纯为国家存立服务的观念,开始系统地介入市民的社会经济生活。

同一社会经济生活现象,民法和行政法可能从不同方向进行规制。例如,道路交通事故致人损害当然属于民事侵权之一种,但是行政法对驾驶人的具体行为义务进行规定,这实际上成为民法判断行为人过错的标准。国家这个"巨兽"正是通过在侵权责任法上"钻孔"的方式全面地介入私法,而"钻孔"的工具就是通过制定大量的规范社会经济生活中行为义务的行政法规。④ 渡边洋三教授认为,行政法对社会经济生活的渗透不能简单地用"公共福祉"这样的抽象概念予以说明,而应该求助于事物的本质。"现代行政法,与古典的私法原理之解

---

① 参见[德]奥托·迈耶:《德国行政法》,刘飞译,商务印书馆 2002 年版,第 40~65、119~123 页。

② 参见[美]昂格尔:《现代社会中的法律》,吴玉章、周汉华译,中国政法大学出版社 1994 年版,第 180~181 页。

③ 参见梁慧星:《从近代民法到现代民法》,载梁慧星主编:《民商法论丛》(第 7 卷),法律出版社 1997 年版,第 244~246 页。

④ 参见[美]劳伦斯·傅利曼:《二十世纪美国法律史》,吴懿婷译,台北,商周出版 2005 年版,第 402~403 页。

体过程同一轨迹,即作为此一解体结果而出现,且与修正古典私法之现代私法之展开,立于同一社会基础之上。因此,无论现代行政法或现代私法,均系由现代法之共通原理所支持,所对立者,并非公法与私法,而系古典市民法与现代法。"①这被称为行政法的"私法特别法论"。在英美法系,有学者干脆用行政法替换公法来讨论公法和私法的区分合理性问题,结论同样是公法(行政法)和私法之间存在大量互动和相互渗透的现象。②

正因为行政法和民法的相互渗透状态,行政法的规范作为保护他人的法律在民法中被转引就是当然之理。我国《立法法》第8条规定,民事基本制度只能制定法律;但是第9条又规定,对第8条规定的事项尚未制定法律的,全国人民代表大会及其常务委员会有权作出决定,授权国务院可以根据实际需要,对其中的部分事项先制定行政法规。《民法典》第1208条规定,机动车发生交通事故造成损害的,依照《道路交通安全法》的有关规定承担赔偿责任。《民法典》第293条规定不得违反国家有关工程建设标准,第294条规定不得违反国家规定弃置固体废物等,这些都表明行政法规可以成为民事判案的依据。问题是在民法没有直接规定转介行政法规时,司法实务中如何判断一条行政法规属于保护他人的法律?

行政法的范围包括两个大块:第一块是为了国家的存立对社会的管理,这是传统行政法的主要范围,如税法、财政法等,这主要涉及国家和个人之间的关系,属于严格意义上的公法范围,即使当事人受到损害只能通过行政诉讼解决,原则上不对民法产生效力,因此不能在民法中转介。第二块是为了个人的权利对社会的管理,这属于行政法和民法交叉的地方,原则上都属于保护他人的法律,可以在民法中转介,但是明确属于单纯保护公共利益的规范,则不属于保护他人的法

---

① 刘宗德、赖恒盈:《日本行政法学之现状分析——译者代序》,载[日]塩野宏:《行政法I》,刘宗德、赖恒盈译,月旦出版社股份有限公司1996年版,第319页。

② 参见[新西兰]迈克尔·塔格特编:《行政法的范围》,金自宁译,中国人民大学出版社2006年版,第1~7页。[英]彼得·莱兰、[英]戈登·安东尼:《英国行政法教科书》(第5版),杨伟东译,北京大学出版社2007年版,第272~286页。

律。在第二块法律中,行政法可以通过多种方式对个人权利或利益进行保护。

首先,通过预先规定行为人行为义务的方式保护他人的权益。这又有两种方法:一种是规定在特定场合的行为义务,如《道路交通安全法》和《道路交通安全法实施条例》规定的机动车驾驶人的义务,建设部关于《住宅室内装饰装修管理办法》关于装修人的行为义务等;另一种是规定特定主体的行为义务,如医生、律师、建筑师、会计师的行为义务,也就是各种专家的行为义务;经营者的反不正当竞争义务;在市场中居优势地位者的反垄断义务等。行政法规规定的特殊义务实际上是侵权法中一般注意义务的具体化,这实际上起到了减轻法官认定一般注意义务的负担。①

民法转介第一种类型的行为义务规范,其主要作用在于对行为人过错的认定,行为人违反行政法规定的行为义务本身是证明行为人存在过错的表面证据,这实际上起到了过错推定的作用。既然是推定,行为人也可以通过反证予以推翻。而且这种行为规范只是侵权法上注意义务的最低标准,没有遵守,可以认定行为人有过错,但是遵守行政规范并不必然导致侵权责任的免除。对于过错的认定民法有自己独立的标准,行政法规所规定的具体行为义务只是起到减轻法官认知负担的作用。② 同时,侵权法转介第一种类型的行为义务规范并不必然导致保护范围的扩大,只要行政法规没有明确规定保护特殊利益的,解释上应该从严。例如,行为人违反道路交通法规导致交通事故,并不必然导致对纯粹经济利益的赔偿。

民法转介第二种类型的行为义务规范,不但可以起到对行为人过错认定的作用,而且也可能扩大民法上对当事人权益的保护范围。例如,根据最高人民法院《关于审理涉及会计师事务所在审计业务活动中民事侵权赔偿案件的若干规定》第 1 条和第 2 条的规定,因合理信

---

① See Willem H. van Boom, Meinhard Lukas & Crista Kissling, *Tort and Regulatory Law*, Spinger Wien New York, 2007, p. 455.

② See Willem H. van Boom, Meinhard Lukas & Crista Kissling, *Tort and Regulatory Law*, Spinger Wien New York, 2007, pp. 460-461.

赖或者使用会计师事务所出具的不实报告,与被审计单位进行交易或者从事与被审计单位的股票、债券等有关的交易活动而遭受损失的自然人、法人或者其他组织,可以向人民法院提起民事侵权赔偿诉讼。上述损失实际上主要是纯粹经济损失,而会计师的过错则要通过转介《注册会计师法》第 20、21、22 条等规定予以判断。这实际上突破了纯粹经济损失只有在行为人故意的情况下才予以赔偿的规定,但是这符合世界各国关于纯粹经济损失赔偿的发展趋势。因为对专家在其专业领域内课以更重的责任,才能维持更高的专业服务水准,至于风险,专家可以通过保险的方式予以分散。①

其次,行政法可以通过直接创设权利的方式保护个人的利益,通过对这些规范的转介,民法实际上扩大了保护范围。在现代社会,“政府开始成为财富的主要源泉。政府是巨型压力器,它吸进税收和权力,释放出财富:金钱、救济金、服务、合同、专营权和特许权”。②

1. 政府可以人为地垄断一部分资源,通过发放营业许可证创设新的财产权,如出租车营运证、客运长途班线营运证、航空班线营运证、烟草专卖证等。如果行为人直接阻碍权利人行使权利当然构成侵权,此时应该将行政法规转介入《民法典》第 1165 条第 1 款,适用过错责任原则。正是这样,我国台湾地区的“立法”例存在问题,因为他们没有意识到违反保护他人的“法律”并非全部都是具体的行为规范,如果一概适用过错推定原则反而会导致价值判断上的轻重倒置。如果行为人不直接阻碍权利人行使权利,而是在没有专营权的情况下从事上述营业,这时权利人可能遭受纯粹经济损失。侵权人明知自己没有营运证而从事营业,主观要件上可以认定为故意,但是受害人应该证明具体损失的存在,以及损害和侵权人行为之间因果关系的存在。如果不能证明,则只能由行政主管部门对行为人进行行政处罚,这实际上起到了权利的宣示和确认的功能。

---

① 参见[意]毛罗·布萨尼、[美]弗农·瓦伦丁·帕尔默主编:《欧洲法中的纯粹经济损失》,张小义、钟洪明译,法律出版社 2005 年版,第 399 页。

② [美]查尔斯·A. 赖希:《新财产权》,翟小波译,载易继明主编:《私法》(第 6 辑第 2 卷),华中科技大学出版社 2007 年版,第 194 页。

2. 政府可以在公共资源上创设不同于传统物权的新类型权利，如采矿权、捕鱼权、取水权、养殖权等，这又被称为“准物权”。直接侵权的仍然转介适用《民法典》第 1165 条第 1 款，对这些权利的侵害导致纯粹经济损失的，主观要件仍以故意为必要。

3. 针对特定的人群赋予特定的权利，如残疾人补助金、失业救济金、单身母亲救济金等。这实际上是现代社会转向福利政府的结果，也是从近代民法的抽象人格转向具体人格的结果，同时也是现代社会身份复活的结果。但是这些权利主要是宪法上社会权在行政法上的细化，这使得上述权利从宪法上的客观规范转化为行政法上的主观公权利，但是这种权利只是一种相对权，权利人只能向政府主张，第三人无侵犯的可能，因此没有在民法上转介的必要。

第七章　通过民法内在体系对利益的保护

无论是通过对权利的解释，还是寻求保护他人的法律对利益进行保护，这仍然是在法律的外在体系中思考利益保护的问题。经过侵犯法定权利构成侵权和违反保护他人的法律构成侵权的过滤之后，剩下来的利益则要通过民法的内在体系予以保护，这是侵权认定的最后兜底方法，兜不住的都处于法外空间，属于利益人自担风险的范围。

第一节　内在体系和利益保护的一般问题

内在体系的缘起和利益保护具有天然的亲缘性。在从概念法学、利益法学到价值评价法学的演变过程中，利益法学派的代表人物菲利普·黑克通过对概念法学的批判提出了民法的内在体系和外在体系的区分理论。他认为，外在体系就是通过秩序概念的分类和编排建造而成的体系，其在本质上是一个概念的建筑物，但是概念法学的最大错误在于试图通过这种概念建构获得新的法律规范。实际上，在外在体系的背后隐藏着一个内在体系，因为用以建构外在体系的概念并非无源之水，它们是立法者在对各种利益冲突进行分析评判的基础上逐渐抽象出来的，通过利益法学的方法所得出的利益冲突决定的体系就是内在体系，而外在体系是为了描述内在体系而产生的。[①] 在从利益法学到价值评价法学的转变过程中，黑克的理论仍然受到充分的重视。拉伦茨将上述区分进一步表述为，外在体系是依形式逻辑规则建构的抽象概念的体系，内在体系是由一般法律原则构成的体系。[②]

在融贯理论兴起之后，民法内在体系的价值进一步凸显。因为融贯理论和内在体系理论在法学领域的出现，主要都是为了解决没有现成法律规范可以适用的疑难案件的裁判证立问题。法官为疑难案件寻找法律规范属于外部证立，这种证立涉及价值判断，这就引发了法律推理的难题。一方面，法官用以裁决案件的前提无法证伪，另一方面，基于公正的考量又不能允许法官恣意审判。因此法律推理必须受到合理前提的支持，只有当一个前提是从一个高度融贯的前提集中推导出来时，该前提才可能是合理的。[③] 私法既包括外在体系，也包括内在体系，内在体系预设了外在体系的存在。私法的特定部分体现了原则的特定结合，正是内在体系将私法统一为一个融贯的整体。[④]

比德林斯基认为，外在体系和内在体系的区分只有和规范的获取方法联系起来才能真正彰显其意义。以明确的排列顺序表达法律素材的外在体系，其追求的目标是体系的概观性和可理解性。但是，法是为了得到应用而存在，体系建构的目标要最大限度地以应用为导向。这种体系的应用性就体现在判断具体问题时的适于论证性上，而适于论证性正是内在体系的议题。只有由法律原则构成的内在体系才涉及法律素材各组成部分之间在内容上的论证关系。鉴于案件类

---

① 参见吴从周：《概念法学、利益法学与价值法学：探索一部民法方法论的演变史》，中国法制出版社 2011 年版，第 328 页以下。

② 参见[德]卡尔·拉伦茨：《法学方法论》，陈爱娥译，商务印书馆 2003 年版，第 318 页、第 355 页。

③ 参见[瑞典]亚历山大·佩策尼克：《论法律与理性》，陈曦译，中国政法大学出版社 2015 年版，第 147 页。

④ 参见[瑞典]亚历山大·佩策尼克：《法律科学：作为法律知识和法律渊源的法律学说》，桂晓伟译，武汉大学出版社 2009 年版，第 52~53 页。

型数不胜数的多样性,期待可以在体系建构时,就预先解决所有可能出现的法律获取问题是完全不可能实现的假想。对于内在体系设想具有决定性的,是从核心内容上尽可能广泛地提炼出在既存法律素材中可以确定的内容上的论证关系,从而可以将未来法律获取方面的必要论证尽量简化。内在体系的构建始终是法律获取方法(以及应当特别强调的、尽可能理性的、追求稳定性的法律创制)可行的、重要的基本准备工作。内在体系的思想从一个新的角度证实了将基础法律伦理原则涵盖到法中来的必要性。①

《民法典》总则编第3~9条共列举了合法权益受保护原则、平等原则、自愿原则、公平原则、诚实信用原则、合法原则、公序良俗原则、绿色原则等8项基本原则。这在比较法上非常独特。在民法典中列举基本原则是内在体系外显的表现之一。这种列举可以在最大限度上实现私法的内在可理解性,从而使民法典在最大限度上成为一个自创生的体系。这种列举一方面可以为法律内的法的续造提供证立基础,另一方面可以最大限度地避免法律外的法的续造,从而使民法典具有更强的稳定性和适应性。《民法典》总则编列举的每一个原则都有可能在未来的司法实践中拓展侵权法的保护范围,但是其中最重要的是第8条规定的公序良俗原则。

第二节　公序良俗原则拓展侵权责任保护范围的功能

一、违反公序良俗是否应以故意为主观要件?

《德国民法典》第826条、我国台湾地区"民法"第184条第1项后段、《瑞士债法典》第41条第2款、《奥地利民法典》第1295条的第2

① Pranz Bydlinski, System und Prinzipien des Privatrechts, Springer - Verlag/Wien. 1996, pp. 33-51.

款和《希腊民法典》第 919 条均规定行为人必须是故意违反善良风俗侵害他人利益的，方构成侵权，但是其他国家和地区并不要求故意作为违反善良风俗构成侵权的主观要件。

德国的立法模式试图通过严格的主观要件与第 826 条宽泛的保护范围之间达到一种平衡，即主观上最窄、客观上最宽。① 尽管德国学者认为第 826 条不考虑受侵害的法益种类，只要故意违反善良风俗的就构成侵权，但是德国学者也指出第 826 条主要是为了解决纯粹经济损失问题。② 如果只是为了解决纯粹经济损失问题，主观要件以故意为必要是合理的，否则人的行为自由将受到极大的限制，但是在纯粹经济损失之外，很多人身利益并没有以权利工具进行保护，同时可能其他法律也没有规定保护义务。如果一概以故意为主观要件，将会导致价值判断上的轻重倒错。例如，人的尊严并没有成为民法上的权利，但是在人格利益中，最为核心的利益就是人的尊严，其他人格利益都是从人有尊严这个前提上推演的结果。

作为一个宽泛的概念，人的尊严很难被精确地界定，但是德国立法者以康德的道德哲学为依据，为其确定了相对固定的内容。康德对人的尊严的阐释被认为具有三个核心面向：第一，尊严意味着每个人都必须被平等地，像人一样地对待；第二，尊严意味着尊重个人在肉体上的同一性和完整性；第三，尊严意味着尊重个人在精神上的同一性和完整性。③ 在上述三个面向中，第一个面向在法律中的体现就是人格，因为每一个人都是目的，因此每一个人都平等地拥有人格，而后两个面向则体现了人所拥有的具体的人格利益，这实际上反映了人既是

---

① See Basil S. Markesinis & Hannes Unberath, *The German Law of Torts: A Comparative Treatise*, Fourth Edition Entirely Revised and Updated, Hart Publishing Oxford and Portland, Orengon, 2002, p. 889.

② 参见[德]迪特尔·梅迪库斯：《德国债法分论》，杜景林、卢谌译，法律出版社 2007 年版，第 682 页。[德]马克西米利安·福克斯：《侵权行为法》，齐晓琨译，法律出版社 2006 年版，第 162 页。

③ See Edward. J. Eberle, *Dignity and Liberty: Constitutional Visions in Germany and the United States*, Praeger, London, 2002, pp. 6-10, 50-51. William A. Parent, *Constitutional Values and Human Dignity*, *The Constitution of Rights: Human Dignity and American Values*, edited by Michael J. Meyer & William A. Parent, Cornell University Press, 1992, pp. 47-50.

一种物质(肉体)的存在,也是一种精神的存在。相应地,人格利益可以分为物质性的人格利益和精神性的人格利益。在物质性人格利益中,生命、健康、身体、肖像和隐私在我国《民法典》中已经上升到权利的层次。在这些权利之外,当事人仍然可能主张各种物质性人格利益的保护问题,这一方面可以通过扩张解释上述权利予以解决,无法扩张解释,又没有保护他人的法律予以保护的,只能通过违反善良风俗予以解决。精神性人格利益的本质就是精神自由,由于这种精神利益没有外部的客观定在,因此理论上具有无限多的区分可能性。但是我们可以大致地将人的精神自由区分为内在自由和外在自由。前者又可以大致地区分为自我决定、自我发展的自由、独立思考的自由和不受干扰的自由。外在自由则包括言论自由、出版自由、结社自由、集会自由、迁徙自由和行动自由等。在我国的《民法典》中,只列举了婚姻自由权,其他的精神性人格利益除非有保护他人的法律予以保护,否则也只能通过违反善良风俗予以解决。

如果对上升到权利层次的人格利益适用过错责任原则,对没有上升到权利层次的人格利益只有故意才构成侵权,确实可能导致价值判断的倒错。在“读者来信案”中,德国联邦最高普通法院为了规避第826条的故意要件,通过直接适用《德国基本法》第2条的规定创设了一般人格权的概念,从而作为“其他权利”适用第823条第1款。这种对人的尊严的全面保护几乎受到了一致的赞扬,但是德国法院直接适用基本法的条文解决民事案件则又受到广泛的批评。[①] 但是在第826条规定故意要件的前提下,德国法院为了扩大对人格利益的保护范围,除了创设一般人格权的概念外,几乎没有其他选择,德国法院的两难处境值得体谅。

在中国的解释论上可以避免德国存在的问题,由于中国并不存在类似于《德国民法典》第826条的条文,《民法典》第8条确立了公序良俗原则,但是并没有主观要件的限制。公序良俗原则只是判断一项利

① 参见[德]马克西米利安·福克斯:《侵权行为法》,齐晓琨译,法律出版社2006年版,第50~52页。

益是否应该受到法律保护的标准，其本身不能改变《民法典》第1165条第1款规定的构成要件。因此，违反善良风俗侵害人身利益的，无需故意，只要存在过错即为已足；违反善良风俗侵害财产利益的，如果是法律明确规定的权利和利益，只要过错即可；如果是债权或者是纯粹经济损失，则须满足故意要件，这是由债权和纯粹经济损失本身的性质决定的。

这种解决方法一方面符合最新的世界立法趋势，《欧洲侵权法原则》第2:102条规定："1.受保护的利益的范围取决于利益的性质；价值越高，界定越明确、越明显，其所受保护就越全面。2.生命、身体和精神的完整性，人的尊严和自由受最全面的保护。"[①]该条并没有要求以故意为要件。另一方面对违反善良风俗侵犯人格利益不以故意为主观要件也符合中国一直以来的司法实践。2001年最高人民法院《关于确定民事侵权精神损害赔偿责任若干问题的解释》第1条第2款（2020年已被修改）的规定并没有强调以故意为要件。在实际的案件中，中国的法院在运用善良风俗条款认定侵害人身利益的责任时，也不要求行为人主观上必须是故意。在"韩立生诉中铁六局集团北京铁路建设有限公司案"中，原告主张被告施工破坏了其先人的墓穴，导致其悼念死者的权利受到侵害，请求精神损害赔偿。在该案中被告并不存在故意，但是法院认为：民事活动应尊重社会公德，对已故亲人进行祭奠是中华民族的传统习俗，被告存在过错，应赔偿原告的精神损害。[②] 上述司法传统在今后的司法实践中应该坚持。

对法律规定的财产权以外的财产利益进行侵犯的，实际上就是纯粹经济损失问题，除了保护他人的法律作了明确规定的以外，以违反善良风俗的方式构成侵权的，必须以故意为要件，这是世界各国关于

---

① 欧洲侵权法小组编著：《欧洲侵权法原则：文本与评注》，于敏、谢鸿飞译，法律出版社2009年版，第4页。

② 参见国家法官学院、中国人民大学法学院编：《中国审判案例要览》（2009年民事审判案例卷），中国人民大学出版社、人民法院出版社2010年版，第61~65页。

纯粹经济损失赔偿的真正的共同核心。[①] 在“重庆电缆案”中，重庆市第四中级人民法院法官正是通过被告故意要件的不具备，驳回了原告的诉讼请求。葛云松教授认为，法院在该案判决中的说理，显示了中国法院的巨大进步。[②]

在“装修工人上吊案”中，法院未能很好地运用善良风俗条款作出判决。原告主张装修工人在其婚房内上吊自杀，导致其婚房变成凶宅，一方面已无法在内居住，另一方面也无法转让，即便转让，价格也会大幅降低，因此主张装修公司赔偿其购房款和装修费。上海黄浦区法院合议庭认为房屋内发生人员伤亡事件与房屋价值没有直接联系。原告没能充分举证证明自己的房产已受损害，因此对其要求赔偿购房款、装修款的诉讼请求不予支持。[③] 在本案中法院实际上是通过因果关系的排除驳回原告的诉讼请求，这种说理方式非常牵强。因此陈现杰法官认为，本案中原告所受的损失是纯粹经济损失，被告故意以违反善良风俗的方式造成原告上述损失，应该予以赔偿。[④] 上述分析的路径非常正确，但是结论未见合理。装修工人在婚房内上吊自杀确实违反了结婚应该喜庆、吉祥的善良风俗，但是装修工人主观上是否存在故意则要区分情况进行分析。如果装修工人和原告发生纠纷，因此在婚房内上吊自杀以报复原告，可以认定装修工人对造成原告的损失存在故意；如果装修工人只是和装修公司存在纠纷，或者因个人自身的因素在婚房内上吊自杀，则不能认定他对原告的损失存在故意，本案的实际情况正是如此，因此原告的纯粹经济损失不应予以赔偿。但是，在该案发生时，法院可以根据原《侵权责任法》第 24 条（原《民法通则》第 132 条）的规定，受害人和行为人对损害的发生都没有过错的，可以根据实际情况，由双方分担损失。按照举轻明重的原理，既然

---

① 参见[意]毛罗·布萨尼、[美]弗农·瓦伦丁·帕尔默主编：《欧洲法中的纯粹经济损失》，张小义、钟洪明译，法律出版社 2005 年版，第 398~399 页。

② 参见葛云松：《〈侵权责任法〉保护的民事权益》，载《中国法学》2010 年第 3 期。

③ 载 http://zhidao.baidu.com/question/107468340.html，2019 年 10 月 10 日最后访问。

④ 参见陈现杰：《〈侵权责任法〉一般条款中的违法性判断要件》，载《法律适用》2010 年第 7 期。

行为人没有过错都有可能分担损失,本案中装修工人尽管不存在故意,但是按照理性人的标准,他应该意识到在婚房内上吊自杀会导致什么样的后果,而且他的上吊行为开启了原告损害的因果关系链条,因此法院可以判决被告合理地分担部分损失。这种处理方式恐怕更加符合社会的善良风俗。①

至于故意究竟是对违反善良风俗的故意,还是对损害的故意,学说理论基本上一致地认为是对损害的故意,而且与侵犯权利不同,这种故意还必须是对损害结果的故意。就违反善良风俗本身而言应采客观标准,否则,如果某些加害人对社会伦理和法律伦理的最低标准就是缺乏了解,采主观标准等于是对他们的包庇。② 如果就违反善良风俗采客观标准,对故意采主观标准,那么对违反善良风俗和故意应该分别考察,前者属于违法性的问题,后者属于有责性问题,但是在德国的司法实务中二者被认为是一个事物的两面。"在行为被证明违反善良风俗时,德国法院一直就推定加害人有故意,反向的认定方法也如此(即被证明故意就推定其违反善良风俗)。"③笔者认为上述推定存在问题,在"装修工人自杀案"中行为人违反了善良风俗,但是不一定存在故意,在市场竞争中,行为人尽管可能有导致他人损害的故意,但是不一定违反善良风俗。但是违反善良风俗确实可以推定行为人存在过错,这种理解实际上可以扩大违反善良风俗的适用范围,它不但是侵害权利之外利益的违法性判断标准,也是侵犯法定权利时认定过错的标准。在河南睢县发生的"半拉子门案"中,原告建起三间门楼,其中头门朝南,四年后,被告重新垒了自家房屋院墙,垒成后,有一部分院墙挡住了原告的头门的一半。在当地农村习惯上认为"半拉子

---

① 在《民法典》颁布之后,由于《民法典》第1186条对原《侵权责任法》第24条作了实质性修改,即将原先《侵权责任法》第24条规定的"可以根据实际情况,由双方分担损失"改为《民法典》第1186条的"依照法律的规定由双方分担损失"。如果寻找不到具体的规定,法院不能判决被告分担损失。

② 参见[德]马克西米利安·福克斯:《侵权行为法》,齐晓琨译,法律出版社2006年版,第164页。

③ [德]克雷斯蒂安·冯·巴尔:《欧洲比较侵权行为法》(上卷),张新宝译,法律出版社2004年版,第52页。

门"是骂人的,影射的是妇女生活作风不好的意思。在本案中被告对上述风俗的存在没有异议,只是对房屋和院墙的建造时间存在异议,但是法院对被告的抗辩不予采信,就此认定被告的故意存在,侵犯了原告的名誉权。[①] 如果本案中被告以自己不知道上述风俗为由进行抗辩,法院只要能够认定上述风俗的客观存在,即使不能够证明被告存在故意,仍然可以判决其基于过错侵害了原告的名誉权。

二、公序良俗的认定方法

在违反善良风俗构成侵权的责任类型中,即便行为人在主观要件上存在过错或者故意,也并不当然构成侵权,因为违法性要件要通过违反善良风俗本身来认定。在《德国民法典》施行不久,德国帝国法院就作出了一个被广泛援引的、关于善良风俗的表述,即"一切公平和正义的思想者之礼仪感"。但是这一表达至少存在两个缺陷:第一,以礼仪感为判断标准,几乎不能提供任何适合于第三人进行客观判断的标准,这一标准仍然需要再次解释;第二,公平和正义的思想者究竟是谁?如果这个人是法官本人,那么法官个人的价值偏好是否就决定了案件结果。梅迪库斯特别提醒,在纳粹统治时期的一个判例中,帝国法院就将善良风俗等同于"人民的健康感受",然后又将"人民的健康感受"等同于"国家社会主义的世界观"。[②]

因此,有学者提出善良风俗应该根据在现存社会中占统治地位的道德来判断。问题在于,在现代的开放社会中,人们越来越趋向于陌生人化,而且价值观念也越来越趋向于多元,占统治地位的道德能否获得已经存疑。于是,有学者又提出善良风俗既包括法制本身内在的伦理道德价值和原则,也包括了现今社会占统治地位的道德价值。而且前者相对于后者具有优先性,因为法院首先是和"法律和法"联系在一起的。而法制本身内在的伦理道德价值主要就是宪法中体现的伦

① 参见最高人民法院中国应用法学研究所编:《人民法院案例选》(2007 年第 2 辑),人民法院出版社 2007 年版,第 124~130 页。

② 参见[德]迪特尔·梅迪库斯:《德国民法总论》,邵建东译,法律出版社 2000 年版,第 512~513 页。

理价值标准。[①] 这实际上也符合菲利普·黑克所提出的漏洞填补中的制定法价值判断的远距作用的观念,即虽然应该赋予法官为未规划的利益冲突状态找到一个适当的答案,以补充法律漏洞的权限,但基于法律安定性的利益,应该让法官受制定法所表达出来的价值判断的拘束。因为在制定法中表达出来的法律共同体的价值判断,不只是对外有至高主权,就是对内、对于法官也是一样。[②] 这种以宪法中体现的价值观念作为判断善良风俗的首要标准的观点,不仅体现了宪法的至上权威性,实际上也减轻了法官在形成自己的道德判断方面的认知负担。

如果宪法未能提供相应的价值判断标准,那么法官只能取其次,根据"在现存社会中占统治地位的道德"来判断善良风俗是否存在。这种占统治地位的道德并不是对现存道德秩序的完全照搬,它"只是从道德秩序中裁剪下来的、在很大程度上被烙上了法律印记的那部分;法绝非接受某种崇高伦理的标准"。[③] 它只是一个有秩序的共同生活必须具有的最低的道德要求。德国学者的上述看法与美国学者富勒的观点不谋而合。

富勒将道德划分为义务的道德和愿望的道德。愿望的道德是善的生活的道德、卓越的道德,它要求的行为是人在发挥其最佳可能性时能够做出的行为,而义务的道德则是从最低点出发,它确立了使有序社会成为可能或者使有序社会得以达致其特点目标的那些基本规则。用语法规则作比喻,愿望的道德是希望每一个人都成为语言优美的诗人,义务的道德只是希望每一个人不要犯基本的语法错误。正因为两种道德对人的要求不同,与愿望的道德相对的是奖赏,与义务的道德相对的是惩罚。如果将整个道德设想为一根标尺,那么它的最低起点是社会生活的最明显要求,向上逐渐延伸到人类愿望所能企及的

---

① 参见[德]卡尔·拉伦茨:《德国民法通论》(下册),王晓晔等译,法律出版社 2003 年版,第 597~602 页。

② 参见吴从周:《概念法学、利益法学与价值法学:探索一部民法方法论的演变史》,台北,一品文化出版公司 2007 年版,第 98~99、130~131 页。

③ [德]迪特尔·梅迪库斯:《德国民法总论》,邵建东译,法律出版社 2000 年版,第 510~511 页。

最高境界。在这一标尺上有一个看不见的指针，它标志着一条分界线，上面的是愿望的道德，下面的是义务的道德。有些人试图将这一指针的位置向上移，有人则试图将它往下拉。如果这一指针的位置过高，那么强制性义务的铁腕就可能抑制试验、灵感和自发性。①

为了确定这一指针的位置，齐佩利乌斯指出关于超越法律的评价标准，应寻找尽可能广泛的民意基础，以及以此为基础的，可为大多数人接受的正义观念中去寻找。"在正义问题上只有当人们能够克服个人的主观性，通过各种观点的自由交锋得以达成普遍的，或至少是大多数人的合意的时候，一种对许多人有效的正义社会秩序才能够实现。"②这实际上就是哈贝马斯提出的作为道德规范和法律规范共同基础的商谈原则，即如果所有人都参与了商谈过程，或者至少潜在地参与了商谈过程，而且在商谈中大家都能够对于某个道德规范达成共识，那么这个道德规范就具有普遍性。③ 问题在于，法官在具体的案件中可能等不及这种商谈的结果，而且这种表面上的多数意见未必一定能够反映正当的正义观念，这种意见有可能是为自身的特殊利益所驱动，而不是由良知所驱动。这时齐佩利乌斯就提到了英美法系法官经常运用的常识标准。

富勒为义务的道德确立的互惠原则实际上是对常识标准的最好说明，而互惠原则的理论基础则是《圣经·马太福音》中的金律，即"你们愿意人怎样待你，你们也要怎样待人"。④ 而富勒的观点与康德的观点又是暗合的，因为康德的表述是金律的学术版。康德在《道德形而上学原理》中说到，我们总是喜欢用一种虚构的高尚动机来欺哄自己，实际上，在道德领域定言命令只有一条，这就是，要按照你同时认为也能成为普遍规律的准则去行动。从这一定言命令中可以得出

---

① 参见［美］富勒：《法律的道德性》，郑戈译，商务印书馆2005年版，第7~8、12、19、34、37~39页。

② ［德］齐佩利乌斯：《法学方法论》，金振豹译，法律出版社2009年版，第22页。

③ 参见［德］哈贝马斯：《在事实与规范之间——关于法律和民主法治国的商谈理论》，童世骏译，生活·读书·新知三联书店2003年版，第128~131页。

④ 参见［美］富勒：《法律的道德性》，郑戈译，商务印书馆2005年版，第24~27页。

如下的实践命令:你的行动,要把你自己人身中的人性,和其他人身中的人性,在任何时候都同样看作是目的,永远不能只看作是手段。[①] 上述金律在中国的传统文化中存在几乎完全相同的表达,即孔子确立的"己所不欲,勿施于人"的为人准则。上述金律或者准则都基于这样一个假定,即"人同此心,心同此理"。与这个假定相配合的方法论是"推己及人",但是现代社会的价值多元导致的价值弥散可能会使"推己及人"出现问题。如果我们只是从"己"出发,"这意味着,我才有权利判断什么东西是普遍可欲和什么事情才是应该做的,我的心灵才是有资格做决定的心灵,而他人的心灵根本不需要在场,我就可以单方面决定普遍价值的选择,可以单方面制定游戏规则。这就是主体性的政治霸权"。[②] 此时富勒提出来的"互惠原则"就具有重要的意义:"对于任意两个不同的个体,A 与 B,如果各自情况的不同不足以成为在道德上加以区别对待的根据,那么,如果 A 对 B 的行为不能反过来同时使 B 对 A 的同样行为同样正确的话,这一行为就不能被称为道德上的正确行为。"[③]如果说上述伦理原则是在行为当时对行为人的要求,那么法官则是在行为发生之后对上述行为的道德性进行判断,进而将其纳入善良风俗的一般条款转介入民法。法官不但应该将原告和被告的位置进行互换,而且应该将自己分别假想成原告和被告,来判断被告的行为是否具有适当性。

如果按照上述标准来判断作为社会最低道德要求的善良风俗是否存在,我们发现绝大多数时候法官只能以个人的法感受为基础作出判断。[④] 通说认为,只有在法律的价值决定以及其他材料都不能为有

---

① 参见[德]康德:《道德形而上学原理》,苗力田译,上海世纪出版集团 2005 年版,第 24、39、48 页。

② 赵汀阳:《每个人的政治》,社会科学文献出版社 2010 年版,第 64 页。

③ [英]亨利·西季威克:《伦理学方法》,廖申白译,中国社会科学出版社 1993 年版,第 395 页。

④ 关于善良风俗的判断标准,德国的学说理论经历了从法外标准向法内标准的转变,这种转变的核心就是明确善良风俗的判断主体是法官,判断标准是法官自己的独立意志。参见于飞:《权利与利益区分保护的侵权法体系之研究》,法律出版社 2012 年版,第 191~192 页。

公认力的正义观念提供可靠依据的情况下,法官才能以自己的法感受为基础作出判断。[①] 原先菲利普·黑克也是上述观点的支持者,后来发生了转变。他认为没有理由要求法官一定要毫无批判地受社会中通行的价值判断之拘束,以至于法官的判决反而受到这种非制定法的指挥。"因为愚蠢和不道德的事不会因为其大量出现,就因此变成可敬而无害的事。在现代宪法中,对数量的尊敬还不能得出这样的结果,让我们似乎可以期待把它作为法官判决的理想。也许让法官个人依据自己的良心为判决,会变成对司法案件相同处理的损害,但这还要比要求我们法院一味地服从通行的价值判断,还来得可以令人忍受。"他进一步指出立法者正是通过善良风俗的空白规定表达了对法官的信赖。"如果法官认为有值得保护的利益,即使他在法律中找不到对此有特别的承认,他还是可以保护该利益,亦即,他不是从法律中,而是从他自己的生活经验中,得出法律共同体的认识。"[②]

黑克的观点看起来非常激进,但实际上却符合司法实践的真实情况,我们与其遮遮掩掩,不如坦率承认。这反而能够让我们真切地感受到一个不受任何其他权力干扰的司法制度是多么重要,一个高度精英化的、充满道德良知的法官群体是多么重要,而这一切又要以一个良好的政治体制作为前提。实际上,只要法官在现行的法律制度中无法寻找到价值判断的依据,他就只能开始法伦理上的冒险。此时的法官就像一个提着灯笼在黑暗中行走的探路者,他可能只是短暂地照亮了一小块地方,然后一切又归于黑暗,但他也有可能就此为后来人照出一条路来。在史尚宽先生基于比较法上的考察所归纳的,关于违反善良风俗构成侵权的最为全面的 21 个类型中,我们发现有一些利益已经上升到权利的层次,有一些已经由制定法予以保护,剩下的至少也为其他法官提供了一种思考路径。[③] 这些都是法官探险所作出的贡

---

① 参见[德]齐佩利乌斯:《法学方法论》,金振豹译,法律出版社 2009 年版,第 26 页。

② 吴从周:《概念法学、利益法学与价值法学:探索一部民法方法论的演变史》,台北,一品文化出版公司 2007 年版,第 128、133 页。

③ 参见史尚宽:《债法总论》,中国政法大学出版社 2000 年版,第 162~166 页。

献，而这正是中国的法官所欠缺的。[①]

有一点需要注意，违反善良风俗构成侵权的，不一定都是通过拓展侵权责任保护范围的方式实现的，它有可能只是提供了判断某种法定权利被侵犯的标准。在前文提及的“半拉子门”案中，被告垒砌的围墙挡住了原告住宅的半边大门，法院判决被告的行为侵犯了原告的名誉权。因为，当地农村习惯上认为“半拉子门”是骂人的，影射的是妇女生活作风不好的意思。这实际上就是认为原告的名誉权基于善良风俗的标准受到了侵犯。但是在更多的案件中，违反善良风俗确实可以拓展侵权责任的保护范围。

在“薛某林诉杨某风侮辱诅咒其房屋侵害人格尊严精神损害赔偿案”中，2007 年原告搬迁新居，因此委托房产中介出售其原先居住的房屋，被告与房产中介因房屋买卖发生矛盾，随即两次用红漆在原告房屋的房门、门边墙壁和楼下独用车库门上打叉并写上“此房不吉利，买去必死人，全家死光光”的大字，还将门锁灌进胶水。法院依据原《民法通则》第 120 条第 1 款，第 134 条第 1 款第 7 项、第 10 项的规定判决，被告侵犯了原告的名誉权，应当赔礼道歉并赔偿原告经济损失 1310 元、精神损害抚慰金 1000 元。被告提起上诉，理由是：被告在门上写字，针对的是原告的房屋，而非针对其本人，没有侵害其名誉，也没有精神受到损害的后果，不应赔偿其精神损害抚慰金。二审法院认为，上诉人两次用红漆公开书写的语言，明显具有侮辱贬低诅咒的内容，其针对的不仅是房屋财产本身，同时还致被上诉人的人格尊严在其居住小区内形成了负面的影响，也对被上诉人的心理产生了不良影响。因此驳回上诉，维持原判。法官在评析此案时指出：“尽管被告辩称其行为是针对房屋而不是针对原告本人，但房产不同于一般财物，它与所有权人具有很强的人格关联意义，而且从标语内容来看

---

① 法官的探险一方面可以通过转介道德规范扩大侵权法的保护范围，另一方面这种探险，尤其是经过长期检验的探险也可以起到弥补道德在制度上的不足，即通过法律的制度性资源加强道德。参见[澳]皮特·凯恩：《法律与道德中的责任》，罗李华译，商务印书馆 2008 年版，第 21～45 页。

诅咒所指向的主要是居住者。原告是该房屋的所有权人,在其中居住多年,与周围邻居熟悉,被告两次公开用红漆在原告房门上书写违反社会公德和公序良俗,明显具有侮辱、贬损、诅咒内容的文字,引起了周围住户对原告本人的议论和猜测,被告的行为不仅对原告的财产造成了损害,同时也严重侵害了原告的人格利益,使其人格尊严受到了严重影响,造成了很大的心理压力和精神痛苦,原告名誉被损害的事实清楚。"①本案与"半拉子门案"不同,被告侵犯的不是原告的名誉权。因为被告用红漆所写的文字,其目的是通过诅咒房屋,使他人不敢购买该房屋。认为原告曾经居住的房屋具有很强的人格关联意义非常勉强,法官在评析中已经指出被告的行为违反了社会公德和公序良俗。实际上,本案中的被告是通过违反公序良俗的行为导致了原告的纯粹经济损失(在门锁中灌胶水导致的是直接经济损失),因为房屋本身并没有直接的损害,但是有可能因为被告的行为导致房屋在很长时间内无法出售,或者只能以较低价格出售。在 2007 年,法院应该依据原《民法通则》第 106 条第 2 款和第 7 条判决被告承担损害赔偿责任;在《民法典》生效以后,此类问题则应该根据《民法典》第 1165 条第 1 款和第 8 条判决被告承担损害赔偿责任。援引原《民法通则》第 7 条和《民法典》第 8 条的目的是说明原告遭受的纯粹经济损失应该得到赔偿的法律依据。

可以预见,通过违反善良风俗认定侵权责任的成立,在很长的时间里,甚至永远都会是法院保护新类型利益的试验田。因为我们永远无法准确地预见将来会出现哪些新类型的利益,现实生活永远会不断地撑破法律的边界。"然而正是在法和社会伦理秩序看起来确定可靠部分的边界地带,在这些对个人的法感受和正义的尝试提出挑战的领域,能够看到法学也是使人类历史如此生动丰富的原因之一。"②

---

① 最高人民法院中国应用法学研究所编:《人民法院案例选》(2007 年第 2 辑),人民法院出版社 2007 年版,第 134~135 页。

② [德]齐佩利乌斯:《法学方法论》,金振豹译,法律出版社 2009 年版,第 26 页。

第三节　平等原则拓展侵权责任保护范围的功能

尽管在《民法典》的内在体系中，公序良俗原则是拓展侵权责任保护范围的最主要原则，但是这并不意味着其他基本原则没有这种功能。

《民法典》第 4 条确立了平等原则："民事主体在民事活动中的法律地位一律平等。"该原则在《民法典》中具有基础地位，其不但在一定程度上确立了民法的调整范围，而且在特定的情况下也可以拓展侵权责任的保护范围。只是因为特别法的存在，以及《民法典》第 109 条对人格尊严的规定，直接援引平等原则拓展侵权责任保护范围的情形会大幅度减少。

"平等是道德理论、政治理论和法律理论中的一个基本概念，但是关于平等是什么却很少有共识。"①徐国栋指出："平等是自然人在无合理的法律限制的情况下，享受与他人相同的法律处遇的权利。因此，平等是一种持中的法律处遇。在此之上的为特权，在此之下的为歧视。所以，平等原则无非是说，除非有特别的必要，法律不得赋予特权或课加歧视。"②在侵权责任中，平等原则主要涉及歧视问题。

在"梁某某诉广东某某经济发展有限公司、广州市越秀区某某鱼翅海鲜大酒楼人格权案"中，梁某某拥有中式烹调师职业资格证书，2015 年 6 月 28 日在某网站上看到某某酒楼发布招聘厨房学徒的广告，该广告中没有明确的性别要求。梁某某于次日前往某某酒楼应聘，某某酒楼称因厨房学徒一职已经招满故没有安排梁某某面试。梁某某于同年 7 月在同一网站上看到某某公司发布同一岗位的招聘广告，性别限定为男性。梁某某提供的录音及录像资料显示，某某公司

---

① ［美］布赖恩・H. 比克斯：《牛津法律理论词典》，邱昭继等译，法律出版社 2007 年版，第 65 页。

② 徐国栋：《民法总论》，高等教育出版社 2007 年版，第 144 页。笔者只是不同意将平等界定为一种权利，平等应该是享受与他人相同的法律处遇的状态。

的前台人员多次陈述“厨房学徒不要女的”“公司规定厨房不招女工，即便具备厨师证也不行”。

广东省广州市海珠区人民法院经审理认为，根据《劳动法》第12条、第13条的规定，劳动者就业，不因民族、种族、性别、宗教信仰不同而受歧视。妇女享有与男子平等的就业权利。在录用职工时，除明确规定的不适合妇女的工种或者岗位外，不得以性别为由拒绝录用妇女或者提高对妇女的录用标准。参照国务院颁布的《女职工劳动保护特别规定》附录，女职工禁忌从事的劳动范围包括：(1)矿山井下作业；(2)体力劳动强度分级标准中规定的第四级体力劳动强度的作业；(3)每小时负重6次以上、每次负重超过20公斤的作业，或者间断负重、每次负重超过25公斤的作业。从上述工作内容看，梁某某应聘的厨房学徒工作并不属于不适合女性从事的劳动范围。某某公司和某某酒楼无论在发布招聘广告中，抑或在实际招聘过程中，均一直未对梁某某的能力是否满足岗位要求进行审查，而是直接以梁某某是女性为由多次拒绝其应聘，没有给予梁某某平等的面试、应聘机会，已经构成对女性应聘者的区别对待及排斥，侵犯了梁某某平等就业的权利。因此，依照《劳动法》第12条、第13条，原《侵权责任法》第6条、第11条、第15条，最高人民法院《关于确定民事侵权精神损害赔偿责任若干问题的解释》(2001年)第1条、第8条第2款，参照《女职工劳动保护特别规定》附录之规定，判决某某公司、某某酒楼连带向梁某某赔偿精神损害抚慰金2000元。梁某某、某某公司、某某酒楼均不服原审判决，提起上诉。广州市中级人民法院维持原判，但是裁判依据出现了变化。二审法院是依据原《民法通则》第105条，《就业促进法》第3条，原《侵权责任法》第2条第1款、第15条，最高人民法院《关于确定民事侵权精神损害赔偿责任若干问题的解释》(2001年)第8条、第10条。[1]

两审比较，一审法院的法律适用更加合理。援引原《侵权责任法》

---

① 参见国家法官学院案例开发中心编：《中国法院2018年度案例——人格权纠纷》，中国法制出版社2018年版，第252~255页。

第6条,更加准确的应该是援引第6条第1款,其原因是,该款是侵权责任的一般条款,只要不是法律规定的特殊侵权,都要援引该款作为裁判依据。原告在求职过程中受到性别歧视,这种利益在法律上并没有表现为权利。因此法官必须说明这种利益在法律上应该得到保护的依据。法官援引的裁判依据是《劳动法》第12条、第13条,上述条文明确规定在录用职工时不得性别歧视。上述条文具有保护私人的面向,梁某某作为女性正是上述条文意欲保护的对象,而且梁某某因为性别歧视遭受的精神痛苦也处在上述条文的保护范围之内。二审法院没有援引侵权责任的一般条款,同时没有援引《劳动法》,而是援引了《就业促进法》第3条,该条规定:“劳动者依法享有平等就业和自主择业的权利。劳动者就业,不因民族、种族、性别、宗教信仰等不同而受歧视。”但是和《劳动法》调整个人和组织之间的私人关系不同,《就业促进法》的立法目的是强调国家在促进就业方面应该采取的措施,从而扩大就业范围,促进社会经济的发展,其本质上不具有保护私人利益的面向。

在上述案件中,由于存在保护他人的法律,法院无需向一般条款逃避,但是原告的利益确实是《民法典》平等原则的体现。如果案件的类型不涉及求职,从而无法援引《劳动法》的相关条文保护原告的利益时,平等原则可能会起到扩大侵权责任保护范围的功能。

在“陈骁诉盐城市游泳馆人格权纠纷案”[江苏省盐城市亭湖区人民法院(2014)亭民初字2590号民事判决书]中,原告有智力障碍,原告父母听说游泳对智力的恢复有极大的帮助,遂引导原告游泳。2013年夏天,原告在父母的陪同下前往被告盐城市游泳馆游泳,但是被告阻止原告进入馆内游泳。虽经盐城市残疾人联合会出函沟通,原告父母也主动承诺在游泳期间进行陪护,安全由原告父母负责,但被告依旧不准原告在父母陪伴下进入馆内游泳。被告认为,残疾人的合法权益的确应该受到法律保护,但其他正常人的合法权益也应保护。游泳是一项危险的体育活动,经营游泳馆是一个高危行业,正常人都会在泳池内发生意外。如果允许原告进入游泳馆游泳,就会给被告的经营带来巨大的负担，即使有监护人陪同，但被告肯定要对原告保持高度重视，牵扯很多的财力、物力和人力。被告没有歧视原告，不回避应尽的社会责任，原告应从被告的角度、其他消费者的立场予以充分考虑。

法院认为，残疾人的合法权益受法律保护。《江苏省残疾人保障条例》第 42 条第 1 款规定："残疾人凭残疾人证免费进入政府投资主办的公园、动物园、植物园、博物馆、纪念馆、图书馆、美术馆、展览馆、文化活动中心和体育活动中心等旅游景区、公共活动场所。盲人、重度残疾人等需要陪护的，陪护人员可以免费进入上述场所。"本案中，原告系智力二级残疾人，被告系政府投资主办的体育活动场所。因此，原告可凭残疾人证免费进入被告处游泳，原告的父母也可作为陪护人员免费进入被告处陪护原告游泳。综上，依照原《民法通则》第 104 条第 2 款的规定，判决被告应准许原告在其父或者母的陪同下共同免费进入馆内游泳。

法院判决的结果是合理的，但是援引的裁判依据不全面。原《民法通则》第 104 条第 2 款规定："残疾人的合法权益受法律保护。"该款作为一个不完全规范，并不是独立的请求权基础规范和裁判规范。本案应该依据原《侵权责任法》第 6 条第 1 款和《江苏省残疾人保障条例》第 42 条第 1 款进行判决。因为原告是残疾人而受到歧视，原告被侵害的并不是法律明确规定的权利。根据《江苏省残疾人保障条例》第 42 条第 1 款的规定，原告的利益属于合法利益，应予保护。根据《立法法》的规定，《江苏省残疾人保障条例》是由江苏省人大常委会通过，属于地方性法规，可以作为裁判依据。同时也正因为有《江苏省残疾人保障条例》的相关规定，法院无需直接援引民法的平等原则，但是可以在裁判说理中阐述平等原则的价值取向，以增强保护原告利益的论证强度。

如果本案涉及的被告不是政府投资举办的机构，从而无法适用《江苏省残疾人保障条例》第 42 条第 1 款的规定时，在《民法典》生效后，法院可以通过适用《民法典》第 4 条的规定，证立残疾人不受歧视的利益属于法律保护的利益。

通过上述案例的分析,我们可以发现随着保护他人的法律的扩张,尤其是相关行政法规的扩张,直接援引平等原则扩张侵权责任保护范围的情形越来越少见,但是这并不意味着平等原则会完全丧失这种功能。我们可以考察一下英美法系在这个问题上的演变。

英美法系的学者甚至认为,因为平等问题,也就是反歧视问题引发的案件,是分析公法和私法的区分、融合的最好样本。在英美法系,反歧视原则包括三种相互联系但各自不同的信条:第一种是与公共职业有关的规范。在中世纪有数十种公共职业,但到了 18 世纪初数量就减少到了三种,即旅馆老板、渡船夫和公共运输者。普通法通过要求他们向所有顾客不加区别地提供服务并只收取合理低价来规范这些公共职业,自然人或法人未尽到这种义务,会导致民法和刑法规定的法律责任。第二种被称为"公益相关事务"的原则,普通法将类似的控制扩展到那些向公众提供服务方面在法律或事实上享有垄断地位的自然人或者法人。法院以"公益"为由对这些垄断者施加控制,也要求他们以合理价格向公众提供服务,且不应歧视。第三种体现为"基本必需品"原则,该原则认为,由于"基本必需品"提供者事实上居垄断地位,所以他们必须承担一种默示责任,即向所有提出要求并且准备支付公平合理价款的人们提供那些必需品。后两种原则与通常所谓的"公用事业"有关。公用事业,是指向公众提供天然气、水、电话、电报、运输、电讯或者电的公司。美国较早就此类公用事业发展出了一套连贯一致的法律。美国公用事业法律的决定性特色是要求公用事业承担无歧视地、基于合理价格向所有人提供服务的普通法责任。① 要求公用事业担负"全民服务义务"来源于根本性的平等原则,其正当化理据在于使所有群体不论其在收入分配体系中所处的位置都能获得公共服务。② 因为存在依据平等原则制定的行政法规,违

① 参见[新西兰]迈克尔·塔格特编:《行政法的范围》,金自宁译,中国人民大学出版社 2006 年版,第 7~9 页。

② 参见[英]迈克·费恩塔克:《规制中的公共利益》,戴昕译,中国人民大学出版社 2014 年版,第 88~89 页。

反上述法律构成侵权在英美法系也不存在疑义，这非常类似于大陆法系的违反保护他人的法律构成侵权。

上述基于平等原则制定的法律条文在我国《民法典》中也存在。《民法典》第 648 条第 2 款规定："向社会公众供电的供电人，不得拒绝用电人合理的订立合同要求。"同时根据第 656 条的规定："供用水、供用气、供用热力合同，参照适用供用电合同的有关规定。"根据《民法典》第 810 条的规定："从事公共运输的承运人不得拒绝旅客、托运人通常、合理的运输要求。"违反上述法律，如果继续订立合同已经没有意义或者必要的，拒绝人应当承担侵权责任。拒绝人侵犯的是要求订立合同的主体依据平等原则享有的合法利益。

问题是，如果没有明确的法律规定怎么办？美国采取的方法是类推，即将"公共运输者"（尤其是铁路）的无歧视服务的责任扩张适用于天然气、电报、电话、电力、水力公司及其同类。但是英国法院拒绝将"公共职业"扩张到新近发展出来的公用事业上，以至于管制的任务落在立法机关身上。尽管美国通过类推将公共职业法则进行了扩张，但是美国的法院在很长一段时间里仍然拒绝将公共职业从旅馆扩张至酒馆、餐馆以及娱乐场所以反对种族歧视。①

在 1845 年的"伍德诉利得比特案"中，法院确立了如下规则：进入私有土地（在本案中是一个赛马场）的已售门票只构成普通法上可撤销的许可；土地所有者可以随时请顾客离开，不管有没有理由。理由是，土地所有人拥有在任何时候撤回许可的无限裁量权，其撤销的理由可以是善意的、恶意的或者根本没有理由，无需解释其理由或听取顾客的意见。顾客唯一能提出诉求的赔偿只能基于土地所有者的违约行为，即使胜诉这种赔偿数额也是极少的。② 上述规则在平等和自由的价值冲突中，完全是一边倒地支持自由的价值。但是在随后的案件中，英美法系开始逐渐重视平等的价值。

---

①　参见［新西兰］迈克尔·塔格特编：《行政法的范围》，金自宇译，中国人民大学出版社 2006 年版，第 9 页。

②　参见［新西兰］迈克尔·塔格特编：《行政法的范围》，金自宇译，中国人民大学出版社 2006 年版，第 10~11 页。

在1965年的“福布斯诉新南威尔士骑马俱乐部有限责任公司案”中，被告拒绝原告进入赛马场，理由是：随心所欲地驱逐或排除任何人是财产所有人实现其财产权的行为。澳大利亚高等法院认为，被告以任何理由驱逐任何人的规定要接受程序公正性的限制。被告行使权利的行为显著地影响着公众。其中成百上千的人去观看精彩的表演，许多人下注是基于业余爱好，有些人——比如原告，是以赌马为生。被告在其土地上举办赛马会的活动在性质上与普通房主行使其私有财产权利的行为是不同的。从早期开始，普通法就拒绝承认那些从事公共职业的人享有驱逐他人的权利。当我们离开屋主的纯内部领域以及只影响个人的合同，转入其实施会明显影响公众的那些权利时，正当程序的要求就越来越多，也不再允许有专断和不合理的行为。被告驱逐原告的真正原因是，原告凭借其对马匹在跑道上的状态的精明观察而在现场投注中太成功了。[①]

上述价值观念的转变，在1982年美国发生的“优斯通诉胜地国际酒店有限公司案”中得到了同样的体现。该案的原告是一个十分成功的职业算牌者，他接到被告将其排除出该公司牌桌的通知。新泽西州最高法院认为，娱乐场所的所有人排除其不喜欢的人的权利，必须与他人合理利用这类公用事业的权利相平衡。当财产所有人在追求自身利益的过程中向一般公众开放他们的房产时，他们无权无理地将人们排除在外。相反，他们有责任避免以专断或歧视的方式对待那些进入其房产的人。该责任不仅适用于公共运输者、酒店老板等，而且也适用于所有的向公众开放其房产的财产所有者。财产所有人如将房产提供给公众使用，就不享有不合理地排除特定公众成员的合法权益。[②]

加拿大的司法实践同样具有参考意义。在很长一段时间里，加拿大的法院坚持合同自由原则，对那些在酒馆、餐馆、剧院等地被拒绝服

---

① 参见[新西兰]迈克尔·塔格特编：《行政法的范围》，金自宁译，中国人民大学出版社2006年版，第13~14页。

② 参见[新西兰]迈克尔·塔格特编：《行政法的范围》，金自宁译，中国人民大学出版社2006年版，第14~15页。

务的黑人不予救济。在 1899 年的“约翰逊诉巴罗斯案”中上述观念出现了松动，法院判决剧院须为基于种族歧视而进行的驱逐支付赔偿金。理由是，加拿大宪法对各种族和各阶级一视同仁的民主特征：“所有人在法律面前一律平等，每个人作为共同体的一员都享有平等的特征。”但是上述判决并不是主流，因为普通法的缺口仍然存在。为了解决这个问题，加拿大联邦和地方颁布了一系列反歧视立法。其中第一个禁止在“酒店、餐馆、剧院和其他公众照例被允许进入的场所”实施种族歧视的立法是 1947 年的《萨斯喀彻权利法案》。加拿大最高法院法官博拉·拉斯基认为这是正确的方法，平等的问题主要应由立法来解决，因为其需要的国家积极干预只能通过立法而不是司法判决来实现。积极的司法角色不是应予鼓励的，而是可怕的。[①] 拉斯基的观点我们并不陌生，这和英国法官在隐私保护方面的态度如出一辙。

在“塞尼卡实用艺术及技术学院理事会诉巴都瑞案”中，巴都瑞博士宣称其因种族出身而被拒绝雇用，但她直接到法院就其所受歧视请求损害赔偿，并没有根据安大略省人权法提出请求。学院试图以起诉未提供合理理由来驳斥她的主张。安大略上诉法院在影响甚广的判决中确认了一种新的歧视侵权行为。法院认为，安大略省人权法的序言构成安大略省公共政策尊重基本人权的证据，并认为它宣布的平等权及免于歧视的权利获得普通法完整保护是适当的。法官不认为该法的存在对这个重要领域内普通法的适当发展构成障碍，因为该法是确认而不是创造了基本人权。该案上诉到加拿大最高法院时，首席法官拉斯基不认同下级法院的做法。他认为该人权法案不能给提起民事诉讼以填补该潜在漏洞提供正当性。任何未尽这些责任的行为都被假定为政治或立法上的问题，而与司法无关。拉斯基批评“新”侵权行为是司法命令创造出来的经济侵权行为，其客体在侵权法上没有类似物。塔格特批评拉斯基只信任立法和行政过程的危险。尽管首要的关注点应该而且必须是立法和行政，但完全否认法院的任何作用是

---

① 参见[新西兰]迈克尔·塔格特编：《行政法的范围》，金自宁译，中国人民大学出版社 2006 年版，第 16~17 页。

正确的选择吗？[①]

如果从大陆法系的视角去分析上述英美法系的变迁和争论，我们会发现问题并不陌生。问题的关键就是通过何种方法拓展侵权责任的保护范围。在大陆法系，法官不能通过直接创设法律没有规定的权利的方式拓展侵权责任的保护范围；在英美法系则表现为，法官不能通过直接创设新的侵权责任类型拓展侵权责任的保护范围。如果有行政法规对歧视问题作出了规定，两大法系均认可适用相关行政法规拓宽侵权责任的保护范围，只是在具体的解释方法上可能存在差异。如果行政法规没有规定，类似于加拿大安大略省适用宪法规范拓展侵权责任的保护范围在大陆法系很难被接受。因为这会产生宪法规定的基本权利的直接第三人效力问题。关于这个问题，笔者也赞同加拿大最高法院首席法官拉斯基的观点。但是笔者不同意拉斯基的司法绝对无为的观点。中国《民法典》总则编第一章对民法基本原则的列举可以起到填补法律漏洞的作用。在民事法律和行政法规均没有对当事人主张的权利或者利益进行明确规定时，法官可以通过对《民法典》第4条规定的平等原则的解释，将当事人主张的某种利益纳入侵权责任的保护范围。类似于英美法系出现的驱逐或者拒绝他人进入赛马场或者赌场的案件，在中国通过对平等原则的解释可以解决，而且可以避免德沃金意义上的原则因为没有法律的明确规定而遭受的质疑。

第四节　诚实信用原则拓展侵权责任保护范围的功能

诚实信用原则一直被认为是民法的帝王原则，实际上民法的帝王原则是意思自治原则，诚实信用原则是对意思自治原则的限制，目的是达到当事人之间意思自治的平衡。在传统民法学的理论中，诚实信

---

① 参见［新西兰］迈克尔·塔格特编：《行政法的范围》，金自宁译，中国人民大学出版社2006年版，第18~21页。

用原则的功能主要在法律行为领域被讨论。《德国民法典》第 242 条的规定是典型,该条规定:“债务人负有依诚实及信用并考虑交易习惯为给付之义务。”从条文内容上看,诚实信用原则主要涉及合同的履行。公序良俗原则存在明显的差异,该原则既可以在法律行为领域被适用,也可以在侵权责任领域被适用。仍然以《德国民法典》为例,该法典第 138 条第 1 款规定:“违反善良风俗之法律行为,无效。”第 826 条规定:“故意以背于善良风俗之方法,加损害于他人者,对该他人负损害赔偿责任。”

如果对比中国《民法典》的相关规定,我们会发现一些差异。第一,中国《民法典》在总则编规定了诚实信用原则和公序良俗原则,理论上这两项原则可以适用于《民法典》的各分编;第二,《民法典》总则编第 153 条第 2 款规定:“违背公序良俗的民事法律行为无效。”第 142 条规定应该根据诚信原则对意思表示进行解释。合同编第 509 条第 2 款规定:“当事人应当遵循诚信原则,根据合同的性质、目的和交易习惯履行通知、协助、保密等义务。”上述规定均和民事法律行为有关,但是在《民法典》侵权责任编没有出现与诚信原则和公序良俗原则直接相关的条文。通过前文的论述,我们已经知道可以通过对公序良俗原则的解释扩大侵权责任的保护范围。但是在学说理论中,很少有学者关注诚信原则在侵权责任领域可能具有的功能。

随着研究的深入,学说理论对诚信原则的理解越来越全面。徐国栋认为,诚信包括主观诚信和客观诚信两个方面。主观诚信是毋害他人的内心状态,可以是不知,也可以是错误;客观诚信是毋害他人甚至有益他人的行为,两者可在毋害他人的戒条下统一起来。这种统一起来的意义在于,诚信原则作为民法的基本原则可以同时涵盖物权法和债法,甚至包括家庭法和继承法,因为物权法中的善意就是主观诚信的体现。[①] 但是他并没有专门提及诚信原则对侵权责任的影响,只是在讨论诚信原则的中国司法实务研究时,列举了一个侵权责任的案例

---

① 参见徐国栋:《民法基本原则解释——诚信原则的历史、实务、法理研究》,北京大学出版社 2013 年版,第 84 页。

说明诚信原则填补法律漏洞的功能。[①]

于飞则重点讨论了公序良俗原则和诚实信用原则的区分问题。于飞明确指出，尽管他是以侵权法上的案例提出问题，但是他的目的是在法律行为领域区分上述两个原则的不同功能。公序良俗原则是针对法律行为的内容进行内容审查，诚实信用原则针对权利的具体行使行为进行形式审查，两个原则在适用范围、保护对象、标准设立、法律效果上有重大差异。但是对于上述两个原则在侵权责任领域是否存在差异基本没有涉及。[②]

也有学者直接讨论诚实信用原则对侵权责任影响的问题。杨彪认为，诚信包括主观诚信和客观诚信，这和侵权责任中的主观过错和客观过错是对应的。因此，诚信原则对侵权责任的影响是通过注意义务这个媒介实现的。法官可以通过对诚实信用原则的解释确定行为人注意义务的范围。同时注意义务范围的扩大也会导致侵权责任保护范围的扩大。[③] 如果诚实信用原则只是使得法官能够更加容易地认定行为人的过错，从而对侵权责任法产生影响，这还不是笔者关注的侵权责任保护范围扩大的问题。这类似于法律规定过错推定或者无过错责任的类型，这会使得原先在过错责任原则下可能无法得到赔偿的类型最终得到赔偿，但是这并不必然导致侵权责任保护利益范围的扩大。例如，侵犯健康权或者隐私权的案件，如果加害人的过错不太容易确定，法官通过对诚实信用原则的解释认定行为人存在注意义务，从而最终认定行为人存在过错并承担侵权责任，但是这并没有扩大侵权责任的保护范围。因为法律明确规定健康权或者隐私权应受法律保护，法院即使通过对诚实信用原则的解释，使得原先不太容易认定的过错最终被确定，这只是涉及主观不法的问题。如果行为人侵

---

① 参见徐国栋：《民法基本原则解释——诚信原则的历史、实务、法理研究》，北京大学出版社2013年版，第248~249页。

② 参见于飞：《公序良俗原则与诚实信用原则的区分》，载《中国社会科学》2015年第11期。

③ 参见杨彪：《侵权行为法中的诚实信用原则研究》，载《环球法律评论》2007年第4期。

害了法律没有明确规定的权利或者利益,法官只是通过对诚实信用原则的解释认定行为人存在过错,并不能够使行为人承担侵权责任,法官还必须说明法律没有明确规定的权利或者利益为什么在法律上应该得到保护,这是客观不法的问题。

学说理论确实很少直接讨论诚实信用原则是否能够影响侵权责任的保护范围问题,但是间接讨论一直存在。传统大陆法系一直比较关注权利不得滥用问题,由于权利不得滥用原则属于诚实信用原则的下位原则,两者存在内在的关联。因此讨论权利不得滥用原则对侵权责任的影响,很多时候就是在讨论诚实信用原则对侵权责任的影响。[①]

关于诚信原则和权利不得滥用原则之间的关系,学说理论一直存在争论。早期的学说理论认为诚信原则和权利不得滥用原则是两个相互独立的原则;后期的学说理论认为,这两项原则是基本意思相同的一个原则的两个分支。目前后期的学说理论占据上风,关键的助推因素是《瑞士民法典》的颁布,该法典第 2 条规定:"行使权利,履行义务,应依诚实及信用为之。显属滥用权利者,不受法律保护。"[②]上述立法例在大陆法系产生了比较广泛的影响,我国台湾地区"民法"第 148 条原规定:"权利之行使,不得以损害他人为主要目的。"1982 年修订"民法"总则时将其修改为:"权利之行使,不得违反公共利益,或以损害他人为主要目的。行使权利、履行义务,应依诚实及信用方法。"[③]目前的台湾地区通说认为,权利滥用原则源自诚实信用原则,受其支配。在适用上存在上下位阶关系,在方法论上应先适用权

① 英美法系学者认识到,由于普通法缺少权利滥用法则,这一方面使得公法和私法之间的区分被过度强化了,另一方面也不利于疑难案件的解决。参见[新西兰]迈克尔·塔格特编:《行政法的范围》,金自宁译,中国人民大学出版社 2006 年版,第 21 页。

② [德]莱因哈德·齐默曼、[英]西蒙·惠特克主编:《欧洲合同法中的诚信原则》,丁广宇等译,法律出版社 2005 年版,第 40 页。

③ 1992 年《荷兰民法典》第 3:13 条规定:"滥用权利者,不得主张其权利。行使权利专以损害他人为目的,或者不符合授予其权利的目的,或者考虑到行使权利所得利益和所致损害不成比例而依诚实信用原则不能允许其行使权利的,属于权利滥用。某些权利,依其性质,不可能构成权利滥用。"1994 年《魁北克民法典》第 7 条规定:"权利之行使,不得以损害他人为目的,或者违背诚实信用的要求以过分且不合理的方式为之。"上述规定均受到瑞士立法例的影响。

利滥用的次级规范,避免直接诉诸有“帝王条款”之称的诚实信用原则。[①] 也有学者认为权利滥用是违反诚信原则的具体形态,实为加重违反诚信原则的表现,但是两者在适用范围及要求方式上存在差异。诚信原则本质上是一种命令规定,而禁止权利滥用本质上是一种禁令规定;诚信原则可以适用于权利和义务人,禁止权利滥用则仅适用于权利人;是否滥用权利,以权利人行使权利时的主观意思为主要的认定标准,注重于内心主观目的的违背,违反诚信原则则以客观行为为主要的认定标准,注重于权利行使时外部行为的不公正。[②] 笔者更赞同位阶说,因为我国《民法典》第 7 条规定了诚信原则,第 132 条规定了权利不得滥用原则。在解释论上可以认为权利不得滥用原则是诚信原则的具体化,在法律适用上应先适用权利不得滥用原则。

和诚实信用原则主要在法律行为领域发挥作用不同,权利不得滥用原则一直和侵权责任存在关联。我国《民法典》第 132 条关于权利不得滥用原则的规定,可以认为是第 7 条诚信原则的具体展开,而且权利不得滥用原则在《民法典》中也被进一步具体化了。例如,《民法典》第 83 条第 1 款规定:“营利法人的出资人不得滥用出资人权利损害法人或者其他出资人的利益;滥用出资人权利造成法人或者其他出资人损失的,应当依法承担民事责任。”该款在法律性质上属于保护他人的法律,不是独立的请求权基础规范。该款中的“依法”指的是依照《民法典》第 1165 条第 1 款承担民事责任,第 83 条第 1 款的规定能够为第 1165 条第 1 款中的“益”字提供裁判证立基础。而且第 83 条第 1 款中“法人或者其他出资人损失”很多时候表现为纯粹经济损失,因此该款扩大了侵权责任的保护范围。

《民法典》第 295 条规定:“不动产权利人挖掘土地、建造建筑物、铺设管线以及安装设备等,不得危及相邻不动产的安全。”第 296 条规

---

① 参见杨仁寿:《法学方法论》,中国政法大学出版社 1999 年版,第 183 页。王泽鉴:《民法总则》,北京大学出版社 2009 年版,第 437~438 页。邱聪智:《民法总则》(下),台北,三民书局 2011 年版,第 510 页。

② 参见施启扬:《民法总则》,台湾地区自版发行 2015 年版,第 419~420 页。另可参见梁慧星:《民法总论》(第 5 版),法律出版社 2017 年版,第 280~281 页。

定："不动产权利人因用水、排水、通行、铺设管线等利用相邻不动产的，应当尽量避免对相邻的不动产权利人造成损害。"这两个条文也是权利不得滥用原则的具体化，在法律性质上同样属于保护他人的法律，只是上述条文未必能够扩大侵权责任的保护范围。因为根据保护他人的法律的物的范围的解释，上述条文保护的是不动产所有权，以及由此导致的间接损失，一般不包括纯粹经济损失。

关于权利不得滥用和侵权责任之间的关系，法国的学说理论讨论得最为深入。第一种观点认为，权利滥用的结果是引发民事责任的过错。在大部分案例中，法官判决权利滥用成立时，都会援引《法国民法典》第1382条，该条确立了过错责任原则。但是，反对的观点认为，将权利行使过程中的过错作为滥用的标准是一种不确切的，也是几乎完全无用的理论。因为认为滥用行为起源于过错是以一个提问来回答另一个提问，是倒果为因。为了证明民事责任，必须自解决权利滥用问题开始。应当首先推翻行为合法性的推定，这需要通过证明滥用的存在，只有在这之后才能确定过错的存在。反对观点特别指出，将权利滥用作为民事责任的情形之一，是强调受害人所遭受的损害，仅在有损害的情况下，才会有民事责任。我们应当始终抓住问题的基本面，即那是一个抱怨遭受了某种损失的人，与一个声称享有某种权利的人之间的冲突。①

第二种观点认为，权利滥用的判断标准是行为人的损害意图。权利是一种被界定的特权，它授予一个人对另一个人或者对其他所有人的权力，但是不能将其推到极端。如果在行使权利的时候，某一行为的目的不是在于自利，而是基于损害他人，此意图就使得行为的性质发生了改变。在此情形下，存在权利滥用，这就不再受法律所设定的豁免的保护。但是反对的观点认为：第一，将损害意图视为权利滥用标准的理论过于狭隘，因为很多权利滥用情形下行为人并不存在直接损害他人利益的意图。第二，损害意图理论以道德对法律的影响为基

---

① 参见[法]雅克·盖斯旦、[法]吉勒·古博：《法国民法总论》，陈鹏等译，法律出版社2004年版，第715~717、740页。

础。行使某一合法权利的行为有可能转化为滥用，如果它违反了道德的话。在接纳滥用概念时，法律权利也接受了道德，后者使得权利更加人性化、个性化。因为权利太过抽象和技术性了。一言以蔽之，权利滥用理论代表了合法原则所要求的道德矫正剂。反对的观点认为，通过制裁损害他人利益的恶意，将权利绝对主义和道德对此的缓和结合在一起的做法，仍然不能解决所有的问题。如果承认法律和道德发生冲突时道德将优先，人们也可以提出这样的问题：为什么这一做法仅仅要局限于对恶意的制裁上？其他的道德规范难道就不应该同样优于法律吗？无疑许多法律规范来源于道德，但是，法律规范经常有不同于道德的要求，道德本身并不能满足这些要求。为了使某一道德规范发生法律效果，必须进行法律对此规范的继受。①

第三种观点认为，使权利背离其社会目的即构成滥用。每一项权利都负有一定的社会使命，这也就是说每一权利都应该以符合其制度目的的方式来实现。社会使个人的自私服务于社会整体。由于权利具有社会功能，它应当在相应的社会职能范围内行使，否则其主体就构成了对此的背离，构成了权利滥用。权利滥用行为是违反制度宗旨的、违反其精神和终极目的的行为。反对的观点认为，一方面，这种理论过于主观和不确定。如果任凭法官根据他们自己的道德和社会信念确定权利的宗旨，进而确定权利的界限，这会导致无政府主义。立法所确立的法律关系将不再具有稳定性和安全性。另一方面，社会目的理论会摧毁主观权利概念本身。因为从语义上讲，主观权利就是应该由其主体支配，让社会目的理论介入其中就意味着否认权利人的自由，而此种自由是该权利的精髓。②

盖斯旦和古博认为，上述反对观点未必能够站得住脚。社会目的

---

① 参见［法］雅克·盖斯旦、［法］吉勒·古博：《法国民法总论》，陈鹏等译，法律出版社 2004 年版，第 717～720 页。

② 参见［法］雅克·盖斯旦、［法］吉勒·古博：《法国民法总论》，陈鹏等译，法律出版社 2004 年版，第 720～722 页。德国的学说理论也存在类似观点，参见［德］本德·吕特斯、［德］阿斯特丽德·施塔德勒：《德国民法总论》（第 18 版），于馨淼、张姝译，法律出版社 2017 年版，第 64 页。日本的学说理论也存在类似观点，参见［日］加藤雅信等编：《民法学说百年史——日本民法施行 100 年纪念》，牟宪奎等译，商务印书馆 2017 年版，第 88 页。

理论并不必然会导致个人的人性为社会所压垮。历史上,采用让个人在肉体或者精神上服从作为社会化身的国家利益的理论,由此导致的灾难性结果的例子并不少见。不过,如果因为这些偏差,就要求个体权利在任何情况下都优位于社会利益,则未免太过分了。两位作者认为,社会目的理论完全可能与尊重人的尊严的个体因素相兼容。在主观权利和对之的控制之间,并不存在任何矛盾。共同利益这个关键词可以将社会目的论和权利滥用联系在一起。法律秩序为每个人保证了一个发挥自由和主动性的范围,因为它指望个人在追逐共同利益中能够积极合作。主观权利是寻求到达共同利益的多种手段中的一种,如果权利的行使违背了这一目标,这就不再是正当合理的。同时,两位作者坦率承认,就权利滥用建立一种单一理论是不可能的。在这一领域,法院拒绝将自己封闭于任何理论体系之内。应当始终抓住问题的基本面,即那是一个抱怨遭受了某种损失的人,与一个声称享有某种权利的人之间的冲突。权利滥用理论使得法院在考虑到公平和法律政策情形下,就这些冲突作出裁决。①

法国学说理论关注的焦点是权利不得滥用的判断标准,无论是过错说、损害意图说,还是社会目的说,笔者关注的是,一旦认定构成权利滥用,会对侵权责任的哪个构成要件产生影响。如果权利不得滥用只是有助于过错的认定,这不会直接扩大侵权责任的保护范围,只是会使得原本不太容易认定的传统侵权责任更加容易被认定。盖斯旦和古博指出,在法国关于权利不得滥用的判决最常援引的条文就是《法国民法典》第 1382 条,原因就是权利滥用被认为构成一项过错。但是,这并不意味着权利滥用理论只是民事责任制度的简单应用,应该说一旦权利滥用根据其自身的标准被认定成立以后,民事责任就产生了。援引《法国民法典》第 1382 条仅表明该条款是判决的依据。如果说权利滥用是一种过错,那么它是一种特殊性质的过错。② 如果以

---

① 参见[法]雅克·盖斯旦、[法]吉勒·古博:《法国民法总论》,陈鹏等译,法律出版社 2004 年版,第 724~742 页。

② 参见[法]雅克·盖斯旦、[法]吉勒·古博:《法国民法总论》,陈鹏等译,法律出版社 2004 年版,第 742 页。

中国法为背景,上述观点仍然存在商榷之处。首先,《民法典》第132条属于不完全规范,即便认定行为人的行为属于权利滥用,也无法根据该条直接认定行为人承担侵权责任;其次,即使认为权利滥用构成一种特殊的过错,其仍然属于过错,这只能使主观不法的要件得到满足。如果涉及权利之外法律没有明确规定的利益保护问题,法官仍然要单独进行裁判证立。

尽管法国的学说理论不承认主观不法和客观不法的区分,而是试图以过错吸收不法性,但是损害意图说已经隐含了主观不法和客观不法的区分。因为意图涉及的是主观不法问题,而损害涉及的是客观不法的问题。如果行为人行使权利的目的就是侵害法律明确规定的他人权利或者利益,如隐私权,认定权利滥用没有疑义,但是这并不涉及侵权责任保护范围的扩大问题。如果行为人行使权利的目的是侵害法律没有明确规定的权利或者利益,是否应当承担侵权责任则是一个问题。同时,损害意图说认为简单的过错并不足以构成权利滥用,只有恶意才应当受到制裁,因为行为人的主观意图改变了行为性质。[①]在中国,也有学者认为,权利滥用以当事人有损害他人或社会利益的故意为要件,在行使权利时仅仅因为过失造成他人或社会利益损害的,尚不构成权利滥用;而侵权行为不以故意为要件,仅因过失侵害他人合法权益亦可构成侵权行为。[②] 根据上述观点,如果权利不得滥用只对侵权责任的主观不法要件产生影响,那么权利不得滥用对于侵权责任认定的意义将极其有限,除非权利不得滥用能够对客观不法的认定产生影响。理论分析永远没有尽头,最好还是通过对具体案例的分析将问题充分展现出来。

由于《德国民法典》第226条规定:"如权利的行使专以加损害于他人为目的,则不得行使权利。"该条的限制条件非常严格,必须是"专以",因此实际发生的案件非常少见,但是还是出现了一个非常著名的

---

① 参见[法]雅克·盖斯旦、[法]吉勒·古博:《法国民法总论》,陈鹏等译,法律出版社2004年版,第718页。

② 参见梁慧星:《民法总论》(第5版),法律出版社2017年版,第280页。

案件。一座城堡的所有人和他的儿子之间的关系非常不好，他不允许他的儿子到城堡的花园里来探望自己母亲的坟墓。他把这种拒绝作为基于所有人的拒绝权，理由是他有严重的心脏病，因此不能看到他的儿子出现在他的领域之内。德国帝国法院认为禁止儿子探望城堡花园里的母亲坟墓属于滥用权利，因为对儿子的禁止没有其他目的，只是对儿子造成了伤害。法院最终判决，儿子有权在一年中的四个特定日期为母亲扫墓，时间只能在11时和12时。[①] 拉伦茨认为，法院适用《德国民法典》第226条不正确，因为父亲也有拒绝儿子进入城堡花园的正当理由，但是完全不允许儿子探望位于城堡花园的母亲坟墓的做法，毫无疑问属于一种违反善良风俗的行为。因此应该适用《德国民法典》第826条。[②] 也有学者认为，该案中所有人同时违反了《德国民法典》第226条和第826条。[③]

上述案件和在我国发生的“祭奠权案”非常类似，无论是德国，还是我国，法律均没有明确规定所谓的“祭奠权”，法官面临的任务就是对祭奠亲人的利益进行裁判证立。根据前文的分析，我们已经知道，我国的法院一般通过原《民法通则》第7条，现在也就是《民法典》第8条规定的公序良俗原则证立祭奠亲人的利益应该受到法律保护。如果客观不法的判断问题只能交给公序良俗原则解决，那么权利不得滥用原则对侵权责任保护范围的影响将会非常有限。但是，事实并非如此。

无论是在德国，还是在我国台湾地区，学说理论均认为《德国民法典》第226条和台湾地区“民法”第148条关于权利不得滥用的规定属于违反保护他人的“法律”。[④] 同时，无论是在德国，还是在我国台湾

---

① 参见［德］迪特尔·梅迪库斯：《德国民法总论》，邵建东译，法律出版社2000年版，第109~110页。

② 参见［德］卡尔·拉伦茨：《德国民法通论》（上册），王晓晔等译，法律出版社2003年版，第307页。

③ 参见［德］汉斯·布洛克斯、［德］沃尔夫·迪特里希·瓦尔克：《德国民法总论》（第33版），张艳译，中国人民大学出版社2012年版，第406~407页。

④ 参见《德国民法典》（第4版），陈卫佐译，法律出版社2015年版，第78页。王泽鉴：《民法总则》，北京大学出版社2009年版，第439页。

地区，违反保护他人的“法律”和违反公序良俗是构成侵权责任的两个独立的请求权基础。如果出现竞合，当事人可以选择主张。如果主张违反保护他人的“法律”，可以通过对物的保护范围的解释，将“法律”明确规定的权利和法定利益之外的利益纳入侵权责任的保护范围。

在河南省辉县市人民法院审理的“王某昌与王某正、王某琴侵权责任纠纷案”[（2017）豫0782民初3927号]中，原告是两被告的父亲，原告和前妻离婚后再婚，两被告和原告一直存在矛盾。两被告不但经常来原告住宅吵闹生事，而且导致原告的一间门面房无法出租。因为原告的门面房和被告的门面房相互毗邻，被告以随时维修其门面房为由影响原告出租房屋，原告的租赁房屋至今闲置。法院认为，被告的行为违反了原《民法总则》第132条的规定，构成权利滥用，判决被告停止妨害原告出租房屋，但是没有判决被告赔偿损失。实际上，原告已经证明其门面房原先以每月350元的价格出租，因为被告的威胁导致无人敢租。法院应该根据实际情况判决被告赔偿相应的租金损失，这种租金损失属于纯粹经济损失。

权利不得滥用原则不但可以将侵权责任的保护范围扩大到纯粹经济损失，而且可以扩大到法律没有明确规定的人身利益。在法国的一则案例中，法院判决一个所有权人全部拆除一段漆成黑色、高10.15米、长15.80米的木板围栏，因为这完全是出于取闹目的，旨在使邻人具有“监狱的感觉”。[①] 本案与前文探讨的“半拉子门案”不同，“半拉子门案”侵犯的是原告的名誉权，本案侵犯的是邻人的精神利益，纯粹是一种精神上的不愉快和不舒适，在法律上并没有表现为权利。

如果权利不得滥用原则可以扩大侵权责任的保护范围，那么作为其上位原则的诚信原则在理论上也可以扩大侵权责任的保护范围。由于权利不得滥用以行为人享有特定权利为前提，因此法国的学说理论特别强调权利滥用和自由的不当行使的区分，以防引起权利的“通

---

① 参见[法]雅克·盖斯旦、[法]吉勒·古博：《法国民法总论》，陈鹏等译，法律出版社2004年版，第726~727页。

货膨胀"现象。[①] 如果行为人不享有法律上的权利,那么其滥用自由的行为只能归入诚信原则的调整范围。

诚信原则的具体化在《民法典》中非常多见。《民法典》第220条规定利害关系人可以申请更正登记不动产登记簿记载的事项。不动产登记簿记载的权利人不同意更正的,利害关系人可以申请异议登记。异议登记不当,造成权利人损害的,权利人可以向申请人请求损害赔偿。既然是异议登记不当,利害关系人就不可能是权利滥用,因为他根本就不是权利人。明知自己不是权利人,或者基于过失不知自己是权利人,反而提出异议登记,肯定是违反了诚实信用原则,由此导致的损害很多时候都是纯粹经济损失。该条在法律性质上属于保护他人的法律,通过对该条物的保护范围的解释,可以将纯粹经济损失纳入保护范围。

《民法典》第500条规定:"当事人在订立合同过程中有下列情形之一,造成对方损失的,应当承担赔偿责任:(一)假借订立合同,恶意进行磋商;(二)故意隐瞒与订立合同有关的重要事实或者提供虚假情况;(三)有其他违背诚实信用原则的行为。"该条是关于缔约过失责任的规定,条文内容非常清楚地表明了缔约过失责任的理论基础是诚信原则。由于该条第1项和第2项均强调主观要件是"故意"或者"恶意",第3项规定的其他违背诚实信用原则的行为,在体系解释上应该认为也以"故意"或者"恶意"为要件。但是《民法典》第1165条第1款关于一般侵权责任的规定只以过错为要件。同时根据《民法典》第186条的规定,受损害方有权选择请求加害人承担违约责任或者侵权责任。基于类推,受损害方当然也可以选择加害人承担缔约过失责任或者侵权责任。因此不排除受损害人对于加害人在缔约过程中违反诚实信用原则的行为,基于侵权责任主张损害赔偿,而缔约过程中的损失很多时候都表现为纯粹经济损失。

李宇认为,诚实信用原则仅为市场交易中的道德准则,不适用于

---

① 参见[法]雅克·盖斯旦、[法]吉勒·古博:《法国民法总论》,陈鹏等译,法律出版社2004年版,第706页。

侵权行为等法定之债。即使以诚实信用原则的最基本功能——法律解释及漏洞填补而论，在法定之债中也无用武之地。[①] 这种观点有失偏颇。在徐国栋列举的上海市黄浦区人民法院审理的“霍尼韦尔国际公司诉上海盖里特涡轮增压器系统有限公司等侵犯商标专用权、不正当竞争纠纷案”[(2009)黄民三(知)初字第73号]中，原告霍尼韦尔公司和被告盖里特公司有同业竞争关系。原告使用的两个商标均先于被告盖里特公司对其企业名称的使用。而“盖里特”与原告的“Garrett 盖瑞特”商标构成近似，易使相关公众产生混淆和误认。法院认为，被告盖里特公司有攀附原告商标良好声誉、造成相关公众产生两个经营主体之间具有特定关系的联想，混淆商标来源的主观故意，其行为违反诚信、公平竞争原则，构成对原告的不正当竞争。该判决运用诚信原则填补了我国法律对借用他人商标作为自己的企业名称现象无规定的漏洞。事实上，《商标法》第52条和《反不正当竞争法》第6条均规定了冒用他人商标为自己产品的商标的情况，但是没有规定借用他人商标作为自己的企业名称的情况。法院运用诚实信用原则填补了这个漏洞。[②] 该案说明诚实信用原则确实可以对侵权责任的认定产生影响，只是在该案中法院运用诚实信用原则并没有直接扩大侵权责任的保护范围，因为原告的商标权是法律明确规定的。

---

① 参见李宇：《民法总则要义——规范释论与判解集注》，法律出版社2017年版，第43~44页。

② 参见徐国栋：《民法基本原则解释——诚信原则的历史、实务、法理研究》，北京大学出版社2013年版，第248~249页。

结　论

探讨侵权责任中利益保护的解释论问题，实际上就是在探讨《民法典》第 1165 条第 1 款的解释论问题。与原《侵权责任法》第 6 条第 1 款相比，《民法典》第 1165 条第 1 款增加了“造成损害的”表述，但是并没有在本质上改变一般侵权责任的构成要件。基于对《民法典》第 1165 条第 1 款的文义解释，一般侵权责任的成立要件包括：(1)加害行为；(2)权益侵害；(3)权益侵害和加害行为之间存在因果关系；(4)过错。如果主张损害赔偿，则需要加上：(5)损害；(6)损害和权益侵害之间存在因果关系。构成侵权的，未必有损害；有损害的，未必能够主张损害赔偿。只有侵害民事主体的合法权益导致的损害，才具有法律上的可赔偿性。尽管《民法典》第 1165 条第 1 款只是列举了“益”字，没有“合法”的限定，但是根据《民法典》第 1 条和第 3 条的规定，可以推导出只有“合法利益”才受法律保护的结论。在对“合法利益”中的“法”字进行解释时，一方面我们不能将其只限定为私法，公法中同样存在保护个人利益的规范；另一方面我们要充分考虑《民法典》规定的各项基本原则对个人利益保护的功能。只有通过这样的解释，我们才能架起私法和公法、法律和道德之间的桥梁，在更加广阔的背景下考虑侵权责任中的利益保护问题。

《民法典》第 1165 条第 1 款中没有出现“不法”的字样，但是这并不能说明中国法没有采纳违法性要件。因为权益侵害要件就是违法性要件的另外一种表达。权利和法是一枚硬币的两面，客观法是法律规范，主观法就是权利。因此侵害权利，违法性要件被推定。并不是所有的利益都能够得到法律的保护，只有合法的利益才在法律的保护范围之内。因此当一个民事主体主张某种利益应该受到法律保护时，他必须证明这种利益属于合法利益。上述差异本身就蕴含了权利和利益应该进行区分保护的内容。对权利和利益进行区分保护，只是强调两者的保护在方法论上的区分，并不必然地隐含权利对利益的价值优位。

第一，如果法律明确规定了某种利益，例如《民法典》第 109 条和第 990 条第 2 款规定的人身自由和人格尊严、第 111 条和第 1034 条规定的个人信息，尽管上述利益没有表现为一种权利，但是在侵权责任法的保护上和权利没有本质差异。因为基于法律的明确规定，这些利益属于合法利益没有争议，剩下的只是解释的问题。如果民事主体主张一种法律没有明确规定的利益，无论是民事主体寻求具体的请求权基础，还是法官寻求裁判依据，都面临不小的难题。

第二，在具体的个案中，权利并不一定比利益更容易得到保护。尽管在违法性要件上，主张权利侵害比主张利益侵害的证明责任轻，但是在其他构成要件上两者并不存在本质区分。完全有可能存在如下情形，权利侵害因为其他构成要件不具备无法受到法律保护，而利益侵害因为符合全部构成要件得到法律保护。

当民事主体主张某种利益受到侵害时，法官应该遵循如下思考步骤：

第一，法官应该考虑这个利益在法律上是否已经表现为一种权利，或者法律是否已经明确规定了这种利益。法官在具体的判决中不能创设法律没有规定的权利，但是这并不意味着权利之外的利益无法得到保护。坚持权利保护的形式主义标准，只是强调了法官保护某种利益的裁判证立义务。

第二，如果法律没有直接规定，法官需要考虑能否将这种利益解释进法律已经明确规定的权利类型或者利益类型，但是这种解释必须尊重文义解释的限度和事物本质的相似性，否则无异于法官直接创设法律没有明确规定的权利。

第三，如果无法做出上述解释，法官应该考虑《民法典》侵权责任编以外的私法规范是否保护了这种利益。私法规范保护利益有两种不同的类型：一种类型是不完全规范，这种规范只是规定了某种利益值得法律保护，但是对于侵权责任的构成要件和法律后果均没有规定。这种规范的意义在于可以证明当事人主张的利益属于《民法典》第 1165 条第 1 款规定的合法利益。另外一种类型是完全规范，这种规范对某种利益的保护规定了完整的侵权责任构成要件和法律后果。这表现为《民法典》侵权责任编以外的特殊侵权类型。

第四，如果不存在上述私法规范，法官需要考虑是否存在保护这种利益的公法规范。公法规范中，宪法规范和刑法规范原则上不具有保护个人利益的面向，因此不属于私法意义上的保护他人的法律。法官不得直接引用宪法规范和刑法规范判决侵权案件，但是不排除法官在裁判说理部分通过民法的基本原则或者一般条款转介上述规范的价值理念。行政法规是最主要的私法意义上的保护他人的法律。法官在判断某项行政法规是否属于保护他人的法律时，一方面要考虑行政法规的位阶；另一方面要考虑某项行政法规是否具有保护个人利益的面向，主张该种利益的人是否属于该行政法规意图保护的人，民事主体主张的利益是否属于该行政法规意图保护的物的范围。上述解释的宽严决定公法规范进入私法的“流量”。

第五，如果不存在保护某种利益的公法规范，法官应该考虑基于民法的内在体系的判断，某种利益是否应该受到法律的保护。《民法典》是内在体系和外在体系的综合体。外在体系是规范的体系，内在体系是原则的体系。中国《民法典》的鲜明特色在于，总则编第 3 ~ 9 条详细列举了 8 项基本原则。法官可以通过上述基本原则蕴含的价值理念，去判断和决定民事主体主张的某种利益是否应该受到法律的保护。如果根据这种判断，某种利益不应该受到法律的保护，那么这种利益就处于法外空间。

参考文献

一、专著

（一）中文著作

1.《民法典立法背景与观点全集》编写组编:《民法典立法背景与观点全集》,法律出版社2020年版。

2. 陈聪富:《侵权归责原则与损害赔偿》,北京大学出版社2005年版。

3. 陈聪富:《侵权行为法原理》,台北,元照出版有限公司2018年版。

4. 陈嘉映:《语言哲学》,北京大学出版社2003年版。

5. 陈新民:《德国公法学基础理论》(增订新版·上卷),法律出版社2010年版。

6. 陈志龙:《法益与刑事立法》,台湾大学法学丛书1997年版。

7. 陈忠五:《契约责任与侵权责任的保护客体——"权利"与"利益"区别正当性的再反省》,台北,新学林出版股份有限公司2008年版。

8. 程啸:《侵权责任法》(第2版),法律出版社2015年版。

9. 程啸:《侵权责任法》(第3版),法律出版社2021年版。

10. 国家法官学院、中国人民大学法学院编:《中国审判案例要览》(2009年民事审判案例卷),中国人民大学出版社、人民法院出版社2010年版。

11. 国家法官学院案例开发研究中心编:《中国法院2014年度案例——人格权纠纷》,中国法制出版社2014年版。

12. 国家法官学院案例开发研究中心编:《中国法院2016年度案例——人格权纠纷》,中国法制出版社2016年版。

13. 国家法官学院案例开发研究中心编:《中国法院2017年度案例——人格权纠纷》,中国法制出版社2017年版。

14. 国家法官学院案例开发研究中心编:《中国法院2018年度案例——人格权纠纷》,中国法制出版社2018年版。

15. 国家法官学院案例开发研究中心编:《中国法院2019年度案例——人格权纠纷》,中国法制出版社2019年版。

16. 何孝元:《损害赔偿之研究》,台北,台湾商务印书馆1982年版。

17. 胡长清:《中国民法总论》,中国政法大学出版社1997年版。

18. 黄金鸿:《英国人权60案》,中国政法大学出版社2011年版。

19. 黄薇主编:《中华人民共和国民法典释义(下)》(人格权编·婚姻家庭编·继承编·侵权责任编·附则),法律出版社2020年版。

20. 简资修:《经济推理与法律》,北京大学出版社2006年版。

21. 李昊:《交易安全义务论——德国侵权行为法结构变迁的一种解读》,北京大学出版社2008年版。

22. 李宇:《民法总则要义——规范释论与判解集注》,法律出版社2017年版。

23. 梁慧星:《民法总论》(第5版),法律出版社2017年版。

24. 邱聪智:《民法总则》(上、下),台北,三民书局2011年版。

25. 邱聪智:《新订民法债编通则》(上),中国人民大学出版社2003年版。

26. 全国人大常委会法制工作委员会民法室编:《侵权责任法:立法背景与观点全集》,法律出版社 2010 年版。

27. 全国人大常委会法制工作委员会研究室编著:《中华人民共和国行政复议法条文释义及实用指南》,中国民主法制出版社 1999 年版。

28. 施启扬:《民法总则》,台湾地区自版发行 2015 年版。

29. 史尚宽:《债法总论》,中国政法大学出版社 2000 年版。

30. 苏永钦:《私法自治中的国家强制》,中国法制出版社 2005 年版。

31. 苏永钦:《寻找新民法》,台北,元照出版有限公司 2008 年版。

32. 苏永钦:《走入新世纪的私法自治》,中国政法大学出版社 2002 年版。

33. 孙森焱:《民法债编总论》(上册),法律出版社 2006 年版。

34. 屠振宇:《为列举权利研究——美国宪法的实践和经验》,中国法制出版社 2012 年版。

35. 王利明:《合同法研究》(第 1 卷),中国人民大学出版社 2002 年版。

36. 王利明:《侵权责任法研究》(上卷),中国人民大学出版社 2010 年版。

37. 王利明主编:《人格权法新论》,吉林人民出版社 1994 年版。

38. 王卫国主编:《荷兰经验与民法再法典化》,中国政法大学出版社 2007 年版。

39. 王泽鉴:《不当得利》,北京大学出版社 2009 年版。

40. 王泽鉴:《民法思维:请求权基础理论体系》,北京大学出版社 2009 年版。

41. 王泽鉴:《民法总则》,北京大学出版社 2009 年版。

42. 王泽鉴:《侵权行为》,北京大学出版社 2009 年版。

43. 吴从周:《概念法学、利益法学与价值法学:探索一部民法方法论的演变史》,台北,一品文化出版公司 2007 年版。

44. 萧淑芬:《基本权基础理论之继受与展望——台日比较》,台北,元照出版有限公司 2005 年版。

45. 徐国栋:《民法基本原则解释——诚信原则的历史、实务、法理研究》,北京大学出版社 2013 年版。

46. 徐国栋:《民法总论》,高等教育出版社 2007 年版。

47. 徐向东:《怀疑论、知识与辩护》,北京大学出版社 2006 年版。

48. 杨立新点校/主编:《大清民律草案·民国民律草案》,吉林人民出版社 2002 年版。

49. 杨仁寿:《法学方法论》,中国政法大学出版社 1999 年版。

50. 于飞:《权利与利益区分保护的侵权法体系之研究》,法律出版社 2012 年版。

51. 于敏:《日本侵权行为法》(第 3 版),法律出版社 2015 年版。

52. 余振华:《刑法违法性理论》,台北,瑞兴图书股份有限公司 2010 年版。

53. 张民安:《现代法国侵权责任制度研究》(第 2 版),法律出版社 2007 年版。

54. 张明楷:《法益初论》(修订版),中国政法大学出版社 2003 年版。

55. 张明楷:《刑法学》(第 3 版),法律出版社 2007 年版。

56. 张明楷:《行为无价值论与结果无价值论》,北京大学出版社 2012 年版。

57. 张新宝:《侵权责任法立法研究》,中国人民大学出版社 2009 年版。

58. 张新宝:《隐私权的法律保护》(第 2 版),群众出版社 2004 年版。

59. 张新宝:《中国民法典释评·侵权责任编》,中国人民大学出版社 2020 年版。

60. 赵秉志总编:《澳门民法典》,中国人民大学出版社 1999 年版。

61. 赵汀阳:《每个人的政治》,社会科学文献出版社 2010 年版。

62. 郑玉波:《民法总则》,中国政法大学出版社 2003 年版。

63. 朱虎:《规制法与侵权法》,中国人民大学出版社 2018 年版。

64. 朱庆育:《民法总论》,北京大学出版社 2013 年版。

65. 邹海林、朱广新主编:《民法典评注·侵权责任编》(1),中国法制出版社 2020 年版。

66. 最高人民法院民法典贯彻工作领导小组主编:《中华人民共和国民法典侵权责任编理解与适用》,人民法院出版社 2020 年版。

67. 最高人民法院民事案件案由规定课题小组编著:《最高人民法院民事案件案由规定理解与适用》,人民法院出版社 2008 年版。

68. 最高人民法院中国应用法学研究所编:《人民法院案例选》(2007 年第 2 辑),人民法院出版社 2007 年版。

(二)中文译著

1. 欧洲侵权法小组编著:《欧洲侵权法原则:文本与评注》,于敏、谢鸿飞译,法律出版社 2009 年版。

2. 欧洲民法典研究组、欧盟现行私法研究组编著:《欧洲示范民法典草案:欧洲私法的原则、定义和示范规则》,高圣平译,中国人民大学出版社 2012 年版。

3. 欧洲民法典研究组、欧盟现行私法研究组编著:《欧洲私法的原则、定义与示范规则:欧洲示范民法典草案》(第 5、6、7 卷),王文胜等译,法律出版社 2014 年版。

4. [德]卡尔·拉伦茨:《法学方法论》,陈爱娥译,商务印书馆 2003 年版。

5. [德]齐佩利乌斯:《法学方法论》,金振豹译,法律出版社 2009 年版。

6. [德]卡尔·恩吉施:《法律思维导论》,郑永流译,法律出版社 2004 年版。

7. [德]魏德士:《法理学》,丁晓春、吴越译,法律出版社 2005 年版。

8. [德]迪特尔·施瓦布:《民法导论》,郑冲译,法律出版社 2006 年版。

9. [德]迪特尔·梅迪库斯:《德国民法总论》,邵建东译,法律出版社2000年版。

10. [德]卡尔·拉伦茨:《德国民法通论》(上册),王晓晔等译,法律出版社2003年版。

11. [德]卡尔·拉伦茨:《德国民法通论》(下册),王晓晔等译,法律出版社2003年版。

12. [德]本德·吕特斯、[德]阿斯特丽德·施塔德勒:《德国民法总论》(第18版),于馨淼、张姝译,法律出版社2017年版。

13. [德]汉斯·布洛克斯、[德]沃尔夫·迪特里希·瓦尔克:《德国民法总论》(第33版),张艳译,中国人民大学出版社2012年版。

14. [德]维尔纳·弗卢梅:《法律行为论》,迟颖译,法律出版社2013年版。

15. [德]K. 茨威格特、[德]H. 克茨:《比较法总论》(上),潘汉典等译,中国法制出版社2017年版。

16. [德]迪特尔·梅迪库斯:《请求权基础》,陈卫佐等译,法律出版社2012年版。

17. [德]迪特尔·梅迪库斯:《德国债法分论》,杜景林、卢谌译,法律出版社2007年版。

18. [德]马克西米利安·福克斯:《侵权行为法》,齐晓琨译,法律出版社2006年版。

19. [德]克雷斯蒂安·冯·巴尔:《欧洲比较侵权行为法》(上卷),张新宝译,法律出版社2004年版。

20. [德]克雷斯蒂安·冯·巴尔:《欧洲比较侵权行为法》(下卷),焦美华译,法律出版社2004年版。

21. [德]埃尔温·多伊奇、[德]汉斯-于尔根·阿伦斯:《德国侵权法——侵权行为、损害赔偿及痛苦抚慰金》,叶名怡、温大军译,中国人民大学出版社2016年版。

22. [德]U. 马格努斯主编:《侵权法的统一:损害与损害赔偿》,谢鸿飞译,法律出版社2009年版。

23. [德]克里斯蒂安·冯·巴尔、[德]乌里希·德罗布尼希主编:《欧洲合同法与侵权法及财产法的互动》,吴越等译,法律出版社2007年版。

24. [德]赖因哈德·齐默尔曼:《罗马法、当代法与欧洲法——现今的民法传统》,常鹏翱译,北京大学出版社2009年版。

25. [德]莱因哈德·齐默曼、[英]西蒙·惠特克主编:《欧洲合同法中的诚信原则》,丁广宇等译,法律出版社2005年版。

26. [德]迪特尔·施瓦布:《德国家庭法》,王葆莳译,法律出版社2010年版。

27. [德]鲁道夫·冯·耶林:《罗马私法中的过错要素》,柯伟才译,中国法制出版社2009年版。

28. [德]恩施特·贝林:《构成要件理论》,王安异译,中国人民公安大学出版社2006年版。

29. [德]哈贝马斯:《在事实与规范之间——关于法律和民主法治国的商谈理论》,童世骏译,生活·读书·新知三联书店2011年版。

30. [德]黑格尔:《小逻辑》,贺麟译,商务印书馆1980年版。

31. [德]米夏埃尔·帕夫利克:《目的与体系——古典哲学基础上的德国刑法学新思考》,赵书鸿等译,法律出版社2018年版。

32. [德]汉斯·海因里希·耶赛克、[德]托马斯·魏根特:《德国刑法教科书》,徐久生译,中国法制出版社2001年版。

33. [德]克劳斯·罗克辛:《德国刑法学·总论——犯罪原理的基础构造》(第1卷),王世洲译,法律出版社2005年版。

34. [德]卡尔·施密特:《宪法的守护者》,李君韬、苏慧婕译,台北,左岸文化出版公司2005年版。

35. [德]奥托·迈耶:《德国行政法》,刘飞译,商务印书馆2002年版。

36. [德]哈特穆特·毛雷尔:《行政法学总论》,高家伟译,法律出版社2000年版。

37. [德]黑格尔:《法哲学原理》,范扬、张企泰译,商务印书馆

1961 年版。

38. [德] G. 拉德布鲁赫:《法哲学》,王朴译,法律出版社 2005 年版。

39. [德]古斯塔夫・拉德布鲁赫:《法哲学入门》,雷磊译,商务印书馆 2019 年版。

40. [德]弗里德里希・卡尔・冯・萨维尼:《论占有》,朱虎、刘智慧译,法律出版社 2007 年版。

41. [德]弗里德里希・卡尔・冯・萨维尼:《当代罗马法体系Ⅰ:法律渊源・制定法解释・法律关系》,朱虎译,中国法制出版社 2010 年版。

42. [德]罗伯特・阿列克西:《法律论证理论——作为法律证立理论的理性论辩理论》,舒国滢译,中国法制出版社 2002 年版。

43. [德]罗伯特・阿列克西:《法:作为理性的制度化》,雷磊编译,中国法制出版社 2012 年版。

44. [德]瓦尔特・施瓦德勒:《论人的尊严——人格的本源与生命的文化》,贺念译,人民出版社 2017 年版。

45. [德]康德:《实践理性批判》,邓晓芒译,人民出版社 2003 年版。

46. [德]康德:《道德形而上学原理》,苗力田译,上海世纪出版集团 2005 年版。

47. [德]康德:《法的形而上学原理——权利的科学》,沈叔平译,商务印书馆 1991 年版。

48. [德]海德格尔:《在通向语言的途中》,孙周兴译,商务印书馆 2004 年版。

49. [德]亚图・考夫曼:《类推与"事物本质"——兼论类型理论》,吴从周译,台北,新学林出版股份有限公司 1999 年版。

50. [德]弗雷格:《弗雷格哲学论著选辑》,王路译,商务印书馆 1994 年版。

51. [法]勒内・达维:《英国法与法国法:一种实质性比较》,潘华仿等译,清华大学出版社 2002 年版。

52. [法]雅克·盖斯旦、[法]吉勒·古博:《法国民法总论》,陈鹏等译,法律出版社 2004 年版。

53. [法]莱昂·狄骥:《宪法学教程》,王文利等译,辽海出版社、春风文艺出版社 1999 年版。

54. [法]菲利普·阿利埃斯、[法]乔治·杜比主编:《私人生活史》(Ⅰ、Ⅱ、Ⅲ、Ⅳ、Ⅴ卷),李群等译,北方文艺出版社 2007、2008 年版。

55. [日]圆谷峻:《判例形成的日本新侵权行为法》,赵莉译,法律出版社 2008 年版。

56. [日]吉村良一:《日本侵权行为法》,张挺译,中国人民大学出版社 2013 年版。

57. [日]田山辉明:《日本侵权行为法》,顾祝轩、丁相顺译,北京大学出版社 2011 年版。

58. [日]我妻荣:《中国民法债编总则论》,洪锡恒译,中国政法大学出版社 2003 年版。

59. [日]加藤雅信等编:《民法学说百年史——日本民法施行 100 年纪念》,牟宪奎等译,商务印书馆 2017 年版。

60. [日]西田典之:《日本刑法总论》,王昭武、刘明祥译,台北,元照出版有限公司 2012 年版。

61. [日]大塚仁:《刑法概说(总论)》,冯军译,中国人民大学出版社 2009 年版。

62. [日]日高义博:《违法性的基础理论》,张光云译,法律出版社 2015 年版。

63. [日]高桥则夫:《规范论和刑法解释论》,戴波、李世阳译,中国人民大学出版社 2011 年版。

64. [日]伊东研祐:《法益概念史研究》,秦一禾译,中国人民大学出版社 2014 年版。

65. [日]松原芳博:《刑法总论重要问题》,王昭武译,中国政法大学出版社 2014 年版。

66. [日]五十岚清:《人格权法》,[日]铃木贤、葛敏译,北京大学出版社 2009 年版。

67. [日]曾根威彦:《刑法学基础》,黎宏译,法律出版社 2005 年版。

68. [日]盐野宏:《行政法总论》,杨建顺译,北京大学出版社 2008 年版。

69. [日]市桥克哉等:《日本现行行政法》,田林、钱蓓蓓、李龙贤译,法律出版社 2017 年版。

70. [日]塩野宏:《行政法Ⅰ》,刘宗德、赖恒盈译,月旦出版社股份有限公司 1996 年版。

71. [奥]海尔姆特・库齐奥:《侵权责任法的基本问题(第一卷)——德语国家的视角》,朱岩译,北京大学出版社 2017 年版。

72. [奥]伽布里菈・库齐奥、[奥]海尔穆特・库齐奥:《奥地利民法概论——与德国法比较》,张玉东译,北京大学出版社 2019 年版。

73. [奥]H. 考茨欧主编:《侵权法的统一:违法性》,张家勇译,法律出版社 2009 年版。

74. [奥]恩斯特・A. 克莱默:《法律方法论》,周万里译,法律出版社 2019 年版。

75. [奥]凯尔森:《法与国家的一般理论》,沈宗灵译,中国大百科全书出版社 1996 年版。

76. [奥]赫尔穆特・考茨欧、[奥]亚历山大・瓦齐莱克主编:《针对大众媒体侵害人格权的保护:各种制度与实践》,匡敦校等译,中国法制出版社 2012 年版。

77. [奥]维特根斯坦:《逻辑哲学论》,郭英译,商务印书馆 1962 年版。

78. [奥]维特根斯坦:《语言哲学》,李步楼译,商务印书馆 1996 年版。

79. [意]罗道尔夫・萨科:《比较法导论》,费安玲、刘家安、贾婉婷译,商务印书馆 2014 年版。

80. [意]毛罗・布萨尼、[美]弗农・瓦伦丁・帕尔默主编:《欧洲法中的纯粹经济损失》,张小义、钟洪明译,法律出版社 2005 年版。

81. [意]诺伯托・博比奥、[意]莫里奇奥・维罗里:《共和的理念》,杨立峰译,吉林出版集团有限责任公司 2009 年版。

82. [意]杜里奥・帕多瓦尼:《意大利刑法原理》,陈忠林译,中国人民大学出版社 2004 年版。

83. [意]安贝托・艾柯:《诠释与过度诠释》,王宇根译,生活・读书・新知三联书店 1997 年版。

84. [美]富勒:《法律的道德性》,郑戈译,商务印书馆 2005 年版。

85. [美]布赖恩・H. 比克斯:《牛津法律理论词典》,邱昭继等译,法律出版社 2007 年版。

86. [美]詹姆斯・戈德雷:《私法的基础——财产、侵权、合同和不当得利》,张家勇译,法律出版社 2007 年版。

87. [美]丹・B. 多布斯:《侵权法》(上册),马静等译,中国政法大学出版社 2014 年版。

88. [美]肯尼斯・S. 亚伯拉罕、[美]阿尔伯特・C. 泰特选编:《侵权法重述——纲要》,许传玺等译,法律出版社 2006 年版。

89. [美]安德雷・马默主编:《法律与解释——法哲学论文集》,张卓明等译,法律出版社 2006 年版。

90. [美]约翰・罗尔斯:《正义论》,何怀宏等译,中国社会科学出版社 1988 年版。

91. [美]理察・艾普斯坦:《自由社会之原则——个人自由与共同善的调和》,简资修译,台北,商周出版 2003 年版。

92. [美]罗伯特・诺奇克:《无政府、国家和乌托邦》,姚大志译,中国社会科学出版社 2008 年版。

93. [美]汤姆・L. 彼彻姆:《哲学的伦理学——道德哲学引论》,雷克勤等译,中国社会科学出版社 1990 年版。

94. [美]J. 范伯格:《自由、权利和社会正义现代社会哲学》,王守昌、戴栩译,贵州人民出版社 1998 年版。

95. [美]罗斯科·庞德:《法理学》(第 3 卷),廖德宇译,法律出版社 2007 年版。

96. [美]霍菲尔德:《基本法律概念》,张书友编译,中国法制出版社 2009 年版。

97. [美]邓肯·肯尼迪:《判决的批判——写在世纪之末》,王家国译,法律出版社 2012 年版。

98. [美]休·拉福莱特主编:《伦理学理论》,龚群译,中国人民大学出版社 2008 年版。

99. [美]罗纳德·德沃金:《最高法院的阵型——最高法院中的新右翼集团》,刘叶深译,中国法制出版社 2011 年版。

100. [美]罗纳德·德沃金:《自由的法——对美国宪法的道德解读》,刘丽君译,上海人民出版社 2001 年版。

101. [美]罗纳德·德沃金:《认真对待权利》,信春鹰、吴玉章译,上海三联书店 2008 年版。

102. [美]罗纳德·M. 德沃金:《生命的自主权:堕胎、安乐死与个人自由的论辩》,郭贞伶、陈雅汝译,中国政法大学出版社 2013 年版。

103. [美]路易斯·亨金:《权利的时代》,信春鹰等译,知识出版社 1997 年版。

104. [美]凯斯·R. 桑斯坦:《权利革命之后:重塑规制国》,钟瑞华译,中国人民大学出版社 2008 年版。

105. [美]卡尔·威尔曼:《真正的权利》,刘振宇等译,商务印书馆 2015 年版。

106. [美]艾伦·德肖维茨:《你的权利从哪里来?》,黄煜文译,北京大学出版社 2014 年版。

107. [美]迈克尔·佩里:《权利的新生——美国宪法中的人权》,徐爽、王本存译,商务印书馆 2016 年版。

108. [美]玛丽·安·格伦顿:《权利话语——穷途末路的政治言辞》,周威译,北京大学出版社 2006 年版。

109. [美]克里斯托弗·沃尔夫:《司法能动主义——自由的保障还是安全的威胁?》,黄金荣译,中国政法大学出版社 2004 年版。

110. [美]彼得·G. 伦斯特洛姆:《美国法律辞典》,贺卫方等译,中国政法大学出版社 1998 年版。

111. [美]阿德里安·沃缪勒:《不确定状态下的裁判——法律解释的制度理论》,梁迎修、孟庆友译,北京大学出版社 2011 年版。

112. [美]理查德·波斯纳:《法官如何思考》,苏力译,北京大学出版社 2009 年版。

113. [美]阿丽塔·L. 艾伦、[美]理查德·C. 托克音顿:《美国隐私法——学说、判例与立法》,冯建妹等编译,中国民主法制出版社 2004 年版。

114. [美]路易斯·D. 布兰代斯等:《隐私权》,宦盛奎译,北京大学出版社 2014 年版。

115. [美]莫顿·J. 霍维茨:《沃伦法院对正义的追求》,信春鹰、张志铭译,中国政法大学出版社 2003 年版。

116. [美]斯蒂芬·卡拉布雷西编:《美国宪法的原旨主义——廿五年的争论》,李松锋译,当代中国出版社 2014 年版。

117. [美]詹姆斯·安修:《美国宪法判例与解释》,黎建飞译,中国政法大学出版社 1999 年版。

118. [美]迈克尔·桑德尔:《民主的不满——美国在寻求一种公共哲学》,曾纪茂译,江苏人民出版社 2008 年版。

119. [美]昂格尔:《现代社会中的法律》,吴玉章、周汉华译,中国政法大学出版社 1994 年版。

120. [美]劳伦斯·傅利曼:《二十世纪美国法律史》,吴懿婷译,台北,商周出版 2005 年版。

121. [美]霍菲尔德:《基本法律概念》,张书友译,中国法制出版社 2009 年版。

122. [美]布莱恩·比克斯:《法律、语言与法律的确定性》,邱昭继译,法律出版社 2007 年版。

123. [美]索尔·克里普克:《维特根斯坦论规则和私人语言》,周志羿译,漓江出版社 2017 年版。

124. [美]希拉里·普特南:《事实与价值两分法的崩溃》,应奇译,东方出版社 2006 年版。

125. [美]W. V. O. 蒯因:《语词与对象》,陈启伟等译,中国人民大学出版社 2005 年版。

126. [美]托马斯·A. 香农:《生命伦理学导论》,肖巍译,黑龙江人民出版社 2005 年版。

127. [美]H. T. 恩格尔哈特:《生命伦理学基础》(第 2 版),范瑞平译,北京大学出版社 2006 年版。

128. [英]道恩·奥利弗:《共同价值与公私划分》,时磊译,中国人民大学出版社 2017 年版。

129. [英]H. L. A. 哈特:《法律的概念》,许家馨、李冠宜译,法律出版社 2006 年版。

130. [英]吉米·边沁:《立法理论》,李贵方等译,中国人民公安大学出版社 2004 年版。

131. [英]迈克尔·赞德:《英国法:议会立法、法条解释、先例原则及法律改革》,江辉译,中国法制出版社 2014 年版。

132. [英]弗里德里克·波洛克:《普通法上的占有》,于子亮译,中国政法大学出版社 2013 年版。

133. [英]休·柯林斯:《规制合同》,郭小莉译,中国人民大学出版社 2014 年版。

134. [英]迈克·费恩塔克:《规制中的公共利益》,戴昕译,中国人民大学出版社 2014 年版。

135. [英]亨利·西季威克:《伦理学方法》,廖申白译,中国社会科学出版社 1993 年版。

136. [英]J. C. 史密斯、[英]B. 霍根:《英国刑法》,马清升等译,法律出版社 2000 年版。

137. [英]尼尔·麦考密克:《法律推理与法律理论》,姜峰译,法律出版社 2018 年版。

138. [英]迈克尔·罗森:《尊严:历史和意义》,石可译,法律出版社 2015 年版。

139. [英]约书亚·罗森伯格:《隐私与传媒》,马特等译,中国法制出版社 2012 年版。

140. [英]P. S. 阿蒂亚:《英国法中实用主义与理论》,刘承韪、刘毅译,清华大学出版社 2008 年版。

141. [英]梅特兰:《普通法的诉讼形式》,王云霞、马海峰、彭蕾译,商务印书馆 2010 年版。

142. [英]彼得·莱兰、[英]戈登·安东尼:《英国行政法教科书》(第 5 版),杨伟东译,北京大学出版社 2007 年版。

143. [加]欧内斯特·J. 温里布:《私法的理念》,徐爱国译,北京大学出版社 2007 年版。

144. [加]威尔·金里卡:《自由主义、社群与文化》,应奇、葛水林译,上海译文出版社 2005 年版。

145. [加]L. W. 萨姆纳:《权利的道德基础》,李茂森译,中国人民大学出版社 2011 年版。

146. [澳]彼得·凯恩:《侵权法解剖》,汪志刚译,北京大学出版社 2010 年版。

147. [澳]皮特·凯恩:《法律与道德中的责任》,罗李华译,商务印书馆 2008 年版。

148. [澳]Tom Campbell:《权利批判导论》,徐子婷、杨雅婷、杨济鹤译,韦伯文化国际出版有限公司 2010 年版。

149. [荷]伊芙琳·T. 菲特丽丝:《法律论证原理——司法裁决之证立理论概览》,张其山译,商务印书馆 2005 年版。

150. [荷]威廉·范博姆、[奥]迈因霍尔德·卢卡林、[瑞士]克丽斯塔·基斯林主编:《侵权法与管制法》,徐静译,中国法制出版社 2012 年版。

151. [以]巴拉克:《民主国家的法官》,毕洪海译,法律出版社

2011 年版。

152.［瑞士］海因茨·雷伊:《瑞士侵权责任法》,贺栩栩译,中国政法大学出版社 2015 年版。

153.［瑞典］亚历山大·佩策尼克:《论法律与理性》,陈曦译,中国政法大学出版社 2015 年版。

154.［瑞典］亚历山大·佩岑尼克:《法律科学:作为法律知识和法律渊源的法律学说》,桂晓伟译,武汉大学出版社 2009 年版。

155.［新西兰］迈克尔·塔格特编:《行政法的范围》,金自宁译,中国人民大学出版社 2006 年版。

156.《法国民法典》(上、下册),罗结珍译,法律出版社 2005 年版。

157.《西班牙刑法典》,潘灯译,中国政法大学出版社 2004 年版。

158.《最新意大利刑法典》,黄风译注,法律出版社 2007 年版。

159.《葡萄牙刑法典》,陈志军译,中国人民公安大学出版社 2010 年版。

160.《奥国民法》,王绍堉译,文武有限公司 1978 年版。

161.［意］桑德罗·斯奇巴尼:《巴西新民法典序言》,齐云译,载《巴西新民法典》,齐云译,中国法制出版社 2009 年版。

162.《德国民法典》(第 4 版),陈卫佐译,法律出版社 2015 年版。

163.《意大利民法典》(2004 年),费安玲、丁玫、张宓译,中国政法大学出版社 2004 年版。

164.《葡萄牙民法典》,唐晓晴等译,北京大学出版社 2009 年版。

165.《秘鲁共和国民法典》,徐涤宇译,北京大学出版社 2017 年版。

166.《日本民法典》,王书江译,中国人民公安大学出版社 1999 年版。

167.《埃及民法典》,黄文煌译,厦门大学出版社 2008 年版。

168.《西班牙民法典》,潘灯、马琴译,中国政法大学出版社 2013 年版。

169.《埃塞俄比亚民法典》,薛军译,中国法制出版社 2002 年版。

170.《瑞士民法典》,戴永盛译,中国政法大学出版社 2016 年版。

171.《瑞士债法典》,吴兆祥等译,法律出版社 2002 年版。

172.《巴西新民法典》,齐云译,中国法制出版社 2009 年版。

173.《智利共和国民法典》,徐涤宇译,北京大学出版社 2014 年版。

174.《荷兰民法典》(第 3、5、6 编),王卫国主译,中国政法大学出版社 2006 年版。

175.《路易斯安娜民法典》,娄爱华译,厦门大学出版社 2010 年版。

(三)外文著作

1. Konrad Zweigert & Hein Kötz, *Introduction to Comparative Law*, translated by Tony Weir, Clarendon Press, 1998.

2. Basil S. Markesinis & Hannes Unberth, *The German Law of Torts: A Comparative Treatise*, Fourth Edition, Hart Publishing, 2002.

3. Walter van Gerven, Jeremy Lever & Pierre Larouche, *Tort Law*, Hart Publishing, 2000.

4. Robert Stevens, *Torts and Rights*, Oxford University Press, 2007.

5. Peter Cane, *Tort Law and Economic Interests*, Clarendon Press, 1991.

6. Samuel Stoljar, *An Analysis of Rights*, St. Martin's Press, 1984.

7. David Lyons, *Utility and Rights*, *Theories of Rights*, ed., Jeremy Walden, Oxford University Press, 1984.

8. Willem H. van Boom, Meinhard Lukas & Crista Kissling, *Tort and Regulatory Law*, Spinger Wien New York, 2007.

9. Robert H. Bork, *Tempting of America: The Political Seduction of The Law*, A Touchstone Book, 1990.

10. Pranz Bydlinski, *System und Prinzipien des Privatrechts*, Springer-Verlag/Wien, 1996.

11. Paul Thagard, *Coherence in Thought and Action*, MIT Press, 2002.

12. Konrad Zweigert & Hein Kötz, *Introduction to Comparative Law II*, translated by Tony Weir, Clarendon Press, 1968.

13. Prosser and Keeton, *The Law of Torts. Fifth Edition*, West Group, 1984.

14. John Stuart Mill, *On Liberty*, *Utilitarianism*, Bantam Classic, 1993.

15. Rudolf von Ihering, *Law as a Means to an End*, translated by I-saac Husik, Boston, 1913.

16. W. V. H. Rogers, Winfield & Jolowicz, *Tort*, 18th ed., Sweet & Maxwell, 2010.

17. Winfield, Jolowich, *Tort*, Sweet & Maxwell, 2010.

18. William A. Parent, *Constitutional Values and Human Dignity*, *The Constitution of Rights: Human Dignity and American Values*, eds., Michael J. Meyer & William A. Parent, Cornell University Press, 1992.

19. Edward. J. Eberle, *Dignity and Liberty: Constitutional Visions in Germany and the United State*s, Praeger, London, 2002.

20. Peter Cane, *Rights in Private Law*, eds., Donal Nolan & Andrew Robertson, Rights and Private Law, Hart Publishing. 2014.

21. *Markesinis and Deakin's Tort Law*, Clarendon Press, 2007.

22. Pier Giuseppe Monateri, Filippo Andrea Chiaves, *International Encyclopaedia of Laws*, *Tort Law*, Volume 2, Hague, The Netherland, Kluwer Law International, 2003.

23. Widar Cersarini Sforza, *Diritto Soggettivo*, *Enciclopedia del Diritto*. XII, Milano, Giuffrè, 1962.

24. C. Massimo Bianca, *Diritto Civile*, *La Responsabilità*, Giuffrè Editore Milano, 1994.

25. Mario G. Losano, *Sistema e Struttura nel Diritto*, Volume II. Milano, Giuffre Editore, 2002.

26. Federico Carlo di Savigny, *Sistema del Diritto Romano Attuale*, Volume Primo, Traduzione di Vittorio Scialoja, Torino 1886.

27. Guido Alpa, *La Responsabilita Civile*, *Parte Genetale*, UTET,

Torino, 2010.

28. Emilio Betti, *Interesse* (*Teoria generale*), *Novissimo Digesto Italiano* VIII, VTET Torino, 1968.

29. Joseph Raz, *The Morality of Freedom*, Clarendon Press, Oxford, 1986.

二、论文

(一)中文论文

1. 蔡定剑:《中国宪法实施的私法化之路》,载《中国社会科学》2004 年第 2 期。

2. 陈现杰:《〈侵权责任法〉一般条款中的违法性判断要件》,载《法律适用》2010 年第 7 期。

3. 陈忠五:《法国侵权责任法上损害之概念》,载《台大法律论丛》第 30 卷第 4 期。

4. 方新军:《内在体系外显与民法典体系融贯性的实现——对〈民法总则〉基本原则规定的评论》,载《中外法学》2017 年第 3 期。

5. 方新军:《权利概念的历史》,载《法学研究》2007 年第 4 期。

6. 方新军:《权利客体的概念及层次》,载《法学研究》2010 年第 2 期。

7. 方新军:《私法和行政法在解释论上的接轨》,载《法学研究》2012 年第 4 期。

8. 葛云松:《〈侵权责任法〉保护的民事权益》,载《中国法学》2010 年第 3 期。

9. 葛云松:《纯粹经济损失的赔偿与一般侵权行为条款》,载《中外法学》2009 年第 5 期。

10. 黄瑞明:《纳粹时期的拉伦茨:德国法学界的一页黑暗史》,载《台大法律论丛》2003 年第 5 期。

11. 简资修:《违反保护他人法律之过失推定:经济功效与司法仙丹》,载《政大法学评论》第 75 期。

12. 解亘:《论管制规范在侵权行为法上的意义》,载《中国法学》2009 年第 2 期。

13. 李承亮:《侵权行为违法性的判断标准》,载《法学评论》2011 年第 2 期。

14. 李承亮:《侵权责任的违法性要件及其类型化——以过错侵权责任一般条款的兴起与演变为背景》,载《清华法学》2010 年第 5 期。

15. 梁慧星:《从近代民法到现代民法》,载梁慧星主编:《民商法论丛》(第 7 卷),法律出版社 1997 年版。

16. 刘文杰:《民法上的姓名权》,载《法学研究》2010 年第 6 期。

17. 龙俊:《权益侵害之要件化》,载《法学研究》2010 年第 4 期。

18. 孙维飞:《侵权责任法中的权利和法益》,载王洪亮等主编:《中德私法研究》(第 11 卷),北京大学出版社 2015 年版。

19. 王利明:《论侵权责任法中一般条款和类型化的关系》,载《法学杂志》2009 年第 3 期。

20. 王利明:《侵权法一般条款的保护范围》,载《法学家》2009 年第 3 期。

21. 王利明:《我国〈侵权责任法〉采纳了违法性要件吗?》,载《中外法学》2012 年第 1 期。

22. 王利明:《我国侵权责任法的体系构建——以救济法为中心的思考》,载《中国法学》2008 年第 4 期。

23. 王千维:《民事损害赔偿责任法上"违法性"问题初探(上)》,载《政大法学评论》2001 年第 66 期。

24. 薛军:《揭开"一般人格权"的面纱——兼论比较法研究中的"体系意识"》,载《比较法研究》2008 年第 5 期。

25. 薛军:《损害的概念与中国侵权责任制度的体系化建构》,载《广东社会科学》2011 年第 1 期。

26. 杨彪:《侵权行为法中的诚实信用原则研究》,载《环球法律评论》2007 年第 4 期。

27. 杨立新:《论埃塞俄比亚侵权行为法对中国侵权行为法的借鉴

意义》,载《扬州大学学报(人文社会科学版)》2005 年第 5 期。

28. 叶金强:《〈民法典〉第 1165 条第 1 款的展开路径》,载《法学》2020 年第 9 期。

29. 于飞:《公序良俗原则与诚实信用原则的区分》,载《中国社会科学》2015 年第 11 期。

30. 于飞:《侵权法中权利和利益的区分方法》,载《法学研究》2011 年第 4 期。

31. 朱芒:《论行政规定的性质——从行政规范体系角度的定位》,载《中国法学》2003 年第 1 期。

(二)中文译文

1. [德]格哈特·瓦格纳:《当代侵权法比较研究》,高圣平、熊丙万译,载《法学家》2010 年第 2 期。

2. [德]菲利普·黑克:《利益法学》,傅广宇译,载《比较法研究》2006 年第 6 期。

3. [德]霍尔斯特·埃曼:《德国民法中的一般人格权制度——论从非道德行为到侵权行为的转变》,邵建东等译,载梁慧星主编:《民商法论丛》(第 23 卷),金桥文化出版(香港)有限公司 2002 年版。

4. [德]克默雷尔:《侵权行为法的变迁》(上),李静译,载田士永等主编:《中德私法研究》(第 3 卷),北京大学出版社 2007 年版。

5. [德]菲利普·黑克:《占有保护的原因和历史》,钟昊译,载王洪亮等主编:《中德私法研究》(第 11 卷),北京大学出版社 2015 年版。

6. [德]格奥尔格·弗里德里希·普赫塔:《占有属于何种性质的权利?——权利分类视角下的考量》,吴香香译,载王洪亮等主编:《中德私法研究》(第 11 卷),北京大学出版社 2015 年版。

7. [德]鲁道夫·冯·耶林:《耶林论占有》,纪海龙译,载王洪亮等主编:《中德私法研究》(第 11 卷),北京大学出版社 2015 年版。

8. [日]关哲夫:《法益概念与多元的保护法益论》,王充译,载《吉林大学社会科学学报》2006 年第 3 期。

9. [意]阿尔多·贝特鲁奇:《在传承与革新之间的巴西新民法

典》,薛军译,载徐国栋主编:《罗马法与现代民法》(第5卷),中国人民大学出版社2006年版。

10. [奥]瓦尔特·维尔伯格:《私法领域内动态体系的发展》,李昊译,《苏州大学学报(法学版)》2015年第4期。

11. [奥]海尔姆特·库齐奥:《动态系统论导论》,张玉东译,载《甘肃政法学院学报》2013年第4期。

12. [美]罗伯特·E. 基顿:《侵权法中的创造性延续》,李俊译,载《哈佛法律评论——侵权法精粹》,法律出版社2005年版。

13. [美]塞缪尔·沃伦、[美]路易斯·布兰代斯:《论隐私权》,李丹译,载《哈佛法律评论——侵权法精粹》,法律出版社2005年版。

14. [美]查尔斯·A. 赖希:《新财产权》,翟小波译,载易继明主编:《私法》(第6辑第2卷),华中科技大学出版社2007年版。

15. [英]H. L. A. 哈特:《实证主义和法律与道德的分离》,支振锋译,载《哈佛法律评论——法理学精粹》,法律出版社2011年版。

16. [英]唐纳尔·诺兰:《英国过失侵权中的损害》,马浩译,载金海福主编:《侵权法的比较与发展》,北京大学出版社2013年版。

17.《美国法对隐私权的确认——格里斯沃德诉康涅狄格州案》,吴至诚译,载《苏州大学学报(法学版)》2016年第1期。

18. [法]雷米·卡布里亚克:《论侵权法上的损害》,王鲲译,载《法律适用》2008年第8期。

(三)外文论文

1. Robert Alexy & Aleksander Pecznilk, "The Concept of Coherence and Its Significance for Discursive Rationality", 3 *Ratio Juris* (1990).

2. K. M. Stanton, "New Forms of the Tort of Breach of Statutory Duty", *Law Quarrerly Review*, 120 (Apr.) (2004).

3. Robert Stevens, "Rights and Other Things", Edited by Donal Nolan and Andrew Robertson, *Rights and Private Law*, Hart Publishing, Oxford, 2014.

图书在版编目(CIP)数据

侵权责任利益保护的解释论 / 方新军著. —— 北京：法律出版社, 2021
ISBN 978-7-5197-5499-0

Ⅰ. ①侵… Ⅱ. ①方… Ⅲ. ①侵权行为—法律解释—中国 Ⅳ. ①D923.05

中国版本图书馆CIP数据核字(2021)第058067号

侵权责任利益保护的解释论
QINQUAN ZEREN LIYI BAOHU DE JIESHILUN
方新军 著

责任编辑 高 山 王 珊
装帧设计 鲁 娟

出版发行 法律出版社
编辑统筹 学术·对外出版分社
责任校对 杨锦华 王沁陶
责任印制 陶 松
经　　销 新华书店

开本 710毫米×1000毫米 1/16
印张 24 **字数** 324千
版本 2021年4月第1版
印次 2021年4月第1次印刷
印刷 天津嘉恒印务有限公司

地址：北京市丰台区莲花池西里7号(100073)
网址：www.lawpress.com.cn
投稿邮箱：info@lawpress.com.cn
举报盗版邮箱：jbwq@lawpress.com.cn
销售电话：010-83938349
客服电话：010-83938350
咨询电话：010-63939796

书号：ISBN 978-7-5197-5499-0 **定价：**98.00元
凡购买本社图书，如有印装错误，我社负责退换。电话：010-83938349